suhrkamp taschenbuch
wissenschaft 1177

Auffällig ist, daß das Wort »Mensch« im Gegensatz zu Begriffen wie »psychisches System« oder »Bewußtsein« oder »Person« im Arrangement der Systemtheorie so gut wie nicht vorkommt – jedenfalls nicht als Theoriebegriff, als Teil einer präzisen Unterscheidung. Wenn das Wort benutzt wird (weil es sich nicht immer vermeiden läßt), dann nur als Bezeichnung einer Diffusität, einer Verwirrung, einer aus dem alteuropäischen Erbe stammenden Komplikation, der durch Abwehr entgegengearbeitet werden muß.

Diese Aufsatzsammlung stellt sich in experimentierender Haltung genau diesem Problem. Die Texte spazieren, teils argwöhnisch, teils wagemutig, teils auf sicherem, teils auf unsicherem Boden, um diese Fragen herum. Sie entscheiden sie nicht, markieren aber eine Unentscheidbarkeit, über die, so scheint es, dringlich weiterzudiskutieren wäre, wenn es denn stimmt, daß die Referenz auf »den Menschen« mehr und mehr Kommunikationszusammenhänge »infiltriert«.

Peter Fuchs ist Professor für Soziologie an der Fachhochschule Neubrandenburg. Er hat im Suhrkamp Verlag bisher veröffentlicht: *Die Erreichbarkeit der Gesellschaft. Zur Konstruktion und Imagination gesellschaftlicher Einheit* (1992); *Moderne Kommunikation* (1993).

Andreas Göbel ist wissenschaftlicher Mitarbeiter im Fach Soziologie an der Universität/Gesamthochschule Essen.

Der Mensch – das Medium der Gesellschaft?

Herausgegeben von
Peter Fuchs und Andreas Göbel

Suhrkamp

Die Deutsche Bibliothek – CIP-Einheitsaufnahme
Der Mensch – das Medium der Gesellschaft? /
Hrsg. von Peter Fuchs und Andreas Göbel. –
1. Aufl. – Frankfurt am Main :
Suhrkamp, 1994
(Suhrkamp-Taschenbuch Wissenschaft ; 1177)
ISBN 3-518-28777-X
NE: Fuchs, Peter [Hrsg.]; GT

suhrkamp taschenbuch wissenschaft 1177
Erste Auflage 1994
© Suhrkamp Verlag Frankfurt am Main
Suhrkamp Taschenbuch Verlag
Alle Rechte vorbehalten, insbesondere das
des öffentlichen Vortrags, der Übertragung
durch Rundfunk und Fernsehen
sowie der Übersetzung, auch einzelner Teile.
Satz und Druck: Wagner GmbH, Nördlingen
Printed in Germany
Umschlag nach Entwürfen von
Willy Fleckhaus und Rolf Staudt

1 2 3 4 5 6 – 99 98 97 96 95 94

Inhalt

Peter Fuchs und Andreas Göbel
Einleitung 7

Peter Fuchs
Der Mensch – das Medium der Gesellschaft? 15

Niklas Luhmann
Die Tücke des Subjekts und die Frage nach den Menschen . 40

Dirk Baecker
Die Kybernetik unter den Menschen 57

Rudolf Stichweh
Fremde, Barbaren und Menschen. Vorüberlegungen zu
einer Soziologie der ›Menschheit‹ 72

Werner Bergmann
Der externalisierte Mensch. Zur Funktion des
»Menschen« für die Gesellschaft 92

Michael Hutter und Gunther Teubner
Der Gesellschaft fette Beute. *Homo juridicus* und *homo
oeconomicus* als kommunikationserhaltende Fiktionen . . 110

Alois Hahn und Rüdiger Jacob
Der Körper als soziales Bedeutungssystem 146

Wolfgang Ludwig Schneider
Intersubjektivität als kommunikative Konstruktion . . . 189

Peter Fuchs, Dietrich Buhrow und Michael Krüger
Die Widerständigkeit der Behinderten. Zu Problemen
der Inklusion/Exklusion von Behinderten in der
ehemaligen DDR 239

Benno Wagner
Von Massen und Menschen. Zum Verhältnis von
Medium und Form in Musils *Mann ohne Eigenschaften* . 264

Manfred Schneider
Der Mensch als Quelle 297

Wolfgang Schäffner
»Es hat sich so ereignet. Aber es hat sich auch nicht so
ereignet.« Zu einer statistischen Poetologie des Wissens
um 1920 323

Jochen Hörisch
Etcetera-Typen. Der Mensch im Lichte der
Literatur/Wissenschaft 352

Hinweise zu den Autoren 365

Einleitung

Es ist merkwürdig und ungewohnt, aber wir möchten am Beginn dieser Textsammlung zum Problem ›des Menschen‹ festhalten, daß der Aufsatz, der diese Diskussion auslöste, einen sehr prekären Status hat: Er war gedacht als eine Art Probierpapier, ausgestattet mit spekulativer Freiheit, auch mit der Freiheit, sprachliche Zügel zu lockern, das Metaphernspiel zu spielen, die System- und Differenztheorie auszureizen, ohne sich auf bestimmte (gar gültige) Ergebnisse einzulassen. Es kommt bei solchen Probierpapieren, bei solchen Vorläufigkeiten auf sonst zu vermeidende Fehler nicht so sehr an, zum Beispiel nicht auf den Fehler der Überfrachtung oder auf den Fehler des Metapherngestöbers. Schließlich geht es nur darum, eine Diskussion auszulösen, Stellungnahmen von Kollegen und Kolleginnen einzuholen, mit denen man befreundet ist oder die einem wichtig sind, zu testen, ob das Thema Interesse finden kann, ob es einen Nerv trifft (wie tief er immer liegen mag) oder nichts auslöst als ein kollegiales »Na ja!« und ein Übergehen zu wichtigeren Dingen.

Die Frage danach, was es mit ›dem Menschen‹ in einer avancierten soziologischen Theorie (und daran interessierten Nachbardisziplinen) auf sich habe, ob die Frage selbst (als rettungslos anachronistisch) zu verwerfen sei oder ob sie neu gestellt werden müsse, stieß jedenfalls auf Interesse, sie verbot sich offenbar noch nicht von selbst, sie führte zu Anschlüssen, also zu Texten, die den Eindruck erweckten, es könnten weitere Anschlüsse folgen, es könne eine breitere Diskussion ausgelöst werden. Jener Probiertext mit unklarem Status stimulierte nicht weitere Probiertexte, sondern Aufsätze, die nicht mehr so waghalsig und ungehemmt waren, sondern kontrollierte Versuche, das Problem ›des Menschen‹ unter modernen wissenschaftlichen Bedingungen zu umkreisen – kühler zumeist und nüchterner als der Referenztext, dessen ungehemmtes Durchstarten gebremst, aber nicht (vielleicht auch wohlwollend nicht) zum Stillstand gebracht wurde, wie immer dann die Lineaturen der Antworten (oder Vermeidungen von Antworten) sich verzweigten.

Was herauskam, ist so etwas wie eine Circumambulation der Ausgangsfrage, teils skeptisch, teils forciert; und als genau das (als ein

Umgehen, Umkreisen, Herantasten, als ein behutsames Prüfen) möchten wir diese Sammlung von Aufsätzen begreifen. Damit verstanden werden kann, wie die Diskussion ausgelöst wurde, haben wir uns entschlossen, jenen Probiertext unverändert, in seiner ganzen Vorläufigkeit, Überfrachtung und Metaphorik stehen zu lassen. Die Frage, zu der er sich leichten Sinns aufschwingt, ist die, ob das Konzept ›Mensch‹ nicht mehr und mehr zum Referenzpunkt der Entscheidung schwieriger gesellschaftlicher Fragen genommen wird, als kommunikatives Pressionsmittel, als so etwas wie ein in Entwicklung begriffenes symbolisch generalisiertes Kommunikationsmedium der Gesellschaft, die beginnen muß (und längst begonnen hat), die Bedingung der Möglichkeit ihres eigenen Funktionierens als gefährdet anzusehen, die Bedingung der Existenz einer infra- und extrastrukturellen Basis, die über Leben und Bewußtsein verfügt und mit ›Mensch‹ bezeichnet wird. In immer mehr Zusammenhängen, könnte man zugespitzt sagen, wird die Indifferenz im Blick auf diese Gefährdung in Irritabilität transformiert, und zwar unter vielen Problemtiteln, die – wie immer katastrophensüchtig oder apokalyptisch – tragische Entscheidungen gegen jene extra- und infrastrukturelle Bedingung der Möglichkeit von Gesellschaft zu vermeiden suchen und in der Unterscheidung von Mensch und Gesellschaft ›den Menschen‹ bezeichnen – in der Kommunikation, versteht sich, als (zumeist moralisch gehandhabtes) Mittel der Annahmeerzwingung ansonsten prekärer Sinnzumutungen.

Prekäre Sinnzumutung, das war diese forcierte Fragestellung in jedem Fall für Niklas Luhmann, prekär, weil sie zu Fehlschlüssen animieren könnte, zum Re-import der ontologisch zu deutenden *conditio humana*, zum Wiederanschluß an alteuropäische Konzepte und damit zur Kontamination der Theorie durch wohlmeinende, aber unfruchtbare Unschärfen, die gerade erst (und noch lange nicht von jedem) scharf gestellt wurden. Dies sei unbedingt zu vermeiden, davor müsse gewarnt werden: »... alle Erfahrungen sprechen für Theorien, die uns vor Humanismen bewahren.« Anders (wiewohl auf gleichem Theoriehintergrund) Dirk Baekker, der als Antwort auf die Frage nach dem Menschen eine Unentscheidbarkeit (ob)serviert, aber dies nicht einfach als Aporie, nicht als Heraufbeschwören einer uralten und unüberwindbaren Rätselhaftigkeit, sondern in der Form einer Formanalyse, die zeigt, wie der endgültige Verlust jeder Bestimmbarkeit des Menschen sich ummünzt in den Gewinn seiner Selbstentdeckung als Beobachter unter Beobachtern, der (statt sich der Hochtemperatur des Humanismus zu überlassen) genau diese Lage zum Ausgangspunkt von Analysen macht.

Rudolf Stichweh dekliniert eine Anzahl der Unterscheidungen durch, in die ›der Mensch‹ semantisch plaziert wurde, und kommt, indem er das soziale Fungieren dieser besonderen Unterscheidungen vorführt, zur These einer »heimlichen Anomalie aller auf den Menschen bezogenen Thematisierungen in der Moderne«, daß es nämlich nicht mehr um Ausgrenzungen gehe, um die Besonderung eines Innen/Außen-Verhältnisses, sondern um die Binnendifferenzierung der Weltgesellschaft. Er schlägt deshalb vor, die Frage nach dem Menschen (der Menschheit) abzukoppeln von der Frage nach den Strukturen und Prozessen der Weltgesellschaft, deren Dekomposition niemals auf Menschen führt. Statt dessen könne man ›Mensch‹ und ›Menschheit‹ als soziale (kommunikative) Konstrukte begreifen, die im Rahmen makrosoziologischer Ansätze zu behandeln seien und auf diese Weise ein bearbeitungsfähiges Format gewönnen: als Analyse der Zumutungen, die jenen Konstrukten im Zuge der Variation gesellschaftlicher Verhältnisse implementiert würden.

Eine solche Analyse führt Werner Bergmann durch, indem er die Funktion des Menschen als besonders geartete »Kontingenzunterbrechung« thematisiert, als spezifische (sozial konstruierte) Limitationalität, die durch die Katastrophe des Holocaust in eine brennende Fraglichkeit gerückt wurde. Die Möglichkeit der Selbstvernichtung der Gattung, gesellschaftlich kommuniziert als bedingt durch ebendie Struktur, die Differenzierungstypik dieser Gesellschaft, scheint die Resonanzfähigkeit der sozialen Systeme gegenüber der Externität ›Mensch‹ und ihren fragilen Bewandtnissen zu erhöhen, ein Vorgang, der nicht steuerbar ist, weil er sich in der sozialen Evolution begibt, die auf eigene Weise über Bewährungs- oder Verwerfungschancen disponiert.

Michael Hutter und Gunther Teubner schneiden die Fragestellung, um die es geht, erst klein, indem sie die Akteurfiktionen ›homo juridicus‹ und ›homo oeconomicus‹ als Sonderfälle der sozialen Konstruktion des Menschen (und hier: der Person) behandeln und sie einordnen in das Theoriestück der strukturellen Kopplung zwischen psychischen und sozialen Systemen. Dann identifizieren sie die Funktion jener Konstruktionen: Sie ist die

Erzeugung einer »eigentümlichen Perturbationschance«, mit der sich soziale Systeme im Blick auf ihre psychische Umwelt Indifferenzen und Irritabilitäten schaffen, orientierte Abhängigkeiten und orientierte Unabhängigkeiten zur gleichen Zeit. Und, das ist eine besondere Pointe, diese Perturbationschancen durch die Konstruktion von Akteurfiktionen dienen auch dazu, soziale Systeme mit anderen Sozialsystemen (insbesondere formalen Organisationen) zu koppeln. Das läuft, wie die Autoren folgern, auf eine so selten (oder unter anderen Titeln wie etwa Kolonialisierung der Lebenswelt) gesehene »Ausbeutung psychischer Systeme durch soziale Systeme« hinaus, die es zu durchschauen gelte, ehe sich die wie immer dünne Chance eröffnen könne, eben jene Personenfiktionen in für psychische Systeme attraktiverer Weise zu modulieren.

Diese Fiktionen funktionieren jedoch, könnte man sagen, weil die psychischen Systeme, an denen Sozialsysteme parasitieren, am Körper der Menschen zur Erscheinung kommen, dem (vielleicht im Sinne Bergmanns) Kontingenzunterbrecher par excellence, dessen ›Eigenleben‹ (Widerständigkeit) einerseits limitiert, was sozial möglich ist, der andererseits (und eben als dieser eigenlebende) zur »Schnittfläche« wird, die die kommunikationsrelevante Unterscheidung von Information und Mitteilung in der Interaktion ermöglicht. Alois Hahn und Rüdiger Jacob bezeichnen in der Differenz von psychischen und sozialen Systemen das in der Differenz Ausgeschlossene, den diese Differenz tragenden oder umschließenden Leib, und sie bezeichnen ihn als bedeutungstragendes System, also als etwas, das durch die Differenz (psychisch/sozial), obwohl es ausgeschlossen ist, eingeschlossen wird. Diese Körperlichkeit kann überzogen werden mit der Codierung von gesund/krank und diese Codierung ihrerseits – und jetzt unter typisch modernen gesellschaftlichen Bedingungen – mit der Metacodierung Risiko/Gefahr. Die These lautet dann, daß diese Codierungscodierung zum (progredienten) Merkmal der funktional differenzierten Gesellschaft wird und sich einordnet in die Beobachtung, »daß immer mehr Lebensbereiche transformiert werden in kontingente Situationen mit Selektionszwängen«. Der Körper des Menschen wird zur Adresse für Zurechnungen, die riskantes Verhalten und daraus resultierende Unzuträglichkeiten von Gefahren unterscheidet, denen er – nolens volens – unterliegt, und die sozialen Strukturen, die die eine oder andere Zurechnung nahelegen, sind offenbar geprägt von der Modernität/Nichtmodernität des ›Lebenszuschnitts‹ der sie realisierenden psychischen und sozialen Systeme. Für diese These kann dann am Beispiel Aids der empirische Nachweis geführt werden.

Wolfgang L. Schneider trennt und verbindet zwei große und hier einschlägige Theorielinien der Soziologie und der Sozialphilosophie dadurch, daß er einerseits die Luhmannsche Exkommunikation des Menschen aus sozialen Systemen mit dem Intersubjektivitätskonzept von Habermas konfrontiert, andererseits sein Rekonstruktionsinteresse darauf richtet, jenseits aller Differenzen zwischen diesen beiden theoretischen Ansätzen eine Art Gemeinsamkeit zu entdecken, eine Überlappungsstelle, an der das systemtheoretisch verworfene Konzept der Intersubjektivität (abgespeckt um Idealisierungen und Inkonsistenzen) wieder in die Theorie eintritt, und zwar in dem Moment, in dem es um Limitationalität geht, um »mögliche Grenzwerte für die sozial integrierbare Heterogenität kommunikativer Strukturen«.

Um solche Grenzwerte geht es bei Peter Fuchs, Dietrich Buhrow und Michael Krüger, die die Analyse einer Konstruktion des Menschen versuchen, für die gilt, daß sie zur (schließlich grausamen) Exklusion sogar der Körper aus den Funktionssystemen der modernen Gesellschaft führte, eine Analyse, die sich auf den Ausschluß schwerstbehinderter Menschen in der ehemaligen DDR bezieht und an diesem Beispiel das Fungieren des Schemas Inklusion/Exklusion vorführt: Die Konstruktion des Mediums (als sozialistische Persönlichkeit) läßt die ›defekten Exemplare der Gattung‹ in ein gesellschaftliches Vakuum, in die Vergessenheit, in die totale Vernachlässigung, in das bloß somatische Vorhandensein abdriften. Die Wiederentdeckung dieser Exemplare ist ihrerseits (als Versuch der Re-Inklusion) geknüpft an eine andere Konstruktion des Menschen – als ein Medium mit Entwicklungschancen, mit Chancen für die Ausnutzbarkeit von Zeit, mithin als Medium für Erziehung.

Die bis jetzt skizzierten Beiträge arbeiten vornehmlich soziologisch, die folgenden sind (wiewohl implizit oder explizit in Kontakt stehend mit der systemtheoretischen Perspektive) lesbar als Beobachtungen des Ausgangsproblems mit teils leichter, teils stärkerer Variation der Unterscheidungen, die dabei benutzt werden. Benno Wagner bezieht die These, daß der Mensch als Medium der Gesellschaft begriffen werden könne, auf Musils *Mann ohne Eigenschaften* und zeigt, daß das Medium-Mensch-Problem einer fulminanten literarischen Ausarbeitung schon in den zwanziger Jahren dieses Jahrhunderts unterzogen werden konnte. Die Literatur (in ihren epischen und dramatischen Hochformen) registriert, daß sie es auf alle Fälle mit dem Menschen als ihrem Medium zu tun hat, daß sie dieses Medium unentwegt zu reifizieren genötigt ist, und entdeckt in dem Moment, in dem sie sich zu sich selbst experimentierend verhält (essayistisch, selbstreferentiell), die Konstrukthaftigkeit des Mediums, seine Plastizität, die es nun doch wieder zu bündeln, zu verdichten, als soziale Konstruktion zu reifizieren gilt. Daraus entwickelt sich bei Musil die Form seines Schreibens als Oszillation zwischen zwei »Diskurstechniken, dem Problematisieren und dem Experimentieren«.

Manfred Schneider beobachtet den Staat und die Verwaltung als Beobachter des Menschen und führt vor, wie gerade in dieser Beobachtung das systemexterne Kompaktsystem ›Mensch‹ im System im Blick auf seine Quantifizierbarkeit konstruiert wird: als Medium in einem sehr genauen Sinne, als massenhaft vorkommende Exemplare, die sich in vorteilhafter Weise bündeln und wieder entbündeln lassen: durch Zahlen und Zählen, durch die Referenz auf Wahrscheinlichkeiten und Unwahrscheinlichkeiten, durch Benutzen als Datenbasis und Datenquelle, durch eine De-Individualisierung, die Individualität nur im Falle von Ausnahmeexemplaren zuläßt, die sich dem sozialen Gedächtnis einschreiben. Die Form dieses Sich-Einschreibens diskutiert Wolfgang Schäffner als Differenz von »statistischer Typologie und individueller Persönlichkeit«. Die Literatur erscheint als Form des Wissens, das diese Differenz zu übergreifen vermag, indem sie Allgemeinheit (Typus) und Individualität im »wahrscheinlichen Einzelfall konkretisiert«. Schäffner exemplifiziert seine Annahme an Verbrechererzählungen um 1920 und kann (in vielem konvergierend mit Benno Wagner und Manfred Schneider) die Entwicklung eines forensischen Dispositivs nachzeichnen, das die Auflösung des Menschen in seiner statistischen Erzeugung noch einmal verschärft.

Jochen Hörisch schließlich unternimmt den eher distanzierenden (ironisierenden) Versuch, die, wenn man so sagen darf, Entpathetisierung des Menschen in einer Gedichtfolge zu analysieren, die, bezogen auf den entsprechenden biblischen Topos, von Claudius über Roth zu Morgenstern geht. Unversehens erscheint Literatur als von binären Zwängen weitgehend entlastete Beobachtungsinstanz, die von der Literaturwissenschaft beobachtet werden kann, wie sie beobachtet. Hörisch seinerseits beobachtet die Literatur als eine Domäne, in der die beobachtungsleitende Unterscheidung die von stimmig/unstimmig ist, als einen Bereich, in dem ›semantischer Überfluß‹ erzeugt wird. Schöne Literatur ist als dieser Überfluß wie der Mensch eine »subtheoretische ... Auffangkategorie«, die es einem möglich macht, sein Leben unter dem Niveau komplexer Theorien (und dennoch weltangemessen) zu fristen. Es *wem* möglich macht? könnte man fragen. Dem menschlichen Menschen, müßte man antworten, was immer er oder sie sei.

Was ist unter dem Zugriff dieser Aufsätze mit der Ausgangsfrage passiert, mit der modifizierten Gretchenfrage, wie sie, die Systemtheorie, es mit dem Menschen halte? Einer Frage, die ja nichts weiter ist als die Wiederauflage viel älterer Diskussionen, in denen zu Beginn der Moderne der Verlust des Menschen schon irritiert und fasziniert heraufbeschworen, beklagt wurde und verhindert werden sollte? Ergeben sich für die Wiederbelebung der Frage in den eigentümlichen Sprach- und Theoriegepflogenheiten system- und differenztheoretisch orientierter Autoren Chancen, die über das interne Theoriemanagement hinausreichen?

Das hängt, würde jene Theorie sagen, von Anschlüssen ab, von weiteren Textereignissen, die sich auf die hier aufgegriffene Fragestellung beziehen. Ob sie Abgesang einer längst erschöpften Diskussion ist oder sich auf neue, gar frappierende Weise bewirtschaften läßt, kann sich nicht durch diesen Band entscheiden, dem der Status des Experiments zugebilligt werden sollte. Es ging ja nicht darum zu bestimmen, was der Mensch (und die Menschen) sind, sondern darum, die Theorie mit der Frage zu strapazieren, ob sie etwas mit einem Wort anfangen könne, das sich überall sonst beinahe wie von selbst versteht. Es scheint, daß alle Beiträge dieses Bandes bei diesem Strapazieren an einer Art von Verschiebung arbeiten, an der Notation eines Verrutschens, in dem sie das Wort ›Mensch‹ mit gleichsam vorübergleitenden Differenzseiten konfrontieren, das auf eine Weise, die es möglich erscheinen läßt, diese Verrutsch- und Gleittechnik noch einmal logologisch oder theorietheoretisch zu beobachten. Vielleicht ist es möglich, wenn man denn so reden dürfte, ohne in die Zwickmühlen anderer Theorien zu geraten, zu sagen, daß sich dann so etwas wie eine ›konstruktive Dekonstruktion‹ zumindest registrieren ließe. Das konstruktive Moment läge dann im Anvisieren der Möglichkeit, die soziale Konstruktion des Menschen der Tendenz nach als Konstruktion einer Kontingenzunterbrechung, eines externen Widerparts, eines Zwanges zur Einrechnung einer Nichteinrechenbarkeit zu begreifen, die in immer mehr Kommunikationen der Gesellschaft als Mittel der Restriktion arbiträrer Anschlüsse genutzt wird.

Die Würde des Begriffs bliebe ›dem Menschen‹ erspart, nicht aber die Funktion eines Unbegriffs, einer unverzichtbaren Unentscheidbarkeit, die im Moment der tatsächlichen oder vermeintlichen Komplettbedrohung der Menschheit seltsam entscheidend zu werden scheint.

Peter Fuchs und Andreas Göbel, im März 1994

Peter Fuchs
Der Mensch – das Medium der Gesellschaft?

Daß Systemtheorie den Menschen exkommuniziere, ist bis zum Überdruß gesagt, widerlegt, erneut gesagt und noch einmal widerlegt worden. Richtig ist, daß ›er‹ nicht als Theoriebegriff auftaucht, und richtig ist auch, daß man von gestandenen Systemtheoretikern ein Achselzucken erntet, wenn man sie fragt, wie sie es denn mit dem Menschen hielten. Zu kompakt, zu diffus sei der Begriff, das Wort allenfalls für Philosophen geeignet oder für Poeten, für raunende Beschwörung oder als Abbreviatur in alltäglicher Kommunikation. Jenseits des Chromosomensatzes lasse sich nicht ausmachen, was ein Mensch sei[1], und diesseits mit Sicherheit nur, daß man – vom Menschen sprechend – sozialen Konstruktionen aufsitze, diachron und synchron variierenden Konzepten, die zu flüssig, zu abgeleitet seien, um in der Theorie mehr als nur registriert werden zu können.[2]

Das ist kühl und klar gesprochen, aber befriedigt nicht zur Gänze. Ein ungutes Gefühl bleibt zurück: Ist das alles, was sich sagen läßt zu einem Begriff, der im gesellschaftlichen Alltag und in unseren Bewußtseinen eine unbezweifelbare Rolle spielt: Menschen sterben, hungern, lieben, leiden, nicht Sozialsysteme, nicht Kommunikationen; und wir sprechen von Mitmenschen (nicht: Mitbewußtseinen), von Unmenschen (nicht: Unbewußtseinen), von Menschlichkeit (nicht: Bewußtseinlichkeit). Aber im Pathos solchen Sprechens schwingt ja schon mit, daß man mehr sagt, als man wissenschaftlich verantworten könnte, übernähme man diesen Sprachgebrauch. Aber ihn ganz zu löschen ließe vielleicht eine Leerstelle in der Theorie zurück, besser noch: ließe auf einen ihrer blinden Flecke schließen, darauf, daß sie begrifflich nicht erfassen kann, was im Alltag mehr gesagt ist, wenn man ›Mensch‹ statt ›System‹ sagt. Kann man als Soziologe systemtheoretischer Pro-

---

1 Aber da hätten denn Mongolide berechtigte Bedenken, und nicht nur sie.
2 Das Wort ›Mensch‹ sei kein Mensch, formuliert N. Luhmann, »Wie ist Bewußtsein an Kommunikation beteiligt?«, in: H. U. Gumbrecht/ K. L. Pfeiffer (Hg.), *Materialität der Kommunikation*, Frankfurt am Main 1988, S. 884-905, hier S. 901.

venienz das Wort ›Mensch‹ nicht zur Würde des Begriffs erheben? Vielleicht sogar an zentraler Stelle?
Die folgenden Überlegungen werden nicht behaupten, sondern nur vermuten, daß dies möglich ist. Sie sind Vor-Überlegungen und konzedieren sich damit die Freiheit theoretisch kontrollierter Spekulation. Im Ergebnis präsentieren sie die Annahme, daß der ›Mensch‹ (die Menschen) das Medium der Gesellschaft sei, aber als Medium (bestehend aus der Form ›Mensch‹) durch seine ›Granulationseigenschaften‹[3] einschränke, was es für die Form Gesellschaft heißen kann, prägend zu sein.[4] Daran wird die evolutionstheoretische These geknüpft, daß die Hochform funktionaler Differenzierung, in der wir uns befinden, dieses Medium zu spezifizieren (zumindest: zu entdecken) beginnt, weil die gesellschaftliche Kontingenz Widerlager benötigt, die den Druck des ›Alles ist anders beobachtbar‹ abfangen.

I

Zunächst: Es soll an keiner Stelle hinter die Positionen zurückgegangen werden, die die Systemtheorie erreicht hat.[5] Gesellschaft als autopoietisches System reproduziert sich ausschließlich kommunikativ, und in ihr ›gibt‹ es nichts anderes als aufeinander reagierende Kommunikationen. Bewußtsein als autopoietisches System reproduziert sich ausschließlich gedankentechnisch, und in ihm ›gibt‹ es nichts anderes als aufeinander reagierende Gedanken. Beide Systemtypen sind sich wechselseitig extern. Ihre Operationen lassen sich nicht aneinander anschließen. Aber die Weise, wie die Externität jeweils gesehen wird, hängt vom Beobachter ab: Die Gesellschaft ist relevante Umwelt des Bewußtseins, *und* das Bewußtsein ist relevante Umwelt der Gesellschaft.[6] Es gibt keine Priorität auf der einen oder anderen Seite der Unterscheidung,

3 Diese Metapher verdanke ich Kay Junge.
4 Die Anregung zu diesen Überlegungen ergab sich aus N. Luhmann, »Das Kind als Medium der Erziehung«, in: *Zeitschrift für Pädagogik* 37 (1991) 1, S. 19-40. Ich möchte hier festhalten, daß es unter anderem darum geht, die Prägemetaphorik abzuweisen.
5 Diese Positionen werden umfänglich dargestellt in N. Luhmann, *Soziale Systeme. Grundriß einer allgemeinen Theorie*, Frankfurt am Main 1984.
6 Schon deswegen ist die Behauptung, Systemtheorie entferne den Men-

sondern nur die Differenz und deren (von keinem der beiden Systemtypen erreichbaren) Einheit: die Welt. Der ›Mensch‹, das läßt sich schnell sehen, findet auf beiden Seiten keinen Ort: Für die Gesellschaft kommt er nur als Kommunikation (zum Beispiel als Thema) vor, und für das Bewußtsein nur als Gedanke. Er ist das (ein?) ausgeschlossene(s) Dritte(s) dieser Unterscheidung, auf beiden Seiten ›irrealisiert‹ und dadurch als Realität unerreichbar, immer nur erscheinend als das, was er nicht ist (Gedanke oder Kommunikation). Kommunikation kann die Referenz auf den ›Menschen‹ nehmen, aber sie tut das kommunikativ, also unter der Bedingung der Unmöglichkeit, irgendwann und irgendwie bei ihm ›anzuschlagen‹. Dasselbe gilt für Bewußtsein: Es referiert auf den ›Menschen‹ bewußt und immer nur so, und auch das heißt: es erreicht ihn nicht. Das Reden und Denken über den ›Menschen‹ kann deshalb kein Ende nehmen.

Immerhin läßt sich sehen, daß der ›Mensch‹ in dieser Form (als vorausgesetzte, aber unerreichbare Externität jener Unterscheidung von Kommunikation und Bewußtsein) Ansatzpunkte für die soziale und psychische Konstruktion seiner Wirklichkeit bietet. Diese Wirklichkeit ist *second-order reality*[7], sie fußt auf den Unterscheidungen, die kommunikativ bzw. bewußt eingesetzt werden, auf weichen Operationen, die eine harte *Realität von Anschlußselektionen in Kommunikation und Bewußtsein* erzeugen.[8] Man könnte sie ›fungierende‹ soziale bzw. bewußte Realität

  schen, das Subjekt, das Individuum aus der Gesellschaft, absurd. Sie
  entfernt ebenso die Gesellschaft aus dem Menschen.
7 L. Löfgren, »Cybernetics, Science and Complementarity«, in: G. d.
  Zeeuw/R. Glanville (Hg.), *Support, Society and Culture. Mutual Uses of
  Cybernetics and Science*. Preceedings Conference March 27-April 1,
  1989, Part 2, Addendum, S. 3, geht davon aus, daß die *second-order
  cybernetics* begrifflich von H. von Foerster (Hg.), *Cybernetics of Cybernetics*, Urbana, Ill., Biological Computer Laboratory Report No. 73,
  1974, S. 38, eingeführt worden sei. *Second-order reality* ist der Effekt
  der Prozesse, die dieser Begriff bezeichnet. Siehe grundsätzlich H. von
  Foerster, *Observing Systems*, Seaside, Cal. 1981. Vgl. zu Ausarbeitun-
  gen der These, daß Realität sich unterscheidungs- und beobachtungstechnisch konstruiert, die Aufsätze in N. Luhmann, *Soziologische Aufklärung 5, Konstruktivistische Perspektiven*, Opladen 1990.
8 ›Hart‹ und ›weich‹ sind hier Metaphern, die auf Plausibilität setzen. Die
  Metapher selbst ist aber in Diskussion. Maturana beispielsweise geht
  davon aus, daß nur autopoietische Operationen ›hart‹ sind und alle

nennen.⁹ Der ›Mensch‹ dient dann als Attraktor, als magnetisches Zentrum für Imaginationen, als Kompaktkonzept oder ›Ballung‹, die sich der gesellschaftlichen Evolution aussetzt, sich mehr oder weniger bewähren kann, aber in jedem Fall limitiert, wie Kommunikation, wie Bewußtsein an ›sie‹ anschließen kann.¹⁰
Wie Bewußtseine anschließen, entzieht sich dem Zugriff soziologischer Forschung. Was Bewußtseine denken, erscheint nicht auf dem Bildschirm der Gesellschaft, es sei denn: als Kommunikation, im Kontext ihrer Emergenz, also verschoben, verkürzt, dekontextualisiert im Blick auf den Ausgangskontext. Die Referenz wechselnd, fragen wir jetzt: Was bedeuten das Kompaktkonzept ›Mensch‹ und der Umstand, daß mit dem Begriff nicht feste (substantielle) Einheiten gemeint sein können, für die Diskussion des Zusammenhangs von Mensch und Gesellschaft?

II

Die Gesellschaft, das wird hier vorausgesetzt, ist ein autopoietisches System. Sie unterscheidet sich von anderen Sozialsystemen dadurch, daß sich ihre Grenzen nur dann überschreiten lassen, wenn der Operationsmodus Kommunikation aufgegeben wird. Ihre Innenseite ist durch den Prozeßtyp Kommunikation definiert, und ihr Außen ist das, was eben dadurch ausgeschlossen wird. Funktionssysteme wie Wirtschaft, Recht, Religion, Wissenschaft, Kunst etc. reproduzieren sich nicht minder kommunikativ und insofern gesellschaftlich, aber sie haben jenseits ihrer Gren-

›weichen‹ Konzepte über den Beobachter ins Spiel kommen. Siehe dazu G. Teubner, »Hyperzyklus in Recht und Organisation. Zum Verhältnis von Selbstbeobachtung, Selbstkonstitution und Autopoiese«, in: H. Haferkamp/M. Schmid (Hg.), *Sinn, Kommunikation und soziale Differenzierung. Beiträge zu Luhmanns Theorie sozialer Systeme*, Frankfurt am Main 1987, S. 89-128, hier S. 99.

9 Systemtheoretisch kommt man zu dem Ergebnis, daß das ›cognized model‹ »absolute Realität« habe. Siehe dazu N. Luhmann, *Ökologische Kommunikation. Kann die moderne Gesellschaft sich auf ökologische Gefährdungen einlassen?*, Opladen 1986, S. 52.

10 Sie ist als Ballung dicht *und* diffus genug, um Anschlüsse nicht zu zementieren und Variationen zuzulassen.

zen immer noch: Kommunikationen, mehr desselben.[11] Sie schreiben im Normalfall ihre Form via Codierung in das Fluten gesellschaftlicher Kommunikation ein und konstruieren ihren Selbstbezug (damit, was als Fremdreferenz für sie möglich ist), indem sie ein Medium voraussetzen, das die Einheit der Systemoperationen garantiert. Es toleriert und ermöglicht die scharfe Binarität systemspezifischer Unterscheidungen wie Zahlung/Nichtzahlung, Recht/Unrecht, Immanenz/Transzendenz, wahr/unwahr oder Schild/Nichtschild.[12]

Gesellschaft dagegen scheint keine Sondereinrichtungen zu benötigen, um ihre Differenz zu dem, was sonst vorkommt, scharf zu halten. Ihre Einheit (ihre Form) ist durch die kommunikationsgestützte Autopoiesis selbst gegeben. Sich auf die Einheit der Gesellschaft zu beziehen heißt unabdingbar: sich auf Kommunikation zu beziehen.[13] Es heißt vor allem: Kommunikation benutzen müssen, um referieren zu können. Die Einheit der Gesellschaft ist ›Vollzugseinheit‹, sie ist nicht stillstellbar, sie läßt sich nicht hypostasieren, sie vollzieht sich in basaler Selbstreferenz, ist also – mit anderen Worten – nur operativ präsent.[14] Gesellschaft zeichnet sich dadurch aus, daß sie sich nicht auszeichnet als etwas, das sich in sich selbst noch einmal von sich selbst unterscheiden

---

11 Siehe dazu ausführlicher: P. Fuchs, *Die Erreichbarkeit der Gesellschaft. Zur Konstruktion und Imagination gesellschaftlicher Einheit*, Frankfurt am Main 1992.
12 Siehe als einige Beispiele für die Diskussion funktionaler Differenzierung N. Luhmann, *Macht*, Stuttgart 1975; ders., *Liebe als Passion. Zur Codierung von Intimität*, Frankfurt am Main 1982; ders., *Die Wirtschaft der Gesellschaft*, Frankfurt am Main 1988; ders., *Die Wissenschaft der Gesellschaft*, Frankfurt am Main 1990; ders., F. D. Bunsen und D. Baecker, *Unbeobachtbare Welt. Über Kunst und Architektur*, Bielefeld 1990. Siehe zur Unterscheidung von Schild/Nichtschild P. Fuchs, *Die Kunst, die Welt und soziale Systeme*, FU-Hagen 1991.
13 Siehe zum Versuch, die hier erforderlichen Theoriegrundlagen entkrampft vorzustellen, P. Fuchs, *Niklas Luhmann – beobachtet. Eine Einführung in Systemtheorie*, Opladen 1992.
14 Damit nicht-präsent für sich selbst: Die Einheit realisiert sich auf der Beobachtungsebene erster Ordnung, als Einsatz der Unterscheidung von Information, Mitteilung und Verstehen. In Analogie zur ›fungierenden‹ Realität kann man hier von ›fungierender‹ Einheit sprechen, die sich unterscheidet von Einheitsimaginationen.

muß.[15] Indiz dafür ist die Unmöglichkeit, gesellschaftliche Kommunikation von funktionssystemspezifischer Kommunikation zu unterscheiden. Man kann zwar die Unterscheidung beobachtungstechnisch einsetzen, also wirtschaftliche, rechtliche, wissenschaftliche, künstlerische Kommunikation bezeichnen, aber beim Wechsel der Differenzseite (Bezeichnen von Kommunikation überhaupt) klappen die Differenzseiten aufeinander: Jede Kommunikation ist gesellschaftliche Kommunikation, ob binär codiert oder nicht.

Aus diesen Überlegungen läßt sich ein fruchtbares Problem herausdestillieren. Die Funktionssysteme der Gesellschaft konstruieren ihre Einheit medial: Sie benutzen Medien, die sicherstellen, daß der Bezug auf ihre Einheit nicht Bezug auf irgend etwas in der Welt (zum Beispiel Gesellschaft) ist, sondern an jeder Zeitstelle Selbstbezug. Über Wahrheit, Geld, Recht und Macht etc. schaffen sich die Funktionssysteme ein quasi-materielles Kontinuum[16], das die Systemoperationen ent-arbitrarisiert, indem es als Medium limitiert, welche Forminskriptionen möglich und welche ausgeschlossen sind.[17] Man könnte auch sagen: Sie garantieren die Unverwechselbarkeit der Systemoperationen, damit die Selbstunverwechselbarkeit des Systems: seine Identität. Das gilt so nicht für die Gesellschaft.[18] Sie kann sich nicht selbst medial benutzen, weil die Form, in der sie sich realisiert, ein Außen erzeugt, das für sie nur intern erreichbar ist: Das Außen ist Nichtkommunikation. Wenn die Gesellschaft sich selbst bezeichnet, bezeichnet sie sich bis zu ihrem Rand, hinter dem sie absolut abbricht. In terms der Binarität formuliert: Gesellschaft zeigt sich an, wenn kommuniziert wird, sie ist in diesem Sinne selbst-indexikal, sie ist einge-

---

[15] Theorietechnisch ist hier der Ort, die Unterscheidung von Interaktion und Gesellschaft zu benutzen, also eine Ebenendifferenz. Siehe dazu N. Luhmann, »Interaktion, Organisation und Gesellschaft«, in ders., *Soziologische Aufklärung* 2, Opladen 1975, S. 9-20.
[16] Anzeichen dafür sind ›symbiotische Mechanismen‹, die den Materialitätsrekurs zulassen.
[17] Und dabei sind Raffinessen möglich wie etwa die, das »Kind« als Medium zu benutzen, wenn es um Erziehung geht. Siehe Luhmann 1991, a.a.O.
[18] Spannenderweise auch nicht für ein Bewußtsein. Um eine Metapher zu gebrauchen, die man am besten sofort wieder vergessen sollte: es gilt nicht für »Container«-Systeme.

schaltet oder ausgeschaltet und benötigt deshalb nicht einen zusätzlichen binären Schalter, der Kommunikation so totalisiert, daß innerhalb von Kommunikation noch einmal zwischen gesellschaftlicher und nichtgesellschaftlicher Kommunikation unterschieden werden müßte. Gleichwohl ist sie (wenn sie Form ist) auf ein Medium (vielleicht auf Medien) angewiesen. Wir würden ihrer nicht ›ansichtig‹, sie würde nicht ›erscheinen‹, wir würden sie nicht unterscheiden und bezeichnen können, wenn sich das nicht so verhielte.

III

Die Unterscheidung von Form und Medium unterscheidet, auf den einfachsten Nenner gebracht, Loseres von Festerem.[19] Sie bezeichnet (und das ist ihre eigentliche Raffinesse) einen Unterschied im Selben. Ein Medium, bestehend aus Elementen des gleichen Typs und im Aggregatzustand loser Kopplung, bietet Verdichtungsmöglichkeiten im Sinne strikterer Kopplung eben dieser Elemente. Griesbrei ist Griesbrei, aber er kann, wie Väter/Mütter/Kinder leidvoll wissen, unter der Bedingung unangemessener Hitze oder mangelnden Rührens verklumpen, kann also auf der Ebene seiner eigenen ›Organisation‹ außenbedingte innenbedingte Formen annehmen, die im weißgelben Brei eine Stabilität entfalten, die sich nur vermittels eines hochtourigen Mixwerkes auflösen läßt. Der Punkt ist, daß das Medium (Gries) an seinen Verdichtungsstellen (Klumpen) Gries bleibt. Die Form ›emergiert‹ nicht: Sie zeigt sich nur als partielle Verdichtungsverschiebung im selben Medium, als festere Klebung von Elementen in einer Menge derselben, allenfalls lose geklebten Elemente.[20]

19 Siehe hier grundlegend F. Heider, »Ding und Medium«, in: *Symposion. Philosophische Zeitschrift für Forschung und Aussprache* 1 (1926), S. 109-157. Vgl. (nahe an unserem Thema) auch D. Baecker, »Die Unterscheidung zwischen Kommunikation und Bewußtsein«, in: W. Krohn/G. Küppers (Hg.), *Emergenz: Die Entstehung von Ordnung, Organisation und Bedeutung*, Frankfurt am Main 1992, S. 217-268, hier S. 246 ff.
20 Das ist der Grund dafür, daß die Form Gesellschaft hinsichtlich des Mediums, das sie duldet, theoretische Probleme bereitet. Gesellschaft ist keine ›partielle‹ Verdichtungsverschiebung.

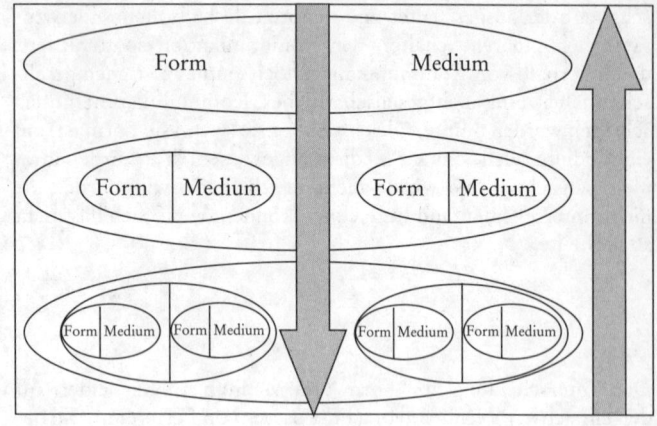

Abb. 1

Dieser Umstand begründet die ›Innenbedingtheit‹ der Formen. Das Medium läßt keine beliebigen Inskriptionen zu, es hat Klebungs- und Granulationseigenschaften, die zurückwirken auf die Möglichkeit von Formeinschreibungen, es ›trotzt‹ mit einer Widerständigkeit, deren Ursache leicht zu benennen ist: Das Medium ist ›gekörnt‹, es setzt sich seinerseits aus Formen zusammen: die Luft aus Molekülen, der Sand aus Körnern oder Sinn aus Sinnverweisungen. Man könnte auch sagen, das Medium übt Bremswirkungen aus, wenn es um Formung geht, weil es selbst aus Formen (spezifischen Festigkeiten) besteht.[21] Der Versuch, gegen diese Eigenwertigkeit des Mediums noch Formen durchzusetzen, führt zur Zerstörung des Mediums: Griesbrei kann verkohlen.

Die Medium/Form-Unterscheidung, auch das folgt aus diesen Überlegungen, entwirft (zur Beobachtung eingesetzt) eine ›gleitende‹ Hierarchie (Abbildung 1). Sie ist eine Chiasmus-Unterscheidung in dem Sinne, daß sie sich rekursiv auf beiden Seiten ihrer selbst wiederholt, mithin immer wieder auf die Unterscheidung stößt, die vorausgesetzt wird. Und gesehen wird, wo immer

---

21 Siehe dazu, wie diese Überlegung theoretisch eingesetzt werden kann, P. Fuchs, »Die soziale Funktion der Musik«, in: W. Lipp (Hg.), *Gesellschaft und Musik. Wege zur Musiksoziologie* (Sociologia Internationalis, Beiheft 1), Berlin 1992, S. 67-86.

man sich in der Gleithierarchie beobachtend bewegt, ausschließlich: Form. Das gilt, solange diese Unterscheidung benutzt wird, und würde erst dann nicht mehr gelten, wenn Nichtbeobachtung mit dieser Unterscheidung möglich wäre.[22]

All das funktionierte nicht, wenn Medien nicht eben aufgrund ihrer ›Körnigkeit‹ dafür sorgten, daß Formen, die sie tolerieren, wieder zerfallen können.[23] Sie garantieren Entropie oder, anders gesagt, Vergänglichkeit aller Formen, und da die Unterscheidung Form/Medium selbstimplikativ gebaut ist, ist jede Form in jedem Medium (und damit jedes Medium) zerfallsanfällig. Deshalb müssen Medien (und Formen) entweder reproduktionsfähig sein, oder sie fallen aus der Welt heraus. Die Form löst sich auf, wenn das Medium nicht partielle Kohäsionen zuläßt. Wenn die Form verschwindet (der Fußabdruck im Sand, die Welle im Wasser, das Gesicht der Sphinx), bleibt das Medium für neue Formungen erhalten (damit setzt es jede Form ›selektiv‹, also kontingent), es sei denn, die Formen (Elemente), aus denen es sich selbst zusammensetzt, werden in dem Medium, die seine Elemente tragen, ›amorphisiert‹. Dann verschwinden Form und Medium für jeden Beobachter.[24]

Medien, das ist festzuhalten, sind koagulationsfähig, sie können Formen ›ausflocken‹, die sich den Eigenschaften des Mediums anschmiegen müssen, weil sie sich *in* diesem Medium mit den Elementen des Mediums konstituieren und dabei nichts hinzufügen und nichts wegnehmen. Die Außensensibiliät von Medien (Zeitanfälligkeit, Formbarkeit) führt, wenn die ›Mediummasse‹ groß genug ist wie bei Sand, Luft oder Sinn, zu einem Phänomen, das wir die ›Hintergrundaktivität‹ des Mediums nennen wollen. Wenn die Form bezeichnet wird, invisibilisiert sich das Medium, aber ist so da, daß in ihm vielerlei geschieht, das sich im Moment nicht (nicht: simultan) sehen läßt[25], aber auf die fixierte Form

---

22 Siehe dazu den Aufsatz über Zen in N. Luhmann/P. Fuchs, *Reden und Schweigen*, Frankfurt am Main 1989.
23 Siehe dazu auch G. Bateson, *Geist und Natur. Eine notwendige Einheit*, Frankfurt am Main 1982, S. 62.
24 Damit spielt z. B. die Kunst. Aber man kann sich ja den Spaß machen, eine Barbie-Puppe mit dem Lötbrenner zu bearbeiten. Dann sieht man, wie die Form *und* das Medium verschmelzen und verdampfen.
25 Man sieht die Vase, typisch nicht den Ton, es sei denn: Man wechselt die Referenz, aber dann verschwindet die Vase.

wirkt: durch Kontextverschiebung, Horizontveränderungen, durch Formeinschreibungen an benachbarter Stelle, durch die ›Selbstriesel‹-Eigenschaften des Mediums oder durch Veränderungen auf der Ebene, auf der das Medium seinerseits als Form beobachtet werden könnte. Bedeutungen etwa werden im Medium Sinn fixiert, aber die dabei entstehende Form (ein Satz zum Beispiel), obgleich im Medium Schriftsprache unverändert festgehalten, variiert ihre Bedeutung unentwegt, weil Sinn als Medium (oder Sprache als Medium) im Hintergrund unablässig aktiv ist, bis hin zur völligen Bedeutungszersetzung oder zum Aufladen mit gänzlich neuen Bedeutungen. Davon wissen die Hermeneuten ein Lied zu singen. Für uns genügt die Einsicht, daß Evolution, mit der Unterscheidung von Form und Medium beobachtet, ihr *perpetuum movens* in jener Hintergrundaktivität der Medien hat.

IV

Man hat vorgeschlagen, die Medium/Form-Unterscheidung auf die Unterscheidung von Kommunikation und Bewußtsein anzuwenden.[26] Kommunikation kann dann medial von Bewußtsein in Anspruch genommen, Bewußtsein von Kommunikation ›geformt‹ werden. Das läßt sich sicherlich so sagen, wenn man mitsagt, daß die Präge- oder Formierungsmetapher arglistig täuscht. Das Bewußtsein berührt nicht die Kommunikation und Kommunikation nicht das Bewußtsein. Es gibt keine Stoß- und Druckkräfte, die Bewußtsein oder Kommunikation verbiegen. Beide verbiegen sich, wenn man so sagen darf, selbst, und das ist auch die logische Konsequenz aus der Annahme, daß die Form/Medium-Unterscheidung einen Unterschied im Selben bezeichnet. Das ist ebenso die logische Konsequenz daraus, daß beide Systemtypen sich autopoietisch geschlossen reproduzieren. Wenn also das Bewußtsein als Medium von Kommunikation fungieren soll, müssen die Unterschiede, die Unterschiede machen, kommunikativ geschehen: als Konstruktion von Bewußtsein; wenn Kommunikation als Medium für Bewußtsein fungieren soll, müssen die Unterschiede, die Unterschiede machen, bewußt gesche-

---

26 Vgl. Luhmann 1988, a.a.O., S. 890 ff. Siehe ferner dezidiert Baecker 1992, a.a.O.

hen: als Konstruktion von Kommunikation. Dabei könnten, und das erschwert die Analyse, die Konstruktionen nicht als Bewußtsein von etwas, als Kommunikation über etwas entwickelt werden, weil man, auf Medien weisend, wieder Formen findet und gerade nicht: das Medium sieht, das die bezeichnete Form sichtbar macht.

Das Medium, könnte man in gewagter Formulierung sagen, ist die fungierende Präsenz des Nicht-Präsenten, für Kommunikation in diesem Fall ein von ihr supponierter *empty space*, der die Unterschiede, die sie macht, erträgt. Kommunikation realisiert sich auf der Basis der Unterstellungsnotwendigkeit, daß Bewußtseine für Kommunikation durchlässig seien, daß Kommunikation gewissermaßen durch Bewußtseine gehe, aber eben das ist (traut man unseren theoretischen Prämissen) ausgeschlossen. Kommunikation granuliert nicht im Bewußtsein und hat nicht dort ihre Form. Sie rekonstruiert die Innen-/Außenseite der Prozessoren, die ihr Energien und Turbulenzen zuführen, als Differenz von Information und Mitteilung *an Mitteilungen* (*utterances*, Äußerungen, optischen, akustischen, taktilen Ereignissen) im *Modus des Alsob*: als ob sie auf das durch sie Ausgeschlossene (Bewußtsein) Zugriff hätte und nicht nur auf bewußtseinsexterne Ereignisse. Sie unterscheidet und bezeichnet locker daher in einer hochartifiziellen Hypothetik, mit der sie sich ihr Medium (das sie nicht sieht, aber benötigt) selbst erzeugt.[27] Sie baut dabei starke Plausibilitäten, ja Evidenzen dafür auf, daß sie durch Bewußtsein laufe, daß sie extern betrieben werde, daß sie allopoietisch verfaßt und nicht Moment eines autopoietischen Zusammenhangs sei. Sie verschleiert so ihre Emergenz, ihre Selektivität.[28] Auf diese Weise (deshalb ist die Verschleierung kein Defekt) reduziert sie die Komplexität, die entstünde, wenn Bewußtseine laufend mit dem Paradox der Verbindung des Unverbindbaren zu tun hätten und unentwegt wüßten, daß kein Bewußtsein das andere Bewußtsein erreicht.

27 Siehe zu dem Versuch, dieser Hypothetik auf die Spur zu kommen, J. Markowitz, *Verhalten im Systemkontext. Zum Begriff des sozialen Epigramms. Diskutiert am Beispiel des Schulunterrichts*, Frankfurt am Main 1986.
28 Wer im alltäglichen Diskurs mit mehr oder weniger liebenswerten Gegnern der Systemtheorie steht, kennt die Hilflosigkeit, die sich einstellt, wenn man diese Evidenzen angreift. Man benötigt dann überstarke Gegenevidenzen, die auch nicht besonders nützlich sind.

Für Bewußtsein (für seine alltägliche Orientierung) ist im Gegenzug (in struktureller Komplementarität[29]) Kommunikation nicht eine emergente Unerreichbarkeit, sondern ein durch Bewußtsein ›formierbares‹ Medium, eine Durchlässigkeit, Steuerbarkeit, die ihre Grenzen nur in der Komplexität der Ereignisverkettungen hat: Zu viele reden gleichzeitig, zu kompliziert oder in fremden Sprachen. Bewußtsein ›übersieht‹ oder ›sieht durch‹ den Umstand, daß Kommunikation für seine Operationen nicht ansatzweise zugänglich ist. Es schreibt seine Formen nicht dem Medium Kommunikation ein, sondern konstruiert intern Kommunikation als Bedingung der Möglichkeit von Inskription. Und wieder gilt: Es nimmt nicht das Medium wahr, sondern setzt es als ›tacit knowledge‹ voraus als dasjenige, worin es *sich in sich* markiert, obgleich die Markierung und daran anschließende ›Ballungen‹ als Gedanken (und nicht als Kommunikationen) geschehen.

Die Komplementarität dieser Form/Medium-Unterscheidung in einem Prozeß, in dem auf beiden Seiten der Unterscheidung die Unterscheidung in der Form des *re-entry* (Spencer Brown) wieder auftaucht (Abbildung 1), ist, technisch gesehen, möglich und forciert worden durch die evolutionäre Errungenschaft der Sprache, die in beiden Systemtypen zur Verfügung steht.[30] Als ›Supermedium‹, das die Unterscheidung von Kommunikation und Bewußtsein trägt, fungiert nach Dirk Baecker ›Sinn‹.[31] Das ist triftig, insofern diese Unterscheidung nicht erschiene, wenn sie nicht selbst (als Form) ›Ballung‹, ›Klebung‹, Kohäsionsstelle von Sinnverweisungen wäre, und das ist ungemein komplex (und weiterer Analyse bedürftig), weil die Konstitution von Sinn nicht prozessorextern (nicht jenseits von Kommunikation und/oder Bewußtsein) stattfindet. Das führt auf Schleifen und Paradoxien der absonderlichsten Art, es sei denn (und das wäre theorieschädlich), man ›platonisierte‹ Sinn.

Der Schluß wäre denkbar, daß Gesellschaft, weil sie sich kommunikativ reproduziert und nur Kommunikation dafür zur Verfügung hat, ihr Medium wie Kommunikation konstruiert: als operativer Einschluß des Ausgeschlossenen, des Bewußtseins. Aber

---

29 Luhmann 1988, a.a.O., S. 893.
30 Siehe Luhmann, a.a.O., S. 891. Zur Verfügung stehen heißt natürlich wieder: in der Operativität des je bezeichneten Systems.
31 A.a.O., S. 247 ff.

sie hätte dann, und das stimmt nachdenklich, die Form von Kommunikation. Sie hätte ihre Spezifik wie Kommunikation, und nur die Container-Metapher würde einen begrifflichen Mehrwert hinzufügen, wenn man von Gesellschaft statt von Kommunikation spräche: Man bezeichnete dann eben alle Kommunikationen, die Gesellschaft als ihren ›Behälter‹. Von Kommunikation sprechend, verführe man gleichsam punktueller, adressengenauer, mit höherem Auflösungsbegehren; von Gesellschaft sprechend, triebe man Generalisierung mit konzedierbaren Diffusitätsgewinnen. Gesellschaftstheorie wäre, wenn sie die Form von Gesellschaft identifizieren wollte, deckungsgleich mit Kommunikationstheorie, weil das Medium, in dem sich Gesellschaft visibilisiert (formiert) für (Selbst-)Beobachtung, das Medium von Kommunikation wäre: Bewußtsein.

Und noch ein Bedenken: Kommunikation ist kein System, sondern elementare Einheit von sozialen Systemen; Gesellschaft aber ist ein System. Sollte dieser Unterschied nicht Unterschiede machen im Blick auf das, was als Medium jeweils für Form in Anspruch genommen werden kann? Zumindest für die Funktionssysteme der Gesellschaft scheint zu gelten, daß ihr relevantes Medium anders konstruiert wird als das ihrer Elemente, der Kommunikationen, die sich immer (operativ) Bewußtsein als Medium kreieren, aber ihre Spezifik als wirtschaftliche, rechtliche, politische, wissenschaftliche, künstlerische Kommunikation in einem Medium gewinnen, das durch die binäre Codierung des Systems aufgespannt wird.

v

Die Gesellschaft ist kein Behälter, kein Raum, keine Landkarte, über die sich Kommunikationen verstreuen.[32] Sie ist bezeichnet durch eine Differenz, die Kommunikation von Nichtkommunikation trennt. Ihre Selektivität wird jedoch kaum erfaßbar, wenn Nichtkommunikation totalisiert wird: als Welt, in der es Steine, Amphibien, Milchstraßen, schwarze Löcher, Nebelwände und

---

32 Sie läßt sich nicht einmal graphisch so darstellen (außer zu didaktischen Zwecken), weil Kommunikationen keine Körper sind und sich raumzeitlich eher in Wellen verteilen.

quirlige Systemarrangements wie Menschen gibt. Die System/ Umwelt-Differenz würde völlig disbalanciert, ja leistungsunfähig im Rahmen einer Theorie, wenn sie das System gegen Null gehen ließe, indem sie die Umwelt auf Unendlich stellt und damit die Theorie zwingt, sich auf *cetera imparia* einzulassen. Gesellschaftliche Umwelt ist der Horizont, vor dem *soziale Selektivität* als Selektivität erscheint, nicht: ein Allhorizont, nicht der Behälter aller Behälter, nicht alles, was übrigbleibt, wenn man Gesellschaft subtrahiert.

Gesellschaft kondensiert am Problem doppelter Kontingenz, daran nämlich, daß »Menschen einander erleben als Subjekte, die anders erleben und handeln können«.[33] Entscheidend ist, daß (wie in allen System/Umwelt-Beziehungen) das Kondensat nicht an einem Problem entsteht, das ihm vorgängig ist: erst doppelte Kontingenz, dann soziales System. Vielmehr sind (wie bei allen Differenzen) die Differenzseiten (System/Umwelt) schlageinheitlich da: simultan. Indem es doppelte Kontingenz gibt, gibt es Gesellschaft, und indem es Gesellschaft gibt, gibt es doppelte Kontingenz[34]: als katalytisches Problem, das an jeder ›Stelle‹ von Kommunikation ›Subjekte‹ ausfällt, Kommunikationsteilnehmer (Individuen, Personen).[35] Dieses ›Ausfällen‹ von Adressen, die konstruiert werden als im Blick aufeinander unberechenbar, kontingent, als intern selbststeuernd und mit der Möglichkeit ausgestattet, an ihrer Außenseite über das zu täuschen, was innen geschieht – dieses Ausfällen geschieht im Sozialsystem Gesellschaft,

33 N. Luhmann, »Gesellschaft«, in ders., *Soziologische Aufklärung. Aufsätze zur Theorie sozialer Systeme*, Opladen 1970, S. 137-153, S. 144.
34 Der Zirkel »Ich tue, was Du willst, wenn Du tust, was ich will« (Luhmann 1984, a.a.O., S. 166) zeigt das schon in seiner Formulierung: Er setzt Selbstreferenzen auf beiden Seiten voraus und die Möglichkeit der Unterscheidung von Fremd-/Selbstreferenz im Ich und Du. Es mag kein Zufall sein, daß diese Wörter von Luhmann (ohne Anlaß für Höflichkeiten) groß geschrieben werden: als Bezeichnung für Subjekte, für sich-selbst-unterscheidende Systeme.
35 Dies scheint eine systematische Stelle für die Anbindung einer nichttrivialen Partizipationstheorie zu sein. Bezeichnend ist, daß J. Markowitz, »Referenz und Emergenz. Zum Verhältnis von psychischen und sozialen Systemen«, in: *Systeme. Interdisziplinäre Zeitschrift für systemtheoretisch orientierte Forschung und Praxis in den Humanwissenschaften* 1 (1991), S. 22-46, am Zirkel doppelter Kontingenz (im Sinne eines Referenzzirkels, in dem auf Referieren referiert wird) ansetzt.

sitzt aber einer externen Gegebenheit auf (die intern verschwindet: invisibel wird[36]): psychophysischen Systemarrangements, die wir üblicherweise unter den Kompaktbegriff »Mensch« bündeln.[37]
Reformuliert man die System/Umwelt-Differenz Form/Mediumtheoretisch, dann kann man sehen, daß die externen Arrangements Menschen als Hintergrund für Formen fungieren, die systemintern Bewußtsein, Körper, Wahrnehmungen, Beziehungen etc. kommunikativ zur Bezeichnung freigeben, mit fortgeschrittener Evolution Subjekte, Personen, Individuen und wieder Körper, ohne jemals Bewußtsein, Körper, Wahrnehmung, Beziehung, Subjekt, Person, Individuum zu ›sein‹. Das Medium (die konstruierte Präsenz von etwas, das die Einzeichnung dieser Formen erlaubt, weil es de-präsentiert wird) stattet dabei das System mit Zurechnungspotentialen aus, man könnte auch sagen: mit dem Schatten von Materialität.[38] Es trifft sich günstig, daß die Elemente des Mediums, das diese Formen toleriert, konzipiert werden können als hinreichend austauschbar, als sich hinreichend reproduzierend, als massenhaft und prinzipiell gleich anfallend, als entropisch und vor allem *hintergrundaktiv*: Das Medium ist hochturbulent.[39] Und: Es kann begriffen werden als scharf restriktiv im Blick auf die ›Ballungen‹, die es duldet: Es ent-arbitrarisiert die Gesellschaft im Blick auf die Formen, die es zuläßt, es

---

36 Noch einmal zur Verdeutlichung: Das Sozialsystem Gesellschaft hat keine Sinne, es nimmt Menschen nicht wahr.
37 Siehe N. Luhmann, »Evolution – kein Menschenbild«, in: R. Riedel/F. Creuze (Hg.), *Evolution und Menschenbild*, Hamburg 1983, S. 193-205, S. 204. In anderen Formulierungen kann man davon sprechen, daß ›Menschen‹ die Gesellschaft umweltsensitiv machen, und nur Menschen. Dazu läßt sich ein zusätzlicher, ein interpenetrationstheoretischer Zugang finden. Vgl. Luhmann 1984, a.a.O., S. 558. Aber Interpenetrationsverhältnisse sind in einem sehr genauen Sinne Form/Medium-Verhältnisse.
38 H. U. Gumbrecht/K. L. Pfeiffer (Hg.) 1988 versetzen viele Autoren in den Stand, sich diesem Schatten zu nähern, und es ist bezeichnend, daß man beinahe durchweg annimmt, daß es der Schatten von Körpern sei.
39 Kay Junge erzählte mir, daß in den USA die Veränderung der Gesellschaft (vor allem der Sprache) gleichsam an der Fluktuation des Mediums erscheine: Die Zahl der Asiaten beispielsweise nimmt zu, und damit wird limitiert, was auf emergenter Ebene der Kommunikation an Formen jetzt möglich oder nicht mehr möglich ist.

ist widerständig im diskutierten Sinne, in seiner Körnung fest genug, um Limitation hinsichtlich der sozialen Formen zu garantieren.[40] Es hat ferner die ›Rieseleigenschaften‹ eines in Masse auftretenden Mediums, Ansatzpunkt mithin auch für soziale (!) Evolution.[41]
Es tut wohl zu bemerken, daß die Gesellschaft etwas mit Menschen zu tun hat. Aber das (würde meine Frau sagen) ist wohl selbstverständlich, denn auch die Menschen haben offenbar etwas mit Gesellschaft zu tun, und nur um dies festzuhalten, brauchte es keinen Aufsatz; allenfalls (aber wäre das wünschenswert?) würde die Theorie in der Registratur dieses Sachverhaltes ein wenig traulicher, netter, anfaßbarer. Gibt es also die Möglichkeit, mehr zu sehen, wenn man akzeptiert, daß der Mensch als Medium des Gesellschaftssystems fungiert?

VI

Die Funktionssysteme der Gesellschaft benötigen Medien (im Normalfall: symbolisch generalisierte), die sie durch den Einsatz binärer Codes aufspannen, weil sie *Funktions*systeme sind. Sie gewinnen ihre Form an Problemen, die gesellschaftlich definiert sind, und sie gewinnen sie binnengesellschaftlich, in Differenz zu einer Umwelt, die für die Gesellschaft interne Umwelt ist. Gesellschaft ist, könnte man sagen, das Kontinuum, das alle differenzierungsbedingten Diskontinuitäten (scharfe Binnengrenzen beliebiger Art) erträgt, sich überall zerschneiden läßt, ohne je zerschnitten zu werden. Darin (in der Ermöglichung dieser Möglichkeit) scheint ihre Funktion zu liegen.[42] Sie ist, wagemutig gesprochen, selbst das ›Supermedium‹ für alles, was sozial möglich ist. Sie ist, funktional gesehen, nichts darüber hinaus, nichts als die Bedingung der Möglichkeit unendlich vieler sozial (kommunikativ) ge-

40 Das kann sogar zum emphatischen Rekurs auf das Medium führen, wenn es ›ersetzbar‹ erscheint. Siehe dazu P. Fuchs, »Kommunikation mit Computern? Zur Korrektur einer Fragestellung«, in: *Sociologia Internationalis* 29 (1991) 1, S. 1-30.
41 Wir wollen hier nicht mehr diskutieren, ob der Umkehrschluß funktioniert: Gesellschaft als Medium des Menschen. Aber wir glauben (nicht: wissen), daß er funktioniert.
42 Vgl. Luhmann 1970, a.a.O., S. 145.

troffener, treffbarer, vergangener, gegenwärtiger und zukünftiger Unterscheidungen und Unterscheidungsmöglichkeiten. Sie hat also eine Funktion, aber anders als bei den Funktionssystemen hat sie keine Sondereinrichtungen (kein Spezialmedium, keine binäre Codierung) entwickelt und entwickeln müssen, die ihre Funktion sicherstellen: Solange die Autopoiesis läuft, läuft sie, und das (nur das) erfüllt die Funktion, wie immer die gesellschaftliche Binnendifferenzierung gerade aussehen mag. Da die Gesellschaft als diffuser Hintergrund jeder sozialen Operation wirkt, bereitet es geradezu Mühe, diese Funktion herauszustreichen: Sie erfüllt sich selbstläufig, *self-fulfilling*, mühelos auch dann, wenn Kriege, Hungersnöte, Vulkanausbrüche ihr Medium partiell dezimieren, weil dieses Medium (Mensch) sich allenthalben und nahezu unter beliebigen Weltbedingungen reproduziert: Auf Friedhöfen liegen viele Menschen, ohne die die Welt nicht weiterleben konnte.

Diese Unscheinbarkeit (Unsichtbarkeit) der Funktion von Gesellschaft ändert sich, scheint sich zu ändern im Moment, in dem die Komplettdezimierung ihres Mediums kommunizierbar wird.[43] Die Kommunikation über Risiken (Stichwort: Risikogesellschaft) hat bei all ihren unerträglichen Ungenauigkeiten eines bewirkt: Die Gesellschaft wird wahrgenommen in ihrer Funktion, und das wird scharf thematisiert an ihrem Medium: am Menschen.[44] Die Funktion wird gewissermaßen erinnert am Medium und von dorther angereichert mit hoher Plausibilität. Die Plausibilität entsteht, weil man sich nicht (noch nicht) dem Theorieproblem stellt, das sich daraus ergibt, daß die Gesellschaft ihr Medium (die Menschen) konstruiert: Diese Konstruktion wird schnell reifiziert, und dann leuchten den Köpfen ihre Ängste ein. Die Reifikationen aber geschehen kommunikativ und limitieren (jetzt wirklich: als

---

43 Die Weltgeschichte kennt viele Beispiele, in denen diese Möglichkeit prognostiziert und als Prognose Wirkungen hat. Siehe dazu beispielhaft N. Cohn, *Das neue irdische Paradies. Revolutionärer Millenarismus und mystischer Anarchismus im mittelalterlichen Europa*, Hamburg 1988. Aber das die Gesellschaft Umgreifende (Gott) fing die Drohung gleichsam ab. Das Anbrechen von Endzeiten war nicht die Drohung, das Medium zu löschen: Es blieb ja (und sogar physisch) *post mortem* erhalten.

44 Siehe anstelle vieler und prominent U. Beck, *Risikogesellschaft. Auf dem Weg in eine andere Moderne*, Frankfurt am Main 1986. Die Zahl hier zitierbarer Titel übersteigt selbst das selektiv sinnvolle Maß.

Medium der Gesellschaft) Anschlußmöglichkeiten, oder anders ausgedrückt: Das Medium wird kommunikativ rekursfähig als jene vorausgesetzte Externität, mit deren Verschwinden (oder tiefgreifender, etwa gentechnologischer Veränderung) die Gesellschaft verschwindet.[45]

Diese dünnen Linien, die breiter ausgezogen werden könnten, dienen nur dem Zweck, plausibel zu machen, daß die moderne Gesellschaft sich dabei ertappt, eine Funktion zu haben, und daß sie sich dabei am ›Menschen‹ ertappt, und: daß diese Funktion so dramatisiert werden kann, daß die Drohung ihres Ausfalls allenthalben apokalyptische Sprachgewalt weckt. Jenseits jeder Dramatisierung kann man sich fragen, ob mit dem ›Sichtbar‹-Werden der Funktion der Gesellschaft am Medium nicht eine andere tiefgreifende Veränderung eingeleitet wird. Könnte es sein, daß jenes Medium Anhaltspunkte für *symbolische Generalisierung* bereitstellt?

Im Moment, in dem diese Frage gestellt ist, wird die Theorieluft dünn und kalt, fallen immer mehr Möglichkeiten aus, Theoriegewißheiten anzusteuern, und die einzige, die sich ansteuern läßt (Theorie symbolisch generalisierter Medien), offeriert eben an dieser Stelle ein Verdikt oder besser: eine problematische Normalitätsannahme. Diese Annahme besagt, daß »Selektionsübertragungen im täglichen Leben auch in hochkomplexen Gesellschaften nach wie vor weithin selbstverständlich und problemlos ablaufen«.[46] Daraus folgt, daß symbolisch generalisierte Kommunikationsmedien nur für spezifische Problemlagen entwickelt werden, für Fälle, in denen die Ratifikation von Selektionsofferten sehr unwahrscheinlich ist und nicht wie etwas Selbstläufiges erwartet werden kann. Dagegen steht die Überfülle gesellschaftlich ›vagabundierender‹ Kommunikation, die im Normalfall ›glückt‹ und in der Nichtglücken relativ leicht (zum Beispiel durch Metakommunikation) repariert werden kann; und wenn auch noch die Reparatur mißlingt, kann man problemlos (weil es Gesellschaft gibt) an anderem Ort zu anderer Zeit andere Kommunikation betreiben.

45 Und dafür wird dann die Gesellschaft (nicht das Medium: es tritt zu oft auf) verantwortlich gemacht: Sie wird idiosynkratisch.
46 N. Luhmann, »Einführende Bemerkungen zu einer Theorie symbolisch generalisierter Kommunikationsmedien«, in ders., *Soziologische Aufklärung 2. Aufsätze zur Theorie der Gesellschaft*, Opladen 1982, S. 170-192, S. 176.

Wir wollen diese Normalitätsannahme problematisieren, nicht schon: bestreiten.[47] Wenn sie fixiert wird, läßt sich vielleicht eine Veränderung der Gesellschaft beobachten, die als Auflösung kommunikativer Normalität (oder auch: Implementation anderer Normalität) begriffen werden kann. Mehrere Wege stehen dabei der Analyse offen, vielversprechende wie etwa der, Polykontexturalität, Hyperkomplexität, Heterarchie als mittlerweile in ihren Wirkungen spürbare Strukturen der modernen Gesellschaft zu beschreiben, oder auch der Weg, empirisch gehaltvoll darzustellen, wie die Risikokommunikation den Alltag so diffundiert, daß er in einem gewissen Sinne ›dämonisch‹ und ›hypermoralisiert‹ wird.[48] Aus systematischen Gründen liegt es aber nahe, an dieser Stelle *Kontingenz* ins Zentrum der Diskussion zu rücken.[49] Über jede Systematik hinaus empfiehlt sich das auch deswegen, weil immer mehr Beschreibungen, die in der Gesellschaft über die Gesellschaft angefertigt werden, Kontingenz für *das* Merkmal aller Merkmale der Gesellschaft zu halten scheinen.

VII

Der Begriff Kontingenz, wie immer umschrieben, wie immer blumig kommuniziert, steht in einem sehr weiten Sinne für Unbestimmbarkeit. Er steht für den Verlust an Eineindeutigkeit sozialer bzw. psychischer Operationen, für die Unmöglichkeit, etwas zu bestimmen, ohne miteinzurechnen, daß die Bestimmung kontingent beobachtet, daß an sie kontingent angeschlossen werden könnte.[50] Diese ›flache‹ Beschreibung von Kontingenz (so paßt sie ins postmoderne Traktat) läßt sich theoretisch präzisieren, wenn man den Begriff beobachtungstheoretisch mit Volumen versieht. Beobachtung läßt sich im Anschluß an Luhmann, der seinerseits an Spencer Brown anschließt, beobachten als Operation einer Un-

---

47 Sie datiert aus den siebziger Jahren.
48 Siehe zu beiden Möglichkeiten umfangreicher Fuchs 1992 a, a.a.O.
49 In wesentlichen Hinsichten orientieren wir uns dabei an N. Luhmann, *Beobachtungen der Moderne*, Opladen 1992 (Kapitel »Kontingenz als Eigenwert der modernen Gesellschaft«).
50 Hier schließt J. Markowitz, »Bestimmt – Unbestimmt«. Ms., Kirchhellen 1992 dezidiert mit weitreichenden Analysen an, die vom Unbestimmbarkeitsparadox Formen des Umgangs mit Unbestimmbarkeiten problematisieren.

terscheidung, in der eine Seite der Unterscheidung bezeichnet wird. Diese Operation geschieht, wenn sie geschieht und immer wenn sie geschieht, blind: Sie benutzt die Unterscheidung, indem sie bezeichnet, aber sie kann die Unterscheidung, die sie benutzt, nicht im Moment noch einmal (von anderen Unterscheidungen) unterscheiden. Sie bietet damit keinen Raum für Kontingenz.[51] Sie ist ›notwendig‹, insofern sie sich nicht mit anderen Möglichkeiten (an ihrer Stelle) konfrontieren kann. Sie kann sich mit anderen Worten nicht selbst selektiv setzen, weil das hieße, daß sie sich selbst in einem Horizont anderer Möglichkeiten placieren müßte, indem sie dennoch (zur gleichen Zeit) tut, was sie tut. Kontingenz kommt erst ins Spiel, wenn eine Operation Beobachtung, die selbst Operation ist, sich mit einer anderen Operation des nämlichen Typs ›beschäftigt‹, wenn also Rekursivität eingesetzt wird durch Anwendung einer Operation auf eine Operation, in diesem Fall: wenn Beobachtung beobachtet wird (Beobachtung zweiter Ordnung). Form/Medium-theoretisch gesagt: Das Medium Sinn wird in der Sachdimension kontingent (wird klebungsschwächer), wenn Sozialdimension und Zeitdimension auseinanderdriften.[52] Spätere Operationen setzen frühere kontingent, indem sie beob-

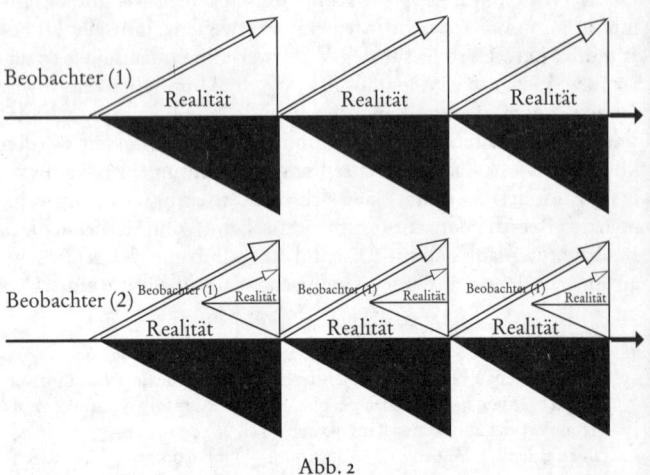

Abb. 2

51 Damit auch mutmaßlich nicht: für Sinn.
52 Luhmann 1992, a.a.O., S. 100.

achten, mit welcher Unterscheidung wer was beobachtet hat, oder welche ›Realität‹ (welches ›Ding‹) als *Artefakt der Beobachtung* zustande kam dadurch, daß eine bestimmte (unterscheidbare) Unterscheidung für eine bestimmte (unterscheidbare) Bezeichnung von einem bestimmten (unterscheidbaren) Beobachter in Anspruch genommen wurde (Abbildung 2).[53] »...alles wird kontingent, wenn das, *was* beobachtet wird, davon abhängt, *wer* beobachtet wird.«[54]

Die Erosion der Sachdimension durch die beobachtungsinduzierte Schere zwischen Sozial- und Zeitdimension ist nun der Prozeß, den wir (und jetzt: mit Luhmann gegen die Normalitätsannahme) für immer mehr Kommunikationen der modernen Gesellschaft behaupten wollen. Sie wird zur »Praxis« einer Gesellschaft, in der Notwendigkeit von irgend etwas zu behaupten oder die Unmöglichkeit von irgend etwas zu versichern anachronistisch erscheint: als immer brüchigere (transitorische) Bestimmtheit des Unbestimmbaren. Die Zunahme kontingenter Beobachtungsmöglichkeiten im Prozeß zunehmend rekursiv gearbeiteter Beobachtungsvernetzungen läßt sogar die Vermutung zu, daß Kontingenz als ›Eigenwert‹ der modernen Gesellschaft behandelt werden könne.[55] Das hieße Stabilität durch Instabilität: Orientierungssicherheit (im Rahmen von Eigenwerten wie Notwendigkeit und Unmöglichkeit) wird unmöglich. Statt dessen pendelt sich eine Praxis des Umgangs mit Desorientierung ein.[56] Diese Praxis läßt

53 Die Skizze versucht (in räumlicher Anordnung und deswegen unterkomplex) zu zeigen, wie einerseits die Operation Beobachtung immer positiv ist (die je nichtbezeichnete Unterscheidungsseite verschwindet: schwarze Dreiecke), wie aber dann, wenn ein Beobachter Beobachtung beobachtet, die Schwärze für den Beobachter zweiter Ordnung im Blick auf den erster Ordnung ›weiß‹ wird. Siehe auch R. Glanville, »In jeder white box warten zwei black boxes, die herauswollen«, in: ders., *Objekte*, hg. von D. Baecker, Berlin 1988, S. 119-147.
54 Ebenda.
55 So eben Luhmann 1992, a.a.O.
56 Diese Überlegungen mit empirischem ›Fleisch‹ zu versehen fällt wahrhaftig nicht schwer. Deswegen unterlasse ich es hier mit dem Hinweis, daß ich mir von konversationsanalytischen Forschungen viel verspreche im Blick auf die Frage, wie Kontingenz auf der Ebene der Kommunikation *operativ* wirksam wird. In einem Forschungsseminar der Universität Gießen (»Probleme der Theoriebildung«, SS 91, WS 91/92) haben Jörg Bergmann, Wolfgang L. Schneider und ich die Gelegenheit

sich (das könnte positiv eingeschätzt werden) deuten als Verlust an schädlicher Welteindeutigkeit, negativ beschreiben als Herausbildung einer sozialen ›Argwohnwelt‹, in der nur eines sicher ist, daß alles unsicher ist: Dinge, Zeiten und das Wissen der Menschen.
Aber zu welcher Art von Wertung man neigen mag: theoretisch gesehen kann die ›Kontingentisierung‹ der Gesellschaft nicht ohne Auswirkung bleiben auf den Katalysator doppelte Kontingenz. Gesellschaft ist zunächst die Lösung des Problems, das durch doppelte Kontingenz gestellt ist, und sie ist zugleich der Generator dieses Problems. Als Lösung des Problems ist sie die grundlegende Reduktion des Komplexitätsproblems, das mit doppelter Kontingenz emergiert: Sie asymmetrisiert den Zirkel, indem sie die Anlässe liefert, durch die er morphogenetisch wird, und sie stellt die soziale Morphogenese in einen Raum, in dem das ›Alles ist möglich‹ so limitiert wird, daß es sich weitgehend entschärft. Jede sozial denkbare Lage ist – prinzipientheoretisch gedacht – doppelt kontingent, aber – weil sie *soziale Lage* ist – schon Reduktion. Doppelte Kontingenz wird, könnte man sagen, sozial invisibilisiert, wie die Zeichen der Schrift invisibel werden, *indem* sie gelesen werden, ihre Funktion also durch akute Nichtpräsenz (so sind sie dann präsent) erfüllen. Und wie man nur noch schwer lesen kann, wenn man auf die Zeichen achtet, so kann auch doppelte Kontingenz nur noch schwer oder anders katalytisch wirken, wenn sie präsentiert wird, wenn man auf sie sieht statt durch sie hindurch. Das ist der Fall, wenn Kontingenz beobachtet statt nur operativ genutzt wird.
Kontingenz (und dann doppelte Kontingenz) wird, vermuten wir, in der modernen Gesellschaft *wild*.[57] Sie laugt aus, was in der Normalitätsannahme garantiert war, und sie tut das, indem sie sich den Beobachtern (Kommunikation, Bewußtsein) vorführt. Damit geschieht, was uns hier interessiert: Es entsteht eine *spezifisch gesellschaftliche Problemlage*, die die Funktionsmöglichkeit von Gesellschaft selbst betrifft. Um parallel zu Assmann zu formulieren: Von der Normalitätsannahme her gesehen, wird immer

intensiv genutzt, die Verbindung von Systemtheorie, Konversationsanalyse und objektiver Hermeneutik zu testen.

57 Diese Formulierung gebrauche ich in Analogie zum Begriff der ›Wilden Semiose‹. Vgl. dazu A. Assmann, »Die Sprache der Dinge. Der lange Blick und die wilde Semiose«, in: H. U. Gumbrecht/K. L. Pfeiffer (Hg.) 1988, a.a.O., S. 237-251, hier S. 238 f.

mehr Kommunikation exotisch, obsolet, pathologisch[58] oder, anders gesagt: Je mehr Kommunikation auf das Beobachten von Beobachtern umdirigiert wird, desto problematischer wird der beobachtete Beobachter (auch als Selbstbeobachter), desto unwahrscheinlicher wird auch die Ratifikation beliebiger Selektionsofferten.[59] In gewagter Metapher: Die Gesellschaft beginnt überall zu ›stocken‹ wie Milch durch Zusatz von Zitrone.

Jede Kommunikation (und nicht nur die der Funktionssysteme) muß mit Überzeugungsüberlasten zu rechnen beginnen. Man muß (selbst wenn es um den Kauf von Waschmitteln, Kopfschmerztabletten, ums Kinderkriegen und Babywickeln geht, ums Autofahren oder Geldverdienen) mehr und mehr einkalkulieren, daß die Selbstverständlichkeiten, die man unterstellt, von woandersher alles andere als Selbstverständlichkeiten sind, vielmehr legitimations- und diskussionsbedürftig und, sehr oft, als unmoralisch beobachtbar, weil die eigene Entscheidung (nicht einmal als Risiko erkannt) von anderen als gefährlich (für sie) aufgefaßt werden kann. Dabei können weder die Beobachter noch der Beobachtete auf ein Medium zurückgreifen, das ihre Selektionsofferten jenseits von Wissenschaft und Wirtschaft, Kunst und Religion, Politik und Gesundheitssystem mit Übernahmewahrscheinlichkeiten ausstattet. Oder doch?

---

58 Assmann, a.a.O., S. 239.
59 Der beobachtete Beobachter wird sichtbar als kontingenter Entscheider, der das, was für ihn riskant ist, in Gefahren für andere transformiert. Siehe dazu N. Luhmann, »Sicherheit und Risiko aus der Sicht der Sozialwissenschaften«, in: *4. Akademie-Forum: Die Sicherheit technischer Systeme*. Vorträge N 351 der Rheinisch-Westfälischen Akademie der Wissenschaften, Opladen 1987, S. 63-66; ders., »The Morality of Risk and the Risk of Morality«, in: *International Review of Sociology* (1987) 3, S. 87-107; ders., »Risiko und Gefahr«, in: ders., *Soziologische Aufklärung 5. Konstruktivistische Perspektiven*, Opladen 1990, S. 131-169.

VIII

Die moderne Gesellschaft, so war die These, wird in ihrer Funktion mehr und mehr sichtbar in dem Maße, in dem das Phänomen ›wilder Kontingenz‹ ihre Reduktionsweise von Komplexität zu unterlaufen beginnt. Es liegt nahe, daß Korrektur- und Abhilfemöglichkeiten darin gesucht werden, worin sie sich formiert: in ihrem Medium, dem Menschen. Seine Konstruktion (als Subjekt, Person, Individuum, als Adresse der Kommunikation, als Körper und Turbulenzmöglichkeit) wird im Blick auf Kontingenz überstrapaziert.[60] Das Konzept limitiert nicht mehr scharf, was gesellschaftlich möglich ist. Es scheint, daß deswegen (und jetzt spekulieren wir ebenso leidenschaftlich wie ungehemmt) das Konzept überprüft wird, wobei überprüfen nur heißen soll, daß an vielen Stellen der Gesellschaft Kommunikationen laufen, die auf das Medium rekurrieren, wenn Übernahmewahrscheinlichkeiten von Selektionsofferten ausdünnen. Das ›Aber-wir-sind-doch- (Es-sind-doch-(keine)) Menschen‹-Argument, das die Folgen von Kommunikation durch außerkommunikative Betreffbarkeiten vorzusteuern versucht, wird immer öfter benutzt, und das in der Weise einer Homologieformel, die die *Gleichheit der Elemente des Mediums* behauptet und dabei (oft mit schlimmen Folgen) die Ungleichheit der extern korrespondierenden Systemarrangements (Menschen) ausblendet. Selbst die Funktionssysteme können nicht sicher sein, daß der Einsatz ihrer binären Codierung und damit jeweils ihres Mediums nicht durch den Einsatz des Mediums der Gesellschaft konterkariert wird: Der Hubschrauberlandeplatz wird nicht gebaut und wenn, nur mit erheblichen finanziellen Mehrkosten; Gentechnologie ist gesellschaftlich anrüchig, Tierversuche kaum noch begründbar, Beuys ein Scharlatan, Abtreibung gesellschaftlich (auch gegen die Religion) durchsetzbar, Drewermann ein Priester, ob die Kirche das will oder nicht will, die Überstimmbarkeit von Eliten möglich, und Frauen wie Politiker sind auch Menschen.

Damit ist noch lange nicht behauptet, daß das Medium der Gesellschaft sich als tauglich erweise, symbolisch generalisiert zu werden, wohl aber, daß dieses Medium benutzt wird (wie hilflos

---

60 Vielleicht ist das der Grund, daß die Anthropologie eine so sonderbare Wissenschaft geworden ist.

und unreflektiert auch immer), um die ›wilde Kontingenz‹ der Gesellschaft zu limitieren, und daß darin Generalisierungsrisiken wie -chancen stecken, über die die Evolution entscheiden wird. Vielleicht ist die Gesellschaft auf dem Wege, ihr Medium zu ihrer Kontingenzformel zu ›erheben‹ und damit Strukturen plausibler Alternativität auf diesem Hintergrund zu etablieren; vielleicht stellt sie ihr Medium dabei so weit, daß es den Medialcharakter überhaupt verliert und sich nur noch als Unberechenbarkeit im System rechnet, als nur noch bedingt kohäsionsfähig, als zu entropisch.

Für die Forschung darüber hängt viel davon ab, ob es ihr gelingt, das Medium in seiner fungierenden Realität zu beobachten. Was benötigt wird, wäre damit eine *Second-order*-Anthropologie, die nicht den Durchgriff auf die Externität des Menschen versucht, sondern (als Soziologie) zugreift auf die Weisen der Konstruktion des Mediums und darauf, was damit jeweils auf dem Spiel steht. Immerhin, darauf deuten unsere Spekulationen hin (und warum sollte man das nicht begrüßen?), läßt sich sehen, daß mit diesem Medium tatsächlich etwas auf dem Spiel steht, und was immer meine Frau dazu sagen würde: Das sieht man so nur noch durch die Theorie.

Niklas Luhmann
Die Tücke des Subjekts
und die Frage nach den Menschen

I

Daß die humanistische Anthropologie der europäischen Tradition an eine ontologische Metaphysik gebunden war, wird man heute wohl kaum bestreiten. Das heißt: In dieser Tradition gehorchte die Beschreibung des Menschen dem Dingschema. In der Binnenperspektive der Ontologie hatte man das als Frage nach dem Wesen des Menschen gefaßt; oder als Frage, was der Mensch an sich selbst sei (als Unterfall der Frage: was das Seiende an sich selbst sei, wenn man von allen Akzidenzen, Relationen, Variationsmöglichkeiten absehe). Während Ontologie (als *-logie*!) als Beschreibung mit Hilfe der Unterscheidung von Sein und Nichtsein verstanden werden kann, hatte man der Beschreibung des Menschseins eine konkretere Unterscheidung zugrunde gelegt, nämlich die Unterscheidung von Mensch und Tier (bzw. weiteren, in der Hierarchie der Wesen höheren oder niederen Wesen). Das hatte dann zur Bestimmung des Menschseins durch Vernunft geführt. Vernunft wurde dabei als Natur des Menschen begriffen und Natur, wie alle Natur, als korruptionsanfällig. Aristoteles hatte hier eine Paradoxie versteckt in einer strategisch placierten Ambivalenz: Man könne die Natur nur an ihrer Natur, nicht an ihren Korruptionen erkennen.[1] Die Natur kann also natürlich und widernatürlich sein. Deshalb blieb die Theorie des Menschen und der Stadt eine in Physik und Metaphysik rückversicherte Ethik, also gebunden an das Normschema von konform/abweichend.

Die Christen hatten dies modifiziert, hatten das Beobachtungsschema perfekt/korrupt auf den Sündenfall bezogen, also für den Menschen reserviert und die nichtmenschliche Natur für andere Unterscheidungen freigegeben. Sie mußten im übrigen den Menschen – zum Beispiel als Mikrokosmos des Makrokosmos – so aufwerten, daß verständlich zu machen war, weshalb Gott ausge-

1 *Pol* 1254 a 36-37.

rechnet als Mensch in die Natur eingetreten war[2], um sie von innen heraus zu erlösen. Daß dies auf eine Historisierung des Problems hinausläuft, kann man in Miltons *Paradise Lost* nachlesen, und zwar in einer Neufassung des Paradoxieproblems: Der Sinn der Geschichte muß mitten in der Geschichte durch den Erzengel Raphael dem Menschen Adam (das heißt: dem Leser) erklärt werden. Schon hier wird das Problem, gleichsam cartesianisch, als ein Problem des Standortes eines Beobachters gefaßt, der allerdings als Mensch noch der Belehrung von oben bedarf.
Auch die ontologische Metaphysik hatte mithin Mühe gehabt, die in ihrem Beobachtungsschema Sein/Nichtsein angelegte Paradoxie zu unterdrücken. Die Zeit war, auf ihr Sein oder Nichtsein hin befragt, ein Nichts[3] – und wohl gerade deshalb geeignet, die Ursprungsparadoxie in eine Geschichtstheorie zu entfalten.
In der alten Welt hatte diese ontologische Metaphysik für ihre Paradoxieauflösungsprogramme Plausibilitäten in Anspruch nehmen können, die gesellschaftsstrukturell rückversichert waren. Das galt auch noch für die sogenannte Frühmoderne, die immerhin einige Krisenzeichen schon beobachten konnte. Noch sah die Gesellschaft eine Rangordnung vor, die, wie immer heiß umkämpft, den Menschen feste Plätze zuwies.[4] Das schloß ein erhebliches Maß an Mobilität keineswegs aus[5], bot vielmehr gerade der

2 Speziell hierzu Marian Kurdzialek, »Der Mensch als Abbild des Kosmos«, in: Albert Zimmermann (Hg.), *Der Begriff der Repraesentatio im Mittelalter: Stellvertretung, Symbol, Zeichen, Bild*, Berlin 1971, S. 35-75.
3 So von Aristoteles' *Physikvorlesung* bis Hegels *Enzyklopädie*. Das Spiel mit der Paradoxie wird von den Philosophen wie eine Sachaussage geführt mit endlosen Folgeproblemen. Als Spiel wird es deutlicher in den Notizen von Leonardo da Vinci, wo die Zeit und die Dinghaftigkeit der Teile im Ganzen der Welt auf ihre Unterscheidung hin befragt, dann sprachlich über das Substantiv »nothingness« weiterbehandelt werden, nur um schließlich abgeräumt zu werden mit der Feststellung: »In the presence of nature nothingness is not found.« Ich zitiere die am besten zugängliche englische Ausgabe der *Notebooks*, New York (Braziller) o. J., S. 73 f.
4 Zum Beispiel in der seit der Reformation bestuhlten Kirche. Siehe Jan Peters, »Der Platz in der Kirche: Über soziales Rangdenken im Spätfeudalismus«, in: *Jahrbuch für Volkskunde und Kulturgeschichte* 28 (1985), S. 77-106.
5 Heute wohl unbestritten. Siehe nur Winfried Schulze (Hg.), *Ständische Gesellschaft und soziale Mobilität*, München 1988.

individuellen Mobilität ein Gerüst, das sie voraussetzen konnte. Noch war die Wissenschaft nicht in der Lage, alle Naturgegebenheiten aufzulösen und damit gesellschaftliche Unsicherheit auf die Spitze zu treiben, noch suchte man in der Ordnung der Haushalte (sei es im Adel, sei es in der Form von Gilden und Zünften) Widerstand gegen die vordringende Geldwirtschaft, und noch war das positive Recht keine freie Selbstkonstruktion. Die Vollverwirklichung der modernen Gesellschaft hat diese Anhaltspunkte zerstört. Wir sind daher auf der Suche nach einer Beschreibung der Gesellschaft, die ihrer modernen Realität (und das schließt die Beschreibung selbst ein) gerecht wird. Dabei ist und bleibt die Gesellschaftstheorie, so vermuten wir, auf eine Beschreibung des Menschen angewiesen, die sie nicht einfach aus den Ergebnissen der organischen Chemie, der Zellbiologie, der Neurophysiologie, der Psychologie usw. zusammenstellen kann.

II

Was nun? Das erste und bis heute wichtigste Rettungsprogramm hat dem Menschen den Namen »Subjekt« gegeben. Das schließt eine komplette Umkehrung der alten Unterscheidung von Subjekt und Objekt ein. Der Mensch verliert seine Objektivität, der Subjekte gegeben sind. Er selbst wird zum Subjekt, das sich selbst und allem anderen zugrunde liegt. Er wird, könnte man sagen, aus der Realität der Dinge wegmetaphysiziert – ein neuer Sinn dann auch für (»jede künftige«) *Meta*physik. Seine Plausibilität holt sich dieser Versuch Kants in einer Theorie des Bewußtseins, die zeigt und argumentativ ausnutzt, daß das Bewußtsein sich auf sich selbst beziehen und seine eigene Einheit als Bedingung aller seiner Operationen (Vorstellungen, Handlungen, Urteile) vorstellen kann. Hintergrund dieses Theorievorstoßes ist ganz offensichtlich der neue »Liberalismus« des 18. Jahrhunderts, der die semantische Figur des seine Interessen, Gefühle, Ziele usw. selbst validierenden Individuums benutzt, um in historischer Stoßrichtung die alten Ordnungen der Stände und ihrer Klientelverhältnisse, der Häuser und Höfe, der Kirchen und Sekten zu unterlaufen.[6] Dafür wird

6 Siehe dazu Stephen Holmes, »Poesie der Indifferenz«, in: Dirk Baecker u. a. (Hg.), *Theorie als Passion*, Frankfurt am Main 1987, S. 15-45.

jetzt eine philosophische Theorie nachgeliefert und eine künftige Metaphysik in Aussicht gestellt. Die Einseitigkeit dieses Optierens für die Subjektität des Subjekts wird sofort klar, und man findet bei den Romantikern ebenso wie bei Hegel reflexionstheoretische Ausgleichsversuche. Auch das gehört inzwischen zur Textgeschichte der Philosophie. Was geblieben ist, ist eigentlich nur die Gewohnheit, das menschliche Individuum als Subjekt zu bezeichnen und es, in einer Art Konspiration gegen die Gesellschaft, unter diesem Namen zu verteidigen. Das ist nun freilich an Banalität kaum mehr zu übertreffen[7] – und vermutlich deshalb meinungsklimatisch wirksam. Die Tücke des Subjekts – das ist seine Art, sich menschlich zu geben, sich als Mensch anbiedern zu können.

Mit Kant sind die alten, bis dahin immer religiös bestimmten Vorstellungen über Transzendenz auf das Subjekt und damit auf den Menschen übergeleitet worden. Das entsprach dem parallel laufenden Trend zur »Säkularisierung«. Wenn heute Transzendenzbezüge vermißt werden, dann zielt das auf diese späte, abgeleitete Form.[8] Daran, daß eigentlich die Religion hierfür zuständig ist, muß nachdrücklich erinnert werden.

Aber auch sonst legen sich Traditionslasten wie dichte Nebel über die Versuche, zu einem angemessenen Verständnis der modernen Gesellschaft zu kommen. Es scheint vergeblich gewesen zu sein, daß die Philosophie gegen den in ihre ontologische Tradition eingebauten Humanismus protestiert hat. Es scheint vergeblich gewesen zu sein, daß Husserl in der Form der phänomenologischen Reduktion die ontologische Frage ausgeklammert und die »transzendentale Phänomenologie« auf die Frage konzentriert hat, daß das (damit transzendentalisierte) Bewußtsein eine Operationsweise ist, die in jedem Zeitschritt Selbstreferenz (Noesis) und Fremdreferenz (Noema) reaktualisiert und deshalb in der Form von Intentionalität prozessieren muß. Es scheint vergeblich gewe-

---

7 Siehe auch den Protest von Agnes Heller, »Death of the Subject«, in: *Thesis Eleven* 25 (1990), S. 22-38: »Whatever is termed ›subject‹ in contemporary philosophy, it is certainly not thought of as an empirical human universal, but as a real or imaginary entity, feature, attitude, propensity, which happens to belong to Occidental history, or just to the modern world« (S. 28).
8 Siehe zum Beispiel Horst Baier, *Soziologie als Aufklärung – oder die Vertreibung der Transzendenz aus der Soziologie*, Konstanz 1989.

sen zu sein, daß Heidegger in dem berühmten § 10 von *Sein und Zeit* seine Absicht auf Daseinsanalytik explizit gegen eine anthropologische Interpretation, das heißt: gegen eine Reduktion auf Seiendes, hat schützen wollen. Jedenfalls hat die französische Rezeption alles wieder re-humanisiert, und erst Derrida beginnt, sich davon zu lösen und sich wieder durch paradox gebildete Problemstellungen faszinieren zu lassen. Vielleicht liegt dieses Oszillieren aber einfach daran, daß man nicht genau genug festgehalten hat, woran die Semantik des Subjekts scheitert. Und sie scheitert an der Uneingestehbarkeit eines anderen Subjekts, an der Pluralität der Subjekte, am Problem der Intersubjektivität; und mit Gotthard Günther gesehen dann auch am zweiwertigen logischen Schematismus, der es nicht erlaubt, mit einer Mehrheit von Weltbeobachtern zu rechnen.

Mit Husserls fünfter Cartesianischer Meditation war dies, für Leser zumindest, klargestellt. Der Ausweg in eine Monadengemeinschaft[9] (oder Nomadengemeinschaft?) ist so dürftig, daß man Husserl Ironie unterstellen könnte, wäre er nicht ein so ernster Denker gewesen. Wenn »Subjekt« heißt: sich selbst und damit der Welt zugrunde liegen, kann es kein anderes Subjekt geben. Eben deshalb war die Unterscheidung transzendental/empirisch zwingend notwendig gewesen. Jedes Subjekt kann danach in der Selbstreflexion Fakten seines eigenen Bewußtseins als transzendentale Bedingungen postulieren und sich damit in dieser Sphäre mit dem Bewußtsein anderer identisch wissen; aber das ist nur plausibel, wenn man hart zwischen transzendental und empirisch unterscheidet; und das schließt es aus, die innere Grenze dieser Unterscheidung zu kreuzen und aus den *transzendentalen* Befunden der *Selbstreflexion* auf das *empirische Bewußtsein anderer* zu schließen. Die These vom Analogieschluß von sich selbst (Ego) auf andere (Alter ego) verdoppelt nur das Problem. Der Hinweis auf die schlichte Tatsache der Sozialität ist einer Transzendentaltheorie nicht erlaubt. Sie könnte allenfalls mit einer blassen Neuausgabe der alten *analogia entis* arbeiten, mit der These also, daß das Bewußtsein in der Selbstreflexion auf Bedingungen jeder Sub-

---

9 Siehe Edmund Husserl, *Cartesianische Meditationen und Pariser Vorträge*, *Husserliana* Bd. 1, Haag 1950, S. 149 ff. Siehe auch die Ausarbeitung von René Toulemont, *L'essence de la société selon Husserl*, Paris 1962.

jektivität aller Menschen stößt. Aber das wäre nur ein neues Versteck für die alte Frage nach der Einheit des Verschiedenen. Jede Analyse, die den Begriff ernst nimmt, führt also in eine Situation des tragic choice: entweder auf die Gesellschaft oder auf das Subjekt verzichten zu müssen.

III

Einen anderen Anschnitt desselben Problems gewinnen wir mit der Frage, wie das individuelle Subjekt überhaupt seine eigene Einheit denken kann (und wie es Subjekt sein kann, wenn es sie nicht denken kann). In der alten metaphysisch-theologischen Begrifflichkeit war die Möglichkeit, sich selbst ohne Unterschied von anderem als Einheit zu denken, Gott vorbehalten. Die Menschen waren darauf angewiesen, sich von anderem zu unterscheiden. Der Form nach ist ihre eigene Einheit ihnen daher nur als Paradox gegeben: als Einheit von etwas, was eine Vielheit ist[10], als Selbigkeit des Verschiedenen. Zwar fällt das Unterscheiden nicht schwer, denn ohne eine Unterscheidung zu treffen, kann man überhaupt nicht beobachten. Die Frage ist dann aber: wovon das Subjekt sich unterscheidet? Vom Tier, von anderen Subjekten, von der Welt – oder von sich selber?[11] Wir haben dem Subjekt mithin zwei Fragen zu stellen: von wem oder was es sich unterscheidet und was seine eigene Einheit ist, wenn sie durch einen Unterschied bestimmt ist, der verschieden gewählt werden kann.

Nicht zufällig meldet sich das Eigeninteresse in der frühen Neuzeit zunächst in der Form einer Paradoxie – und das meinte da-

---

10 Ich zitiere etwas ausführlicher aus der »Religio Medici« (1643) von Thomas Browne, *Everyman's Library*, London 1963, S. 82: »In brief, there can be nothing truly alone and by it self, which is not truly one; and such is only GOD. All other do transcend an unity, and so by consequence are many.« Oder S. 40: Außer Gott seien alle anderen Wesen »something but by distinction«.
11 Auf die mit dem Subjekt annähernd gleichzeitig entstehende Vorstellung eines dualen Selbst, auf die romantische Metaphorik des Doppelgängers, der (kommunikationsunfähigen) Zwillinge, des Spiegels etc. sei hier nur hingewiesen. Siehe auch Jan Hendrick van den Berg, *Divided Existence and Complex Society*, Pittsburgh 1974, mit Ausblicken auf die weitere Entwicklung dieser Idee.

mals: als Anregung zu weiterem Nachdenken.[12] Zunächst bleibt das, wovon der Mensch sich zu unterscheiden hat, durch Religion, Kosmologie und Sozialordnung vorgeschrieben. Wenn sich dann aber im Laufe des Umbaus der Gesellschaft herausstellt, daß so das nicht erfaßt werden kann, was das seinen Nutzen selbst definierende Subjekt für die Gesellschaft leistet: wie läßt sich dann das beschreiben, was der Mensch von sich her ist? Deshalb bleibt das Lob des Eigennutzens ein Paradox.

Offenbar kann man diese Verlegenheit nur auflösen, wenn man das Subjekt als einen (für einen Beobachter) paradoxen Begriff ansieht. Die Einheit des Subjekts ist das Paradox der Selbstbeobachtung, die Einheit der dazu nötigen Unterscheidung. Und die Entfaltung dieses Paradoxes kann verschiedene Wege nehmen je nachdem, wovon das Subjekt sich unterscheidet, um seine eigene Identität bezeichnen zu können. Das aber heißt, daß es weder eine Garantie dafür gibt, daß alle Subjekte denselben Lösungsweg nehmen, noch eine Garantie dafür, daß ein Subjekt nicht von Situation zu Situation die es identifizierenden Unterscheidungen wechselt – mal seine Frau, mal seine Untergebenen, mal seinen Körper, mal die moralisch minderwertigen anderen, und eventuell auch mal Gott. Das Subjekt wäre dann die jeweils neu zu aktualisierende Unterscheidung von Selbstreferenz und Fremdreferenz mit jeweils anderen Bestimmungen. Es wäre die Form des re-entry der Unterscheidung von System und Umwelt in das System. Aber war das gemeint, und vor allem: war die Festlegung auf eine Grundparadoxie gemeint, als man die Menschen zu Subjekten erklärte?

---

12 Siehe Leonhard Fronsberger, *Von dem Lob deß Eigen Nutzen*, Frankfurt 1564. Ich verdanke diesen Hinweis Winfried Schulze, »Vom Gemeinnutz zum Eigennutz in der ständischen Gesellschaft der frühen Neuzeit«, in: *Historische Zeitschrift* 243 (1986), S. 591-626. Schulze selbst nimmt allerdings die für damalige Verhältnisse paradoxe Form des Titels nicht so ernst, sondern tut sie mit einem Verweis auf die damalige Mode von »Scherzbüchern« ab.

IV

Daß man sich dieser Zuspitzung nicht gestellt hat, sondern sich ihr durch irgendwelche Konfusionen zu entziehen suchte, hat nun Gründe, die sich wissenssoziologisch klären lassen.[13] Die moderne Gesellschaft steht in einem so radikalen Verhältnis der Diskontinuität zu allen früheren Gesellschaftsformationen, daß ihr noch keine adäquate Selbstbeschreibung gelungen ist. Ihre Herausbildung muß im genauen systemtheoretischen Sinne eine evolutionäre »Katastrophe« (oder besser vielleicht: »Anastrophe«) gewesen sein, also die Umsetzung auf ein anderes Prinzip der Systemstabilität. Seit der soziologischen Klassik wird hier von funktionaler Differenzierung gesprochen, ohne daß wirklich geklärt wäre, wie tief ein Wechsel der Differenzierungsform eines Systems und die damit verbundene Abkopplung von der Umwelt alle Strukturen und alle semantischen Wirklichkeitskonstruktionen betrifft und verändert.

Wenn dies auch heute noch gilt (und nur mit Verlegenheitsformeln wie »Postmoderne« notdürftig cachiert wird), dann gilt es erst recht für die Zeit, als das »Subjekt« die Bühne betrat. Offenbar hat man um 1800 dieser Formel vertraut, weil ohnehin keine adäquate, es sei denn eine auf Wirtschaft reduzierte Theorie der Gesellschaft zur Verfügung stand. Im Subjekt konnten alle Unbekanntheiten und Unsicherheiten in der Form von Freiheit untergebracht werden; wobei Freiheit immer auch heißt, daß alle sie bestimmenden Einflüsse (die natürlich nicht geleugnet werden) als akzidentell, als »zufällig« aufzufassen sind. Und dies gilt auch, und in besonderem Maße, für jenen Bereich des subjektiven Erlebens, dem man zunächst Umweltabhängigkeit unterstellen könnte: für die sinnliche Wahrnehmung; denn hier hilft dann die neue Kunsttheorie, die »Ästhetik«, mit Freiheit aus, indem sie das

[13] Kritiker könnten hier einen jener berühmten »Kategorienfehler« vermuten – so als ob ein Bauer einen Acker reserviert, um Pellkartoffeln zu pflanzen. Die Wissenssoziologie befindet sich heute aber nicht mehr auf dem Stande eines Mannheim oder eines Scheler. Sie hat sich vielmehr in ihrer Wissenschaftssoziologie auf ein Zusammengehen mit dem epistemologischen Konstruktivismus eingelassen und außerdem auf die Annahme, daß ein Teilsystem der Gesellschaft größere Reflexionskapazität aufbringen kann als die Gesellschaft selbst. Darüber kann hier jedoch nicht ausreichend berichtet werden.

Naturschöne als Abspiegelung des Kunstschönen ansieht (Schiller, Solger). Parallel dazu wird das Recht verstanden als Herstellung und Sicherung von Freiheit, die es nur selber einschränken kann – von Freiheit namentlich gegenüber Ansinnen anderer, die ihnen als vernünftig oder als moralisch geboten erscheinen.[14]

Aus dem gleichen Grunde, so scheint es, verschwindet die alte Unterscheidung von Mensch und Person. Nach heutigem Sprachgebrauch *sind* Menschen Personen (oder sogar: Persönlichkeiten). In der alten Welt verstand man unter Person dasjenige Moment, das für die Konsistenz und Perseveranz des Handelns eines Menschen verantwortlich ist und *deshalb* abhängt von der sozialen Herkunft, die dies garantiert. Man sieht dies an Formulierungen wie: »the person of him that is honoured«.[15] Symbolisiert wird dies zum Beispiel im höfischen Zeremoniell der öffentlichen Ankleidung des Monarchen, dessen Person damit Tag für Tag erneuert wird. Heute würde man an dieser Stelle mit Sozialisationstheorien arbeiten, die sich nicht mehr dazu eignen, dem Menschen feste, ehrenvolle oder nicht ehrenvolle Plätze in der Gesellschaft zuzuweisen, sondern im Gegenteil »schichtspezifische Sozialisation« eher als ein Ärgernis, als eine Einschränkung von Freiheit und Gleichheit ansehen.

Auch deshalb paßt jetzt zunächst einmal der anspruchsvollste Titel, den der Mensch sich jemals zugelegt hat: der Titel »Subjekt«. Im Namen des Subjekts, das sich selber und allem anderen zu-

---

14 Siehe zum Beispiel Georg Friedrich Puchta, *Cursus der Institutionen*, 5. Aufl. Leipzig 1856, zum Beispiel S. 5: »Die Vernunft ist nicht das Prinzip der Freiheit, sondern vielmehr ein der Freiheit sich entgegensetzendes Element, und hat sich als solches von jeher erwiesen.« Das zielt gegen die Prämisse, Vernunft sei eine Notwendigkeit, die sich selbst begründen könne. Und gegen Kant: »Die Philosophen, welche das Recht aus der Vernunft ableiten, bleiben außerhalb ihres Gegenstandes, sie kommen gar nicht oder nur durch einen Sprung zum Recht« (S. 6). Das schließt für Puchta freilich nicht aus, daß das Recht als Systematisierung der Freiheit eine eigene Art von Vernünftigkeit entfaltet.

15 So Francis Markham, *The Booke of Honour. Or, Five Decads of Epistles of Honour*, London 1625, S. 10. Der Text ist auch insofern bemerkenswert, als er *honour* vor allem von *fortune* unterscheidet, also als Festhalten eines Charakters und damit als etwas begreift, was gegen die ökonomischen und politischen Koinzidenzen der neueren Zeit gerichtet ist und *insofern* mit Schichtung korreliert.

grunde liegt und sich in seiner Freiheit von allen empirischen Ursachen unterscheidet, wird ein Blankoscheck auf Gesellschaft ausgestellt. Das Subjekt ist im strengen und paradoxen Sinne die »Utopie« der Gesellschaft[16], der Ort, an dem kein Ort zu finden ist. So gesehen ist es denn auch kein Schade, ja geradezu die unbeabsichtigte Konsequenz, daß sich vom Subjekt aus keine Intersubjektivität konstruieren läßt. Das Subjekt erklärt mithin der modernen Gesellschaft ihre Unfähigkeit, sich selber als Einheit zu beschreiben.

Alle Gesellschaftsbeschreibungen geraten dem 19. Jahrhundert als Ideologien. Sie werden als Teilsystemtheorien entwickelt, als Wirtschaftstheorien oder als juristisch formierte Staatstheorien. Alle Abschlußformeln treten als Unterscheidungen auf, etwa Staat und Gesellschaft oder Gemeinschaft und Gesellschaft oder als Klassentheorien, und dies jeweils ohne Reflexion der Einheit der Differenz. Die »klassenlose Gesellschaft« ist eine Gesellschaft, die in eine unbestimmbare Zukunft projiziert werden muß. Bevor diese Zukunft erreicht ist, muß jedenfalls die klassenlose Meinung als einzig-richtige Meinung präsentiert und alles Abweichen von ihr auf Personen zugerechnet werden. Nur wer abweicht, hat dann eine Chance, als Subjekt – toleriert oder eliminiert zu werden. Im Blick auf die ideologische Besetzung des Begriffs lehnt noch die soziologische Klassik (Ausnahme Durkheim) es ab, im Begriff der Gesellschaft eine Einheitsformel zu suchen.[17] Die Themen, die den gesellschaftsgeschichtlichen Fortschrittsglauben des 19. Jahrhunderts ablösten, hießen Individualisierung und Differenzierung.

Finden wir uns am Ende unseres Jahrhunderts in einer besseren Lage? Mit einer Theorie der Postmoderne? Mit einer Theorie, für die Herkunft nicht mehr zählt und deshalb als Formenvorrat frei verfügbar geworden ist? Oder mit einer Theorie der Zivilgesellschaft, die sowohl den Kapitalismus als auch den modernen Staat und vielleicht sogar alle Großorganisationen hinauskatapultieren

16 Im strengen und paradoxen Sinne, das soll hier auch historisch verstanden sein, und zwar im Sinne des 2. Buches der *Utopia* von Thomas Moore und im übrigen im Sinne des *Moriae encomium* des Erasmus von Rotterdam – eines berühmten Textes ohne Epilog, das heißt ohne Anschlußfähigkeit.

17 Siehe hierzu Hartmann Tyrell, »Max Webers Soziologie – eine Soziologie ohne ›Gesellschaft‹«, Ms. 1992.

möchte? Daß dies den begrifflichen Ansprüchen nicht genügt, die man aufgrund einer Kenntnis der alteuropäischen Tradition, aber auch aufgrund einer Kenntnis der subjektbezogenen Reflexionstheorie als Vergleichsmaßstab anlegen könnte, liegt so deutlich zutage, daß darüber kein Wort zu verlieren ist. Das muß aber nicht heißen, daß damit die Möglichkeiten erschöpft sind, das Verhältnis von Mensch und Gesellschaft theoretisch zu formulieren.

V

Legt man systemtheoretische Ausgangspunkte zugrunde, verändert das den Zugang zum Thema Mensch und Gesellschaft in einer Weise, die es nicht als ratsam erscheinen läßt, weiterhin an den alteuropäischen Humanismus oder an die eher transitorische Semantik des Subjekts anzuschließen. Und dann empfiehlt es sich, auch die entsprechenden terminologischen Bereinigungen vorzunehmen.

Mindestens vier semantische Revolutionen sind zu nennen, die die Ausgangspunkte für die Diskussion unseres Themas auf andere Grundlagen stellen, und zwar:

(1) ein radikal *operatives* Verständnis von Systemen als Bedingung für das Begreifen der Einheit eines Systems (im Unterschied zu älteren Systemtheorien, die immer eine Mehrheit von Merkmalen nannten, etwa Element *und* Relation; Struktur *und* Prozeß) und die deshalb über die Einheit des Systems keine Aussage machen konnten – es sei denn unter Hinweis auf das bloße »und«.

(2) Die Annahme eines *rekursiven* Zusammenhangs der Einzeloperationen, die dann in diesem basalen Sinne als »selbstreferentiell« begriffen werden müssen, da sie ihre eigene Einheit nur durch *Selbst*bezug auf *andere* eigene Operationen gewinnen können. Damit wird der ontologische Primat des Bewußtseins als einziger Entität mit der Fähigkeit zur Selbstreferenz unterlaufen; und Bewußtsein muß folglich in der Spezifik seiner Operationsweise als selbstreferentielles System besonderer Art begriffen werden. Wenn man die selbstreferentielle rekursive Vernetzung als Bedingung der *Produktion* der Operationen des Systems auffaßt, gelangt man zum Be-

griff der *Autopoiesis* und kann sagen, das Bewußtsein sei, wie andere Systeme auch, ein autopoietisches System.

(3) Ein radikal *differenztheoretischer* Ausgangspunkt. Jede Operation macht einen Unterschied. Wenn sie beobachtet werden soll, muß auch das beobachtende System einen Unterschied machen, und zwar in doppeltem Sinne: zwischen sich selbst und dem, was es beobachtet, und seinem Gegenstand und dem *unmarked space* (Spencer Brown), aus dem es das Beobachtete herausgreift. Alles, was beobachtet werden kann, gewinnt also durch die Operation Beobachtung eine Form mit zwei Seiten, der bezeichneten und der unbezeichneten. Man kann auch sagen: die Operation muß sich *abkoppeln*, die Beobachtung muß sich und das Beobachtete *abgrenzen*. In beiden Fällen ist und konstruiert jeder Anfang eine Differenz.

(4) Wenn aber Identität Differenz ist (ist!), stößt jeder Beobachter, der die Frage »was ist ...?« stellt, auf eine *Paradoxie*. Ein System ist die Differenz von System und Umwelt, ist die Grenze, die eine innere Seite (System) und eine äußere Seite (Umwelt) trennt.[18] Eben das nennen wir Form. Für Entitäten, denen man die Möglichkeit der Selbstbeobachtung nicht absprechen kann, bleibt dann nur noch die Annahme der Selbstfundierung in einer Paradoxie[19] mit diversen Möglichkeiten der Entfaltung, das heißt der Überführung in handfeste Identitäten, die aber dann als kontingent, als bloße »Identifikationen« begriffen werden müssen. Jeder kann sich selbst irgendwie identifizieren – und sei es an der Gewißheit des eigenen Leibes, den er wie von außen (auch eine Paradoxie!) sehen kann. Mit einer raffinierten Begrifflichkeit kann man (wenn das System sich selbst schon gegeben ist) auf einen »Wiedereintritt« der Differenz von System und Umwelt ins System setzen[20] in Form der Möglichkeit, eigene Beobachtungsopera-

---

18 Der Ontologie bleibt angesichts dieser Feststellung nur die Wahl, zu sagen, es sei ein »Nichts«. So in der Tat wie für Zeit so auch für Dinge Leonardo, a.a.O. Aber dann taucht die Paradoxie auf in Form der tröstlichen (?) Feststellung: »In the presence of nature nothingness is not found« (a.a.O.). Natur ist dann »Fülle des Seins«, *plenitudo*.
19 Daß auch dies nicht ohne Vorbilder in der Tradition ist, hatten wir oben Anm. 10 mit einem Zitat belegt.
20 Ein »re-entry« im Sinne von George Spencer Brown, *Laws of Form*, zit. nach der Ausgabe New York 1979, S. 56 f., 69 ff. – eine offensicht-

tionen an der Unterscheidung von Selbstreferenz und Fremdreferenz zu orientieren.

So, was besagt dies nun für unser Thema? Vor allem: jede Theorie ist eine Theorie beobachtender Systeme (im Doppelsinne von Genitivus subiectivus und Genitivus obiectivus).[21] Sie muß daher eine Systemreferenz angeben, und sei es sich selber, von der sie ausgeht, um bezeichnen zu können, für welches System was Umwelt ist. Dafür gibt es keine Vorschriften. Aber wenn man wissen will, welche Systemreferenz ein Beobachter zugrunde legt (sich selbst oder ein anderes System), muß man den Beobachter beobachten. Die Welt sagt nicht, wie sie es haben will. Mit der Wahl einer Systemreferenz ist zugleich dasjenige System bezeichnet, das seine eigenen Grenzen zieht und damit selbst die Welt in System und Umwelt einteilt.[22]

Jetzt hatte man viele Optionen, eine Systemreferenz zu wählen, von der aus gesehen das übrige Umwelt ist. Allerdings sind autopoietische Systeme immer individuelle (in-dividuelle) Systeme. Man muß also konkret bezeichnen, welches System man meint – diesen oder jenen Menschen zum Beispiel. Jede Generalisierung, mag sie als Erkenntnistechnik oder zum Vergleich verschiedener Systeme noch so sinnvoll sein, verwischt das Problem, denn sie muß davon absehen, daß die unter Allgemeinbegriffen zusammengefaßten Systeme *füreinander Umwelt*, und zwar füreinander eine *jeweils verschiedene Umwelt* sind. Die Abstraktionen in Richtung Arten und Gattungen von Dingen versagt; man müßte schon die *Form der Differenz* von System und Umwelt generalisieren.

Ohne solche Möglichkeiten bestreiten zu wollen, ahnen wir doch,

lich nicht kalkulierbare, die Grenzen (der Form) des Kalküls sprengende Operation.
21 So Heinz von Foerster, *Observing Systems*, Seaside, Cal. 1981.
22 Richard Münch, »Autopoiesis by definition«, in: *Cardozo Law Review* 13 (1992), S. 1463-1471, hat gemeint, hier liege eine Konfusion von analytischer und empirischer Differenzierung vor. Mindestens seit Quine ist jedoch diese Unterscheidung selbst fragwürdig geworden, und im übrigen liegt der Argumentation des Textes eine komplexere Struktur zugrunde: Es wird eine Theorie vertreten (durch einen Beobachter, versteht sich), die in ihrem Begriff des Systems impliziert sieht, daß das System selbst (und nicht der Beobachter) über die Differenz von System und Umwelt disponiert.

daß wir hier auf ein unerprobtes Gelände geraten. Für unsere Zwecke muß es genügen, festzuhalten, daß die Theorie autopoietischer, sich-selbst-ausdifferenzierender Systeme eine radikal individualistische Theorie ist, weil sie ihre Individuen nicht nur durch konkret einzigartige Merkmalskombinationen, sondern außerdem noch durch jeweils eigene, selbstkonstruierte Umweltperspektiven, also durch jeweils anders konstruierte Welteinschnitte kennzeichnet.

VI

Gibt man der Frage nach dem Beobachter einen »meta-physischen« Primat (aber: »Metaphysik« für welchen Beobachter?), lösen sich die alten Probleme der Ontologie, des Wahrheitskonsenses, der »Intersubjektivität« auf. Man gewinnt neue Möglichkeiten der Beschreibung des Reichtums der Welt. Die Welt wird zum Rahmen (Husserl: zum »Horizont«), in dem verschiedene Beobachter dasselbe verschieden unterscheiden können. Sie kooperieren (mit einer Formulierung von Stephen Holmes) »by antonym selection«. Indem sie dasselbe bezeichnen, lassen sie das, wovon sie es unterscheiden, unerwähnt. Sie kooperieren im »unmarked space« als der letzten unerwähnten Seite aller Unterscheidungen. Sie setzen die Welt als letztes Unbeobachtbares (nicht: als Gesamtheit vermuteter Konsense[23]) voraus.

Was für die Sozialdimension gilt, gilt auch für die Zeitdimension. Auch im Zeitlauf kann ein Beobachter das wechseln, wovon er das unterscheidet, was er bezeichnet.[24] Er kann in der Wiederholung Identitäten kondensieren und konfirmieren, sie also dadurch bestätigen und generalisieren, daß er sie von immer wieder anderem

23 So bekanntlich der Begriff der »Lebenswelt« in der Version von Jürgen Habermas.
24 Hierauf dürfte die alte Faszination durch den »Ursprung« (*arché*, *origo*, Quelle, *principium*, Grund) beruhen, die, wenn als Bezugspunkt festgehalten, einen laufenden Wechsel der Unterscheidungen ermöglicht. »Car il est«, sagt ein Jurist, »des Loix, comme des fleuves. Pour considerer quels ils sont, on ne regarde pas les contrées, par où ils passent, mais leur source & origine« (Pierre Ayrault, *Ordre, formalité et instruction judiciaire* (1576), 2. Aufl. Paris 1598, S. 10). Das Recht gilt (und um Geltung ging es) einzelfallresistent.

unterscheidet. Und ebenso wie Sozialität wird auch Zeit nur im Hinblick auf dies Unterscheiden der Unterscheidungen begreifbar.

Deshalb kann der Wissenssoziologe seinerseits beobachten, wie die Rahmen in den Rahmen ausgewechselt werden, wie Weltbegriffe, Zeitbegriffe und Sozialbegriffe adaptiert werden an das, was in einer gegebenen Gesellschaft plausibel gemacht werden kann. Und »plausibel gemacht werden kann« heißt dann: welche »antonym selections« man kontrollieren muß.

VII

Als Soziologe hat man jetzt nur noch beschränkte Wahlmöglichkeiten. Das »In-dividuum« der Soziologie muß ein soziales System sein – und nicht eine lebende Zelle oder ein Gehirn oder ein Bewußtsein, denn das wären Systeme, die sich nicht durch soziale Operationen reproduzieren. Die ehrgeizigste Wahl wäre hier das umfassendste System Gesellschaft. Gleich aber, welches soziale System man als Systemreferenz wählt: der (individuelle!) Mensch ist immer Teil der Umwelt des Systems. Kein Mensch kann derart in soziale Systeme eingefügt werden, daß seine Reproduktion (auf welcher organischen oder psychischen Systemebene immer) eine soziale Operation wird und durch die Gesellschaft oder eines ihrer Subsysteme vollzogen wird. Das ist eine zwingende Konsequenz der oben skizzierten systemtheoretischen Ausgangspunkte – so zwingend, daß sich weitere Ausführungen wohl erübrigen.

Damit sind weder Kausalbeziehungen noch strukturelle Kopplungen zwischen den Systemen ausgeschlossen. Es liegt auf der Hand, daß Kommunikation in einer routinemäßig sich selbst reproduzierenden Weise nur stattfinden kann, wenn Bewußtsein kooperiert; und zwar nicht als eine notwendige Ursache *vorher* zu wirken beginnt, sondern *gleichzeitig* kooperiert. Gleichzeitigkeit heißt aber immer: *wechselseitige Unkontrollierbarkeit*. (Der von Kant und anderen gebrauchte Begriff der Wechsel*wirkung* hat dieses wichtige Moment verwischt.) Gekoppelt sind mithin verschiedene, operational getrennte autopoietische Systeme, die einander wechselseitig voraussetzen und irritieren, aber nicht determinieren können. Ein Beobachter kann zwar, wenn er will, bewußte Disposition über intentionale Aufmerksamkeit und kommunikatives Handeln als ein einziges, undekomponierbares Ereignis sehen. Es ist *seine* Konstruktion, wenn er so identifiziert. Aber er muß dann von den Rekursionen abstrahieren, die für die beteiligten Systeme die Operationen als elementare Einheiten definieren; denn die rekursiven Rückgriffe auf Vorheriges und Vorgriffe auf Künftiges aktualisieren in psychischen Systemen auf der einen und in sozialen Systemen auf der anderen Seite ganz verschiedene Netzwerke und bilden auch ganz verschiedene Strukturen. Es mag für alltägliche Teilnahme am sozialen Leben und für Mitteilung und Verstehen von Kommunikationen unnötig sein, auf diese Unterschiede der rekursiven Selbstreproduktionen zu achten; aber das bedeutet dann zwangsläufig einen Verzicht auf jede tiefenscharfe Erfassung der Sachverhalte und vor allem: einen Verzicht auf individuelles Verstehen.

VIII

Man fragt sich nach all dem, weshalb die Placierung der Menschen in der Umwelt des Gesellschaftssystems (und erst recht: aller anderen sozialen Systeme) so ungern gesehen und so scharf abgelehnt wird. Das mag zum Teil an humanistischen Erblasten liegen; aber jede genauere Analyse dieser Tradition stößt hier auf Denkvoraussetzungen, die heute schlechterdings unakzeptabel sind. Das hatte ich im Einleitungsabschnitt zu skizzieren versucht. Im übrigen ist nicht einzusehen, weshalb der Platz in der Umwelt des Gesellschaftssystems ein so schlechter Platz sein sollte. Ich jedenfalls würde nicht tauschen wollen. Man mag sich fragen, ob bei diesem Theoriekonzept es der Gesellschaft verwehrt wird, sich »menschlich« zu entwickeln. Nun, die Theorie schließt an sich keine gesellschaftliche Semantik aus; aber mit Orientierungen an »Menschenbildern« hat man so schlechte Erfahrungen gemacht, daß davor eher zu warnen wäre. Zu oft haben Vorstellungen über den Menschen dazu gedient, Rollenasymmetrien über externe Referenzen zu verhärten und der sozialen Disposition zu entziehen. Man kann hier an Rassenideologien denken, an die Unterscheidung der Erwählten und der Verdammten, an den sozialistisch vorgeschriebenen Doktrinär oder an das, was die Melting-pot-Ideologie und der American way of life dem Nordamerikaner nahelegte. Nichts dieser Art ermutigt zur Wiederholung oder auch nur zu abgewandelten Neuversuchen, und alle Erfahrungen sprechen für Theorien, die uns vor Humanismen bewahren. Auch die Anonymisierung des Menschen durch die sogenannte »Diskursethik« ringt mit diesem Problem, begibt sich dann aber auf den sehr unsicheren Boden der Linguistik, um aus dem Desaster des transzendentalen Subjekts wenigstens noch einen normativen Begriff von Rationalität retten zu können.

Vor allem aber ist an die Ausarbeitung einer adäquaten soziologischen Gesellschaftstheorie zu denken. Seit ihrer Klassik hat die Soziologie sich vor dieser Aufgabe gescheut, und sensible Soziologen warnen noch heute[25] – so als ob in der Form einer Gesellschaftstheorie über das Wesen des Menschen disponiert werden könnte. Das humanistische Vorurteil scheint, gerade weil es so natürlich und traditionsgesichert auftreten kann, zu den »obstacles épistémologiques«[26] zu gehören, die den theoretischen Zugang zu einer hinreichend komplexen Beschreibung der modernen Gesellschaft blockieren – in deren Umwelt wir als Mitwirkende und Betroffene leben.

---

[25] Siehe nur Friedrich H. Tenbruck, »Emile Durkheim oder die Geburt der Gesellschaft aus dem Geist der Soziologie«, in: *Zeitschrift für Soziologie* 10 (1981), S. 333-350.

[26] Dieser Begriff genau nach Gaston Bachelard, *La formation de l'esprit scientifique: Contribution à une Psychanalyse de la connaissance objective*, Paris (1938) 1947, S. 13 ff.; deutsch: *Die Bildung des wissenschaftlichen Geistes*, Frankfurt am Main 1978.

Dirk Baecker
Die Kybernetik
unter den Menschen

I

Jedes Nachdenken über Menschen findet unter Menschen statt. Es müßte seine Einheit in der Zerstreuung suchen, wollte es berücksichtigen, daß die Verhältnisse, unter denen es stattfindet, bereits Teil dessen sind, worüber es nachzudenken gilt. Es müßte sich darauf konzentrieren können, daß es durch jeden einzelnen Menschen, auf den es trifft, ablenkbar ist, wollte es sicherstellen, daß es den Kontakt zu sich selbst behält. Es müßte die Mitte (oder zumindest einen Abstand) wahren zwischen dem Edlen, zu dem es gerufen (Heidegger 1959a), und dem Unerträglichen, vor das es gestellt ist (Bernhard 1971), wollte es die Tendenz dieses Denkens, von den Menschen abzusehen, um den Menschen aufzusuchen, als Kennzeichen dieses Nachdenkens ebenso wie der Menschen, denen es gilt und die es tragen, mit in Rechnung stellen. Das Denken über den Menschen unter den Menschen hat es demnach mit der Kalamität zu tun, daß die Bedingungen, unter denen es seinen Gegenstand zu fassen sucht, selbst dieser Gegenstand sind, ohne daß erkennbar wäre, wie sich die Bedingung zum Gegenstand in ein Verhältnis entweder der Kausalität oder der Transzendentalität bringen ließe. Das ontische Denken scheint uns hier ebenso im Stich zu lassen wie das ontologische. Auch die Dialektik scheidet aus, weil sie gezwungen ist, die Einheit der Differenz von Bewußtsein und Sein der Menschen schließlich auf der Linie der 11. Feuerbach-These in der Einheit der Veränderung zu suchen, die offen läßt, womit, als Veränderbarem, wir es denn zu tun haben.

Nun gibt es gegenwärtig eine ganze Reihe von Versuchen, unter den Menschen das Nachdenken über den Menschen zu fördern, aber nur zwei unter ihnen verfolgen im Rahmen dieser Versuche die Absicht, über die Umstände des ontischen, des ontologischen und des dialektischen Denkens hinauszugelangen, unter denen es aussichtslos zu sein scheint, denken zu können, wie es um den

Menschen steht. Diese beiden aus dem Rahmen fallenden, weil diesen Rahmen nennenden Versuche sind die Kybernetik und die Kritik der Kybernetik. Bei Martin Heidegger (1966, S. 64f.), um mit der Kritik zu beginnen, erfüllt sich in der Kybernetik das Schicksal einer Philosophie, die seit den Griechen die Bestimmung des Seienden gegenüber der Frage nach dem Sein präferiert und sich darob in die Fülle der Einzelwissenschaften auflöst, die zu steuern die neue Grundwissenschaft der Kybernetik bestimmt sei. Das vorstellend-rechnende und planend-einrichtende Denken gerate damit zu einer Herrschaft, deren Produkt die Technik sei und der als »letzter« Möglichkeit der Philosophie nur mit Hilfe einer Besinnung auf deren »erste« Möglichkeit zu begegnen sei, der Frage nach dem Sein selbst, die beide, die Frage wie das Sein, den Menschen angehen wie nichts anderes.

Diesem als Kritik der Kybernetik vorgetragenen Gedanken pflichtet die Kybernetik selbst bei, wenn sie, wie etwa bei Gotthard Günther (1960, S. 123), in ihrem eigentlichen Ziel als anthropologisch beschrieben wird, da die Kybernetik genau jene Wissenschaftsepoche zum Abschluß bringe, in der alle kategoriale Bemühung der objektiven Erfassung der Natur gegolten habe und nichts in den Kategorien auf das Subjekt habe hindeuten sollen, das sie produzierte. In ihrer Kritik wie in der Kybernetik selbst geht es um nichts Geringeres als um eine Verabschiedung der alles weitere präjudizierenden Unterscheidung von Subjekt und Objekt, die wie für so vieles (zum Beispiel die Zeit, die Selbstreferenz, die Wiederholung) auch keinen Platz für den Menschen hat, dem denn auch nichts anderes übrigbleibt, als je nach Bedarf im Gewand des Objekts oder des Subjekts aufzutreten: Objekt und Subjekt der Anthropologie.

Die Kybernetik ist, sobald sie es unternimmt, die Selbstreferenz ihres Unternehmens zu thematisieren, das heißt den Beobachter einzuführen in die Systeme, die er beobachtet (von Foerster 1974), bereits so sehr auf der Höhe ihrer Kritik, daß wir umgekehrt sogar fragen können, ob sie nicht vielleicht sogar dort schon angelangt ist, wo Heidegger die »erste« Möglichkeit der Philosophie vermutet. Wir werden die folgenden Überlegungen dazu nutzen, die Frage nach dem Menschen so zu stellen, daß ausgemacht werden kann, ob die Kybernetik das Projekt der Philosophie nicht nur dort aufnimmt, wo es zur Vollendung kommt, sondern auch dort, wo es seinen Ausgang nimmt.

II

Für Jacques Lacan (1955) bildet die Kybernetik zusammen mit der Psychoanalyse den Nukleus sogenannter »sciences conjecturales«, die ihm geeignet scheinen, an die Stelle allzu vager »sciences humaines« zu treten. Die Humanwissenschaften beschreibt er als »pseudo-initiatisch«, womit er einerseits unterstreicht, daß den Menschen unter den Menschen nicht der Platz zugewiesen werden könne, den ihnen die Humanwissenschaften zuweisen, und andererseits nicht in Abrede stellt, daß genau in dieser Zuweisung eines Platzes eine Aufgabe liege. Die konjekturalen Wissenschaften sind in dem Maße exakter als die Humanwissenschaften, als sie – die Psychoanalyse wie die Kybernetik – wie die exakten Wissenschaften den Dingen, hier also den Menschen oder zumindest ihrem Denken, einen Platz, doch anders als diese einen Platz, den sie wechseln können, zuweisen. Ein Kalkül »des places en tant que vides« (ebd., S. 344) geht der Bestimmung dessen, was in der Einnahme des Platzes, auf den es gehört, seine Bestimmung schon erfüllt, voraus.

Zu diesem Zweck müssen die konjekturalen Wissenschaften die Sprache und den Zufall in Rechnung stellen: die Möglichkeit der Schaffung leerer Plätze zum Beispiel durch Inversion und die Einführung denkbarer neuer Kombinationen zum Beispiel durch Kontingenz. Inversionen erweitern den Raum des Möglichen, führen Mehrwertigkeit ein und machen abhängige Variable zu unabhängigen (Günther/von Foerster 1967, S. 874 f.). Kontingenz bezeichnet das, was weder notwendig noch unmöglich ist, also Gegenstände und Ereignisse im Hinblick auf mögliche Änderungen (Luhmann 1984, S. 152).

Es liegt auf der Hand, daß der Gegenstand solcherart bestimmter konjekturaler Wissenschaften nicht mehr ein wie auch immer festzulegendes Objekt sein kann. Statt dessen sind ihr »Gegenstand« Operationen, genauer: Operationen der Schließung, die, wie in einem elektrischen Schaltkreis, nur so lange Operationen sind, wie die Schließung die Öffnung und die Öffnung die Schließung stimuliert (Lacan 1955, S. 347 f.). Und umgekehrt sind Objekte nur das, was sich in diesen Operationen der Schließung als Eigenwert der Operationen stabilisiert (von Foerster 1976). Was man sich unter solchen Operationen der Schließung vorstellen kann, ist vielleicht am einfachsten mit Hilfe der Linguistik deutlich zu machen, die es in der Sprache mit Zeichen zu tun hat, die arbiträr gesetzt und im nachhinein im Kontext anderer Zeichen motiviert und rationalisiert werden (de Saussure 1915, S. 100 ff.; Glanville 1984; Derrida 1988). Jede Schließung ist in diesem Sinne eine Bestimmung des Unbestimmten, deren Gewinn darin besteht, daß anschließend eine Wahl möglich ist zwischen dem Anschluß am bereits Bestimmten oder am noch Unbestimmten. Die Schließung ermöglicht den Blick ebenso wie den Blickwechsel und die Angabe der Konsequenzen eines Blickwechsels.

Sobald das Denken sich nicht mehr als das Denken eines Subjekts begreift, dem es um die Bestimmung von Objekten zu tun ist, über die Aussagen gemacht werden, die entweder falsch oder wahr, aber nichts Drittes sein können, sondern statt dessen Bestimmungen als Setzungen auffällig werden, die auch nicht mehr in einem transzendentalen Horizont versammelt werden können, weil spätestens die nachträgliche Motivierung und Rationalisierung sie als empirische offenlegt, spätestens dann wird es erforderlich, Setzungen als Operationen aufzufassen, durch die ein bestimmendes Subjekt sich im Verhältnis zu einem bestimmten Objekt selbst bestimmt. An die Stelle der Unterscheidung zwischen Subjekt und Objekt und des Versuches, von den beiden Werten der klassisch-aristotelischen Logik den designativen Wert zur Bezeichnung des Objekts zu verwenden und den nichtdesignativen Wert zur Fluchtburg des irrtumsanfälligen Subjekts werden zu lassen, tritt die Entdeckung selbstreferentieller Systeme, die sich auf sich beziehen, dadurch überhaupt erst etwas bestimmbar werden lassen und dazu vermutlich erheblich mehr Werte brauchen, als die klassische Logik konzedierte (Günther 1967; Locker 1973; Esposito 1992).

Nun ist es gewiß ein großer Schritt, an die Stelle einer so einfachen und einleuchtenden Unterscheidung wie der zwischen Subjekt und Objekt zwei so voraussetzungsreiche, uneinsichtige und unanschauliche Konzepte wie die der Selbstreferenz und des Systems treten zu lassen und diese auch noch zum Konzept selbstreferentieller Systeme zu kombinieren. Wie kann man diesen Schritt motivieren und rationalisieren? Man könnte die Absicht der Schadensbegrenzung ins Feld führen: Wenn schon jede Bestimmung primär über sich selbst informiert (Selbstreferenz), dann überlassen wir sie ihren eigenen Bedingungen von Erfolg und Mißerfolg (System) und stellen nicht vorschnell ab auf eine

Konkordanz zwischen Bestimmung und Welt, an der die Bestimmung scheitern und die die Welt korrumpieren muß. Man könnte auch eine evolutionäre Logik des Gewinns von Möglichkeiten behaupten: Wenn schon jede Bestimmung arbiträr und kontingent ist (System), dann halten wir die Möglichkeiten weiterer Bestimmungen offen, die auf das zielen können, was arbiträrerweise ausgeschlossen wurde, aber kontingenterweise dennoch möglich bleibt (Selbstreferenz). Oder man könnte auf die Erweiterung eines Monologs zu einem Dialog verweisen: Wenn schon jede Bestimmung primär über den informiert, der sie für möglich oder gar nötig hält (System), dann doch bitte nicht unter den Bedingungen des Ausschlusses anderer Möglichkeiten, sondern unter den Bedingungen des Zustandekommens jeder Bestimmung als einer von einem anderen beobachteten und weiterverwendeten, beibehaltenen oder abgewandelten Bestimmung (Selbstreferenz). Und man könnte schließlich auf den Gewinn einer Epistemologie verweisen: Wenn schon jede Bestimmung arbiträr und kontingent ist (selbstreferentielles System), dann sollte man beobachten können, was aus ihr wird, und sie selbst wieder einführen können in das, was sie ermöglicht (selbstreferentielles System).

Man kann den Schritt von der Unterscheidung zum System jedoch auch dadurch motivieren und rationalisieren, daß man die Unterscheidung als System und das System als Unterscheidung nachweist. Wie ist das möglich? Im Grunde ist es ganz einfach. Man braucht nur die Unterscheidung zwischen Bezeichnung und Nichtbezeichnung, die die klassische Logik trifft, in eine einzige Operation zusammenzufassen und diese Operation dem Subjekt zuzurechnen, das sich zum Subjekt und Objekt der Unterscheidung macht, indem es sie trifft. Die Unterscheidung konstituiert das System, das zunächst nichts anderes ist als die Unterscheidung zwischen sich und einer Umwelt als unbestimmt anderem. Worauf es also ankommt, ist eine Zusammenfassung und eine Zurechnung. Beides scheint in jenen sechziger Jahren unseres Jahrhunderts, in dem auch die Kybernetik in die Frage nach dem Menschen eingerückt wurde, auf unterschiedlichen Wegen gelungen zu sein: die Zurechnung in der von Heinz von Foerster (1981) entworfenen Kybernetik zweiter Ordnung, die Zusammenfassung in den von G. Spencer Brown (1969) entdeckten »Laws of Form«, deren erste Rezension Heinz von Foerster (1969) in einem Warenkatalog veröffentlichte, der sich wie kaum ein anderer das Überleben der Gattung Mensch zum Programm gemacht hat.

Die Zurechnung ist die bereits erwähnte Einführung des Beobachters. Die Zusammenfassung der Unterscheidung zwischen Bezeichnung und Nichtbezeichnung zu einer einzigen Operation ist die Leistung des Indikationenkalküls von Spencer Brown, in dem jede Bezeichnung als Bezeichnung-in-Abhängigkeit-von-einer-Unterscheidung vorgeführt wird, die nichts anderes darstellt als die Befolgung einer (selbst gegebenen) Anweisung, aus einem unbestimmten Zustand (*unmarked state*) in einen bestimmten Zustand (*marked state*) hinüberzukreuzen. Die Unterscheidung, auf die sich die allererste Aufforderung »Draw a distinction« bezieht, schafft allererst die beiden Seiten des unbestimmten und des bestimmten Zustands in eins mit einer der Operation des Kreuzens selbst geschuldeten Asymmetrie zugunsten des bestimmten Zustands, in den weitere Unterscheidungen hineinkopiert oder aus dem weitere Unterscheidungen herauskopiert werden können.

Diese Zweiseitigkeit der Unterscheidung, die Bezeichnung auf der einen Seite und die Nichtbezeichnung auf der anderen Seite, ist ihre Form. Aus der Beobachtung der Form läßt sich ableiten, was man mit Unterscheidungen machen kann: Man kann sie erstens erneut treffen und dadurch in ihrem Wert bestätigen; man kann zweitens von der Innenseite der Unterscheidung auf die Außenseite zurückkreuzen und sie dadurch aufheben; und man kann sie drittens in den Bereich des von ihr Unterschiedenen wiedereinführen und dort auf ihre Form hin beobachten. Diese dritte Möglichkeit des sogenannten »re-entry« ist nur innerhalb eines unendlichen Arrangements von Unterscheidungen möglich, in dem Ausdrücke zweiter Ordnung und damit selbstbezügliche Ausdrücke auftreten können, die sich, und darin besteht die Pointe des Kalküls, als Voraussetzung bereits der »ersten« Unterscheidung herausstellen, sobald von deren Form die Rede sein kann.

Spencer Brown (1969, S. 76) vollzieht genau die Zurechnung, auf die es auch der Kybernetik zweiter Ordnung ankommt, wenn er die erste Unterscheidung, wiedereingeführt in den Bereich des von ihr Unterschiedenen, mit dem Beobachter zusammenfallen läßt, der sie trifft: »We see now that the first distinction, the mark, and the observer are not only interchangeable, but, in the form, identical.« Und es ist nichts anderes als die Anschließbarkeit der Unterscheidungen aneinander, ihre Iteration und Rekursion, die den Beobachter als das System konstituiert, das sich seine Welt mit Hilfe der Unterscheidungen konstruiert, über die es verfügt (von Foerster 1973).

Wir sind damit an dem entscheidenden Punkt angelangt, an dem sich nicht nur die Unterscheidung als eine »form of closure« (Spencer Brown 1969, S. 77) als das System erweist, das sie trifft, sondern dieses System gleichzeitig auch auf das Unbestimmte hin beobachtbar macht, dem es sich verdankt. Es bleibt ja dabei, daß die Unterscheidung primär nichts anderes ist als die Operation des Kreuzens aus dem *unmarked state* in den *marked state*, eine Operation freilich, die nur deswegen möglich ist, weil sie bereits innerhalb des Rahmens eines »unwritten cross« (ebd., S. 7; Varga von Kibéd 1989, S. 403 f.) operiert, für das dasselbe gilt. Das aber bedeutet, daß die Unterscheidung, wiedereingeführt in den Bereich des von ihr Unterschiedenen, auf ihre andere Seite, den *unmarked state* hin beobachtbar wird, ohne daß dieser *unmarked state* kausal-ontisch oder transzendental-ontologisch im Sinne der Ermöglichung des *marked state* gedacht werden könnte. Denn erstens ist der *unmarked state* nichts ohne den *marked state*. Zweitens ist die wiedereingeführte Unterscheidung nicht diese selbst – sie ist »marker« und nicht »cross«, das heißt eine nur unvollständige Charakterisierung einer Grenze (Spencer Brown 1969, S. 65; Varga von Kibéd 1989, S. 405) –, und damit sind auch ihre beiden Seiten nicht, was sie sind, wenn sie konstituieren, was sie konstituieren. Und drittens fällt die Bestimmungsleistung, die möglich wird, wenn die Unterscheidung in den Bereich des von ihr Unterschiedenen wiedereingeführt wird, mit der Entdeckung einer Paradoxie, nämlich der Paradoxie der Einheit des Verschiedenen zusammen, womit eindeutige Bestimmungen blockiert werden und nur mindestens zweideutige Bestimmungen, nämlich Unterscheidungen möglich bleiben.

Gerade an der Wiedereinführung der Unterscheidung in den Bereich des von ihr Unterschiedenen fällt also auf, was Spencer Brown (1969, S. 1) als eine Art Definition seinem Kalkül voranstellt: »Distinction is perfect continence.« Es gibt keine Möglichkeit, den Bereich des von ihr Unbestimmten über ihre Wiedereinführung hochzurechnen in den Raum der Möglichkeit von Bestimmungen. Jede Bezeichnung ereignet sich als Kreuzen aus dem *unmarked state* in den *marked state*. Sie läßt den *unmarked state* »hinter sich« und kann, wenn sie auf ihre eigene Form reflektiert, allenfalls dieses wissen. Jede Bezeichnung von Seiendem besetzt nicht nur, sondern schafft zugleich jene Leerstellen, an denen andere Bezeichnungen sich reiben können, für die dasselbe gilt. Die Einheit des Seins verflüchtigt sich in diese Leerstelle des *unmarked state*. Die »Lichtung des Seins« (Heidegger 1966, S. 73) als die »Lichtung des sich verbergenden Bergens« (ebd., S. 79) erweist sich als die Form der Unterscheidung, die nur bezeichnen kann, was sie bezeichnet, weil sie gleichzeitig unbezeichnet läßt, was als ihre andere Seite abwesend anwesend ist. Damit findet die Kybernetik mit Hilfe der »Laws of Form«, die ihr einen Begriff der Operation als Unterscheidung vermitteln, zurück zur »ersten« Frage der Philosophie.

III

Und der Mensch unter den Menschen? Er verlegt sich darauf, ein Denken zu entwickeln, das die Unterscheidung zwischen Subjekt und Objekt und ihre Verpflichtung auf Präsenz und Geltung zugunsten einer Beobachtung der Unterscheidungen, die in jeder Beobachtung verwendet werden, und das heißt zugunsten eines Denkens des Seins des Seienden, zugunsten einer Supplementierung der Schrift in die Sprache, zugunsten einer Unterbrechung der Routinen des Lebens, zugunsten der Entdeckung der Gleichzeitigkeit überwindet (Heidegger 1952; Derrida 1967; Castaneda 1974; Luhmann 1990a). Und er entdeckt, daß dieses Denken bereits in jenen Traum verwickelt ist, den Gregory und Mary Catherine Bateson (1988, S. 182) beschrieben: »The dream is about what sort of a thing man is that he may know and act on living systems – and what sort of things such systems are that they may be known.«

Aber warum kann sich der Mensch nur im Traum dergestalt auf lebende, also selbstreferentielle Systeme beziehen, daß er in Erfahrung bringt, was es mit diesen auf sich hat? Weil er nur im Traum ein Mensch ist, der sich von lebenden Systemen unterscheiden läßt? Weil bereits dieser Unterschied nur ein Traum sein kann? Was ist das für ein Denken, das den Menschen allenfalls träumen kann? Vater und Tochter Bateson lassen keinen Zweifel daran, daß es sich um ein Denken handelt, das auf selbstverantwortete Unterscheidung abstellt: »›human nature‹ is self-validat-

ing« (S. 179), und diese im Kontext von »self-recursive communication systems« (S. 181) sieht. Ist der Mensch selbst ein solches System? Wohl kaum, denn in welchem System wäre seine Einheit physikalischer, organischer, psychischer und sozialer Operationen zu verorten? Welchem System ließe sich denn die Unterscheidung zurechnen, die den Menschen, gar seine Natur, auf sich selbst bestätigende Weise zu bezeichnen erlaubt? Dem physikalischen oder organischen System? Was wüßte es vom Menschen? Dem psychischen System? Welche Sprache spricht es? Dem sozialen System? Wie verfügt es über Körper und Bewußtsein? Ist der Mensch die »Überlebensgemeinschaft« seiner autopoietischen Systeme (Dziewas 1992)? Oder ist er nicht vielmehr der »Bruch« selbst zwischen allen diesen Systemen (Plessner 1982, S. 11) und ihnen allen »exzentrisch« »im raumzeithaften Nirgendwo-Nirgendwann« zu lokalisieren (Plessner 1928, S. 291)?
Die beiden Batesons (S. 182) lassen diese Frage offen und verweisen darauf, daß die Antworten »to that forked riddle must be woven from mathematics and natural history and aesthetics and also the joy of life and love – all of these contribute to shape that dream.« Es bleibt also beim Traum, und das ermöglicht es, die Frage nach dem Menschen umzuformulieren als die Frage nach dem Denken, das den Menschen so und anders träumen kann. Diese Frage kann im Rahmen der den Rahmen bedenkenden Kybernetik schon eher beantwortet werden. Denn wir können fragen, welchem der uns bekannten Systeme ein träumendes Denken zugerechnet werden kann, und erhalten darauf drei eindeutige Antworten, nämlich dem psychischen System des Bewußtseins, dem sozialen System der Kommunikation und beiden auf eine Art und Weise, die festhält, daß es weder dem einen noch dem anderen eindeutig zugerechnet werden kann. Sicherlich ist Denken nicht nur Bewußtsein, wenn man Bewußtsein als sprachlos ansetzt und Sprache, also Kommunikation, zur Strukturierung des Denkens für erforderlich hält (Luhmann 1988). Und sicherlich ist Denken nicht nur Kommunikation, wenn man diese als verwiesen auf Wahrnehmung, also Bewußtsein, zur Befähigung von Rückschlüssen auf anderes als sie selbst betrachtet (Luhmann 1990 b, S. 225 ff.). Sollte man nicht diese Unentscheidbarkeit der Zurechnung von Denken auf entweder Bewußtsein oder Kommunikation als Ausgangspunkt des Nachdenkens über Denken akzeptieren?

Man könnte dann, ausgehend von der Unentscheidbarkeit und den beiden Systemreferenzen, die sie immerhin ins Spiel bringt, dem Denken des Seins als dem Denken des sich Entziehenden, wie es Heidegger (1952, S. 128 f.) formuliert, gleichsam kognitionswissenschaftlich und im Sinne der Heideggerschen (1949, S. 33) Philosophie eines »Schritts zurück« die Erfahrung der Unerreichbarkeit des sozialen für den psychischen und des psychischen für den sozialen Operationsmodus eines selbstreferentiell geschlossenen Systems unterstellen.

Denken wäre dann die Verschärfung zugleich der Differenz jeder Sprache gegenüber dem Bewußtsein und jeder Wahrnehmung gegenüber der Kommunikation. Denken wäre Bewußtsein und Kommunikation von Grenzziehungen. Denken wäre der aussichtslose Versuch, sich sprachlich auf Wahrnehmung zu beziehen und zugleich das Produkt aller Kommunikationen, in denen dies als dennoch gelungen, und aller Vorstellungen, in denen dies als dennoch möglich erscheint. Als dieses Produkt eines aussichtslosen Versuchs kann es sich generalisieren als Bezug auf das Sein des Seienden, auf die Form der Unterscheidung oder auch sich selbst formulieren im Sinne jener Formel von Ranulph Glanville (1982): »Inside every white box there are two black boxes trying to get out.« Mag sein, daß bei diesem Versuch der beiden *black boxes* Kommunikation und Bewußtsein, sich in der *white box* des Denkens bemerkbar zu machen, ein Lärm entsteht, in dem der Mensch, aufgewacht aus seinem Traum, sich selbst erkennt. Er erkennt sich auf der Ebene der Kommunikation; er erkennt sich auf der Ebene seines Bewußtseins; und er stößt auf die Differenz zwischen Kommunikation und Bewußtsein (Baecker 1992). Es ist dann kein Wunder, daß ihm die *white box* des Denkens, in der er aufwachte, unter der Hand wieder zur *black box* wird.

Das in die Systeme, die es beobachtet, wiedereingeführte Denken ist ein Denken, das alle Unterscheidungen, die es verwendet, im Licht der Entdeckung der Form der Unterscheidung betrachtet. Jede Unterscheidung ist eine Markierung, die die Innenseite der Unterscheidung bezeichnet und die Außenseite unbezeichnet läßt. Jedes Denken einer Unterscheidung hat daher im Rahmen einer Beobachtung der Form der Unterscheidung die Möglichkeit, die Innenseite der Unterscheidung in Richtung auf ihre Außenseite zu transzendieren. In genau diesem Sinne ist das Denken metaphysisch. In dem Moment, in dem es als das, was es ist, gedacht wird und der Mensch als der Denkende dieses Denkens auftaucht, verwandelt sich diese Transzendenz in Reszendenz (Heidegger 1959b, S. 18): Die Unterscheidung tritt in den Bereich des von ihr Unterschiedenen wieder ein und wird dort in dem Sinne mehrdeutig, als die Linie des Unterschiedenen innerhalb der wiedereingeführten Unterscheidung in beiden Richtungen überquert werden kann: in Richtung auf den *unmarked state*, aus dem jede Unterscheidung gewonnen wird, und in Richtung auf den *unmarked state*, in den hinein jede Unterscheidung wieder aufgelöst werden kann: in Richtung auf das Sein des Seienden und in Richtung auf das Nichts des Seienden.

Diese beiden Richtungen sind topologisch ein und dasselbe, operativ trennen sie Welten. In der einen Richtung wird eine Ontologie des Seienden erschlossen, das nicht mehr substantiell, nicht mehr kausal, nicht mehr dialektisch und nicht mehr funktional gedacht wird, sondern operativ: als selbstreferentielle Konstruktion. Und in der anderen Richtung wird der Nihilismus als die Kehrseite aller Ontologien sichtbar: die Leere der Konstruktion, die Lehre der deconstruction. Beide Richtungen gehören zusammen, ob sie es wollen oder nicht. Sie wechseln die Seite der Unterscheidung nur über eine Grenze hinweg, die eine wiedereingeführte Unterscheidung zieht. Der *unmarked state* ist nur als in den *marked state* wiedereingeführter Zustand erfahrbar, und nur das kann man überhaupt Erfahrung nennen. Nur dort, nur auf der Innenseite eines *unwritten cross*, läßt sich über Ontologien und Nihilismen handeln, die sich als bloße Akzentverschiebungen, als Tonfälle eines Denkens erweisen, das so lange einer Metaphysik verpflichtet bleibt, als die Überquerung nicht ihrerseits als Bewegung auf der Innenseite der Unterscheidung, das heißt als Rekursion eingestanden wird.

Durch diese Wiedereinführung aller Operationen in die Rekursivität der Konstruktionen wird die Metaphysik nicht etwa erübrigt. Im Gegenteil. Sie wird frei zur Annahme eines Wortsinns, der nicht unbedingt ein neuer sein muß. Die Metaphysik bekommt es mit der Frage zu tun, ob Rekursionen ihre Anschlüsse auf der Innenseite oder auf der Außenseite wiedereingeführter Unterscheidungen suchen. Diese Frage ist ontologisch unentscheidbar und muß daher entschieden werden. Die Unentscheidbarkeit bringt gegenüber den beiden Seiten einer Unterscheidung nicht nur ein Drittes, sondern ein Heterogenes ins Spiel (Derrida 1990,

S. 209), das die Entscheidung weniger ermöglicht als vielmehr trägt oder vielleicht sogar ist. Von Metaphysik mag daher immer dann die Rede sein, wenn Unentscheidbares entschieden wird (von Foerster 1991, S. 63). Denn hier geht es um die – man ist fast versucht zu sagen: kostbaren – Momente, in denen die Rekursion auf sich selber stößt, mehrdeutig wird (mehr als zweideutig, denn die Option ist ja die Bezeichnung oder die *Nicht*bezeichnung), zögert und in der Überwindung dieses Zögerns sich selbst als Iteration einsetzt, als Anschluß qua Differenz (Derrida 1990, S. 212 f. und 215 f.), als Bestimmungsleistung, die das, was sie leistet, sich selber zurechnen lassen muß. Die Unterscheidung selbst ist der metaphysische, weder in Raum noch in Zeit zu lokalisierende (Bateson 1970, S. 580 f.), ausschließlich der Differenz zwischen sich und unbestimmt anderem zuzurechnende Moment.

Es würde den Menschen überfordern, wäre dieser Moment nur der seine. Es handelt sich um den Moment der Kybernetik, die in der Form des Indikationenkalküls von G. Spencer Brown über einen Begriff und eine Mathematik dieses Moments und in der Form der Kognitionswissenschaften über ein Programm zur Erkundung der »domains« verfügt, in denen Unterscheidungen den Operationsmodus beobachtender Systeme annehmen.

Die Koinzidenzen der Kybernetik und ihrer Kritik finden darin ihren Abschluß, daß sie auf den Menschen weisen, der die Form der Unterscheidung in dem Moment entdeckt, in dem er sich wiedereinführt in den Bereich der wiedereintrittsfähigen Unterscheidungen. Er verliert sich als Subjekt und gewinnt sich als Beobachter unter Beobachtern, der aufgefordert ist, die Ansprüche des Humanismus zugunsten einer Kybernetik fallen zu lassen, die in der Lage ist, das epistemologische Dilemma einzugestehen, daß, soweit wir wissen, nur unter Menschen von Unterscheidungen die Rede ist, die nicht den Menschen zuzurechnen sind. Mit Heidegger (1959 a, S. 47) ist daher festzuhalten: »in der Gegend, in der wir uns aufhalten, ist alles nur dann in bester Ordnung, wenn es keiner gewesen ist«. Das Denken macht sich wieder frei von der Unterscheidung des Menschen und der Menschen und sucht die Zerstreuung: die Differenz.

Literatur

Baecker, Dirk (1992), »Die Unterscheidung zwischen Kommunikation und Bewußtsein«, in: Wolfgang Krohn und Günter Küppers (Hg.), *Emergenz: Die Entstehung von Ordnung, Organisation und Bedeutung*, Frankfurt am Main, S. 217-268.

Bateson, Gregory (1970), *Ökologie des Geistes. Anthropologische, psychologische, biologische und epistemologische Perspektiven*. Aus dem Amerikanischen von Hans Günter Holl, Frankfurt am Main 1981.

– und Mary Catherine Bateson (1988), *Angels Fear: Towards an Epistemology of the Sacred*, Toronto; deutsch: *Wo Engel zögern. Unterwegs zu einer Epistemologie des Heiligen*. Übersetzt von Hans-Ulrich Möhring, Frankfurt am Main 1993.

Bernhard, Thomas (1971), *Gehen*, Frankfurt am Main.

Castaneda, Carlos (1974), *Journey to Ixtlan: The Lessons of Don Juan*, London; deutsch: *Reise nach Ixtlan. Die Lehre des Don Juan*, 20. Auflage, Frankfurt am Main 1994.

Derrida, Jacques (1967), *Grammatologie*. Aus dem Französischen von Hans-Jörg Rheinberger und Hanns Zischler, Frankfurt am Main 1974.

– (1988), »Mes chances: Au rendez-vous de quelques stéréophonies épicuriennes«, in: *Cahiers Confrontation* 19, S. 19-45.

– (1990), »Vers une éthique de la discussion«, in: ders., *Limited Inc*. Présentation et traductions par Elisabeth Weber, Paris, S. 199-285.

Dziewas, Ralf (1992), »Der Mensch – ein Konglomerat autopoietischer Systeme?«, in: Werner Krawietz und Michael Welker (Hg.), *Kritik der Theorie sozialer Systeme. Auseinandersetzungen mit Luhmanns Hauptwerk*, Frankfurt am Main, S. 113-132.

Esposito, Elena (1992), *L'operazione di osservazione: Costruttivismo e teoria dei sistemi sociali*. Prefazione di Niklas Luhmann, Milano.

Foerster, Heinz von (1969), »Laws of Form«, in: *Whole Earth Catalogue* (Spring), S. 14.

– (1973), »On Constructing a Reality«, in: ders., *Observing Systems*, Seaside, Cal. 1981, S. 288-309; deutsch: »Über das Konstruieren von Wirklichkeiten«, in: ders., *Wissen und Gewissen. Versuch einer Brücke*, hg. von Siegfried J. Schmidt, Frankfurt am Main 1993, S. 25-49.

– (1974), »Notes on an Epistemology for Living Things«, in: ders., *Observing Systems*, Seaside, Cal. 1981, S. 258-271; deutsch: »Bemerkungen zu einer Epistemologie des Lebendigen«, in: ders., *Wissen und Gewissen. Versuch einer Brücke*, hg. von Siegfried J. Schmidt, Frankfurt am Main 1993, S. 116-133.

– (1976), »Objects: Tokens for (Eigen-) Behaviors«, in: ders., *Observing Systems*, Seaside, Cal. 1981, S. 273-285; deutsch: »Gegenstände: greifbare Symbole für (Eigen-) Verhalten«, in: ders., *Wissen und Gewissen. Versuch einer Brücke*, Frankfurt am Main 1993, S. 103-115.

- (1981), *Observing Systems*, Seaside, Cal.
- (1991), »Through the Eyes of the Other«, in: Frederick Steier (Hg.), *Research and Reflexivity*, London, S. 63-75.
- (1993), *Wissen und Gewissen. Versuch einer Brücke*, hg. von Siegfried J. Schmidt, übersetzt von Wolfram Karl Köck, Frankfurt am Main 1993.
Glanville, Ranulph (1982), »Inside Every White Box There Are Two Black Boxes Trying To Get Out«, in: *Behavioral Science* 27, S. 1-11; deutsch: »In jeder White Box warten zwei Black Boxes, die hinauswollen«, in: ders., *Objekte*, Berlin 1988, S. 119-147.
- (1984), »Distinguished and Exact Lies«, in: Robert Trappl (Hg.), *Cybernetics and Systems Research*, Bd. 2, Amsterdam, S. 655-662; deutsch: »Distinguierte und exakte Lügen«, in: ders., *Objekte*, Berlin 1988, S. 175-194.
Günther, Gotthard (1960), »Analog-Prinzip, Digital-Maschine und Mehrwertigkeit«, in: ders., *Beiträge zur Grundlegung einer operationsfähigen Dialektik*, Bd. 2, Hamburg 1979, S. 123-133.
- (1967), »Time, Timeless Logic and Self-Referential Systems«, in: *Annals of the New York Academy of Sciences* 138, S. 396-406.
- und Heinz von Foerster (1967), »The Logical Structure of Evolution and Emanation«, in: *Annals of the New York Academy of Sciences* 138, S. 874-891.
Heidegger, Martin (1949), *Über den Humanismus*, Frankfurt am Main.
- (1952), »Was heißt Denken?«, in: ders., *Vorträge und Aufsätze*, 5. Aufl., Pfullingen 1985, S. 123-137.
- (1959 a), »Zur Erörterung der Gelassenheit: Aus einem Feldweggespräch über das Denken«, in: ders., *Gelassenheit*, Pfullingen, S. 27-71.
- (1959 b), *Zur Seinsfrage*, 2. Aufl., Frankfurt am Main.
- (1966), »Das Ende der Philosophie und die Aufgabe des Denkens«, in: ders., *Zur Sache des Denkens*, Tübingen, S. 61-80.
Lacan, Jacques (1955), »Psychanalyse et cybernétique, ou de la nature du langage«, in: *Le Séminaire de Jacques Lacan*. Texte établi par Jacques-Alain Miller, Livre II: *Le moi dans la théorie de Freud et dans la technique de la psychanalyse, 1954-1955*, Paris 1978, S. 339-354; deutsch: »Psychoanalyse und Kybernetik oder von der Natur der Sprache«, in: *Das Seminar von Jacques Lacan*, Bd. 2: *Das Ich in der Theorie Freuds und in der Technik der Psychoanalyse*, hg. von Norbert Haas, übersetzt von Hans-Joachim Metzger, Olten 1980, S. 373-390.
Locker, Alfred (1973), »On the Ontological Foundations of the Theory of Systems«, in: William Gray, Nicholas D. Rizzo (Hg.), *Unity Through Diversity. A Festschrift for Ludwig von Bertalanffy*, Bd. 1, New York, S. 537-571.
Luhmann, Niklas (1984), *Soziale Systeme. Grundriß einer allgemeinen Theorie*, Frankfurt am Main.
- (1988), »Wie ist Bewußtsein an Kommunikation beteiligt?«, in: Hans

Ulrich Gumbrecht und K. Ludwig Pfeiffer (Hg.), *Materialität der Kommunikation*, Frankfurt am Main, S. 884-905.
- (1990 a), »Gleichzeitigkeit und Synchronisation«, in: ders., *Soziologische Aufklärung 5: Konstruktivistische Perspektiven*, Opladen, S. 95-130.
- (1990), *Die Wissenschaft der Gesellschaft*, Frankfurt am Main.

Plessner, Helmuth (1928), *Die Stufen des Organischen und der Mensch. Einleitung in die philosophische Anthropologie*, 2., um Vorwort, Nachtrag und Register erw. Aufl., Berlin 1965.
- (1982), *Mit anderen Augen. Aspekte einer philosophischen Anthropologie*, Stuttgart.

Saussure, Ferdinand de (1915), *Cours de linguistique générale*. Publié par Charles Bally et Albert Sechehaye, édition critique préparée par Tullio de Mauro, Paris 1972; deutsch: *Grundlagen der allgemeinen Sprachwissenschaft*. Übersetzt von Peter von Polenz, Berlin 1967.

Spencer Brown, G. (1969), *Laws of Form*, 2. Aufl. der amerikanischen Ausgabe, New York 1977.

Varga von Kibéd, Matthias (1989), »Wittgenstein und Spencer Brown«, in: Paul Weingartner und Gerhard Schurz (Hg.), *Philosophie der Naturwissenschaften. Akten des 13. Internationalen Wittgenstein Symposiums*, Wien, S. 402-406.

Rudolf Stichweh
Fremde, Barbaren und Menschen
Vorüberlegungen zu einer Soziologie
der ›Menschheit‹[1]

I

Woher kommen die Barbaren? Für antike Hochkulturen, wie beispielsweise das Chinesische oder das Römische Reich, die die Stämme und Völker jenseits der Grenzen oder an den Grenzen ihrer Reichsbildungen mit summarischen Begriffen wie »Barbaren« bezeichneten, mußte sich auch die Frage stellen, ob die Barbaren dort draußen einfach nur »zufällig« vorkommen oder ob sie in irgendeinem Sinn ein Teil der Ordnungsbildung sind, die durch das Weltreich geschaffen wird. Man könnte dies das Theodizeeproblem für Weltreichbildungen nennen. China ist dafür ein interessantes Beispiel. Zunächst verfügt China noch nicht über einen kompakten Sammelbegriff, der dem sumerisch-griechisch-römischen »Barbaren« entspricht.[2] Statt dessen fungieren im 2. und 1. Jahrtausend v. Chr. einzelne Stammesnamen (Ch'iang, Hu) auch als Allgemeinbegriffe, die fremde Stämme überhaupt bezeichnen können.[3] Schon in der Chou-Zeit (11.-3. Jahrhundert v. Chr.) aber bilden sich abstraktere Benennungen, die typischerweise mit den vier Himmelsrichtungen zu tun haben: Ssu-i (vier Barbaren = alle Barbaren) und Man, Jung, Ti und I als Bezeichnungen für die fremden Völker der einzelnen Himmelsrichtungen.[4] Im gleichen Zeitraum kultiviert die chinesische Mythologie ein Interesse daran, den Barbaren einen chinesischen Ursprung zuzuschreiben. Sie sind entweder die Nachkömmlinge von Rebel-

---

[1] Der Aufsatz skizziert Überlegungen aus einem Projekt mit dem Titel »Der Fremde. Zur Evolution der Weltgesellschaft«, das demnächst eine ausführlichere Darstellung finden wird. Vgl. als vorbereitende Studien aus diesem Projekt Stichweh 1991 und 1992.
[2] Seiner Herkunft nach ist das Wort ›Barbar‹ sumerisch und meint »der unverständlich Stammelnde«.
[3] Hierzu und zum folgenden Bauer 1980, Müller 1980, Franke 1992.
[4] Müller 1980, S. 46 f.; Franke 1992, S. 31.

len, die wegen eines Fehlverhaltens an die Ränder der chinesischen Welt verbannt worden sind, oder sie sind hervorgegangen aus einer problematischen Liaison, etwa der einer chinesischen Königstochter mit einem Hund.[5] Mit Deutungen dieses Typs gelingt es dem »Reich der Mitte«, seine unruhigen Ränder auf sich hin zu ordnen. Den Barbaren können dann militärische Aufgaben zugedacht werden, die beispielsweise den Schutz Chinas vor noch weiter draußen herumziehenden Völkern beinhalten.

Die Bekämpfung von fremden Feinden mittels anderer fremder Feinde[6] – und das heißt unter anderem die Aufnahme von Barbaren in eigene Heeresverbände – war auch für Rom eine Selbstverständlichkeit und zugleich eine demographische Notwendigkeit. Im übrigen aber scheint das Faktum der Existenz unzugehöriger Barbaren für das klassische Rom unproblematischer gewesen zu sein. Vielleicht weil Rom sich seinem historischen Selbstbewußtsein nach als Schlußpunkt einer Sequenz mediterraner Großreichbildungen verstehen konnte, für die es immer ein Innen und ein Außen gegeben hatte, so daß die Beunruhigungsqualität des Außen abnahm. Integrative Deutungen, die den Barbaren als Teil der römischen Ordnung verstehen, finde ich erst am Ende des 4. Jahrhunderts unter dem bezeichnenden Titel der ›*Philanthropie*‹ als Herrscherideal. Der Hintergrund ist das Eindringen der Goten in das Römische Reich. Den 369 mit dem Westgoten Athanarich geschlossenen Frieden rechtfertigt Themistius, der an diesem Friedensschluß mitgewirkt hatte, in einer Rede von 370 mit einer psychologischen Analogie. Im Wesenskern eines jeden Einzelmenschen gebe es ein barbarisches Moment, das er in sich zum inneren Ausgleich bringen müsse. Entsprechendes gelte für die Beziehung Roms zu den Barbaren. Als Prämisse fungiert in beiden Fällen die Unterwerfung dieses barbarischen Moments unter eine höherwertige Ordnung[7]: »In jedem Menschen liegt ein barbarischer Kern, das allzu Anmaßende und Widerspenstige, nämlich der Übermut und die unersättlichen Begierden ... Wie es nun unmöglich ist, diese Leidenschaften ... vollständig auszureißen,

---

5 Franke 1992, S. 32; Müller 1980, S. 65 f.
6 Im Latein der Kaiserzeit eine Tautologie, da sowohl »Fremder« wie »Feind« *hostis* heißt.
7 Es handelt sich um die 10. Rede des Themistius, die bei Vogt 1967, S. 20, zitiert wird.

da die Natur sie der Seele zum Gebrauch eingepflanzt hat, wohl aber es eine Aufgabe der Tugend ist, sie ... den aus dem Verstand kommenden Weisungen zu unterstellen, so ist es auch Aufgabe der Könige, ... wenn sie die Barbaren bei ihrer Erhebung ergriffen haben, diesen *Ergänzungsteil der menschlichen Natur* nicht mit der Wurzel auszureißen, sondern ihre Anmaßung zu beseitigen und dann sie selbst zu retten und zu beschützen, da sie zu einem Teil der Herrschaft geworden sind.« Bemerkenswert ist der Schluß des Arguments: Wer die Barbaren nutzlos verfolge, der mache sich nur zum Herrscher der Römer. Wer sie aber nach ihrer Überwindung schone, der verstehe sich als den *Herrscher aller Menschen*.[8]

Ungeachtet des angedeuteten Unterschiedes zwischen ihnen zeugen beide – die chinesische und die römische Version des Umgangs mit Barbaren – von einer relativ ausgeprägten kulturell gestützten Selbstsicherheit im Umgang mit fremdartigen Menschen, die die existentielle Ungewißheit angesichts des Fremden, die für viele Stammesgesellschaften charakteristisch ist, nicht mehr erkennen läßt. Die beunruhigende Frage, ob der Fremde vielleicht ein Gott sein könnte oder ob es sich bei ihm um die Inkarnation eines Ahnen handelt, scheint sich nicht mehr zu stellen. Damit einher geht eine Konsolidierung des Begriffs des Menschen. Diese beiden Momente tragen die kulturelle Selbstgewißheit, die Fremde als Barbaren erscheinen läßt und ihnen derart einerseits fraglos menschliche (und nicht mehr göttliche, angelische und allenfalls in einem metaphorischen Sinn tierische) Qualitäten attribuiert, diese Qualitäten andererseits aber noch als in einer gestuften Verwirklichung vorliegend denkt. Diese Thesen bedürfen einer genaueren Explikation.

Für Stammesgesellschaften fällt eine zweiseitige Offenheit im Begriff des Fremden und in dem des Menschen auf. Einerseits können aus den Handlungen des Stammes selbst hervorgehende[9] *nichtmenschliche Entitäten* – also beispielsweise ein medizinischer Schrein[10] – mit dem *Begriff des Fremden* bezeichnet und wie ein menschlicher Gast bewirtet werden, andererseits ist die Humani-

---

8 Vogt 1967, ebd.
9 So zumindest stellt es sich dem anthropologischen Beobachter dar.
10 Dieses Beispiel für die Tallensi Ghanas bei Fortes 1975, S. 230f. Auf diesen Schrein findet sowohl die Bezeichnung für Fremde (*saan*) Anwendung wie ihm auch Personalität (*nit*) attribuiert wird.

tät von zufällig und unerwartet eintreffenden Fremden durchaus eine offene und entscheidungsbedürftige Frage. Gerade weil sie Fremde sind, können sie auch einer anderen natürlichen oder übernatürlichen Kategorie zugerechnet werden. Eine ähnliche Offenheit für Zurechnungen ist den Begriffen Mensch und Person eigen. Eine wichtige Rolle spielt dabei die eben schon erwähnte Frage der verstorbenen Ahnen. Fremde, gerade wenn sie sehr selten vorkommen, können generell als Ahnen klassifiziert werden[11]; auch ein Krokodil kann als Inkarnation eines Ahnen gesehen werden und dann auch Personalität zugesprochen bekommen, so daß seine Tötung der eines Menschen gleichzusetzen ist.[12] Meyer Fortes, der diesen letzteren Fall am Beispiel der Tallensi ausführlich diskutiert, fragt sich, wie dann eigentlich die Unterscheidung von Tier und Mensch gehandhabt werde, da Tiere einerseits mittels totemistischer Regeln in Sozialsysteme inkorporiert werden können, andererseits niemand das Wort für Mensch (*ni-saal* = lebendige Personalität) auf sie anwenden würde. Da keiner seiner Informanten eine solche Frage zu beantworten bereit oder imstande war, ist Meyer Fortes auf eine eigene Hypothese angewiesen, die er so formuliert, daß den Tallensi einerseits bewußt sei, daß sie das Faktum einer (biologischen) Kontinuität mittels reproduktiver Sukzession mit den Tieren teilen und insofern eine qualitative biologische Differenz nicht auszumachen ist. Andererseits fehle den Tieren nach Meinung der Tallensi das *Verfügen über eine Genealogie*, damit das auch dem Einzelmenschen bewußt verfügbare Wissen um Abstammung und Verwandtschaft und die dazugehörigen Wertungen, und genau dieses Moment sei offensichtlich das für den Begriff des Menschen entscheidende.[13]

In den oben diskutierten Beispielen aus zwei antiken Hochkulturen war das Kriterium für die gestufte Teilhabe am Begriff des Menschen offensichtlich ein anderes. Die Grenze ist kultureller Art. Sprache als Kriterium spielt in Europa und in China im Begriff des Barbaren eine große Rolle[14]; und auch wenn Barbarenstämme mit Tiernamen bezeichnet werden, wie es in China regel-

11 Siehe Lofland 1973, S. 5, zu Lévy-Bruhl.
12 Fortes 1987, S. 249.
13 Ebd., insbesondere S. 254-256.
14 Müller 1980, S. 62, 70 notiert typische Bezeichnungen des Barbaren, die an die Wahrnehmung seiner Sprache anknüpfen: Vogelgezwitscher, ungehobelte (= linke) Sprache, unartikuliertes Schreien. Demgegen-

mäßig geschieht, indiziert dies kulturelle Inferiorität und nur in diesem Sinn eine Annäherung an die Tierheit. Im übrigen signalisieren die gewählten Tiernamen (Schafe, Pferde, Vögel) meist auch eine besondere Prominenz des gewählten Tiers in der Wirtschaftsform des jeweiligen Barbarenstammes; und nur die Verwendung des Radikals für ›Hund‹ hat einen ausschließlich pejorativen Sinn, während in seltenen, entgegengesetzt gelagerten Fällen Barbarenstämme mit dem Radikal für ›Mensch‹ geschrieben werden und derart ihre beginnende Integration in die kultivierte Menschheit signalisiert wird.[15] Noch das kommunistische China betreibt den Austausch solcher Radikale als Teil seiner Minderheitenpolitik.

Auch für das kaiserliche Rom gilt ein analoges Phänomen einer durch kulturelle Prämissen markierten Grenze in einem weiter gefaßten Begriff der Menschheit. Einerseits gibt es das *genus humanum*, das nicht auf römische Bürger eingeschränkt werden kann. Andererseits wird Menschsein als steigerbar gedacht, und die anzustrebende Steigerungsrichtung wird fixiert durch den Begriff der *humanitas*, der Bildungswerte meint, die nur als Folge des Erwerbs und der Ausübung intellektueller Kompetenzen verwirklicht werden können.[16]

Welches sind die historischen Voraussetzungen dieser hier skizzierten – tendenziell universalistischen – Begriffe des Menschen, die einerseits durch kulturelle Normen restringiert sind, andererseits bei Annäherung an die durch kulturelle Normen gesetzten Standards eine Aufnahme in ein vollgültiges Menschsein auch für Barbaren erreichbar erscheinen lassen? Zwei Momente möchte ich hinsichtlich der Hochkulturen des ersten Jahrtausends v. Chr. betonen. Das eine ist die Delokalisierung der Gottesvorstellung; das andere ist die Entstehung pluraler und zugleich gestufter Kriterien der Beschreibung und der Behandlung von Fremden. Damit kommen ein *religiöser* und ein in einem engeren Sinne *sozialstruktureller* Gesichtspunkt zusammen. Beide wirken in Richtung auf die Entstehung integrativ auslegbarer Begriffe des Menschen.

> über bedeutet das chinesische Wort für Kultur *wen*, Schriftzeichen, »und zwar das Ideogramm, das Bildzeichen, das noch von allen lautlichen Notierungen frei ist« (Bauer 1980, S. 9).
> 15 Müller 1980, S. 60-62.
> 16 Siehe dazu emphatisch Jaeger 1973, S. 13 f. Siehe Cicero, *De re publica*, 1, 28: »appellari ceteros homines, esse solos eos qui essent politi propriis humanitatis artibus ...« (zit. nach Bödeker 1982, S. 1065).

Eine erste wichtige Hinsicht ist, daß Abstraktionen wie ›der Mensch‹ angewiesen sind auf eine übernatürliche Ordnung, die gewissermaßen den Beobachterstandpunkt angibt, von dem aus sie als Abstraktionen möglich werden.[17] Das aber setzt voraus, daß diese übernatürliche Ordnung eine überlokale Ordnung ist. Wenn man bei Migration in ein anderes Land den eigenen Gott nicht mitnehmen kann, vielmehr jetzt den dort verehrten lokalen Göttern dienen muß, heißt dies, daß man im Verhältnis zu dem neuen Gott nicht in der gleichen Weise Mensch sein kann, wie man dies im Verhältnis zu dem früheren eigenen Gott war. An der Entwicklung des antiken Judentums läßt sich gut beobachten, wie sich langsam die Antwort auf die Frage verschiebt, inwiefern Jahwe auch der Gott fremder Personen und Gruppen werden kann.[18] Während das Einräumen dieser Möglichkeit zunächst nur bedeutet, daß für diese fremden Personen und Gruppen damit die Eingliederung in den israelitischen Volksverband erreichbar wird, verschiebt sich mit dem Exil und der dort auftretenden Erfahrung, daß man mit seinem Gott auch im fernen Land noch im Gebetsverkehr stehen kann, die Interpretationsgrundlage. Die Beziehung zu Jahwe wird stärker individualisiert, so daß sich Jeremia den Anschluß von Fremden an die Jahwereligion vorstellen kann, ohne daß diese deshalb ihre Volkszugehörigkeit aufgeben müßten.[19] Deuterojesaja (Jes. 40-55) vollzieht den entscheidenden nächsten Schritt. Jahwe ist jetzt der einzige Gott in aller Welt, der Atem und Geist allen gegeben hat, die auf der Erde wandeln, »dem Menschenvolk auf ihr«.[20]

Dieses religionsgeschichtliche Moment der Delokalisierung der Gottesvorstellung wird sozialstrukturell gestützt durch die *Institutionalisierung eines pluralen Status für Fremde*. Es ist auffällig, daß die Hochkulturen der Alten Welt immer mindestens zwei, in vielen Fällen drei Status – für den *inneren*, den *vorüberziehenden* und den *äußeren* Fremden – deutlich voneinander unterscheiden. Man denke hier an den *ger* (im Land siedelnd) und den *nokhri* (vorüberziehend) im israelitischen Fall, den *metoikos* (im

---

17 Vgl. dazu Cohen 1894, S. 13-17.
18 Hierzu und zum folgenden Bertholet 1896, insbesondere S. 67, 69, 78, 99 f., 114-117.
19 Ebd., S. 116.
20 Jes. 42, 5; Bertholet 1896, S. 117.

Land siedelnd), *xenos* (Fremder als Gast) und *barbaros* (fremd in Sprache und Ritus) in Griechenland und den *hospes* (Gast einer Familie) und *hostis* (Gast einer politischen Gemeinschaft, später dominant der Feind) in Rom.[21] Dieser Pluralisierung des Fremdenstatus sind zwei Leistungen zu verdanken. Sie skizziert in sich gestufte Wege für eine Integration von Fremden in ein Volk oder eine politische Gemeinschaft; Wege, die im übrigen nicht mehr darauf angewiesen sind, mittels schneller Adoption an einen Verwandtschaftszusammenhang die Fremdheit rückstandslos zum Verschwinden zu bringen. Das zweite ist, daß der Fremde jetzt nicht mehr einfach nur Barbar ist. Die gestufte Vielheit von Fremden erlaubt Abstraktionen, die die Zugehörigkeit zur Menschheit als eine darunterliegende Gemeinsamkeit entdecken.[22]

II

Bemerkenswert ist, daß die Christianisierung des Römischen Reiches zunächst wenig an Veränderung mit sich gebracht hat.[23] Joseph Vogt hat eine christlich-römische Eliteschicht des 4. und 5. Jahrhunderts beschrieben (Beispiele: Ambrosius, Prudentius, Leo d. Gr.), deren Mitglieder nach Herkunft, Bildungsgang und Laufbahn dem römischen Adel zugehörten und die in ihrem Verhältnis zu den Barbaren selbstverständlich die Perspektive des Römischen Reiches übernahmen.[24] Einer ihrer mächtigsten Reprä-

---

21 Vgl. Bertholet 1896, Gauthier 1973, Baslez 1982.
22 Vgl. Cohen 1900, insbesondere S. 62 zur »Entdeckung des Menschen« als eine Folge der Rolle des »Fremdling-Beisaß« (Noachiden) in Israel. Im Unterschied zu Cohen möchte ich nicht die Formulierung *einer* bestimmten Rolle für Fremde, vielmehr die Pluralität von Fremdenstatus als die Auslösebedingung von Abstraktionen wie »Mensch« betonen.
23 Für die semantisch-normative Ebene registriert Cohen 1900, S. 67f., daß die Lehre von der Nächstenliebe sich im Alten und im Neuen Testament nicht unterscheide. An allen einschlägigen Stellen im Neuen Testament zitiere entweder ein Schriftgelehrter das alttestamentarische Gebot, oder Jesus selbst tue dies unter Zustimmung des Schriftgelehrten. Diese These Cohens läßt aber die Frage offen, welche historische Bedeutung der neutestamentarischen Idee der Menschwerdung (einer Person) Gottes zukommt.
24 Vogt 1967, S. 35-41.

sentanten, Ambrosius, der Bischof von Mailand, habe sich eine Bekehrung der Barbaren nur im Zusammenhang mit ihrer Unterwerfung unter das Römische Reich vorstellen können, und er habe in diesem Sinn einer Königin der Marcomannen geantwortet, die ihn um Belehrung im christlichen Glauben gebeten hatte.[25] Vogt zitiert eine erstaunliche Textpassage aus dem Karfreitagsgebet für den Herrscher, die unverändert vom 5. Jahrhundert bis in die ersten Jahrzehnte des 20. Jahrhunderts im *Missale Romanum* stehengeblieben ist: »ut deus et dominus noster subditas ille faciat omnes barbaras nationes ad nostram perpetuam pacem.«[26]

Ein anderes Bild ergibt sich, wenn man sich die gelehrten Theologen, vor allem des griechischen Ostens, ansieht. Der Gedanke, daß »alle Menschen eine natürliche Kenntnis von Gott haben und daß vor Gott alle Menschen gleich sind«[27], ist in der Theologie lebendig geblieben. Ein gutes Beispiel bietet die zweite Predigt des Johannes Chrysostomus zum Römerbrief. Chrysostomus weist darauf hin, daß Paulus die Römer und die von ihnen beherrschten Völker in einem Atemzug nenne. Paulus setze die Römer »trotz ihrer unzähligen Trophäen und Siege, trotz ihrer glanzvollen Konsuln ... auf die gleiche Stufe mit den Barbaren. Und das mit vollem Recht. Denn da, wo der Adel des Glaubens gilt, gibt es keinen Unterschied zwischen Barbaren und Hellenen, zwischen Fremdlingen und Bürgern ...«[28]

Gerade die in diesem Zitat behauptete Gleichheit der Würde aller Menschen bleibt noch für lange Zeit eine offene Frage und wird in den folgenden Jahrhunderten durch die immer erneute Relevanz der Unterscheidung von Gläubigen und Ungläubigen (Rechtgläubigen/Häretikern) und durch die strukturellen Prämissen der ständischen Gesellschaft des alten Europa in Frage gestellt. Zwei weitere Herausforderungen für den Begriff des Menschen, die bis zum Beginn der Moderne von großer Bedeutung sein sollten, waren die Entdeckung der Neuen Welt, das heißt die Begegnung mit den Indianern und anderen neuartigen Barbaren,

25 Ebd., S. 38.
26 Ebd., S. 41.
27 Ebd., S. 45.
28 Chrysostomus, zit. nach Vogt 1967, S. 45. Bödeker 1982, S. 1067, weist darauf hin, daß die Kirchenväter dem Begriff »humanitas« die *quantitativ-kollektive Bedeutung* gegeben hätten, die bis dahin nur *genus humanum* und *homines* eigen gewesen sei.

und schließlich die Fortdauer und die Wiederaufnahme der Sklaverei.[29]

Der Begriff des Barbaren war immer lebendig geblieben. Er taucht beispielsweise in der Universitätsterminologie auf, wenn man in Paris den Hörsaal Abälards »den Zulauf der Barbaren« nannte, womit offensichtlich die Deutschen gemeint waren.[30] Die spätmittelalterliche Universität kannte in der Gliederung ihrer Studenten (und auch Lehrenden) in *vier Nationen*, die in einer ersten Annäherung an den Himmelsrichtungen orientiert waren, ein Analogon zu der chinesischen Klassifikation von Barbaren gemäß den Himmelsrichtungen ihrer Herkunft. Dabei mag *natio* seiner sprachlichen Entstehung nach »außerhalb von Rom siedelnd« bedeutet haben[31], womit die Analogie zur chinesischen Situation vollständig wäre. Ein Beispiel aus einem anderen Bereich, dem des politischen Denkens, ist der Sprachgebrauch Machiavellis, der gelegentlich die umliegenden Völker (Spanier, Deutsche, Franzosen), die in Italien intervenierten, kollektiv »Barbaren« nannte.[32]

Ein neues Wort des 16. und 17. Jahrhunderts ist dann der »Wilde«.[33] Offensichtlich hat »Barbar« durch jahrhundertelange Gewöhnung die Schärfe kultureller Ausgrenzung verloren, so daß die Bewältigung des überraschenden Kontakts mit den Bewohnern der überseeischen Welt ein neues Wort verlangte. Man kann auch die im vorigen Absatz zitierten Beispiele zu »Barbar« im Sinn einer solchen Abschwächungshypothese lesen. In der Folge steht dann einerseits auch für die Bewohner der Neuen Welt ihre prinzipielle Anerkennung als Menschen außer Frage. Bereits aus dem Jahr 1537 datiert die Bulle Papst Pauls II., in der die Indianer

29 Die Frage der Sklaverei lasse ich hier außer acht. Es liegt aber auf der Hand, daß analog zur Thematisierung des Barbaren auch die Thematisierung des Sklaven (der oft ein versklavter Barbar ist) sich als Folie für das Studium des Begriffs des Menschen und der Menschheit eignet. Vgl. zum angelsächsischen Kontext des 18. und 19. Jahrhunderts Haskell 1985.
30 Du Moulin Eckart 1929, S. 10.
31 Diese Deutung ist umstritten, würde aber gut zur exzentrischen Position Bolognas passen, wenn dort die Universitätsnationen zuerst aufgekommen sein sollten. Siehe Kibre 1948, S. 3; Weijers 1979, S. 263 f.
32 Siehe Michels 1913, S. 18.
33 Bödeker 1982, S. 1075; dies sei die erste Allgemeinbezeichnung seit dem Wort »Barbaren«. Siehe ausführlich Bitterli 1976.

»wahrhaft als Menschen, des katholischen Glaubens und der Sakramente fähig« bezeichnet werden.[34] Entsprechende Konstruktionen finden sich im entstehenden Völkerrecht des 16. und 17. Jahrhunderts: Es gibt eine Gemeinschaft aller Menschen der Welt. Diese ist schon allein deshalb gewährleistet, weil »alle dieselbe vernunftbegabte Natur« besitzen und alle von »dem gemeinsamen Naturgesetz geleitet« werden.[35] Andererseits wird parallel zu diesen Formulierungen, ohne daß ein expliziter Widerspruch vorläge, wie in der Antike die Auffassung einer in sich gestuften ›Menschheit‹ prominent. Auffällig sind dreistellige Klassifikationen, wie sie beispielsweise Christian Thomasius vorschlägt: »Es sind dreyerley Art Leute in der Welt: Unvernünfftige Menschen oder *Bestien*, *Menschen* oder weise Tugendhaffte Leute/ und endlich gottseelige *Christen*.«[36] Es handelt sich hier offensichtlich nicht nur um eine Einteilung, sondern zugleich um eine Rangfolge und potentiell um eine zu durchschreitende Stufenfolge. Thomasius insistiert, daß in der Jetztzeit die meisten Lebenden sich noch auf der Stufe der Bestien befänden und die Zahl der mitlebenden Menschen und Christen sehr klein sei.[37] Eine verwandte Einteilung trägt Wilhelm Traugott Krug noch 1833 in einem Lexikonartikel vor: Tierheit – Menschheit – Vernunftheit.[38]

Drei Gesichtspunkte fallen an diesen dreistelligen Klassifikationen auf: Sie sind erstens in dem Sinn universalistisch formuliert, daß sie nicht eine bestimmte Weltgegend von vornherein disprivilegieren (es sei denn, diese ist hartnäckig nichtchristlich[39]), gerade deshalb eignen sie sich auch zur Analyse des Wilden und zur Identifikation des von ihm aufzuholenden Rückstandes. Zweitens ist nicht nur die Dreistelligkeit selbst analog zu den ständischen

---

34 *Sublimis Deus* von 1537: »veros homines fidei catholicae et sacramentorum capaces« (zit. nach Bödeker 1982, S. 1075).
35 Soder 1973, S. 76, paraphrasiert Francisco Suárez.
36 Thomasius 1692, Vorrede, Abschnitt 2, Hervorhebung von mir.
37 Ebd., Abschnitt 3.
38 Zit. bei Bödeker 1982, S. 1108.
39 Es bedarf einiger begrifflicher Anstrengung, um überhaupt zu merken, daß Christ »wenigstens der Benennung nach, eine eingeschränktere und engere Beziehung als der Name Mensch mit sich führt«. So Thomas Abbt, *Vom Verdienste*, 1765, zit. nach Bödeker 1982, S. 1087f. Abbt stellte dann der partikularen Einheit der Christen die »große ausgebreitete der Menschen« gegenüber.

Klassifikationen des mittelalterlichen und frühneuzeitlichen Europa entworfen, auch die quantitativen Relationen der drei Schichten (die relative Seltenheit der beiden oberen Schichten) sind ein präzises Analogon. Drittens fällt auf, daß diese Klassifikationen den Begriff des Menschen immer in einer Mittellage ansiedeln. Es gibt eine Bestialität darunter und einen transzendenten Status darüber. Auf dieses Merkmal komme ich zurück.

Neben diese Klassifikationen des Menschseins treten in der frühen Neuzeit vermehrt biologisch-körperliche Charakterisierungen. Am oben diskutierten chinesischen Beispiel konnte ja auffallen, in wie hohem Grade auch sehr scharfe Abgrenzungen zu den Barbaren ausschließlich auf kulturelle Kriterien gestützt wurden. Das schließt die gelegentlich explizit formulierte These ein, daß die Säuglinge von Chinesen und die der Barbaren einander gleich sind.[40] Im Vergleich dazu kultiviert die frühe Neuzeit ein prononciertes Interesse an körperlich-biologischen Unterschieden. In einer ersten Hinsicht konzentriert diese Diskussion sich auf die Frage eines einheitlichen oder mehrfachen Ursprungs des Menschen (monogenetisch vs. polygenetisch). An sich war diese Fragestellung unter christlichen Prämissen häretisch, und ihr deutlicheres Hervortreten setzt eine gewisse Lockerung religiöser Kontrollen voraus. Andererseits gibt es ein Interesse an der Markierung der Differenz zu den »Wilden« und darüber hinaus für eine spezielle Gruppe ein Interesse an einer Rechtfertigung der Sklaverei. Unter diesen Umständen etabliert sich in Europa eine Spaltung. Die dominante kulturelle Tradition bleibt immer monogenetisch, während daneben eine kulturelle Unterströmung existiert, die sich von La Peyrères (1655) Hypothese einer präadamitischen Schöpfung der farbigen Völker am fünften Schöpfungstag herleitet.[41] Diese Hypothese wird in einer außerhalb der eigentlichen Gelehrsamkeit stehenden Literatur fortgesetzt, die sich Reisenden, Pflanzern, Sklavenhändlern etc. verdankt. Daneben gibt es eine restriktivere These, die Zwischenzustände von Mensch und Tier, Mensch und Affen annimmt und nach ihnen als einem »missing link« sucht.[42] Schimpanse und Orang-Utan stehen hier auf der einen Seite, Pygmäe, Lappländer und Hottentotte

---

40 Müller 1980, S. 46, 67 f.
41 Bitterli 1976, S. 327-331.
42 Hodgen 1964, S. 417-426; Bitterli 1976, S. 332-339.

auf der anderen, und ihre Beschreibung plausibilisiert die Vermutung eines kontinuierlichen Übergangs. Schließlich ist eine dritte Interessenrichtung festzustellen, die sich auf Mißbildungen und Monstrositäten richtet und diese explizit oder implizit als Resultat einer unnatürlichen Verbindung (Beispiel Elefantenmensch) von Tier und Mensch deutet.[43] Diese letztere Literatur, die eher moralisch als anthropologisch orientiert ist, beschwört die Speziesgrenze als eine unüberschreitbare Norm und organisiert den Schrecken angesichts der Mißbildung als eine ihn normativ verpflichtende Erfahrung des Menschen schlechthin.[44]

III

Der Übergang zur Moderne wird durch mehrere Traditionsstränge vermittelt. Einer davon ist die Anthropologie des 18. Jahrhunderts[45], die, soweit sie eher psychologisch orientiert ist, also die Bestimmung des Menschen in Begriffe wie Perfektibilität, Selbsttätigkeit und Selbstmacht verlegt[46], die Distanz des Menschen zu anderen Spezies vergrößert und sich auch damit auf Einheit des Menschengeschlechts festlegt.[47] Eine zweite signifikante Entwicklung ist die Ersetzung der dreistelligen Klassifikationen der frühen Neuzeit durch neue Gegenbegrifflichkeiten, die in der Regel zweistellig konstruiert sind. *Mensch* und *Bürger* ist die wichtigste dieser dualen Unterscheidungen. In Frankreich wird sie politisch konstruiert, meint dann zwei politisch relevante Zugehörigkeiten von verschiedener Reichweite, wobei eine Präferenz für die Selbstidentifikation als Glied der Menschheit (und erst in zweiter Instanz als Bürger) seit der Revolution gefordert

---

43 Dazu interessant Davidson 1991; zur Namengebung des »Elefantenmenschen« ebd., S. 53.
44 Ebd., S. 54 ff. betont, daß, während im Alten Testament der Schrecken angesichts einer Monstrosität immer die Erfahrung eines spezifischen Volkes in seiner Beziehung zu Gott gewesen sei, in den Texten der frühen Neuzeit auffalle, daß der Horror als eine Erfahrung des Menschen als eines vernunftbegabten Wesens unterstellt werde.
45 Vgl. Luhmann 1980.
46 Siehe die Bestimmung dieser Begriffe bei Tetens 1777, Bd. 1, S. 740 f., 753, 756.
47 Vgl. interessant, weil mit Widerstreben formuliert, Tetens 1777, S. 781.

und faktisch auch gewählt werden kann.[48] In Deutschland wird dieselbe Unterscheidung auf Bildung und Erziehung bezogen und mittels dieser Institutionen implementiert. Schon bei Mendelssohn wird Aufklärung in der zweifachen Form von Bürgeraufklärung und Menschenaufklärung gedacht.[49] In den folgenden beiden Jahrzehnten rückt die Unterscheidung von Mensch und Bürger in eine Reihe weiterer Kontexte ein. In den Erziehungsinstitutionen dient sie der Abgrenzung zu dem utilitaristischen Denken der Aufklärung, dem jetzt zugespitzt vorgeworfen wird, es habe die Erziehung zur »Bestialität« (gemeint ist: Sinnenhaftigkeit, Ertrags- und Nützlichkeitsdenken) befördert[50], und die Schule müsse in der Jetztzeit auf die Erziehung zur Humanität umgestellt werden. In den Professionen – beispielsweise im Klerus – eignet sich das »Humane« im Unterschied zum Bürgerlichen als Angabe einer erweiterten Wirkungssphäre, die Distanznahme gegenüber bisherigen staatlich-polizeilichen Erwartungen erlaubt.[51] Schließlich wird die Wissenschaft ihrem letzten Zwecke nach als »Bildung zur reinen, vollendeten Humanität« verstanden.[52]

Die Verwandtschaft zur antiken Bestimmung von *humanitas* ist auffällig und natürlich zeitgenössisch bewußt. Das, was den Menschen in seinem Wesenskern ausmacht, wird erst durch den Vollzug von Bildung im Einzelmenschen realisiert, und die Partizipation an der Menschheit als Kollektiv ist ihrerseits als über Bildung vermittelt zu denken. Damit ist einerseits eine Absetzbewegung gegenüber den Ständen des alten Europa und gegenüber der Einschließung in berufliche Sphären gefordert, da beides der Entwicklung des Menschlichen hemmend gegenübersteht.[53] Andererseits ist ein eigengeneriertes ständisches Moment in der Semantik

---

48 Dumont 1991 hat einen Vergleich der französischen und der deutschen Ideologie prononciert auf die These gestützt, daß die französische moderne Ideologie eine Hierarchie dieser beiden Identifikationsniveaus etabliere: zuerst verstehe man sich als Mensch, erst danach als Franzose.
49 Mendelssohn 1784.
50 Diese Unterscheidung bei E. A. Evers, *Über die Schulbildung zur Bestialität*, Aarau 1807, zit. nach Bödeker 1982, S. 1088 f.
51 Siehe La Vopa 1988, S. 348.
52 Jäsche 1816, S. 6.
53 Vgl. La Vopa 1988, S. 374 f., am Beispiel von Fichte.

der Humanität unübersehbar. Ein nur bildungsabhängig realisierbares Menschsein bleibt denen versperrt, die an sich selbst die Transformation durch Bildung nicht vollziehen können oder es nicht wollen. Genau darin liegt die sozialgeschichtliche Grenze des (Neu-) Humanismus der deutschen Bildungsidee.

Eine Gemeinsamkeit ist allen Unterscheidungen eigen, die wir hier angedeutet haben. Der Mensch ist nicht mehr Mittelglied in einer dreistelligen Konstellation. Statt dessen besetzt »der Mensch« oder »die Menschheit« jetzt immer die präferierte Seite des Duals, in dem einer dieser Termini vorkommt. Zumindest gilt dies so lange, bis Menschheit als der moderne Kollektivbegriff von maximaler Extension durchgesetzt ist.[54] »Menschheit« wird dann zu einem Korrelat von »Weltgesellschaft«. Die »Einheit der Menschheit« oder, wie die Biologie heute oft sagt, die »psychische Einheit der Menschheit« nimmt die Position eines der zentralen Symbole einer wünschbaren oder denkbaren Solidarität in der Weltgesellschaft ein. Dabei ist ein Merkmal auffällig, das »Mensch« oder »Menschheit« vom Begriff der Weltgesellschaft trennt. Während »Weltgesellschaft« eigentlich immer nur den gegenwärtigen Zustand eines autopoietischen Systems bezeichnet, besitzen »Mensch« und »Menschheit« eine sehr starke diachrone Komponente. Die Einheit der Menschheit ist eine Einheit über die Folge der Generationen hinweg, ist die Einheit einer Spezies durch ihre Entwicklungsgeschichte hindurch. Schon bei Thomas Paine, der die Französische Revolution gegen die Anwürfe Edmund Burkes zu verteidigen versuchte, war die diachrone Vergewisserung der Einheit der Menschheit ein wichtiges Motiv. Nur glaubte Paine noch, daß diese Einheit gefährdet würde, wenn man in der Folge der Generationen Abweichungen (also Evolution) zuließe und führte deshalb die Hypothese einer kontinuierlichen Schöpfung des Menschen ein: »*unity of man;* by which I mean ... men are all of *one degree*, and consequently that all men are born equal ... in the same manner as if posterity had been continued by *creation* instead of *generation*, the latter being only the mode by

---

54 Vgl. Bödeker 1982, S. 1087: »»Menschheit« hebt alle vorglobalen Kollektivbegriffe auf, die das Menschengeschlecht bislang in verschiedener Hinsicht gegliedert haben.« Vgl. ebd., S. 1109 zur Zurückdrängung des *Zielbegriffs* Menschheit (= Gesamtheit von Eigenschaften) zugunsten des *Kollektivbegriffs* (= Gesamtheit von Einzelmenschen).

which the former is carried forward; and consequently every child born into the world must be considered as deriving its existence from God.«[55] Für modernes Denken nach Darwin genügt dann reproduktive Kontinuität als Definiens von Einheit.

Parallel zu dieser Entwicklung aber entsteht ein unübersehbares Problem im Begriff des Menschen oder der Menschheit. Wozu braucht man einen solchen Begriff noch, wenn er den Gegenstand, von dem er spricht, nicht mehr ernsthaft von irgend etwas unterscheidet, wenn er keine Ausgrenzungsleistungen mehr organisiert, weil es niemanden mehr gibt, der der Menschheit als ein Fremder gegenübersteht oder der im Verhältnis zu ihr ein Barbar ist? Natürlich kommt in Sonderlagen eine Reaktualisierung sehr alter Unterscheidungen vor, wenn beispielsweise Hans Magnus Enzensberger Saddam Hussein einen »Feind des Menschengeschlechts« nennt.[56] Aber das ist Krisenrhetorik und ganz untypisch für die Semantik der Moderne. Das Problem, das ich meine, wird deutlich, wenn man sich die Entwicklung von Worten wie »humanitarian« ansieht. Walter Laqueur verortet die Entstehung dieses Terminus in den Jahren um 1850, und er notiert, daß der Sinn zunächst fast ausschließlich pejorativ war.[57] Gemeint waren diejenigen, die sich primär um Fremde sorgen und deshalb die ihnen Nahestehenden außer acht lassen. Das sich hier abzeichnende Problem scheint das der Berücksichtigungsfähigkeit für Differenzen und für die Relevanz lokaler Identifikationen zu sein. Kann man von Menschheit in einem Sinne sprechen, der noch ein Außen generiert und zugleich einen lokalen Kontext zur Verfügung stellt? Ein schönes Beispiel bietet Robert Michels, wenn er die Frage der Möglichkeit eines sozialdemokratischen Patriotismus erörtert und die von sozialistischen Organisationen schließlich gefundene Problemlösung mit den Worten »Fürsorge für die im Vaterland wohnhafte Menschheit« umschreibt.[58]

Differenzierung – und wie man ihr gedanklich und strukturell Rechnung trägt – ist also die heimliche Anomalie aller auf den Menschen bezogenen Thematisierungen in der Moderne, ein Pro-

---

55 Paine 1791, S. 42, Hervorhebungen ebd.
56 Im *Spiegel* (4. 2. 1991) unter dem Titel »Hitlers Wiedergänger«. Siehe dazu und zur spätantiken Verwendung dieses Terminus Fögen 1993.
57 Laqueur 1989, S. 203.
58 Michels 1913, S. 448.

blem, das die soziologische Parallelbegrifflichkeit »Weltgesellschaft« so nicht kennt, weil Gesellschaft immer schon als in sich differenzierte Einheit analysiert wurde. Die Gegnerschaft und die Parteigängerschaft, die »Mensch«, »Menschheit«, »humanitär«, »Menschenrecht« in der Gegenwart erfahren[59], haben immer mit der Frage zu tun, ob faktisch vorliegende Differenzierungen sinnvollerweise kontinuiert oder eben aus menschheitsbezogenen Gründen eliminiert werden sollten. Ist das Tragen eines Schleiers durch sehr junge Mädchen im Schulunterricht eine Verletzung ihrer Menschenrechte oder eine legitime, vielleicht sogar wünschbare, kulturelle Differenz? Deutlich wird erneut, wie dramatisch sich die Situation gegenüber allen vormodernen Gesellschaften verändert hat. Es geht nie mehr um Ausgrenzungen, sondern immer um innere Differenzen, die relativ zu einer übergreifenden Einheit ein Innen und ein Außen organisieren. Lösungen sind in Richtungen zu suchen, die ein universalistisches mit einem partikularistischen Moment verbinden. Ein gutes Beispiel ist die Selbstbeschreibung der amerikanischen Nation, in der immer wieder das Motiv auftaucht, daß diese Nation wegen der inneren Diversität, die sie aufweist, eine vermittelnde Stellung zwischen Menschheit und Ethnos beanspruchen kann, daß sie eine *reale Einheit* ist, die die (einigermaßen fiktive) Einheit der Menschheit approximiert.[60]

Ich möchte meine Überlegungen abschließen mit zwei kurzen Bemerkungen zur Bedeutung des »Menschen« und der »Mensch-

---

59 In Anlehnung an Luhmanns Soziologie der Moral könnte man auch von einem polemogenen Charakter solidaritätsstiftender Symbole sprechen. Siehe Luhmann 1978. Ein guter Studiengegenstand wäre das menschheitsbezogene Agieren international operierender humanitärer Organisationen (Amnesty International, Human Rights Watch). Siehe dazu Thränhardt 1992.
60 Siehe etwa Hollinger 1993, S. 334: »A society so constituted, and in possession of a strongly universalist mythology of the nation, confronts a striking circumstance: its national community – the 'we' that corresponds to American citizenship – mediates more directly than most other national communities do between the species and those varieties of humankind defined in terms of ethno-racial affiliations.« Reiter 1992, S. 86 ff., zitiert ein interessantes Beispiel aus dem 19. Jahrhundert, eine Denkschrift des deutschen Revolutionärs Karl Follen; zur Menschheitsbedeutung Amerikas dort S. 90.

heit« für die soziologische Theorie und zum Zusammenhang von Ökologie und Menschheit. Der Eindruck, von dem die vorstehenden Analysen sich haben leiten lassen, ist, daß es bei der Frage nach dem Menschen nicht um eine Fragestellung der Mikrosoziologie geht, nicht um die Frage nach elementaren Voraussetzungen sozialen Ordnungsaufbaus, die wegen ihres elementaren Charakters im Menschen zu suchen oder dort zu verankern wären. Die Dekomposition sozialer Systeme in elementare Bestandteile, seien dies nun Kommunikationen, Komponenten von Kommunikationen, soziale Minimalsituationen etc., führt offensichtlich nie auf den Menschen hin. Demgegenüber scheint es viel attraktiver, die Frage nach dem »Menschen« oder der »Menschheit« als Problem der Makrosoziologie zu behandeln. Wir haben es hier offensichtlich mit sozialen Konstrukten zu tun, die Konstruktionen von Kommunikationssystemen sind und die sich als Konstruktionen mit der Expansion des Gesellschaftssystems hin zur Realisierung eines weltgesellschaftlichen Kommunikationszusammenhangs entsprechend verschieben. Diese sich mit der soziokulturellen Evolution verändernden Funktionszuweisungen und Problemlösungsfähigkeiten, die dem »Menschen« und der »Menschheit« angesonnen werden, sind der eigentliche Gegenstand einer Soziologie der Menschheit. Die vermutlich jüngste dieser Funktionszuweisungen vollzieht sich im Kontext der Ökologie. Unter ökologischen Perspektiven scheint es noch einmal (oder: erstmals) zu gelingen, ein Außen zu entdecken, das eine gemeinsame Außenbeziehung der Menschheit anzugeben erlaubt. Das verrät im übrigen, wie nahe der Begriff der Menschheit dem Begriff einer Spezies ist, weil aus ökologischer Sichtweise die Frage nach der Menschheit die Frage nach den (Über-)Lebensbedingungen einer unter den vielen Millionen die Erde bevölkernden Spezies ist. Das schließt die Anerkennung von Konflikten ein. Kann die Spezies Mensch ernsthaft mit der Erhaltung der Verschiedenheit des Lebens auf der Erde koexistieren?

Literatur

Baslez, Marie-Françoise (1984), *L'Étranger dans la Grèce Antique*, Paris.
Bauer, Wolfgang (1980), »Einleitung«, in: ders. (Hg.), *China und die Fremden. 3000 Jahre Auseinandersetzung in Krieg und Frieden*, München, S. 7-41.
Bertholet, Alfred (1896), *Die Stellung der Israeliten und der Juden zu den Fremden*, Freiburg i. B. und Leipzig.
Bitterli, Urs (1976), *Die ›Wilden‹ und die ›Zivilisierten‹. Grundzüge einer Geistes- und Kulturgeschichte der europäisch-überseeischen Begegnung*, München.
Bödeker, Hans Erich (1982), »Menschheit, Humanität, Humanismus«, in: *Geschichtliche Grundbegriffe*, Bd. 3, Stuttgart, S. 1063-1128.
Cohen, Hermann (1894), »Über Wurzel und Ursprung des Gebots der Nächstenliebe«, in: ders., *Der Nächste*, Berlin 1935, S. 11-18.
– (1900), »Die Liebe in den Begriffen Gott und Mensch«, in: ders., *Der Nächste*, Berlin 1935, S. 53-81.
Davidson, Arnold I. (1991), »The Horror of Monsters«, in: James J. Sheehan/Morton Sosna (Hg.), *The Boundaries of Humanity. Humans, Animals, Machines*, Berkeley, S. 36-67.
Dumont, Louis (1991), *L'idéologie allemande. France-Allemagne et retour* (= *Homo Aequalis*, Bd. 2), Paris.
Du Moulin Eckart, Richard Graf (1929), *Geschichte der deutschen Universitäten*, Stuttgart; Nachdruck Hildesheim/New York 1976.
Fögen, Marie Theres (1993), »Inimici humani generis. Menschheitsfeinde und Glaubensfreunde in der Spätantike«, in: Laurent Mayali/Maria M. Mart (Hg.), *Of Strangers and Foreigners (Late Antiquity – Middle Ages)*, Berkeley, S. 1-17.
Fortes, Meyer (1975), »Strangers«, in: ders./Sheila Patterson (Hg.), *Studies in African Social Anthropology*, London, S. 229-253.
– (1987), »The Concept of the Person«, in: ders., *Religion, Morality and the Person. Essays on the Tallensi Religion*, New York, S. 247-286.
Franke, Herbert (1992), »Die unterschiedlichen Formen der Eingliederung von Barbaren im Lauf der chinesischen Geschichte«, in: Shmuel N. Eisenstadt (Hg.), *Kulturen der Achsenzeit II. Ihre institutionelle und kulturelle Dynamik*, Teil 1: *China, Japan*, Frankfurt am Main, S. 25-70.
Gauthier, Philippe (1973), »Notes sur l'étranger et l'hospitalité en Grèce et à Rome«, in: *Ancient Society* 4, S. 1-21.
Haskell, Thomas L. (1985), »Capitalism and the Origins of the Humanitarian Sensibility«, in: *American Historical Review* 90, S. 339-361, 547-566.
Hodgen, Margaret T. (1964), *Early Anthropology in the Sixteenth and Seventeenth Centuries*, Philadelphia.
Hollinger, David A. (1993), »How Wide the Circle of the ›We‹? American

Intellectuals and the Problem of the Ethnos since World War II«, in: *American Historical Review* 98, S. 317-337.

Jaeger, Werner (1973), *Paideia. Die Formung des griechischen Menschen*, Berlin.

Jäsche, Benjamin (1816), *Einleitung zu einer Architektonik der Wissenschaften nebst einer Skiagraphie und allgemeinen Tafel des gesammten Systems menschlicher Wissenschaften nach architektonischem Plane*, Dorpat.

Kibre, Pearl (1948), *The Nations in the Mediaeval Universities*, Cambridge, Mass.

Laqueur, Thomas W. (1989), »Bodies, Details, and the Humanitarian Narrativ«, in: Lynn Hunt (Hg.), *The New Cultural History*, Berkeley, S. 176-204.

La Vopa, Anthony J. (1988), *Grace, Talent, and Merit. Poor Students, Clerical Careers, and Professional Ideology in Eighteenth-century Germany*, Cambridge.

Lofland, Lyn H. (1973), *A World of Strangers. Order and Action in Urban Public Space*, New York.

Luhmann, Niklas (1978), »Soziologie der Moral«, in: ders./Stephan H. Pfürtner (Hg.), *Theorietechnik und Moral*, Frankfurt am Main, S. 8-116.

– (1980), »Frühneuzeitliche Anthropologie: Theorietechnische Lösungen für ein Evolutionsproblem der Gesellschaft«, in: ders., *Gesellschaftsstruktur und Semantik. Studien zur Wissenssoziologie der modernen Gesellschaft*, Bd. 1, Frankfurt am Main, S. 162-234.

Mendelssohn, Moses (1784), »Über die Frage: was heißt aufklären?«, in: ders., *Kleinere Schriften I (= Gesammelte Schriften, Bd. 6,1)*, Stuttgart 1981, S. 113-119.

Michels, Robert (1913), »Zur historischen Analyse des Patriotismus«, in: *Archiv für Sozialwissenschaft und Sozialpolitik* 36, S. 14-43, 394-449.

Müller, Claudius C. (1980), »Die Herausbildung der Gegensätze: Chinesen und Barbaren in der frühen Zeit (1. Jahrtausend v. Chr. bis 220 n. Chr.)«, in: Wolfgang Bauer (Hg.), *China und die Fremden. 3000 Jahre Auseinandersetzung in Krieg und Frieden*, München, S. 43-76.

Paine, Thomas (1791), *The Rights of Man*, Reprint, London 1966.

Reiter, Herbert (1992), *Politisches Asyl im 19. Jahrhundert. Die deutschen politischen Flüchtlinge des Vormärz und der Revolution von 1848/49 in Europa und den USA*, Berlin.

Soder, Josef (1973), *Francisco Suàrez und das Völkerrecht. Grundgedanken zu Staat, Recht und internationalen Beziehungen*, Frankfurt am Main.

Stichweh, Rudolf (1991), »Universitätsmitglieder als Fremde in spätmittelalterlichen und frühmodernen europäischen Gesellschaften«, in: Marie Theres Fögen (Hg.), *Fremde der Gesellschaft. Historische und sozial-*

wissenschaftliche Untersuchungen zur Differenzierung von Normalität und Fremdheit, Frankfurt am Main, S. 169-191.
- (1992), »Der Fremde – Zur Evolution der Weltgesellschaft«, in: *Rechtshistorisches Journal* 11, S. 295-316.
Tetens, Johann Nicolaus (1777), *Philosophische Versuche über die menschliche Natur und ihre Entwickelung*, Bd. 1, Leipzig; Reprint Hildesheim 1979.
Thomasius, Christian (1692), *Einleitung zur Sittenlehre*, Halle; Reprint Hildesheim 1968.
Thränhardt, Dietrich (1992), »Globale Probleme, globale Normen, neue globale Akteure«, in: *Politische Vierteljahresschrift* 33, S. 219-234.
Vogt, Joseph (1967), *Kulturwelt und Barbaren. Zum Menschheitsbild der spätantiken Gesellschaft* (Akademie der Wissenschaften und der Literatur. Abhandlungen der Geistes- und Sozialwissenschaftlichen Klasse), Mainz.
Weijers, Olga (1979), »Terminologie des universités naissantes. Etude sur le vocabulaire utilisé par l'institution nouvelle«, in: Albert Zimmermann (Hg.), *Soziale Ordnungen im Selbstverständnis des Mittelalters*, 1. Halbband, Berlin und New York, S. 258-280.

Werner Bergmann
Der externalisierte Mensch
Zur Funktion des »Menschen« für die Gesellschaft

Der Mensch ist kein System, sagt Niklas Luhmann, sondern gehört in die Umwelt sozialer Systeme. Davon soll hier ebenfalls ausgegangen werden. Dies bedeutet natürlich, daß hier System/Umwelt-Beziehungen existieren. Wie sehen diese aus? Luhmann und andere, die an ihn anschließen, sehen durchaus eine besondere Beziehung, die sie als Interpenetration oder als strukturelle Kopplung charakterisieren: die psychischen und organischen Prozesse des Menschen liefern unabdingbare Beiträge zur Emergenz sozialer Systeme. Doch bei dieser Betrachtungsweise wird bezeichnenderweise vom Begriff des Menschen zum psychischen (und seltener auch zum organischen) System übergewechselt, so als sei das letztlich dasselbe (so auch Fuchs in diesem Band). Doch der Mensch ist ja bekanntlich kein System (siehe oben), das psychische oder Bewußtseinssystem »repräsentiert« nicht den »ganzen Menschen«, zu dessen leiblicher Existenz auch organische Systeme (Zellen, Gehirn) gehören. Diese sind wiederum selbst autopoietisch arbeitende Systeme, die füreinander in der jeweiligen Systemumwelt operieren. Wo bleibt da der seit der Aufklärung immer wieder geforderte »ganze Mensch«, und wie muß man seine Einheit denken? Will man den Menschen nicht als eine Art dinglicher Einheit oder als Gefäß auffassen, dann gehört er im Grunde auch in die Umwelt des psychischen Systems und auch der organischen Systeme – oder umgekehrt: soziale Systeme oder Kommunikationen konstituieren »den Menschen« genauso mit wie die psychischen und organischen Systeme, denn Interpenetration verläuft in beide Richtungen: Soziale Systeme liefern auch unersetzliche Beiträge für die Autopoiesis des Bewußtseins.[1]

---

[1] Der Mensch (oder das Subjekt) verliert seinen ausgezeichneten Status als alleiniger Beobachter und Träger von Erkenntnis. Die »Begriffsfigur ›der Mensch‹ (im Singular!) muß als Bezeichnung des Trägers und als Garant der Einheit von Erkenntnis aufgegeben werden« (Niklas Luh-

Der Mensch bedarf nach Portmann zu seiner Menschwerdung der »Tatsachen der Sozialwelt«.[2] Der Mensch ist immer »draußen«.[3] Man könnte das Konzept der »exzentrischen Positionalität« so erweitern, daß der Mensch nicht nur der äußeren Natur, sondern auch seinem Körper, seinem Bewußtsein und der Gesellschaft »exzentrisch« ist oder, wie Plessner auch sagt, seine Umwelt »transzendiert«. Ebensowenig wie der Mensch ein Element des Sozialsystems ist, ist er ein Element des psychischen Systems oder organischer Systeme.[4] Das handelnde Subjekt wird in dieser Konzeption in System/Umwelt-Beziehungen aufgelöst. Der Mensch ist zwar das Forschungsobjekt der entsprechenden Wissenschaftsdisziplinen, von der Biochemie über die Medizin, Biologie und Psychologie bis zur Soziologie, kann aber von keiner dieser Disziplinen als »Einheit« beobachtet werden[5], jede Disziplin wählt eine Systemreferenz aus und behandelt die anderen als Umwelt

---

mann, *Soziologische Aufklärung*, Bd. 5, Opladen 1990, S. 53). »Erkenntnis« wird durch die Systemtheorie Luhmanns de-anthropologisiert, denn als Träger von Erkenntnis fungieren nicht nur psychische Systeme (warum werden gerade diese mit dem Menschen gleichgesetzt?), sondern auch organische und soziale Systeme (vgl. kritisch dazu Horst Stenger, *Die soziale Konstruktion okkulter Wirklichkeit. Eine Soziologie des »New Age«*, Opladen 1993, S. 99).

2 So konzipiert Adolf Portmann den Menschen als »Sozialkulturwesen«, weil er ein »sekundärer Nesthocker« ist.

3 Es ist deshalb kein Wunder, daß die gegen die Systemtheorie erhobene Kritik, sie könne den Menschen nicht adäquat berücksichtigen, auch gegen die Medizin erhoben wird: die Konzentration der naturwissenschaftlich-technischen Medizin auf die organischen Prozesse soll unmenschlich sein, den Menschen verfehlen, solange nicht psychische und soziale Faktoren mitberücksichtigt werden. Die quantitativ arbeitende Psychologie wird von anderen, qualitativ arbeitenden Psychologen als »menschenfern« kritisiert (so Eva Jaeggi im *Tagesspiegel*, 9. 3. 1993).

4 Jedes dieser Systeme nimmt nur Bruchteile der anderen Systeme in Anspruch. Luhmann spricht von dem »hohen Maß an Selektivität, mit dem das, was physisch, chemisch, biologisch und psychisch im Einzelmenschen abläuft, für soziale Systeme in Anspruch genommen wird. Diese Selektivität ist jedenfalls nichts, was der Selbstorganisation des Einzelmenschen, etwa seinen Intentionen, zugerechnet werden könnte« (*Die Wissenschaft der Gesellschaft*, Frankfurt am Main 1990, S. 275 f.). Ist der Mensch ein sich selbst organisierendes System?

5 Ebd., S. 448.

dieses Systems.[6] Nach Luhmann ist es gerade die Besonderheit der philosophischen Anthropologie, sich dieser Frage nach der Einheit des Menschen für sich selbst zuzuwenden, ohne daß sie aber für die genannten Disziplinen Basiserkenntnisse bereitstellen könnte. Nach diesen Vorüberlegungen sind also zwei Fragestellungen zu unterscheiden:

(1) Wie sind die strukturellen Kopplungen zwischen organischem, psychischem und sozialem System zu denken, und welche Beiträge liefern psychische und organische Prozesse für die Autopoiese von Kommunikationssystemen?

(2) Wie ist »der Mensch« systemtheoretisch als eine Einheit der verschiedenen, jeweils autopoietisch geschlossenen organischen, gedanklichen und kommunikativen Prozesse zu verorten, wenn er in keinem der genannten Systeme aufgeht, wenn er selbst kein System ist? Von der Soziologie her ist demnach zu fragen, welche Funktion der »Mensch« als in der Umwelt des Sozialsystems von diesem beobachtete Einheit für es haben kann.

Zum ersten Punkt soll hier nichts gesagt werden, da es hier um Intersystembeziehungen geht, denen der »Mensch« extern ist. Zu Fragen der Interpenetration von Kommunikation und Bewußtsein haben in den letzten Jahren Luhmann selbst[7], Stefan Jensen[8] und neuerdings Wil Martens[9] und Dirk Baecker[10] Vorschläge gemacht.

---

6 Der Mensch ist als Umweltsegment »Ding an sich«, da es nach Luhmann keine Möglichkeit eines »adäquaten ›matching‹ von Systemzuständen und Umweltzuständen gibt, die Umwelt immer komplexer ist als das System«. Vgl. ders., *Ausdifferenzierung des Rechts. Beiträge zur Rechtssoziologie und Rechtstheorie*, Frankfurt am Main 1981, S. 444.

7 Vgl. unter anderem das Kapitel »Interpenetration«, in: Niklas Luhmann, *Soziale Systeme. Grundriß einer allgemeinen Theorie*, Frankfurt am Main 1984, S. 286 ff.; ders., »Wie ist Bewußtsein an Kommunikation beteiligt?«, in: Hans Ulrich Gumbrecht und K. Ludwig Pfeiffer (Hg.), *Materialität der Kommunikation*, Frankfurt am Main 1988.

8 »Interpenetration. Zum Verhältnis personaler und sozialer Systeme«, in: *Zeitschrift für Soziologie* 7 (1978), S. 116-129.

9 »Die Autopoiesis sozialer Systeme«, in: *Kölner Zeitschrift für Soziologie und Sozialpsychologie* 43 (1991) 4, S. 625-646.

10 »Die Unterscheidung zwischen Kommunikation und Bewußtsein«, in: W. Krohn und G. Küppers (Hg.), *Emergenz: die Entstehung von Ordnung, Organisation und Bedeutung*, Frankfurt am Main 1992, S. 217-268.

Der Vorschlag von Peter Fuchs, den Menschen als »Medium der Gesellschaft« zu begreifen, betrifft die zweite Frage: die nach dem Ort des »ganzen Menschen« in einer systemtheoretischen Soziologie. Er fragt: »Kann man als Soziologe systemtheoretischer Provenienz das Wort ›Mensch‹ nicht zur Würde des Begriffs erheben?«

Meine These ist, daß »der Mensch« eine Form der Externalisierung von Gesellschaft, das heißt ein von ihr in eigenen Kategorien erfaßter Umweltfaktor ist, der jedoch nicht dem System selbst, sondern der Umwelt zugerechnet wird und als Unterbrecher der Selbstreferenz der Gesellschaft dient bzw. dienen kann. Der Mensch oder die Menschen sind insofern als *Kontingenzunterbrecher* gegenüber anderen Umweltsegmenten herausgehoben, als es ohne die Kopplung an die psychisch-organische Basis keine gesellschaftliche Kommunikation geben würde. Damit die Interdependenzunterbrechung funktioniert, darf der Mensch gerade nicht in die Selbstreferenz einbezogen, sondern muß systemintern als *unabhängige* Variable eingeführt werden.[11] Der Mensch wird dann als Kontingenzunterbrecher verwendet, wenn andere Unterbrechungsformen, etwa Vertrauen, vorausgesetzter Wertkonsens oder Zeitdifferenzen nicht zur Verfügung stehen.

Die Gesellschaft kann also den Begriff »Mensch« so benutzen, daß er Grenzen des gesellschaftlich Mach- und Wünschbaren markiert. Der Begriff bekommt damit einen normativen Beiklang im Sinne von Menschlichkeit, Menschenwürde, Menschenrecht usw., die alle den Sinn einer Begrenzung des gesellschaftlich-staatlich Erlaubten anzeigen. Bereits Cicero hat in *De officio* davon gesprochen, »daß bestimmte Lebensformen mit der Würde der menschlichen Natur, die in ihrer Teilhabe an der Vernunft besteht, nicht verträglich sind«.[12] Bei dieser Konzeption bliebe der Mensch, als psychophysische Einheit betrachtet, in der Umwelt der Gesellschaft.[13] Am Menschen als Kompaktbegriff wür-

---

11 Vgl. dazu allgemein Niklas Luhmann, *Funktion der Religion*, Frankfurt am Main 1977, S. 28.
12 Cicero, *De officio*, I, S. 106.
13 Luhmann selbst nennt an einer Stelle »den Menschen« (den es nicht gibt und den noch niemand gesehen hat) einen Begriff, mit dessen Hilfe die Gesellschaft ihre Unterscheidungen organisiert (*Soziologische Aufklärung*, Bd. 5, S. 53 f.). Was jeweils die andere Seite der Un-

den quasi die Folgen der gesellschaftlichen Kommunikationen/Handlungen beobachtet und bewertet; dies kann sich sowohl auf organische wie auf psychische Schädigungen oder Überforderungen beziehen. Aufgrund der strukturellen Kopplung von Kommunikation und Bewußtsein ist der Mensch gegenüber anderen Formen von Umwelt besonders privilegiert, Limitionalität zu erzeugen oder zumindest anzumahnen. Er scheint aber in dieser Funktion aufgrund der Entwicklung der Gesellschaft auch historisch dringend notwendig geworden zu sein, da soziale und technologische Entwicklungen zu einer vorher nicht gekannten Bedrohung des psychisch-organischen Substrats von Gesellschaft geführt, also auch ein mögliches Ende von Gesellschaft kommunikativ erfahrbar gemacht haben. Da sich in einigen Fällen offenbar die gesellschaftlichen Limitationen als unzureichend erwiesen haben, wird eine Begrenzung im Bezug auf »den Menschen« oder heute noch genereller auf »die Umwelt« gesucht. Die Begriffe »Mensch« und »Umwelt« sind zu »Warnbegriffen« geworden, mit denen sich die Gesellschaft hinsichtlich ihrer möglichen negativen Wirkungen auf Lebewesen generell (Artenschutz, Tierschutz), auf die psychophysische Existenz des Menschen im besonderen und natürlich auf die darüber vermittelten zerstörerischen Rückwirkungen auf die Gesellschaft selbst alarmieren will.

Nationalsozialismus –
der Anschlag gegen die Menschheit

Historisch gesehen stellten die nationalsozialistischen Verbrechen die erste »Entgleisung« einer zivilisierten Gesellschaft dar, die das Vertrauen in die soziale Selbstbegrenzung des gesellschaftlich Möglichen tief erschütterten und andererseits die Zerstörbarkeit ganzer Völker mit den Mitteln der modernen Technik, Organisation und Affektbeherrschung vor Augen führte.
Der neuerdings in der Diskussion um die Singularität der nationalsozialistischen Verbrechen benutzte Begriff des »Zivilisationsbruchs« (Dan Diner) soll diese basale Erschütterung anzeigen. Dieser Bruch wird nicht so sehr in der riesigen Zahl der Opfer

terscheidung ist, kann variieren (Gott, Tier, Un-Mensch, Maschine oder Gesellschaft).

gesehen, sondern einmal in der industriellen Organisation des Mordens[14] und zum anderen in der Vernichtung um der Vernichtung willen, die in sich völlig sinn- und zwecklos war.[15]
(ad 1) Es war die hoch entwickelte deutsche Kulturnation, von der diese Verbrechen ausgingen, und hinter der bewußt intendierten Vernichtung eines ganzes Volkes stand eine Theorie, eine Geschichtsphilosophie und kein blinder Haß.[16] Es wird ein falsches Bild gebraucht, wenn zur Charakterisierung des Nationalsozialismus vom »Rückfall in die Barbarei« gesprochen wird, letztlich also ein »überholter« asymmetrischer Gegenbegriff zum »Hellenen« verwendet wird, um das Andersartige, Nichtzugehörige zu kennzeichnen.[17] Vielmehr bestand der Schock nach dem Bekanntwerden des Holocaust gerade darin, daß eine hochzivilisierte Gesellschaft mit den avanciertesten organisatorischen und technischen Mitteln so weit gegangen war. Es war gerade die Modernität einer arbeitsteilig und funktional differenzierten Gesellschaft, die die Umsetzung der Verbrechen ermöglicht hatte.[18]

14 Andere, etwa Max Picard, sahen das Neue der Naziverbrechen gerade darin, daß sie nicht mehr das »Maß des Menschen, sondern das Maß eines Außermenschlichen, einer Apparatur der Laboratorien und Fabriken besaßen« (*Hitler in uns selbst*, Erlenbach-Zürich 1946, S. 58).
15 Dan Diner, »Zwischen Aporie und Apologie. Über die Grenzen der Historisierbarkeit des Nationalsozialismus«, in: ders. (Hg.), *Ist der Nationalsozialismus Geschichte?*, Frankfurt am Main 1987, S. 62-73, hier S. 71.
16 Theodor Fritsch, ein wichtiger »Vordenker« des Nationalsozialismus, hatte 1919 in seinem *Handbuch der Judenfrage* (Hamburg 1919, 28. Auflage, S. 20) geschrieben: »Es ist ... eine oberflächliche und irreführende Auffassung, wenn die Gegnerschaft gegen das Judentum als Ausfluß blöden Glaubens- und Rassenhasses dargestellt wird, während es sich in Wahrheit um eine selbstlose, von den höchsten Idealen getragene Abwehr gegen einen Feind der Menschlichkeit, Gesittung und Kultur handelt.«
17 Ich glaube, daß »Barbarei« ein Ausweichmanöver für den von den Nazis selbst gebrauchten und damit »verbrannten« Begriff Unmensch bzw. Untermensch ist, der ebenfalls einem Paar asymmetrischer Gegenbegriffe entstammt (Mensch/Unmensch). Vgl. dazu Reinhart Koselleck, »Zur historisch-politischen Semantik asymmetrischer Gegenbegriffe«, in: ders., *Vergangene Zukunft. Zur Semantik geschichtlicher Zeiten*, Frankfurt am Main 1979, S. 211-259.
18 Vgl. dazu exemplarisch Zygmunt Bauman, *Modernity and the Holocaust*, Oxford 1989. Doch bereits die zeitgenössische *Dialektik der*

(ad 2) Die Destruktivität bestand jedoch nicht allein in der physischen Vernichtung von Menschen, sondern auch in dem »Gegenrationalen«, nicht zu verwechseln mit dem Irrationalen, das in der reinen Vernichtungslogik lag. »Jedes Denken, das auf ein interessegeleitetes, zumindest auf Selbsterhaltungsmotive des anderen gerichtetes Handeln spekuliert und sie im eigenen Handeln antizipierend aufnimmt, wird durch die Sinnlosigkeit der Vernichtung dementiert.«[19] Jedes rational auf das Überleben gerichtete Handeln wurde letztlich in sein todbringendes Gegenteil verkehrt.[20] Wolfgang Sofsky hat diese reine Destruktivität absoluter Macht am Beispiel der Konzentrations- und Vernichtungslager aufgezeigt, der im strengen Wortsinn keine ökonomische, ideologische oder sonst produktive Funktion zukommt. »Sie schafft weder Normalität noch normative Ordnung. Ihr Sinn ist sie selbst.«

Aufklärung von Max Horkheimer und Theodor W. Adorno reflektierte diese Ambivalenz der sozialen Evolution. Alain Finkielkraut sieht am Beispiel Klaus Barbies die Belanglosigkeit des Einzeltäters im Anblick der Grausamkeit, »die nicht mehr das Maß des Menschen, sondern das Maß eines Außermenschlichen« hat. Er sieht die ontologische und juristische Tragweite des Begriffs »Verbrechen gegen die Menschlichkeit« gerade darin, daß er den »von der technisch-administrativen Maschinerie zerrissenen Bezug zwischen dem Menschen und seinem Verbrechen wiederherstellt und, indem er die Rädchen im Getriebe des Naziapparates als Menschen behandelt, daran erinnert, daß der Dienst für den Staat keinen Funktionär irgendeiner Bürokratie und keinen Ingenieur irgendeines Laboratoriums von seiner Verantwortung als Individuum entbindet« (*Die vergebliche Erinnerung. Vom Verbrechen gegen die Menschheit*, Berlin 1989, S. 20). Hier wird auf der Täterseite ebenfalls im Rückbezug auf »den Menschen« als eine nicht gesellschaftlich determinierte Einheit (als Rollenträger) versucht, einen Widerhalt gegen gesellschaftliche Fehlentwicklungen zu finden. Handlungen bleiben nicht nur auf den Rollenträger zurechenbar, sondern auf eine Instanz außerhalb der gesellschaftlichen Rollen. Hier schließt Finkielkraut an Jean-Paul Sartres existentialistische Auffassung von der Freiheit und Verantwortlichkeit des Menschen an, in der die Momente von Wahl und Entscheidung betont werden. Der Bezug auf Krieg und Mitschuld tritt bei Sartre ganz klar zutage (*Das Sein und das Nichts*, Hamburg 1980, S. 696 ff.).

19 Diner, a.a.O., S. 72.
20 Diner nennt Auschwitz ein »Niemandsland des Verstehens«, das ein »äußerster Extremfall« und damit ein »absolutes Maß von Geschichte« ist. A.a.O., S. 73.

Das heißt, mit diesem Lagerkosmos ist eine Form der Sozialität errichtet worden, die die *conditio humana* zerstört, die Menschen organisch, physisch und sozial zu »lebenden Leichnamen« macht.[21] Nach dem Bekanntwerden dieser Greueltaten blieb den Zeitgenossen nur die Interpretation dieser Situation als ein humanistischer Nullpunkt.[22]

Die Nationalsozialisten verhöhnten die »sogenannte Humanität« ganz offen (Hitler nannte sie in *Mein Kampf* einen »Ausdruck einer Mischung von Dummheit, Feigheit und angeborenem Besserwissen«) und behandelten entsprechend die Gegner als Nicht-Menschen, denen noch als Toten die Anerkennung als Mensch verweigert wurde. Offenbar wirkt die Anerkennung des Menschen als Menschen derart hemmend auf bestimmte Handlungen (Makrokriminalität) ein, daß hier der betroffenen Zielgruppe das Menschsein systematisch abgesprochen werden muß.[23]

Diese Erfahrung des Nationalsozialismus, in der die Grenzen der Vorstellung von dem, was einer Gesellschaft an (grauenhaften) Handlungen möglich ist, über alles Maß erweitert worden ist, hat nach Kriegsende zu der Frage geführt, wie man hier zu Grenzsetzungen für das Sozialsystem bzw. einzelne Teilsysteme (vor allem Politik, Recht[24], Wissenschaft, Medizin, Erziehung) kommen

---

21 »Absolute Macht zerreißt die leibliche Einheit des Menschen, verwüstet Geist und Seele, vernichtet die Handlungsfähigkeit, zehrt die Lebenskraft vollständig aus. ... Die Verwandlung des Menschen in ›Material‹ und die Fabrikation des ›Muselmannes‹, des Menschen zwischen Leben und Tod, ist ihr größter Triumph« (Wolfgang Sofsky, *Die Ordnung des Terrors. Das Konzentrationslager*, Frankfurt am Main 1993, S. 321). Das Buch war meines Wissens ursprünglich mit dem Titel »Die Zerstörung des Menschen« vom Verlag angekündigt worden.

22 Vgl. Hermann Kapphahn, *Wo liegt Deutschlands Zukunft? Vom Sinn der Katastrophe*, Seebruck/Chiemsee 1947, S.194 f.: »Einen so tiefen Sturz hatte der Mensch noch nicht getan, solcher Verrat an der Idee des Menschen war noch nie begangen worden. In Theorie und Praxis war damit der absolute Nullpunkt erreicht.«

23 Zu den Bedingungen und Mechanismen der Neutralisation im Falle von Makrokriminalität, bei der es um die Aufhebung von Mitmenschlichkeit geht und die Opfer nicht mehr als menschliche Wesen in vollem Sinne gelten dürfen, siehe Herbert Jäger, *Makrokriminalität. Studien zur Kriminologie kollektiver Gewalt*, Frankfurt am Main 1989, S. 187 ff.

24 Niklas Luhmann hat für das Rechtssystem gezeigt, daß dort nach

kann, da die Befürchtung »Es ist geschehen, und folglich kann es wieder geschehen« (Primo Levi), bis heute vorhält. Luhmann hat diesen Sachverhalt so formuliert, daß das »Vertrauen in politisch Unmögliches« nach 1945 nicht mehr gegeben war.[25] Nach Hitler war ein Verlust des Vertrauens in die Unsterblichkeit der Menschheit eingetreten.[26]
Bei der Suche nach einer externen Limitionalität für die sozial offenbar unbeherrschbare Kontingenz spielten der »Mensch«,

1945, ausgelöst durch die NS-Verbrechen, ebenfalls die Grundlagen des Systems auf ihre Tragfähigkeit hin überprüft wurden (»Selbstreflexion des Rechtssystems: Rechtstheorie in gesellschaftstheoretischer Perspektive«, in: ders., *Ausdifferenzierung des Rechts. Beiträge zur Rechtssoziologie*, Frankfurt am Main 1981, S. 419-450, hier S. 432 ff.). Im Rechtssystem fragte man sich, wieweit diese Verbrechen durch Recht gedeckt waren bzw. ob sie auch als Recht möglich gewesen wären. In der Natur- und Menschenrechtsdiskussion nach 1945 wird das Bestreben sichtbar, auf Theorien zurückzugehen, die rechtsinterne Limitionalität versprachen (ebd., S. 432). Das Naturrecht schränkt den Spielraum kontingenter Sozialität des Rechts ein, indem es natürliche Normgrundlagen annimmt und damit die Sozialdimension oder die Selbstreferenz des Rechtssystems einschränkt (ebd., S. 436). Eduard Wahl, Rechtsprofessor und Mitglied des Bundestages, sprach 1953 davon, daß bezüglich der Menschenrechte im Grundgesetz eine Positivierung des Naturrechts eingetreten sei (vgl. »Vorwort«, in: August von Knieriem, *Nürnberg. Rechtliche und menschliche Probleme*, Stuttgart 1953, S. XIII.

25 Luhmann, »Selbstreflexion des Rechtssystems«, a.a.O., S. 432. Die Kollektivschulddebatte nach dem Krieg reflektiert jedoch die über das politische System hinausgehende Verantwortung der Gesamtgesellschaft. Franz Werfel hat dies seinen Landsleuten schonungslos vorgeworfen: »Ihr habt zu schaffen damit, daß jeder einzelne unter Euch. ... Nicht einzelne Verbrecher haben also Greuel begangen, sondern die ›Volksgemeinschaft‹ in Person, wo das Ganze für jeden und jeder für das Ganze einsteht« (zit. nach Barbro Eberan, *Luther? Friedrich der Große?, Wagner?, Nietzsche? ...? Wer war an Hitler schuld? Die Debatte um die Schuldfrage 1945-1949*, München 1983, S. 37).

26 So Finkielkraut, a.a.O., S. 42. Hannah Arendt hatte gegen Ende des Eichmann-Prozesses geschrieben, Israel hätte seinen Gefangenen den Vereinten Nationen übergeben sollen, damit die Völkergemeinschaft daran erinnert würde, »daß die Absicht, ein einzelnes Volk verschwinden zu lassen, ein Anschlag gegen alle gewesen war« (zit. nach Finkielkraut, a.a.O., S. 22).

auch die Menschheit und die Menschlichkeit, die Schlüsselrolle. Es ist sicher kein Zufall, daß der Begriff der »Würde des Menschen«, ein im verfassungsrechtlichen Kontext relativ neuer Begriff, nach 1945 in den Verfassungen der Bundesrepublik Deutschland (Art. 1, Abs. 1) und der DDR (Fassung von 1968) sowie in der allgemeinen Erklärung der Menschenrechte der UNO an exponierter Stelle auftritt.[27] Die juristische Interpretation tendiert dazu, die Menschenwürde zu naturalisieren und als Wert der Person an sich zu betrachten, ganz deutlich also der Versuch, den Menschen aus der beliebigen Verfügung durch die Gesellschaft herauszunehmen bzw. umgekehrt, dem sozial Möglichen in der Menschenwürde eine Grenze zu setzen.[28] In diesem Verständnis von Menschenwürde tritt ein bezeichnender begriffsgeschichtlicher Wandel zutage, der diese Würde nicht mehr auf bestimmte Wesenszüge des Menschen bezieht – also zu erklären versucht, wieso der Mensch aufgrund seiner Gottesebenbildlichkeit, seiner Vernunft, seiner moralischen Natur diese Würde besitzt – oder auf soziale »menschenwürdige Zustände«, sondern ohne jede Begründung aus einem bestimmten Wesenszug des Menschen heraus als »unantastbar« definiert. Damit bezeichnet der Begriff eine Relation von Mensch/Staat oder Gesellschaft, die letzteren eine Pflicht zu Achtung und Schutz auferlegt (GG Art. 1, Abs. 1), also rein negativ eine Grenze der »Antastbarkeit« zieht. Die Festlegung der Menschenrechte als »unverletzlich und unveräußerlich« (Abs. 2) soll hier die Limitionalität – und zwar hinsichtlich jeder menschlichen Gemeinschaft – auf Dauer stellen.[29]

27 Vgl. R.P. Horstmann, Artikel »Menschenwürde«, in: *Historisches Wörterbuch der Philosophie*, Bd. 5, hg. von Joachim Ritter und Karlfried Gründer, Darmstadt 1980, S. 1124-1126, hier S. 1125.
28 Das Grundgesetz bemühte sich, im Unterschied zur Weimarer Verfassung, die Grundrechte auch gegenüber der Gesetzgebung durchzusetzen und über das Verfassungsgericht eine Kontrolle des Gesetzgebers sicherzustellen. Damit wird, so Eduard Wahl, »der Versuch gemacht, gewissen Grundrechten und Grundpflichten der Deutschen eine echte, übergesetzliche, sagen wir naturrechtliche Autorität zu verleihen« (in: Knieriem, a.a.O., S. XII).
29 Von Karl Jaspers (*Der philosophische Glaube angesichts der Offenbarung*, 1962, S. 474) wird entsprechend aus der Perspektive des Menschen die Würde darin gesehen, daß dieser sich im »Äußersten selbst den Tod geben kann«, womit auch alle sozialen Ansprüche eine letzte

Wurde mit diesem Verfassungsartikel und der UNO-Erklärung eine Grenze im nationalen Rahmen etabliert, so stellte die Schaffung des Tatbestandes »Verbrechen gegen die Menschheit/Menschlichkeit« durch die Siegermächte des Zweiten Weltkrieges einen Versuch dar, eine ähnliche Grenze international zu ziehen, um das »politisch Unmögliche«, nämlich den kriminellen Mißbrauch der Staatssouveränität unmöglich zu machen bzw. mit einer Sanktionsandrohung zu versehen, obwohl es ein Völkerstrafrecht bis dahin nicht gab und bis heute nicht gibt, sondern der universelle Menschenrechtsschutz immer noch dem Grundsatz folgt, daß die Regierungen selbst für die Einhaltung der international vereinbarten Normen verantwortlich sind.[30] Veit Harlan, der Regisseur des antisemitischen Films *Jud Süß*, der dieses Verbrechens angeklagt worden war, machte mit der Kundgabe seines Unverständnisses[31] deutlich, daß es hier im Grunde um mehr ging als um die Bestrafung von massenhaftem Mord, nämlich um die Einführung von Limitionalität. Der systematisch betriebene, staatlich organisierte Massenmord zerstörte das Vertrauen in die zivilisierte Gesellschaft, in die Selbststeuerung und Selbstlimitierung sozialer Ordnung.[32] Hannah Arendt warnte 1945 vor der

> Grenze finden können. Ernst Bloch dagegen bleibt dem Begriffsgebrauch des 19. Jahrhunderts verhaftet, indem er die Menschenwürde als »Ende der Not« im Sinne von Subsistenzsicherung versteht (*Naturrecht und menschliche Würde*, Gesamtausgabe, Bd. 6, Frankfurt am Main 1961, S. 14).

30 Da das Strafgesetz für das Problem des *état criminel* keine Lösung vorsieht, kam es zu juristisch fragwürdigen Rückgriffen auf den Menschen als quasi überrechtliche Instanz: Der amerikanische Hauptankläger Robert H. Jackson sagte: Wir werden Personen anklagen, die »nach Auffassung aller zivilisierten Menschen sich als gemeine Verbrecher erwiesen haben« (zit. nach Knieriem, a.a.O., S. 2).

31 »Jedes Verbrechen ist gegen die Menschlichkeit und hat einen Namen. Aber dieses namenlose Verbrechen gegen die Menschlichkeit verstehe ich nicht« (*Die Welt* 7. 4. 1949).

32 In der Diskussion um »Nürnberg als Rechtsfrage« argumentierte Otto Küster (und zitierte dabei den amerikanischen Hauptankläger Jackson) in der Frage nach der Verletzung des Rechtsgrundsatzes »Nulla poena sine lege«, daß die Angeklagten des Nürnberger Prozesses nicht, wie der gewöhnliche Verbrecher, das Recht verletzt hätten, sondern daß sie das Recht geleugnet hätten: geleugnet, daß es Völkerrecht gebe (*Nürnberg als Rechtsfrage. Eine Diskussion*. Stuttgarter Privatstudien-

Illusion, nur die Deutschen seien solcher ungeheurer Verbrechen fähig, da dies dazu verleite, die jederzeit allgegenwärtige Gefährdung des ganzen Menschengeschlechts zu verkennen.[33] Die zivilisierte Welt entdeckte nach 1945, daß ihr »die Menschheit anvertraut ist und sie über sie zu *wachen* hat«.[34]

Die nach dem Krieg in der sogenannten »Schulddebatte« geführte Diskussion fragte denn auch, ob nicht die abendländische Geschichte insgesamt »schiefgelaufen« sei, und suchte, nicht zufällig, die Therapie in einer Rückbesinnung auf den Humanismus, der dem »Dämonischen« entgegengesetzt werden sollte.[35] Allerdings gab es neben der Option für den »Menschen« auch die Option »Gott«, das heißt, der Nationalsozialismus wurde als Abfall von Gott gesehen, als Resultat der Säkularisierung und Materialisierung des Abendlandes, und statt eines Rückgriffs auf den Humanismus wurde der auf die christliche Religion empfohlen. Gegen-

gesellschaft, Stuttgart 1947, S. 86). Damit wird deutlich, daß vom Nationalsozialismus nicht eine bestimmte gesellschaftliche Normativität fallweise verletzt worden war, sondern daß dieser die Geltung von Normen überhaupt nicht anerkannt hatte und damit die Grundlage sozialer Vergemeinschaftung zerstörte.

33 Hier zitiert nach »Organisierte Schuld«, in: *Die Wandlung* 1 (1946) 4, S. 333-344; zuerst in englischer Übersetzung veröffentlicht in: *Jewish Frontier*, Januar 1945.

34 Finkielkraut, a.a.O., S. 49.

35 Noch im Sommer 1945 gab ein Autor, F. A. Kramer, *Vor den Ruinen Deutschlands. Ein Aufruf zur Selbstbesinnung*, Koblenz o. J., im Abschlußkapitel seines Buches auf die Frage »Was sollen wir tun?« die Antwort: »Gerade die einfachen, wesentlichen Tatsachen des Lebens wollen heute neu durchdacht werden. Wer ist der Mensch? ... Was ist der Staat? Ein Götze, ein Moloch, ein Despot, oder eine Organisation von Menschen, in der Menschen leben und gedeihen können?« (S. 137). Vgl. auch mit einiger Skepsis Kapphahn (1947, Kapitel »Die Idee der Humanität«, S. 187 ff.). Für die »Weimardeutschen« war die Katastrophe ein Ausdruck der lange schwelenden europäischen Kulturkrise, die an der Schwachstelle Deutschland ausgebrochen war. Die Nationalsozialisten hätten den Kern der Krise bloßgelegt, indem sie den Menschen vollkommen auf den Stand der Sache herabdrückten bzw. ihn zum Tier degradierten. Die Krise sei also keine bloß politische oder ökonomische, sondern eine »totale Krise der menschlichen Verfassung«, das heißt der Ent-Menschlichung folge die Erschütterung des Glaubens an den humanistischen Menschen (vgl. Eberan, a.a.O., S. 159 ff.).

über diesen Interpretationen der Katastrophe als »Rückfall« in einen bereits überwundenen Gesellschaftszustand oder als »Einbruch« des Dämonischen von außen, die die frühen Debatten prägten[36], hat sich die Anschauung durchgesetzt, daß diese Staatsverbrechen aus der »Mitte der modernen Gesellschaft« kamen. Dies zeigt an, daß der Vertrauensverlust sich auf diese hochentwickelte Formation selbst bezieht und die Idee des moralischen Fortschritts diskreditiert hat.[37]

Auf der Basis der naturrechtlich begründeten Menschenrechte kam es mit dem Nürnberger Prozeß letztlich zu dem Versuch, völkerrechtlich in die bis dahin den Einzelstaaten vorbehaltene Sphäre des Strafrechts einzubrechen, um auf diese Weise etwa Völkermord zu verhindern. Heute wird dies völkerrechtlich unter dem Aspekt der Lehre von der »humanitären Intervention« diskutiert, auf die ursprünglich zurückgegriffen wurde, wenn Staatsbürger des eigenen Landes in einem anderen Land vermeintlich oder tatsächlich in Gefahr waren.[38] Es hat jedoch eine neue Diskussion über den Einsatz derartiger Interventionen im Fall mas-

---

36 Vgl. Eberan, a.a.O., S. 156 ff. Vor allem die Gestalt Hitlers wurde zu einem Werkzeug dämonischer Mächte mythisiert. Allerdings diente diese Argumentationsfigur durchaus nicht nur als Entschuldigung der »Verführten«, sondern konnte durchaus kritisch auf persönliche oder gesellschaftliche Defizite zielen. So schrieb Clemens Münster in den *Frankfurter Heften* in einem Beitrag mit dem Titel »Die Dämonen« (1946): »Aber es war nicht die unwiderstehliche Übermacht einer finsteren Gewalt, die uns fast kampflos überwältigt hat; unser Fall war ein Einbruch des Bösen in ein Dasein, das zu schwach war, ihm zu widerstehen« (zit. nach Eberan, a.a.O., S. 159).

37 Vgl. dazu Finkielkraut: »Wenn hier (im Nürnberger Prozeß) den Juristen und Richtern das Wort erteilt wurde, so deshalb, weil es weder möglich war, ›die Todeslager als Betriebsunfall des zivilisatorischen Siegeszuges‹ zu registrieren ... Wie konnte man darin fortfahren, Leiden in Vernunft umzudeuten und die Menschen, die dem Fortschritt des Menschen geopfert wurden, zu vergessen, wenn es gerade dieser Fortschritt war, der jenen industriellen Mord möglich gemacht hatte?« (a.a.O., S. 45).

38 Vgl. dazu zusammenfassend: Patrick C. Campbell, *§220a StGB. Der richtige Weg zur Verhütung und Bestrafung von Genozid?*, Frankfurter Kriminalwissenschaftliche Studien, Bd. 17, Frankfurt am Main/Bern 1986, S. 144 ff.

siver Menschenrechtsverletzungen begonnen.[39] Das heißt, die Bedrohung von Leben oder Gesundheit[40] – der Internationale Gerichtshof (IGH) spricht von »basic rights of the human person« –, von ethnischen, rassischen oder nationalen Gruppen könnte das Prinzip der Nichteinmischung in die inneren Angelegenheiten eines Staates außer Kraft setzen, dem sozial Möglichen innerhalb einer Einzelgesellschaft Grenzen setzen.[41] – Es scheint fast so, als ob die Entwicklung zur Weltgesellschaft, die kein »soziales Außen« mehr kennt, die Resonanz für soziale Verletzungen in der Umwelt des nun umfassenden Sozialsystems, insbesondere für Leib und Leben von Menschen, im System selbst erhöht.[42] Wenn bisher auch ein internationaler Menschenrechtsgerichtshof und entsprechende Erzwingungsorgane fehlen, so gibt es mit der Ausdifferenzierung international operierender Menschenrechtsorganisationen doch bereits soziale Systeme, die eine erhöhte Resonanz für die genannten Umweltphänomene besitzen.

39 Vgl. zu dieser neuen Diskussion: Wolfgang S. Heinz, »Schutz der Menschenrechte durch humanitäre Intervention?«, in: *Aus Politik und Zeitgeschichte* B 12-13, 1993, S. 3-11.
40 Zu den Tatbeständen von Völkermord zählen neben Tötung und schwerer Körperverletzung auch »Handlungen, die geeignet sind, die Fortpflanzung der Gruppe zu verhindern« (Campbell, a.a.O., S. 139), zum Beispiel durch Zwangstrennung der Geschlechter, Wegnahme der Kinder usw., die den Fortbestand einer Gruppe als Kommunikationsgemeinschaft gefährden würden.
41 Mit Bezugnahme auf die bereits bei Hugo Grotius geführte Diskussion über das Recht auf humanitäre Intervention (*Vom Recht des Krieges und des Friedens*, 1625) schreibt Campbell: »Besonders bei Genozid ist keine gröbere Menschenrechtsverletzung denkbar, das Dasein einer ganzen Menschengruppe steht auf dem Spiel. Hier braucht man nicht lange darüber zu polemisieren, welche Menschenrechte zu denen gehören, die unter Grotius' Völkerrechtsordnung durch humanitäre Intervention geschützt werden. ... Kein Menschenrecht ist grundsätzlicher als das Recht auf Leben« (a.a.O., S. 153).
42 Es ist bisher nicht geklärt, welche Menschenrechtsnormen etwa durch eine humanitäre Intervention geschützt werden sollten (vgl. Heinz, a.a.O., S. 5 ff.). Von zentraler Bedeutung scheint die Massenhaftigkeit und Systematik des Auftretens zu sein, verbunden mit der Bedrohung von Leib und Leben – also Völkermord, massenhafte Folter und ähnliches.

Umweltzerstörung – Selbstgefährdung der Gesellschaft

Neben der Organisation der Massenvernichtung, in der die Menschen methodisch zugrunde gerichtet wurden, hat auch die Entwicklung (und Anwendung) atomarer Vernichtungswaffen die Frage nach den Gefährdungen der Menschheit durch die moderne Gesellschaft gestellt.[43] Die Möglichkeit des Massentodes zerstört die Vorstellung vom Fortbestand der Gesellschaft, die Idealisierung einer unsterblichen Gesellschaft. Dabei ist es wichtig, daß diese Bedrohung nicht mehr als Gefahr von außen kommt (Seuchen, Naturkatastrophen), sondern als selbst produziert und damit als entscheidungsabhängig, das heißt als kontingent erlebt wird.[44] Ulrich Beck spricht in diesem Zusammenhang von »entscheidungsabhängiger Selbstvernichtung« in der »Risikogesellschaft«.[45]

In den letzten zwanzig Jahren sind in den negativen Wirkungen der Gesellschaft auf ihre natürliche Umwelt so viele weitere Gefahren sichtbar geworden, daß in der Krisen- oder Angstkommunikation das Überleben der Gattung in Frage gestellt wird.[46] In dieser Perspektive wird die Gesellschaft, die sonst als diffuser Hintergrund je teilsystemspezifischer Kommunikationen in ihrer

---

[43] Diese Parallelität wird auch darin deutlich, daß häufig vom »atomaren Holocaust« gesprochen wird.

[44] Peter Fuchs generalisiert das Problem der Wahrnehmung von Entscheidungsabhängigkeit über Risikolagen hinaus mit seiner These von der »Zunahme kontingenter Beobachtungsmöglichkeiten im Prozeß zunehmend rekursiv gearbeiteter Beobachtervernetzungen«, die Kontingenz als »Eigenwert« der modernen Gesellschaft erscheinen lassen. Damit sei eine neue gesellschaftliche Problemlage entstanden, nämlich daß die Annahme von Kommunikation immer unwahrscheinlicher wird, daß Kontingenz »wild« wird. Der Rekurs auf den »Menschen«, von Fuchs als Medium der Gesellschaft konzipiert, würde auch hier als Mittel der Kontingenzunterbrechung fungieren und zur Annahme der Selektionsofferte motivieren.

[45] *Gegengifte. Die organisierte Unverantwortlichkeit*, Frankfurt am Main 1988, S. 130.

[46] Es überrascht nicht, daß die International Law Commission der UNO, die kürzlich einen Entwurf zu Grundsätzen der Staatenverantwortlichkeit vorgelegt hat, zu den Verbrechen, die wie Völkermord, Angriffshandlungen usw. die gesamte Völkergemeinschaft bedrohen, auch massive Umweltverschmutzung zählt (Heinz, a.a.O., S. 3).

Funktion kaum wahrgenommen wird, als gefährdet sichtbar: ohne die Kopplung an das psychische und organische System des Menschen würde auch die Autopoiesis des sozialen Systems unmöglich werden, nicht mehr weiterlaufen können. An der Gefährdung des psychophysischen Substrats wird für die gesellschaftliche Kommunikation die eigene Gefährdetheit ablesbar.[47] Die Gesellschaft konstruiert das Umweltsegment »Mensch« als Interdependenzunterbrecher, mit dessen Hilfe das gesellschaftlich Mögliche limitiert werden kann, indem Selektionsofferten als »umweltschädlich« oder »umweltfreundlich« abgelehnt oder angenommen werden können.[48] Werte wie Leben, Gesundheit, Angstfreiheit können damit verknüpft werden und steigern die Unablehnbarkeit. Die Aufladung der ökologischen Kommunikation durch Angst, der Luhmann »eine große politische und moralische Zukunft« vorausgesagt hat[49], benutzt damit ebenfalls einen Rückgriff auf die Gefühle von Menschen (oder psychischen Systemen), ganz gleich, ob diese Angst psychisch gegeben oder nur kommuniziert ist, um Kontingenzunterbrechungen einzuführen. Da das Bewußtseinssystem für Beobachter eine *black box* ist, ist das Vorhandensein/Nichtvorhandensein von Angst kommunikativ nicht widerlegbar und muß daher im Sozialsystem berücksichtigt werden. Im Unterschied zu anderen Umweltsegmenten ist der Mensch als psychophysische Einheit per Bewußtsein enger an Kommunikation gekoppelt, so daß der Rekurs auf die Gefährdung/Schädigung des Menschen zur Kontingenzunterbrechung wahrscheinlicher ist als auf andere Umweltsegmente wie Tiere, Pflanzen, Wasser oder Luft.[50]

47 Vgl. dazu Peter Fuchs, »Der Mensch – das Medium der Gesellschaft?«, in diesem Band.
48 Der explizite Einsatz von »Moral« seitens der Ökologiebewegung, in der die eigene wie die fremde »unökologische Lebensführung« moralisch diskreditiert wird, wählt die Umweltverträglichkeit des eigenen Handelns als Norm für die Zuschreibung von (Selbst-) Achtung/Nichtachtung. Dazu: Gabriela B. Christmann, »Wissenschaftlichkeit und Religion. Über die Janusköpfigkeit der Sinnwelt von Natur- und Umweltschützern«, in: *Zeitschrift für Soziologie* 21 (1992) 3, S. 200-211, hier S. 206.
49 *Ökologische Kommunikation*, Opladen 1986, S. 240.
50 Luhmann sagt von der Angst, sie sei »leichter bereit, Ausgriffe der Gesellschaft in ihre Umwelt zu stoppen«, nehme dafür aber unabsehbare interne Rückwirkungen in Kauf (ebd., S. 246).

Soziale Bewegungen, von der Bewegung gegen den »Atom-Tod« in den fünfziger Jahren über die Friedensbewegung bis zur heutigen Ökologiebewegung, versuchen mit Werten wie Leben, Gesundheit, Menschlichkeit und mit der psychischen Mobilisierung über Angstkommunikation und mit Moralkommunikation die Gesellschaft quasi »von außen« zu alarmieren (als Gegengesellschaft), um auf die im Selbstlauf der Gesellschaft, vor allem der im Vollzug der teilsystemspezifischen Logiken steckenden Gefahren der Selbstdestruktion aufmerksam zu machen.[51] Natürlich können soziale Bewegungen ihre Funktion als Immunabwehr nur in Form von Kommunikationen erfüllen, durch Erzeugung interner Resonanz, sie schlagen aber vor, die menschliche und außermenschliche Systemumwelt als Kontingenzunterbrecher zu benutzen, um sowohl den Fortbestand dieser Umwelten wie auch die Autopoiesis des Sozialsystems nicht zu gefährden. Mit dem Rückgriff auf »den Menschen« können sogar mediengestützte Selektionsofferten von Teilsystemen, seien es politische Entscheidungen, Kostenargumente, wissenschaftliche Forschungsergebnisse usw., abgewiesen werden.[52]

Die Unterbrechung der Selbstreferenz in sozialen Systemen durch die Bezugnahme auf Umweltfaktoren ist ihrerseits Resultat von

---

[51] Vgl. dazu ausführlicher: Werner Bergmann, »Was bewegt die soziale Bewegung?«, in: Dirk Baecker und andere (Hg.), *Theorie als Passion*, Frankfurt am Main 1987, S. 386 ff. Gegen Luhmanns Kritik am Alarmismus der sozialen Bewegungen hat Stefan Breuer in einer Rezension Luhmanns eigenes Bild vom Blindflug des Systems nach Maßgabe interner Indikatoren benutzt, um kritisch einzuwenden, daß dann eine Intervention der Passagiere notwendig sei, da das System sich schlafende Piloten nicht leisten könne. »Nicht daß es zuviel Angstkommunikation gibt, ist das Problem, sondern daß es zuwenig davon gibt; nicht der ›Warntäter‹ bedarf der Kritik, sondern ein System, das seine eigenen Warnsignale überfährt« (»Ist Umweltzerstörung überhaupt vermeidbar?«, in: *Merkur* 40 (1986) 8).

[52] Christmann berichtet, daß sich Umwelt- und Naturschützer als moralisch handelnde Menschen verstehen (und dies von anderen ebenso erwarten) und sich entsprechend zum Beispiel ein Auto moralisch nicht mehr leisten können (a.a.O., S. 206). »Aus einer Gesinnungsethik heraus, die sich verantwortungsethischer Prinzipien zu vergewissern sucht, werden wesentliche Elemente des industriegesellschaftlichen Selbstverständnisses gleichermaßen abgelehnt und für alternative Orientierung genutzt« (S. 210).

Resonanzen im System. Insofern *kann* der »externalisierte Mensch« als Gesichtspunkt für die Wahl/Vermeidung bestimmter kommunikativer Alternativen benutzt werden, diese Orientierung ist aber nicht erzwingbar. Es können sich jedoch in modernen Gesellschaften Strukturen entwickeln, etwa im Recht, in Form sozialer Bewegungen, in Form von spezialisierten Organisationen, die Externalisierungen wählen, vorzugsweise »den Menschen«, um die selbstreferentielle Geschlossenheit der Gesellschaft zu unterbrechen. Die Versuche, Menschenrechte und neuerdings auch Umweltschutz sowohl im internationalen Recht (siehe oben) wie auch im nationalen Rahmen, etwa durch die Aufnahme des Umweltschutzes als Staatsziel in das Grundgesetz, wie sie heute in der Verfassungskommission diskutiert wird, festzuschreiben, sollen die Resonanzfähigkeit der (Welt-) Gesellschaft in dieser Hinsicht erhöhen.

Michael Hutter und Gunther Teubner
Der Gesellschaft fette Beute
Homo juridicus und *homo oeconomicus*
als kommunikationserhaltende Fiktionen

I

Wie wirklich ist die Vernunft des *reasonable man*? Sind die Handlungsmotive des *homo oeconomicus* und des *homo juridicus* reale psychische Sachverhalte, die man mit den Mitteln empirischer Sozialforschung abfragen kann? Oder sind sie reine analytische Konstrukte der Wirtschafts- und Rechtswissenschaften, die sich zwar in der Prognose bewähren müssen, denen aber selbst kein Realitätsgehalt zukommt? Um diese Alternative wird in den Disziplinen seit langem ein erbitterter Streit ausgetragen. Wer hat recht – Herbert Simon oder Milton Friedman? Eugen Ehrlich oder Hans Kelsen?

Wir weisen die Alternative selbst zurück. Wir behaupten statt dessen:

Die Realität des *rational actor* – dies ist unsere erste These – ist eine kommunikative Fiktion der Rechts- und der Wirtschaftspraxis selbst, also weder analytisches Konstrukt der Wissenschaft noch reales psychisches Motiv der handelnden Menschen.

Wir wollen zeigen, wie die institutionalisierten Kommunikationspraktiken der Wirtschaft und des Rechts »Fiktionen« von rationalen Akteuren produzieren und sie benutzen, um die je spezifischen Operationen der Wirtschaft bzw. des Rechts fortsetzen zu können. Solche Akteursfiktionen sind »real« in einem doppelten Sinne. Zum einen bilden sie für wirtschaftliche und rechtliche Operationen eine soziale, also kommunikative Realität. Akteure sind kommunikative Strukturen, die von den Operationen selbst erzeugt sind und diese zugleich leiten. Zum anderen koppeln sich die sozialen Akteursfiktionen als »virtual realities« eng an die psychischen Eigendynamiken der beteiligten Menschen an, ohne aber je mit ihnen zu verschmelzen.

Dabei – das ist unsere zweite These – beuten die sozialen Systeme die psychischen Systeme mit Hilfe der Akteursfiktionen auf eine hochselektive Weise für die Zwecke der Wirtschaft oder des Rechts aus. Schließlich benutzen soziale Systeme ihre Akteursfiktionen nicht nur dazu, sich an psychische Systeme anzukoppeln, sondern auch dazu – und dies ist unsere dritte These –, um mit anderen Sozialsystemen, besonders mit formalen Organisationen, eine enge strukturelle Kopplung herzustellen und deren kommunikative Energien für ihre Zwecke auszubeuten.

II

Die empirischen Sozialwissenschaften haben die Wirklichkeitsannahmen über rationale Akteure in Wirtschaft und Recht einer gnadenlosen Kritik unterzogen. Die Realitätsannahmen des *homo oeconomicus* sind von der empirischen Psychologie nicht bestätigt worden. Dem *homo juridicus* ist es in der Behandlung durch die empirische Rechtssoziologie nicht viel besser ergangen. Im Lichte unserer Thesen stellt sich jedoch die Frage, ob das ganze Zerstörungswerk nicht von einem groben empirischen Mißverständnis einer sehr komplexen Wirklichkeit angetrieben wird und ob die Kritik ökonomischer und juridischer Akteursrationalität nicht ganz anders ansetzen könnte. Dazu müssen wir die laufende Diskussion um den Realitätsgehalt des rationalen Akteurs kurz skizzieren.

Ein ganzer Zweig der empirischen Psychologie hat sich darauf kapriziert, Anomalien ökonomischer Entscheidungen aufzudecken.[1] Die Psychologen können zeigen, daß das empirisch beobachtbare Entscheidungsverhalten der Teilnehmer in echten und in simulierten Märkten von den Realitätsannahmen des *homo oeconomicus* drastisch abweicht. Die empirisch ermittelten Präferenzen der lebendigen Akteure sind weder hierarchisch geordnet noch stabil, und sie sind weder transitiv noch invariant, wenn sie nach unterschiedlichen Verfahren ermittelt werden. Das Verhalten der Akteure läßt sich häufig nicht als eigennutzmaximierend beschreiben. Die Struktur der Informationsverarbeitung entspricht nicht den Anforderungen an rationales Handeln. Das größte Problem scheinen die »deficiencies in the apparatus for moving from

---

1 Vgl. die Chicago-Debatte zwischen Ökonomen und Psychologen, Hogarth/Reder 1986 und die Interpretation in Frey/Eichenberger 1989.

the level of the individual actor to the behavior of the system« (Coleman 1986, S. 184) darzustellen.

Den Reparaturvorschlag liefern die Kritiker bei der Fehlerdiagnose gleich mit: Man muß die Modelle der Rationalentscheidungstheorien realitätsgerechter bauen. Die Anforderungen an die Rationalität der Präferenzbildung, des Informationsverhaltens und des Entscheidens sind auf ein realistisches Maß hinunterzuschrauben. *Bounded rationality* heißt die Formel einer ganzen Forschungsrichtung, die für eine realistische Komplexifizierung des reinen und einfachen Rationalverhaltens des *homo oeconomicus* plädiert (Simon 1982).

Eine allgemeine, soziologische Kritik ökonomischer Rationalität kann hingegen indirekter und voraussetzungsreicher ansetzen als eine bloße Fragebogentechnik. Coleman (1986, S. 184) weist in eine interessantere Richtung, mit den Anomalien umzugehen, wenn er speziell die sozialen Vermittlungsstrukturen für die Schwierigkeiten der Ökonomen, die Mikroebene mit der Makroebene zu verbinden, verantwortlich macht. Nach Coleman sollte man nicht vorschnell die Theorie den empirisch ermittelten psychischen Realitäten anpassen, sondern soziale Strukturen als zusätzliche Variablen einführen. Beispielsweise verändern *multistage decisions* der politischen Parteien vor Wahlen das Wahlergebnis gegenüber bloßer Aggregation signifikant. Unterschiedlich strukturierte Märkte – englische Auktion, zentrale Meldestelle für Preise oder Gebote, verbriefte Angebote, Märkte mit herstellerbestimmten Preisen, temporäre Märkte – beeinflussen deutlich das Ergebnis auf der aggregierten Ebene.

Wir schlagen vor, mit der Soziologisierung der rationalen Akteure noch einen Schritt weiter zu gehen. Man sollte nicht nur wie Coleman soziale Vermittlungsmechanismen zwischen Akteur und aggregiertem Ergebnis einführen, sondern die Realität der Wirtschafts- und Rechtsakteure selbst soziologisch verstehen. Colemans Unterscheidung von psychischen und sozialen Phänomenen ist in der Tat entscheidend, aber er benutzt sie dazu, nur soziale Strukturen einzuführen, welche die psychischen Prozesse sozusagen für die Aggregierung filtern. Statt dessen sollte man unseres Erachtens den komplizierten Prozeß der sozialen Konstruktion von »Personen« beobachten, der Kommunikationen erst zu Handlungen macht (Luhmann 1984, S. 225 ff.). Entscheidend für unsere Zwecke ist der Unterschied zwischen der sozialen »Fik-

tion« des rationalen Akteurs und der »Realität« psychischer Motive.
Ein großer Teil der einschlägigen empirischen Forschung hat sich mit Wirtschaftsakteuren beschäftigt, aber auch das Recht kennt seinen *rational actor*. Wenn bestehende Normen nicht die für die Entscheidung im Detail notwendige Dichte aufweisen, pflegt sich das Recht auf den *reasonable man*, den *bonus pater familias*, den »vernünftigen Kaufmann« oder, wie es die Gerichte altertümelnd formulieren, auf das »Anstandsgefühl aller billig und gerecht Denkenden« (dazu Limbach 1977) zu berufen. Auch hier hat es nicht an Versuchen gefehlt, den *homo juridicus* zu psychologisieren und ihn über die Erfragung von Meinungen empirisch dingfest zu machen (etwa Schweizer 1976). Und auch hier konnte man ständig Anomalien aufdecken. Die von den Gerichten über die Rechtsfigur des vernünftigen Rechtsgenossen ermittelten Rechtsnormen stimmten mit den empirisch ermittelten Meinungen der befragten Menschen nur selten überein. »Recht ist nicht, was die Leute für Recht/recht halten« (Rottleuthner 1987 b, S. 159 ff., 174).
Doch machte der schon von den rechtssoziologischen Klassikern unternommene Versuch, den *homo juridicus* aus den realen psychischen Verhaltenserwartungen der individuellen Akteure herauszudestillieren, regelmäßig den Widerspruch zwischen normativen Anforderungen und empirisch beobachtbaren Motiven und Verhalten deutlich (Ehrlich 1913, S. 31 ff., 45 f.; 1918, S. 230 ff., 284 f.; und Max Weber 1960, S. 85, 152 f., 346). Die Anpassung der Norm an Realität hätte nur die komplizierte Normativität des *homo juridicus* zerstört. Im Falle des Rechts ist deshalb auch viel deutlicher, daß es sich beim Rationalakteur um eine bloße kommunikative Fiktion handelt. Entsprechend verbreitet ist auch die Überzeugung, daß der *homo juridicus* ein semantisches Artefakt, eine Kunstfigur der Rechtswissenschaft ist (Limbach 1977).
Wenig überzeugend ist aber auch der Versuch, den *reasonable man* in Wirtschaft und Recht dadurch zu entpsychologisieren, daß man von Motiven auf Verhalten übersetzt. In der Ökonomie pflegt man, ganz in der behavioristischen Tradition, die Beobachtbarkeit von Erwartungen zu bestreiten.[2] Nur tatsächliche Transaktionen

---

2 So etwa Prescott (1977, S. 30): »Like utility, expectations are not observed, and surveys cannot be used to test the rational expectations hypothesis.«

zählen. In der Rechtswissenschaft, die den *reasonable man* bemüht, sieht man das Parallelproblem bei sozialen Normen: Die Geltung sozialer Normen lasse sich nicht durch Meinungsumfragen ermitteln. Nur tatsächliches Verhalten zähle.

Das behavioristische Insistieren auf »realem« Verhalten greift jedoch zu kurz, weil ihm die Unterscheidung zwischen sozialer Fiktion und psychischen Motiven fehlt. Dadurch kommt es zu einer folgenschweren Verwechslung: Man verwechselt psychische Erwartungen mit sozialen Erwartungen. Meinungsumfragen zielen primär auf Beobachtung psychischer Erwartungen: Was erwartest du? Sie können aber auch raffinierter eingesetzt werden, um die soziale Dimension psychischer Erwartungen zu identifizieren: Was glaubst du, was andere erwarten? Was erwartest du, was andere erwarten? Was glaubst du, wie andere erwarten, was andere erwarten? Die so beschriebenen »Gegebenheiten« sind die sozialen Erwartungen. Soziale Erwartungen haben eine eigene Form, die sich nur selten am realen Verhalten ablesen läßt. Das ist besonders deutlich im Fall des Rechts. Andernfalls würde der konstituierende Unterschied zwischen Norm und Verhalten verschwinden, oder er würde einfach auf die Alternative Konformität/sanktionierte Nonkonformität (Geiger 1964, S. 68 ff.) zusammenschnurren. Preise dagegen gehören zu den relativ präzise beschreibbaren sozialen Erwartungen. Gemäß unserer These kommt es für die Strukturen der Wirtschaft und des Rechts in erster Linie auf soziale Erwartungen an. Die Betonung psychischer Erwartungen ist dagegen nicht angemessen.

Als Zwischenergebnis können wir festhalten: Um die Realität des Rationalakteurs in Wirtschaft und Recht zu erfassen, macht es wenig Sinn, auf empirisch beobachtbare psychische Handlungsmotive der involvierten Menschen zu rekurrieren. Ebensowenig macht es Sinn, das real beobachtete Entscheidungsverhalten selbst heranzuziehen. Daraus läßt sich der Schluß ziehen, daß die Realität des *reasonable man* in Wirtschaft und Recht nur in einem Konstrukt gefunden werden kann. Genauer: Der *homo juridicus* und der *homo oeconomicus* bestehen aus kommunikativ konstruierten Handlungserwartungen, die ihren eigentümlichen Sinn gerade aus dem Spannungsverhältnis zu psychischen Motiven einerseits und sozialem Verhalten andererseits beziehen.

Wer aber ist der Konstrukteur des Konstrukts? Für Milton Friedman (1953) und Hans Kelsen (1960) stand die Antwort fest: die

Wissenschaft. *Homo oeconomicus* und *homo juridicus* sind heuristische Konstrukte der jeweils befaßten Disziplin, die sich zu wissenschaftlichen Zwecken bewähren müssen und denen davon abgesehen kein eigener Realitätswert zukommt. Die Realität des *homo oeconomicus* ist danach nur ein »Als-ob« der Wissenschaft. Der Rationalakteur der Ökonomie handelt nicht in der rauhen Welt der freien Wirtschaft. Er existiert nur im Elfenbeinturm der Gelehrten als ein Satz von heuristischen Annahmen. Fiktive Verhaltensannahmen verzichten auf Realitätsbezug, ja sie zeichnen sich, wenn sie gut sind, durch ihre kontra-intuitiven Eigenschaften aus. Sie müssen sich jedoch in der Anwendung bewähren, sei es in der Prognose (Friedman 1953; dazu Nagel 1963; Musgrave 1981) oder in der Anleitung zur Normengestaltung (Homann/Pies 1994). Ähnlich wird der *homo juridicus* zum reinen Konstrukt der Rechtswissenschaft erklärt. Sein Sinn bestehe gerade darin, ein normatives Gegenprogramm zum faktischen Verhalten aufzustellen.

Das »Als-ob«-Argument hat schon immanente Kritik von Rational-choice-Anhängern selbst erfahren: Es sei ein Widerspruch in sich, ein Prognosemodell auf unrealistischen Annahmen aufzubauen. Vorläufig möge zwar ein *Black-box*-Modell genügen, wenn es Prognosen trotz Undurchschaubarkeit der eigentlichen Dynamik ermöglicht. Langfristiges Ziel müsse es aber bleiben, auch die *black box* der realen Triebkräfte des Handelns aufzuhellen und die Makro-Modelle auf realistische Verhaltensannahmen im Mikro-Bereich zu gründen (Opp 1986).

Wir meinen, daß auch dieses Argument radikaler gefaßt werden muß. In der Tat ist der Rationalakteur ein »intermediäres« Konstrukt, das der genaueren wissenschaftlichen Beobachtung bedarf. Aber die Kunstfigur agiert nicht »zwischen« individuellen Motiven und sozial aggregierten Handlungsergebnissen. Sie existiert als selbständige Realfiktion wirtschaftlicher und rechtlicher Operationen »zwischen« psychischen Operationen einerseits und wissenschaftlichen Operationen andererseits. Der Rationalakteur ist auch nicht im Sinne eines noch unbekannten Konversionsmechanismus in einem Kausalnexus zu verstehen, den man vorläufig als *black box* modellieren kann. Wir meinen, daß er als Beobachtungsform, mit der wirtschaftliche und rechtliche Operationen die sie umgebenden psychischen Operationen konstruieren, existiert. Die Akteursfiktionen sorgen, systemtheoretisch gesprochen, für die strukturelle Kopplung von kommunikativen Operationen in Wirtschaft und Recht mit den dazu simultan ablaufenden psychischen Operationen.

III

Die Systemtheorie setzt mit der Unterscheidung zwischen Kommunikationsereignissen und ihrer Umwelt an. Kommunikationsereignisse sind Akte des Verstehens von Mitteilungen, die manifest werden im Gebrauch von Zeichen. Durch die Wahl dieser »primären Unterscheidung« entfällt das Problem, Kommunikation auf der Basis der traditionellen Subjekt/Objekt-Unterscheidung konstruieren zu müssen. Auch einzelne Kommunikationssysteme innerhalb der Gesellschaft konstituieren ihre Unterscheidung vom Rest der Kommunikation durch eine Unterscheidung. Die Zeichen eines ausdifferenzierten Kommunikationssystems ergeben nur innerhalb des beobachteten Systems Sinn, weil sie die Existenz der »Leitunterscheidung« selbstreferentiell voraussetzen.

Wirtschaft und Recht sind, ebenso wie die Wissenschaft, in der gesellschaftlichen Kommunikation ausdifferenzierte Subsysteme. Wirtschaft wird nicht als Aggregation von Tauscheinheiten verstanden, sondern als Sequenz von Relationen zwischen aufeinanderfolgenden Zahlungsakten (Luhmann 1988; Hutter 1993 a). In der Kette der Zahlungen wird durch die Weitergabe von Zeichen (»Geld«) selbstreferentiell über den Wert der knappen Güter kommuniziert, die fremdreferentiell den Vorgang der Zahlungen begleiten. Recht reproduziert sich in der rekursiven Anwendung von Normen auf Sachverhalte in Rechtsakten (Teubner 1989, S. 36 ff.). Die Reproduktion von Wirtschaft und Recht, ebenso wie die aller anderen sozialen Systeme, erfolgt autopoietisch geschlossen. Reproduktion ist auf Selbstkontinuierung gerichtet. Wir beobachten also eine Welt, in der selbstkontinuierende organische, psychische und soziale Systeme vorkommen.

Es fällt auf, daß in dieser Darstellung von Kommunikation der sonst übliche primäre Bezug auf Menschen oder Individuen verschwunden ist. Das ist die zwingende Konsequenz der fehlenden Subjekt/Objekt-Unterscheidung. Individuen kommen aber in der Unterscheidung von kommunikativem Ereignis und seiner Umwelt durchaus vor, und diesmal in doppelter Weise. Im Inneren der Unterscheidung – die man, in Spencer-Brownscher Manier, als geschlossenen Kreis symbolisieren kann – werden Individuen konstruierbar in ihren Beiträgen zur Kommunikation. Außerhalb der Unterscheidung werden Individuen als die Prozesse beobachtet, die anderen Selbstkontinuierungsprozessen zugeordnet werden – insbesondere die, die Bewußtseinen zugeordnet werden. Erst in dieser Sichtweise läßt sich das Problem erkennen und formulieren: Die sozialen Subsysteme operieren als Kommunikationsspiele, die nur aus Sprachpraxis bestehen. Folglich kann auch das, was die Spiele dem Bewußtsein von Menschen zuordnen, nur in sprachlicher Form vorkommen. Um Wirtschaft oder Recht erfolgreich fortsetzen zu können, müssen in der Sprachwelt der beiden Spiele entsprechende Figuren auftauchen. Wir nennen solche Figuren »Personen«. Die Person ist die Benennung des logischen Orts, an dem sich ein soziales System von einem der psychischen Systeme in seiner Umwelt »stören« läßt.

Soziale Subsysteme erzeugen also mit ihren Operationen die eigenständige Realität subsystemspezifischer Akteure. Diese soziale Realität ist mit der psychischen Realität der Motive und Handlungen der Menschen nicht identisch, und sie ist auch nicht über einfache Kausalbeziehungen mit ihnen verbunden. Und nicht die Wissenschaft baut das Konstrukt des *reasonable man*, sondern Recht und Wirtschaft als autonome Sozialsysteme schaffen sich ihre Akteure als institutionelle Fiktionen. Im Verlauf ihrer Entwicklung können diese Fiktionen dann freilich von der Wissenschaft rekonstruiert und umgebaut werden.

Wir wollen im folgenden den gerade vorgestellten Prozeß der sozialen Konstruktion von Personen genauer betrachten. Wie erklärt die Systemtheorie die Beobachtung, daß die Gesellschaft nicht nur ein universell verwendbares semantisches Artefakt des gesellschaftlichen Akteurs benutzt, sondern daß sich jedes soziale Teilsystem seinen eigenständigen Akteur zulegt und ihn mit einer spezifischen Rationalität ausstattet?

1. Personen sind kommunikative Adressen

Eine erste Antwort beschreibt, wie Personen intrasystemisch wirksam werden. Kommunikation schafft sich zu ihrer Fortsetzung Adressen, an die Kommunikation gerichtet werden kann. Dafür dienen »Personen« als semantische Artefakte. Das gilt für diffuse Alltagskommunikation wie für hochspezialisierte Kommunikation in den Teilsystemen. Der Bürgermeister, die »gnädige Frau« und der »verständige Kaufmann« sind solche Personen. Die Konstruktion von Personen verwandelt Kommunikationen in Handlungen. Das undurchschaubare zirkuläre Kommunikationsgeschehen wird beobachtbar in einfachen Handlungsketten. Zugleich dienen diese Artefakte der Kristallisierung von Erwartungen, formuliert im Code des spezifischen Subsystems, die konkret an die »Charaktermasken« gerichtet werden. Das Artefakt »Person« entsteht auf der emergenten Ebene des Sozialen, weil das psychische Geschehen nicht zugänglich ist. »Es handelt sich um Kunstgriffe von Beobachtern, mit denen Nichtbeobachtbares gedeutet und auf die emergente Ebene des Zwischensystemkontaktes überführt wird« (Luhmann 1984, S. 159; s. a. 429 f.).

2. Personen sind soziale Parasiten

Wir bauen auf dieser ersten Antwort auf und behaupten darüber hinaus ein Zusammenspiel von interner und externer Wirksamkeit der »Person«. Das läßt die historisch gewachsene Sozialkonstruktion des Akteurs als fast zwingend erscheinen: Personen als semantische Artefakte dienen dem Sozialsystem dazu, aus Teilen seiner Umwelt auf eine ganz besondere Weise Profit zu schlagen. Mit Hilfe der Personifizierung »parasitiert« das Sozialsystem an der Eigendynamik von autonomen – in der Regel psychischen – Umweltprozessen. Es nutzt deren Selbstkontinuierung zur eigenen Selbstkontinuierung. Natürlich kann es psychische Prozesse nicht als solche inkorporieren. Als operativ geschlossenes System ist es nicht in der Lage, die Operationen von Umweltsystemen zu integrieren. Aber es kann sich durch die Art und Weise der eigenen strukturellen Kopplungen von der Umwelt abhängig machen. Dem dient das Artefakt »Person«. Und so kann das Subsystem sozusagen fremde Wasser auf seine Mühlen leiten. Dieser Ge-

danke ist so zentral für unsere Argumentation, daß wir ihn entsprechend herausheben wollen:
Über das Personkonstrukt schafft sich das Subsystem eine eigentümliche Perturbationschance, mit der es sich hochselektiv von seinen psychischen Umwelten abhängig macht.
Profit, Parasit, Mühlen – der metaphorische Aufwand zeigt die Schwierigkeit der angemessenen Formulierung. Die Mühlen bemühen eine materielle Analogie, der Parasit eine organische, Profit ist eine soziale Kategorie, die aber nur im Medium der Wirtschaft, dem Geld, Aussagekraft hat. Wir suchen also nach einer allgemeineren Formulierung.
Systemtheoretisch gehen wir aus von der ständigen internen Reproduktion sowohl sozialer als auch psychischer Systeme. Der Kontinuierungszwang der Subsysteme, etwa der Wirtschaft und des Rechts, macht sich, so behaupten wir, den Kontinuierungszwang der Psychen auf eine sehr spezifische Weise zunutze. Die Denk- und Entscheidungsprozesse der Psyche werden vom sozialen Subsystem für die systemspezifische Sinnproduktion verwendet. Dabei spielt sich ein zirkulärer Prozeß wechselseitiger Wahrnehmung über die Systemgrenzen des Psychischen und des Sozialen ein. Dadurch, daß die Sozialsysteme eine idiosynkratische Personkonstruktion wählen und in sich entsprechende Perturbationen erzeugen, machen sie sich nur punktuell und äußerst selektiv von den ständig ablaufenden, sehr viel reicheren psychischen Prozessen abhängig. Diese nur selektive soziale Wahrnehmung der Psyche wird wiederum psychisch wahrgenommen. Die Denkprozesse der Psyche werden somit vom sozialen Subsystem konditioniert, aber nur indirekt, weil sich die Psyche selbst sozialisiert. Die Selbstbeobachtung psychischer Systeme orientiert sich am im Sozialsystem geformten Personbegriff.
Verkürzt gesagt: Die Wirtschaft beutet den »Besitztrieb« des Menschen aus, um Möglichkeiten für zukünftige Zahlungen zu schaffen; das Recht beutet die »Streitlust« der Menschen aus, um Möglichkeiten für zukünftige Normproduktion zu schaffen. Gleichzeitig findet eine Selbstsozialisation der beteiligten Psychen statt. Dabei werden »Besitztrieb« und »Streitlust« unter der Faszination geld- und normorientierter Kommunikation jeweils neu konstituiert. Das Medium »Geld« und das Medium »Rechtsnormen« schaffen sich jeweils ihre je angemessene Vernunft. Das schließt die Interpretation derartiger »Triebe« und »Lüste« als

anthropologische Konstanten aus. Es schließt aber keineswegs aus, daß sich Wirtschaft und Recht über strukturelle Kopplung mit dem Bewußtsein Zugang zu den organischen Fähigkeiten von Menschen verschaffen.

Betrachten wir den Zusammenhang etwas genauer: Aus der Sicht der psychischen Systeme bieten sprachliche Formen eine Möglichkeit der Selbstvergewisserung. Für ein Bewußtsein ist die Sprachkompetenz und der Personenstatus im Spiel eine Voraussetzung für die eigene Selbsterhaltung. Ein Bewußtsein kann Umwelt nur insoweit erkennen, als ihm sprachliche Muster zur Verfügung stehen. Allgemeinsprache und -schrift sind heute Grundkompetenzen. Moderne Herausforderungen liegen in den Codes der Subsysteme. Um die Medien dieser Systeme zur Verständigung zu verwenden, werden Eigenschaften gefordert, die wir dann summarisch als Rationalität bezeichnen. Rationalität bezieht sich aber jeweils auf eine spezifische Umweltrelation, eben auf das Verhältnis von Bewußtseinen zu einem bestimmten sozialen System. Im Fall der Wirtschaft muß es gelingen, den Bewußtseinen Identität durch Zahlungsfähigkeit zu geben: nur der darf in der Wirtschaft mitspielen, der zahlungsfähig ist. Die »Fähigkeit« erstreckt sich auch auf die Kompetenz des Umgehens mit der Logik des verwendeten Mediums, also des Geldes. Geld, das hat schon Georg Simmel erkannt, ist eine »substanzgewordene Sozialfunktion« (1989, S. 209), die einen quantifizierbaren Vergleich von Wertrelationen ermöglicht. Geld taugt nur für bestimmte Wertrelationen, und jedes psychische System lernt, die tauglichen von den nichttauglichen Anwendungen zu unterscheiden. Im Fall des Rechts muß in analoger Weise der Zugang zur Rechtsfähigkeit gelingen. Erst das Denken in den Kategorien des Rechts, in der Kasuistik eines *common law* oder in der Dogmatik eines Rechtskodex, macht psychische Systeme im Recht sprachfähig.

Freilich kann ein soziales Subsystem die fremden Differenzenkaskaden in den Denkprozessen der beteiligten Menschen in ihrer Fülle nicht benutzen. Es verwendet aber die Kaskaden zur Selbstreproduktion, indem es sozusagen einzelne Wasserspritzer der Kaskaden benutzt, um unter ihrem Eindruck Entscheidungen einzelner »Personen« stilisieren und damit zukünftige Operationen ermöglichen zu können.

3. Personen sind die Homunculi der Subsysteme

Nun wird auch die spezifische Rolle der jeweiligen »Rationalität« des *homo oeconomicus, juridicus, politicus* etc. deutlich. Sie feinreguliert die subsystemspezifische Selektivität der typischen Umweltperturbation. Sie bestimmt, wann und wie sich das gesellschaftliche Teilsystem von den Menschen stören läßt und wann und wie es von ihnen nicht gestört werden will. Jedes Subsystem verfügt über eigene Zurechnungsmechanismen der Personifizierung, die gegenüber den Umweltperturbationen als Filter wirken. Es gibt eine je systemrelative Unterstellung von Freiheiten, subsystemspezifische Zurechnung von Handlungen, Verantwortung, Rechten und Pflichten, subsystemspezifische Ausstattung der Personen mit Kapital, Interessen, Intentionen, Zielen und Präferenzen. Jedes Subsystem erfindet sich sozusagen seine eigene Sozialpsychologie, die je eigene Relevanzkriterien besitzt, um Informationen über die beteiligten Menschen zu schaffen. Dieser Prozeß hat die historische Entwicklung unserer Gesellschaft entscheidend bestimmt. Die Umstellung von der Schichtengesellschaft, in der mit Bewußtsein nur summarisch umgegangen wird, hin zur individualisierten Gesellschaft war eine Folge der Entstehung von unterschiedlichen Personenkonstrukten, mit denen die Subsysteme auf Fähigkeiten einzelner Bewußtseine zugreifen konnten (vgl. dazu auch Baecker 1992, S. 256 f.).

Mit Hilfe des jeweiligen Rationalmodells »sehen« die psychologisierenden Subsysteme jeweils andere menschliche Eigenschaften, selbst wenn es sich konkret um den gleichen Menschen handeln sollte. Die Wirtschaft läßt sich von der Psyche der Menschen in anderer Hinsicht beeindrucken (»Bedürfnisse« oder, bereits wissenschaftlich konditioniert, »Präferenzen«) als das Recht (»Normprojektionen«). In jedem Falle findet sich ein anderes Zusammenspiel von Geschlossenheit, die in bezug auf den Akteur die Selbstreferenz des Systems repräsentiert, und Offenheit, die auf die Psyche der beteiligten Menschen verweist (verweist – und nicht etwa in diese ausgreift oder gar sie inkorporiert). Im ökonomischen Nutzenkalkül ist der Wirtschaftsakteur im Sozialsystem eingeschlossen, der jeweilige Nettonutzen ist systemintern ausrechenbar. Die Präferenzen der Akteure hingegen sind unbestimmt: »De gustibus non est disputandum« (Stigler/Becker 1977). Über sie kann und will das System nichts aussagen. Sie werden nicht nach internen Verknüpfungsregeln aus internen Informationsbeständen nach ökonomischen Gesetzmäßigkeiten rekonstruiert, sondern werden als Perturbationen einfach der Umwelt »entnommen«.

Die Geschmäcker sind aber genau die Wahrnehmungsformen der psychischen Systeme, die ihnen von den jeweiligen sozialen Subsystemen zur Verfügung gestellt werden. Beispielsweise schuf sich das entstehende Kunstsystem im 18. Jahrhundert den *bon goût*, den »guten Geschmack«. In dieser, und nur in dieser Form konnten sich Personen am Kunstspiel beteiligen. Ein anderes Beispiel ist die Selbstverständlichkeit, mit der unter Bedürfnissen eben diejenigen Geschmäcker verstanden werden, für deren Erfüllung (oder auch Befriedigung, oder irgend ein anderer Begriff für einen Bewußtseinszustand) Zahlungen verwendet werden können.

Ähnlich ist es im Recht. Hier bezieht sich die Schließung auf die Prozessierung normativer Erwartungen. Der Rechtsprozeß determiniert mit seinen kognitiven, normativen und prozeduralen Verknüpfungsregeln das Ergebnis. Das Recht entlockt über ein unbestimmtes »Gerechtigkeitsgefühl« den psychischen Systemen Perturbationen, die zur Kontinuierung normativer Erwartungen taugen. Der Inhalt der Normzumutungen – das »Anstandsgefühl aller billig und gerecht Denkenden« – ist umweltoffen.

Begriffe wie Perturbation oder Störung sind immer nur Metaphern für eine Relation zwischen operativ geschlossenen Systemen. Die Metaphern verdeutlichen den Unterschied zwischen dem (jeweils zentral betrachteten) System und seiner Umwelt. Im sozialen System werden die Umweltsysteme als ein Schwall weitgehend wertloser Ereignisse betrachtet. In jedem psychischen System regen Bruchteile des Kommunikationsschwalls eine innere Bewegung, Empfindung, Rührung an. Mehr ist dazu heute noch nicht zu sagen.

4. Personen sind eine spezielle Medium/Form-Konstellation

Bemerkenswert ist nun die extreme zeitliche Selektivität, die Zeitpunkthaftigkeit, mit der das Subsystem seine *homunculi* beobachtet. Es schießt sozusagen nur Schnappschüsse. Es macht nur Momentaufnahmen aus einem laufenden dynamischen psychischen

Geschehen. Weder die Wirtschaft noch das Recht sind in ständiger Sorge um den Seelenzustand ihrer Akteure. Nur in dem einen Moment, wenn es zur Transaktion selbst kommt, interessieren die Präferenzen. Alles andere psychische Geschehen ist ökonomisch irrelevant. Auch Marktforschung dient nur der Vorbereitung und Ausrichtung auf den kritischen Moment der Transaktion, der das Wirtschaftsgeschehen voranbringt. Ähnlich interessiert sich die »Rechtspsychologie« für den »Willen« der Vertragschließenden nur im Moment des Vertragsabschlusses selbst. Nur in diesem Moment schöpfen die Privatwillen (genauer: die Perturbationen der rechtlichen Privatwillenskonstrukte) neues Recht. Der Rest der psychischen Dynamik wird als juristisch irrelevante »Motive« abqualifiziert und kommt nur ausnahmsweise (selektiv) im Irrtumsrecht zur Rechtsgeltung. Das gleiche gilt für den »Willen des Gesetzgebers«, der nicht als Motivdynamik der gesetzgeberisch tätigen Menschen interessiert, sondern nur als momenthafter »Konsens« beim Erlaß des Gesetzes.

Man kann dies in neuerer systemtheoretischer Terminologie über die Unterscheidung von Medium und Form analysieren. Die vielen »Personen« sind die lose gekoppelten Komponenten des im Sozialsystem erzeugten Mediums. Konkrete Verträge und Transaktionen sind die festen Kopplungen, die sich dann als präzise Formen in das diffuse Medium einzeichnen. Das soziale Subsystem konstruiert sich seine psychische Umwelt als eine lose gekoppelte Menge von einzelnen »Willen«, die als Komponenten des Mediums frei flottieren. Hier finden wir die strukturelle Kopplung der Subsysteme mit ihren psychischen Umwelten: das Subsystem schafft sich mit seinen *homunculi* hochspezielle Strukturen, über die die Kommunikation geleitet wird. Mit diesen Spezialstrukturen werden an der psychischen Grenze des Systems die Perturbationen vorbereitet. Im »Konsens der Willen« – natürlich einem reinen Sozialkonstrukt – findet dann die dramatische Perturbation selbst statt. Dies ist der alles entscheidende Moment der operativen Kopplung von Psyche und Gesellschaft: die Transaktion vollzieht sich, der Vertrag wird geschlossen. Im theatralischen Ereignis wähnen sich mehrere psychische Systeme miteinander verbunden, weil ein Einverständnis über Werte – einmal wirtschaftlicher, das andere Mal rechtlicher Prägung – stattgefunden hat.

Man kann die Medium/Form-Unterscheidung noch in einer zweiten Weise anwenden. Ähnlich wie die losen Elemente der Worte zu Sätzen gekoppelt werden, so werden die losen Komponenten des Mediums Geld in der Zahlung zur fest gekoppelten Form der Wirtschaftsoperation. Die losen Komponenten der Rechtsnormen werden im Rechtsakt zur fest gekoppelten Form der Rechtsoperation. So wird die konkrete sprachliche Form gebildet, in der der Konsens der Willen seinen Ausdruck findet.

Die Transaktion wird zu einem spezifischen Preis als kompakte Information über die Wirtschaftsumwelt abgeschlossen, was zu einer Mikrovariation des Wirtschaftsgeschehens führt. Der Vertrag wird mit einem bestimmten normativen Gehalt, mit konkretisierten Rechten und Pflichten, als rechtlicher Ausdruck des Willens der Parteien abgeschlossen, was zu einer Mikrovariation des Rechtssystems führt.

Wir fassen zusammen: Rationale Akteure sind ein Medium der funktionalen Subsysteme der Gesellschaft. In dieses Medium zeichnet die momenthafte operative Kopplung von Sozialsystem und Psyche die konkreten Formen ein, mit denen die sozialen Elementaroperationen das kommunikative Geschehen weiterbringen.

5. Personen sind subsystemische Variationsmechanismen

Die Selbstkontinuierung von Systemen, die aus Zeichenverwendungen bestehen, erfolgt dadurch, daß die Zeichen durch Wiederholung des Gebrauchs verdoppelt werden (Hutter 1993 a). Die Verdopplung erfolgt aber nur, wenn es psychische Systeme gibt, die die Zeichen des Kommunikationsspiels artikulieren können. Prinzipiell können derartige Leistungen auch von Rechenmaschinen oder von Naturereignissen erbracht werden, in der Regel sind aber Zentralnervensysteme die Hauptträger der Reproduktion von Zeichenverwendungen. Durch ihre Variationsfähigkeit ermöglichen sie den Ereignisreichtum der Umwelt, in der die sozialen Systeme psychisch blind operieren.[3] Eine evolutive Verände-

---

3 Umgekehrt lassen sich psychische Systeme mit verblüffender Leichtigkeit von dauernd variierenden Kommunikationsereignissen faszinieren, wie jeder Beobachter von *couch potatoes* bestätigen kann.

rung der Operationen ist, ebenso wie bei organischen Systemen, nur durch interne Veränderung des genetischen »Codes« (man beachte die Metapher aus der sozialen Welt) möglich. Ambiguitäten in den Mitteilungen schaffen Anschlüsse an Operationen auf eine Weise, die gleichzeitig Kontinuität der alten Reproduktion und neue (reproduktive) Interpretationen zuläßt (Hutter 1993 b, 1993 c). Die Variationen, die die psychischen Systeme zur Verfügung stellen, bleiben prinzipiell externe Komponenten, die in die Formen der Reproduktion – also die Abfolge von Transaktionen und Verträgen – eingebaut werden. Der Ereignisreichtum, den eine bestimmte Population erzeugt, definiert so die ökologischen Nischen, in denen Kommunikationssysteme entstehen und sich entwickeln können.

Als Beispiel für diesen Vorgang kann das Aufblühen der englischen Wirtschaft im 18. Jahrhundert dienen: der evolutive Sprung zu einer neuen Form von Kreditgeld war 1694 mit der Lancierung von auf staatlichen Kredit gestützten Banknoten gelungen (Hutter 1993 c). Das »psychische Umfeld« war aber zu jener Zeit bestenfalls in ein paar Städten, vielleicht sogar nur in Amsterdam, London und Paris vorhanden. Die Rationalität des Umgangs mit Papiergeld, wiewohl bis heute noch nicht fest verankert, konnte erst selbstverständlich werden, nachdem psychische Systeme eine ganz spezifische Form von *Vertrauen* gebildet hatten.

6. Personen reagieren auf simultane Codierungen

Den Fokus unserer Überlegungen bildet das Verhältnis zwischen sozialen und psychischen Systemen. Die bisherige Darstellung hat aber auch deutlich gemacht, wie soziale Systeme sich bei der Konstruktion rationaler Akteure gegenseitig unterstützen. Die Beobachtung der Wirtschaftsumwelt in Präferenzen und Gütern wäre ohne die Modellbildungen der Wirtschaftswissenschaft nicht möglich gewesen. Die Rückwirkung von im Recht gefällten Urteilen auf das Verhalten der Umweltsysteme wäre ohne die Sanktionsmechanismen über politische Macht gering.[4]

Es ist offenbar so, daß die Weiterentwicklung eines Subsystems

4 Ein archaischer Ersatz ist die Erzeugung von Angst über religiöse Kommunikation.

nur unter anspruchsvollen Voraussetzungen bezüglich des Entwicklungsstandes der umgebenden Subsysteme wahrscheinlich ist. Dieses symbiotische Verhältnis läßt sich im Rahmen der Systemtheorie konsistent weiterverfolgen (Hutter 1991, Teubner 1992). Im hier gewählten Rahmen interessiert uns vor allem folgende Konsequenz für die Störmöglichkeiten psychischer Systeme: im Fall der Interaktion von Kommunikationssystemen ist das Auftauchen von Zeichen in verschiedenen Systemen zulässig. Die Rationalitätsanforderungen der einzelnen Subsysteme nehmen an Komplexität zu, wenn dauernd Beschreibungsformen aus Fremdsystemen eindringen. Die psychischen Systeme müssen sich um so genauer den Operationen der simultanen Codierungen anpassen. Dafür gewinnen sie, im Steigerungsverhältnis von Offenheit und Geschlossenheit, ein Maß an Bindungsfähigkeit und Identität, das in einfacher strukturierten Gesellschaften unmöglich wäre.

Simultane Codierung ist schwer zu beobachten, wenn man davon ausgeht, daß eine der Codierungen, nämlich die der Wissenschaft, in der Lage ist, andere Codierungen abzubilden. Scheinbar (auf die Gründe des Scheins werden wir in Teil IV eingehen) läßt sich Beobachtung in der Wirtschaft durch wissenschaftlich rationale Begriffe fassen, und scheinbar lassen sich Rechtsgüterabwägungen als Kostenvergleiche interpretieren. Innerhalb der Wirtschaftskommunikation selbst wird aber mit wissenschaftlich sehr viel einfacheren, auf eine komplexe lokale Umwelt bezogenen »Charakter-Masken« operiert. In der Rechtskommunikation ist die Verbindung mit der sie beobachtenden Wissenschaft noch enger. Aber auch hier wird die wissenschaftliche Systematik gebrochen, wenn es die Rationalität normativer Erwartungen, also der »allgemeine Anstand«, erfordert.

IV

Was folgt daraus? Sind dies nur Umformulierungen bekannter Sachverhalte über rationale Akteure in Recht und Wirtschaft, mit denen die Systemtheorie ihre begrifflichen Bedürfnisse befriedigt? Oder werden forschungspraktische Konsequenzen sichtbar? Wir werden erst einige Folgen für die Theorie der *rational choice* und die Organisationstheorie diskutieren. Dann werden wir jeweils eine wirtschafts- und eine rechtswissenschaftliche Problemstellung aufgreifen, um daran die systemtheoretische Begrifflichkeit zu erproben.

1. Kritik der *rational choice*

Die Theorie rationaler Wahlhandlungen geht von einem universalen Rationalitätskonzept aus. Jedem Akteur wird unterstellt, daß er den eigenen »Nutzen« und die eigenen »Kosten« verschiedener Handlungsalternativen zum Entscheidungskriterium seiner Wahl macht. Diese Rationalitätsunterstellung erklärt durchaus erfolgreich Verhalten in einigen sozialen Zusammenhängen. Allerdings ist auch die theorieimmanente Kritik bereits darauf gestoßen, daß sich in dieser Konstruktion nur das Verhalten innerhalb gegebener Spielregeln (Kliemt 1993) oder innerhalb gegebener *common knowledge* (Sudgen 1991) erklären läßt. Die Entstehung neuen gemeinsamen Wissens über Regeln, so wird gefolgert, kann die *Rational-choice*-Theorie nicht erklären.

Die systemtheoretische Kritik geht jedoch weiter. Unsere bisherigen Überlegungen führen zu der Folgerung, daß *rational choice* ihren Universalitätsanspruch zu Unrecht erhebt und nur eine teilbereichsspezifische Geltung beanspruchen kann. Die Identifikation von »Nutzen« und »Kosten« ist eine wirtschaftsspezifische Leistung, die sich keineswegs selbstverständlich bewerkstelligen und sich nicht ohne weiteres auf andere gesellschaftliche Bereiche übertragen läßt. Erst das Medium des Geldes ermöglicht quantifizierbare Relationen. Die auf Wirtschaft gerichtete Rationalität bekommt die Eigenart, daß sie nur noch von einer »kritischen Ziffer« (Schumpeter 1970, S. 217), einer beliebig zu wählenden Maßeinheit abzuhängen scheint. Die Quantifizierbarkeit erleichtert den Gebrauch des Mediums, weil es nicht mehr nötig ist, Qualitäten zu erlernen.

Dieser extreme Fall wird dann jedoch zur universalen Rationalität erweitert. Der Kostenbegriff – und, in kühner Erweiterung, auch der Nutzenbegriff – wird auf alle möglichen Bewertungen angewendet, selbst wenn von einer marktmäßigen und geldgesteuerten Interaktion keine Rede sein kann. Der Wertvergleich, wie er in tatsächlichen wirtschaftlichen Transaktionen stattfindet, ist aber an strikte Vorbedingungen geknüpft. Nur dann, wenn die verglichenen Güter wohl bekannt, wenn sie einigermaßen homogen, und wenn die Zuordnung ihrer Nutzung (Privatheit) klar ist, kommt es zum Konsens der Willen, artikuliert in der Zahlung. Bei anderen Vergleichen versagt das Medium, bei wieder anderen – etwa beim Ämterkauf – ist es explizit tabuisiert. Der soziale Kontext entscheidet über die Chancen von *rational choice*. Und zwar geschieht dies nicht nur über soziale Normen, die den Kalkulationen constraints auferlegen, sondern in Prozessen struktureller Kopplung. Nur manchmal, besonders in ökonomischen Kontexten, werden Kosten-Nutzen-Kalkulationen von den autonomen Strukturen des jeweiligen Sozialsystems ausdrücklich gefordert und von den beteiligten psychischen Systemen systematisch als Perturbationen abgefragt. In vielen Sozialkontexten jedoch werden Kosten-Nutzen-Kalküle allenfalls geduldet, manchmal systematisch entmutigt oder gar aktiv verhindert. Das Recht etwa kann zwar mit (wissenschaftlich vermittelten) *Homo-oeconomicus*-Figuren operieren, wann immer ein Konsens über Kosten und Vorteilskategorien besteht. Aber es kann diesen Konsens nicht intern erzeugen, weil er nicht Teil der eigenen Logik ist. Die Unterstellung eines universalen Mediums des Wertvergleichs steht also im Widerspruch zur autonomen Logik derjenigen Kommunikationssysteme, in denen Kosten-Nutzen-Kalküle gerade nicht angewendet werden können.[5]

Die methodische Schwierigkeit, die sich die *Rational-choice*-Theorie mit der Verallgemeinerung der rationalen Vergleichbarkeit von Werten einhandelt, verdeckt sie durch einen Verweis auf die fast überall anzutreffende psychische Erfahrung des Wertvergleichs. In der Tat, das geschlossene psychische System nimmt verschiedene Handlungsalternativen wahr und setzt sie zueinander in Bezug. Es scheint plausibel, diese individuelle Erfahrung der Einheit des Entscheidungsprozesses bei anderen Individuen auch vorauszusetzen, und es erscheint weiterhin plausibel, die Gleichartigkeit solch individueller Wahrnehmungsfähigkeit mit der Existenz einer gesellschaftlich übertragbaren Metrik zu verknüpfen. Aber die Plausibilität täuscht. Das psychische System

---

5 Natürlich können Wissenschaftler oder Künstler die Finanzierung von Projekten kalkulieren. Aber diese Fähigkeit – die übrigens erstaunlich oft fehlt – hat nichts zu tun mit der Wertung von Vorgängen in Begriffen wissenschaftlicher oder ästhetischer Qualität.

empfindet den Horizont der eigenen Wahrnehmung immer als vollständig. Jeder empfindet sich als Einheit, obwohl die Einheiten jeweils grundverschieden sind. Verschieden sind sie unter anderem deshalb, weil jedes psychische System seine Wahrnehmung nur dadurch, daß es sich jeweils den Rationalitätsanforderungen der verschiedenen Subsysteme aussetzt, erreicht. Erst dadurch werden einige der unzähligen Handlungsmöglichkeiten überhaupt verstehbar. »Vernünftig« heißt ein psychisches System dann, wenn es die nächsten Operationen eines Kommunikationsspiels konstruieren und sie als Medium für die Formen der eigenen Operation verwenden kann. Die psychische Reproduktion – so sieht das zumindest aus der Perspektive von sozialen Systemen aus – besteht in der einheitlichen Sinngebung von gleichzeitig in der sozialen Umwelt beobachteten Differenzen.[6]

Wir beobachten hier eine Anwendung genau desjenigen Immunisierungsverfahrens, das in Teil I beschrieben wurde: Die Behauptung, daß es »in letzter Instanz« (Esser 1991) eine metrisierbare Form des *sozialen* Vergleichs von Wahlhandlungen gibt, wird mit dem Verweis auf die *psychische* Einheit des Entscheidungshorizonts gerechtfertigt. Dem Plural der Kosten steht der Singular des Nutzens gegenüber. Die spezifische Leistung der psychischen Systeme, nämlich die Fähigkeit zur eigenständigen Sinngebung, wird als eine Selbstverständlichkeit betrachtet. Sie ist, in der Unterscheidung zwischen Kosten und Nutzen, das vorausgesetzte, ausgeschlossene Dritte und damit invisibilisiert.

Wir folgern aus alledem: Die konsequente, am Eigennutzen orientierte Rationalitätsunterstellung bietet sicherlich die Vorteile einer konsistenten Modellstruktur. Sie ist aber – entgegen ihrem Anspruch, eine universelle Erklärung menschlichen Handelns zu liefern – auf einen relativ engen Ausschnitt menschlichen Handelns beschränkt. Das muß nicht heißen, daß sie a priori auf ökonomische Kontexte zu begrenzen ist. Die Reichweite teilbereichsspezifischer Fiktionen schwankt im Verlauf gesellschaftlicher Entwicklung. Und psychische Systeme mögen Kosten-Nut-

---

6 Ein Beleg für die vorgeschlagene Interpretation sind die tiefgreifenden Identitätsveränderungen, die durch dramatische Verschiebungen in den Preisrelationen (Beispiel: die deutsche Hyperinflation), in den Normenrelationen (Beispiel: die Gleichberechtigung) oder in den Machtrelationen (Beispiel: die Französische Revolution) in vielen Individuen ausgelöst wurden.

zen-Kalkulationen auch in solchen Sozialkontexten anstellen, in denen diese Art von Rationalität nicht institutionalisiert ist, ja wo sie verpönt ist. Wer in Liebes- und Freundschaftsbeziehungen sich »berechnend« verhält, muß dann auch mit den sozialen Konsequenzen rechnen.

Aus diesen Gründen ist auch der Versuch, aus der Kombination von Merkmalen des *homo sociologicus* und des *homo oeconomicus* einen gesamtgesellschaftlich rational handelnden Akteur, einen *homo socio-oeconomicus* herzustellen (Weise 1989), zum Scheitern verurteilt. Ebenso verfehlt ist der Versuch, zwar die Existenz unterschiedlicher gesellschaftlicher Rationalitäten einzuräumen, die Wahl zwischen diesen aber letztlich *Rational-choice*-Prinzipien zu unterstellen (Esser 1991). Man kann schließlich auch nicht mit einer quasi-territorialen säuberlichen Trennung von Rationalitätsfeldern rechnen. Man muß von vornherein einbeziehen, daß es soziale Felder gibt, in denen verschiedene Rationalitätsansprüche sozialer Handlungssysteme einander überlagern, und man muß für solche »Gemengelagen« analytische Mittel entwickeln, die die Ko-präsenz verschiedener Handlungsrationalitäten – ohne deren gleichzeitige Verschmelzung – erfassen können. Und man muß damit rechnen, daß in concreto das psychische Geschehen und das kommunikative Geschehen mit unterschiedlichen Rationalitäten arbeiten können, was dann für ihre strukturelle und operative Kopplung dramatische Konsequenzen hat.

2. Organisationen als Akteure?

Wenn die rationalen Akteure nicht aus Fleisch und Blut sind, sondern bloße Realfiktionen der Wirtschaft und des Rechts, dann hat dies auch Konsequenzen für die Akteurseigenschaft von formalen Organisationen. Normalerweise sieht man hierin nur eine »Analogie«, ein »sprachliches Kürzel«, eine »Fiktion«. Jedenfalls erscheint die Handlungsfähigkeit von wirklichen Menschen als primär, als natürlich, die Handlungsfähigkeit von Organisationen dagegen als sekundär, als künstlich. Folglich hat man die Organisationen lange für eine Art Schleier über dem Handeln der einzelnen Individuen gehalten, ähnlich, wie man das Geld für einen Schleier über den Gütertransaktionen hielt. Transaktionskosten-Theorien und *Principal-agent*-Theorien haben erst in den beiden vergangenen Jahrzehnten damit begonnen, das Geflecht der Interaktionen, die ein Unternehmen ausmachen, genauer zu analysieren. Und sie halten überhaupt nichts davon, Organisationen als wirkliche Akteure anzusehen (Jensen/Meckling 1976, S. 311; Williamson 1985, passim; Easterbrook/Fischel 1989, S. 1426).

In unserer Sicht sind jedoch Organisationen ebenso reale Akteure wie Individuen – oder ebenso fiktive. Beide haben in der Sozialwelt identischen Realitätsstatus, denn beide, individuelle ebenso wie kollektive Akteure, sind semantische Fiktionen der Wirtschafts- und Rechtskommunikation (im einzelnen für Wirtschaftspersonen: Hutter 1989, S. 38 f.; für Rechtspersonen: Teubner 1987, S. 64). Was aber bedeutet es systemtheoretisch, wenn die soziale Praxis auch für Organisationen Personkonstrukte benutzt?

Organisationen, so die Ausgangsposition der Systemtheorie, reproduzieren sich in der Kontinuität von formalisierten Entscheidungen. Entscheidungen sind diejenigen Kommunikationsereignisse im Inneren der Organisation, die gleichzeitig als Bezugspunkt in der Vergangenheit und als soziale Erwartung für die Zukunft der Organisation verstanden werden (vgl. Luhmann 1988 a; Baecker 1993). Das Kommunikationsspiel der Organisation ist definiert durch Mitgliedschaft, die ihrerseits meist rechtlich formuliert ist. In der unmittelbaren Umwelt der kommunizierten Entscheidungssequenzen lagern sich die unmittelbar wahrnehmbaren Ressourcen der Organisation an: Menschen, die sich an einem Ort aufhalten, die miteinander arbeiten und laufend Absprachen treffen. Der Vorgang der Entscheidungsreproduktion ist ein sozialer Prozeß, der aber die genaue, ständige Aufmerksamkeit von den sie umgebenden psychischen Systemen erfordert. Das gilt für die Wahrnehmung der Schwingungen und Gerüchte in der Organisation ebenso wie für die kognitive und körperliche Arbeit, mit der etwa in Unternehmen durch Güterproduktion die unmittelbare Umwelt so verändert wird, daß neuartige und vermehrte Entscheidungen möglich werden. Das Organisations-»ziel« ist die Selbsterhaltung, also die Kontinuierung einer spezifischen Konstellation von Entscheidung und Mitgliedschaft. Entsprechend entwickelt sich die Wertbildung, die »Setzung der Prioritäten« in Organisationen, insbesondere in Unternehmen. Sie setzt sich zwar mit Hilfe der Willen der Beteiligten, aber, zumindest jenseits der Gründungsphase, mit eigener Intention fort.

Was den Akteursstatus von Organisationen betrifft, so besteht ihre Besonderheit darin, daß sie einerseits Personkonstrukte herstellen, aber andererseits auch selbst Personkonstrukte sind. In Organisationen handeln Individuen als Mitglieder und als Organe, aber Organisationen handeln in ihren Umwelten selbst als Kollektivakteure. Aus der Sicht der umfassenden Sozialsysteme Wirtschaft und Recht sind die Akteure, wenn einmal formale Organisationen entstanden sind, nicht die Individuen, sondern die Organisationen selbst. Handlungen, Motive, Interessen, Rechte und Pflichten, Verantwortlichkeiten werden den Unternehmungen zugerechnet. Die Organisationen selbst sind in diesem Fall Kollektivakteure; sie sind die Akteursfiktionen der Wirtschafts- und Rechtspraxis. Aus der Sicht der Organisation wiederum handeln andere Organisationen ebenso wie Individuen, sei es formell als Mitglieder und Organe, sei es informell als Menschen wie du und ich. Das heißt, Organisationen als Sozialsysteme konstruieren ihrerseits Akteursfiktionen, denen sie das Handeln intern zurechnen.

Wenn sich also im Fall der Organisation der Akteursstatus verdoppelt, dann müssen wir auch unsere Parasitierungsthese verdoppeln. Mit Hilfe der Fiktion der Kollektivakteure parasitieren Wirtschaft und Recht an der internen Dynamik von Organisationen. Und mit Hilfe der Fiktion des *organization man* (Whyte 1956) parasitiert die Entscheidungssequenz der formalen Organisation an der internen Dynamik von psychischen Systemen.

Allem Anschein nach gelingt es der Wirtschaft, die Selbstreproduktion der Organisation selektiv für ihre Zwecke auszubeuten, und es gelingt der Organisation, die Selbstreproduktion psychischer Systeme selektiv für ihre Zwecke auszubeuten. In manchen Fällen benutzt die Organisation die Sprache des umfassenderen Kommunikationsspiels, etwa dann, wenn Mitarbeit allein durch Einkommensanreize motiviert wird.[7] In anderen Fällen entstehen durch Loyalität, Wettstreit, Fürsorge oder andere Formen der Faszination psychischer Systeme eigenständige Varianten der strukturellen Kopplung von Organisation und Psyche (vgl. dazu auch Baecker 1993). Die Leistungen der psychischen Systeme können dann im Medium der Organisationserwartungen in die

---

7 Oft schafft das Unternehmen eine Form der Erwartungssicherung, die dem einzelnen erst Voraussicht für das eigene Handeln ermöglicht.

Form der Planung des Kommunikationsspiels eingebaut werden.

Beobachten wir die Personkonstrukte der Organisation genauer, so stellen wir fest, daß sich auch in diesem Fall die Sprachspiele gegenseitig stützen. Innerhalb der Organisation wird wieder mit den Unterscheidungen der Knappheit, der Gerechtigkeit und der Macht operiert.[8] Die Organisationen sind deshalb in der Lage, die Rationalisierungsanforderungen, die in den Subsystemen entwickelt wurden, für ihre eigenen Prioritäten zu nutzen. Durch die Wiedereinführung des Marktes im Inneren von Unternehmen gelingt es beispielsweise, neue, netzwerkartige Organisationstypen zu etablieren (Teubner 1992). Allerdings ist offen, ob nicht neue Rationalitätsanforderungen, etwa an die Wahrnehmung von Macht, erst in Organisationen eingeübt werden, bevor sie sich in den diffuseren Sprachspielen durchsetzen.

Die Affinität von Organisationen zu der sie erhaltenden sozialen Umwelt ist um so größer, je ausschließlicher sich eine Organisation an einer spezifisch codierten Umwelt orientiert. Das gilt in besonderem Maß für Unternehmen. Der Grund ist inzwischen deutlich geworden: Das Geldmedium erleichtert es, die eigene Selbstbeobachtung zu konstruieren und sie sogar zu quantifizieren. Die dafür verwendete Form ist die Bilanzierung (vgl. Baecker 1992 a). Sie zeigt »unter dem Strich« die Zahlungsfähigkeit, zeigt aber gleichzeitig auch Relationen des Kapitaleinsatzes, die für die Handlungsmöglichkeiten des Unternehmens entscheidend sind. Aus der Sicht der Wirtschaft ist das Unternehmen seinerseits ein Wirtschaftsgut. Es gibt ja logisch keine andere Möglichkeit als die des Personen- oder die des Güterstatus. Dann aber, so fordert es die Systemlogik, müssen auch Unternehmen ebenso wie andere Wirtschaftsgüter als Eigentum vorcodiert sein. Genau das können wir beobachten: Die Zahlungen gehen an diejenige fiktive Person, die als Eigentümer firmiert. Die Bindung an Eigentum – eine in anderen historischen und sozialen Zusammenhängen entstandene Institution – schafft gravierende Hindernisse für die Unterneh-

---

[8] Hier drängt sich eine Vermutung zur Modellogik auf: Könnte es sein, daß sich, ähnlich wie in Spencer Browns Abfolge von *content* und *image* (Spencer Brown 1969, S. 42 f.), die Strukturierung durch Mitteilung/Codierung und die durch Entscheidung/Mitgliedschaft abwechseln?

mensentwicklung. Durch das Erbrecht und durch die Verwendung der Unterscheidung zwischen Eigentum und Kontrolle ist es zumindest gelungen, das Problem der Diskontinuität von psychischen Systemen zu lösen.

Die Subsysteme Wirtschaft und Recht, so können wir zusammenfassen, erhalten durch die Personifizierung der in ihnen operierenden Organisationen einen neuartigen Zugriff auf ihre sozialen und psychischen Umwelten. Wenn Wirtschaft und Recht Organisationen als Akteure »fingieren« und entsprechend Handlungen auf sie zurechnen, dann koppeln sie sich strukturell an die interne Dynamik von formalisierten Entscheidungssequenzen an und können diese selektiv für ihre Zwecke ausbeuten. Zugleich erhalten Wirtschaft und Recht damit einen organisatorisch mediatisierten Zugriff auf ein erweitertes Spektrum psychischer Fähigkeiten.[9] Und warum die Praxis einmal die eine, einmal die andere Akteursfiktion wählt, hängt vermutlich mit den evolutionären Vorteilen zusammen, die aus der speziellen Art und Weise resultieren, wie Recht und Wirtschaft ihre strukturelle Kopplung mit der Umwelt gestalten.

V

Markt oder Hierarchie? Auf diese in Wirtschaft und Recht gleichermaßen aktuelle Frage werden wir nun versuchen, die hier entwickelten Vorstellungen anzuwenden. Die Antwort der Transaktionskostenökonomik auf die Frage lautet bekanntlich: Es kommt darauf an, welches institutionelle Arrangement weniger Kosten verursacht. Der Theorie zufolge wählen rational handelnde Akteure zwischen vertraglichen Vereinbarungen und hierarchischen Organisationen, um Transaktionskosten zu minimieren. Sie berechnen und vergleichen die Transaktionskosten alternativer Rechtsinstitute: von kurzfristigen Verträgen, langfristigen Verträgen, hybriden Vertragsorganisationen, lose koordinierten

---

9 Außerdem bieten einige spezielle Organisationen eine für die Sprachspiele äußerst wichtige Leistung: sie generieren Personen mit erhöhter Kompetenz, etwa Börsenmakler oder Richter. Die Personen sind so geschult, daß sie der sozialen Logik des Spiels mit bedingungsloser Konsequenz folgen können, bis hin zum Verkleidungsritual, mit dem der »dramatische Konsens« eines Gerichtsurteils geprägt wird.

Konsortien, hierarchischen Organisationen, mehrstufigen Konzernen. Die Auswahl wird vom neuen kategorischen Imperativ bestimmt: Handle so, daß die Maxime deiner Handlungen jederzeit zugleich der Minimierung von Transaktionskosten dient (Williamson 1985, passim). Die Akteure wählen ein bestimmtes Arrangement nur dann, wenn dies im Vergleich zu anderen Rechtsinstituten bei Planung, Prüfung, Vertragsschluß, Überwachung und Durchsetzung Kostenvorteile bietet.

Wir bestreiten nicht, daß der Transaktionskostenansatz fruchtbar ist, um die Existenz verschiedener Organisationsformen wirtschaftlichen Handelns zu analysieren, ja daß er besonders fruchtbar geworden ist, seit es Oliver Williamson gelungen ist, Transaktionskostenerklärungen dadurch zu enttautologisieren, daß er die Variable der *asset specificity* einführte (Williamson 1985). Wir behaupten aber, daß die faktische Verteilung von Vertrag und Organisation besser erklärt werden kann als durch eine noch so sorgfältige Analyse der Transaktionskosten unterschiedlicher Arrangements.

Machen wir uns erst noch einmal klar, mit welcher Metapher die Transaktionskostenökonomik operiert. Kernkategorie sind gewisse »Kosten«, die innerhalb von Unternehmen anfallen. Das Ausmaß dieser Kosten beruht auf einer doppelten Schätzung. Zum einen gibt es innerhalb des Unternehmens keine Geldpreise. Die Vergleichswerte sind entweder Preise für alternative, auf Märkten erhältliche Leistungen, oder sie beruhen auf vagen Vermutungen, was die Durchführung einer Transaktionsart kosten könnte, wenn es dafür einen Geldpreis gäbe. In beiden Fällen spricht man von Opportunitätskosten; aber die jeweils zweitbeste Alternative, die hier unterstellt wird, entstammt nicht der Realität wirtschaftlicher Praxis, sondern wirtschaftsexterner Konstruktion. Die zweite Schätzung bezieht sich auf die Menge derer, die an der Transaktion partizipieren. Die Eigentümlichkeit der Transaktion besteht darin, daß mehr als ein Akteur in ihrer Form gekoppelt ist. Üblicherweise rechnen wir aber Kosten einem einzigen Akteur zu; damit gewinnen wir die in Teil III erwähnte Einheitlichkeit der subjektiven Wertung. So kann jetzt nicht mehr vorgegangen werden. Die Schätzung ist also nicht mehr die eines Akteurs im Wirtschaftsgeschehen, sondern die des Wissenschaftlers, der die Entstehung institutioneller Arrangements von außen betrachtet.

Trotz dieser Klarstellung spricht nichts dagegen, Transaktionskosten als heuristische Kategorie erfolgreich einzusetzen. Allerdings muß noch eine weitere Implikation des üblichen Vorgehens in Betracht gezogen werden: Der Vergleich unterschiedlicher Transaktionskostenvolumen macht nur dann Sinn, wenn bei beiden Alternativen *die gleiche Leistung* unterstellt werden kann. Genau das steht aber beim Vergleich von Markt und Hierarchie in Frage. Und das ist der Grund dafür, daß die Wahl zwischen unterschiedlichen Arrangements nicht nur von Transaktionskosten, sondern auch von anderen Gesichtspunkten abhängt.

In systemtheoretischer Sicht geht es bei der Alternative Markt oder Hierarchie nicht bloß um die Wahl zwischen zwei unterschiedlich kostenträchtigen Organisationsformen, sondern zugleich um die Wahl zwischen zwei unterschiedlichen Entscheidungsumwelten. Die entscheidende Frage ist, an welche Umwelt sich wirtschaftliche Transaktionen ankoppeln: an psychische Systeme oder an formale Organisationen. Die unterschiedliche Ankopplung wird mit Hilfe von Zurechnungsmechanismen bewerkstelligt. Zugerechnet wird wirtschaftliches Handeln entweder auf Individuen oder auf formale Organisationen, auch wenn letztlich in beiden Fällen »Menschen« handeln. Wer ist das Subjekt der Handlung? Wer ist der Inhaber von Eigentumsrechten? Nach wessen Präferenzen wird entschieden? Wessen Profitmotiv ist relevant? Wer erhält den Residualertrag? Wer haftet für Verluste? Das sind die Fragen, die in dieser Wahl Antworten finden müssen.

In beiden Alternativen, Markt und Organisation, koppelt sich die Transaktion letztlich an Individuen. Aber die Mechanismen der Kopplung sind unterschiedlich gestaltet. Im Fall des Marktes bleibt die Leistungserstellung dem Transaktionspartner überlassen, die Kopplung an psychische Systeme erfolgt »direkt« über die Medien des Vertrags und des Geldes. Die Unabhängigkeit der eigenen, selbstgewählten Zielsetzung setzt psychische Energien frei, die von den Transaktionssequenzen ausgebeutet werden. Im Fall der Organisation hingegen erfolgt die Kopplung an psychische Systeme nur sekundär, vermittelt durch die gemeinsame Mitgliedschaft im formalisierten Entscheidungssystem, das dann entweder hierarchisch oder heterarchisch strukturiert ist. Hier werden primär andere Qualitäten ausgebeutet. Das Wirtschaftssystem beutet mit der Kollektivakteursfiktion die sozialen Energien der

Organisation aus, die wiederum mit ihren Individualakteursfiktionen die psychischen Energien der beteiligten Menschen ausbeutet. In der Organisation gibt es idiosynkratische Struktureffekte, kommunikative Selbsterhaltungsenergien, die für die Wirtschaft ausbeutbar sind. Coleman (1988, S. 101) spricht in einem vergleichbaren Zusammenhang von dem »sozialen Kapital«, das in der Kultur einer Organisation, »in the *relations* among persons« akkumuliert ist. Ein Beispiel für dieses doppelte Ausbeutungsverhältnis ist die Fähigkeit zur Zusammenarbeit im Team, ein anderes ist die Nutzung kognitiver Fertigkeiten, die von Maschinen kaum geleistet werden können, die auch ohne die Kopplung an organisatorisches Können schwer verwertbar sind. In neuerer Zeit interessiert vor allem die Fähigkeit zur Informationsverarbeitung, die ja die Hauptleistung unzähliger Bürokratien und Verwaltungen darstellt.

Stellt man die Frage so, dann geht es nicht mehr um die bloße Entscheidung, welche Kosten niedriger sind: Vertrag oder Organisation? Sondern es geht zugleich um die Entscheidung, an wen sich das Wirtschaftshandeln ankoppeln soll: an Individuen oder an Organisationen? Was ist für wirtschaftliches Handeln aussichtsreicher: Soll es »psychische Energien« anzapfen oder »soziale Energien«? In einem Vorgehen von Versuch und Irrtum werden solche semantischen Akteurskonstrukte gewählt, die ihrerseits an »Energieeinheiten« gekoppelt sind, die ihre Selbstkontinuierungsenergien in einer wirtschaftsgerechten Form zur Verfügung stellen. Und hier haben sich historisch aus einer Fülle von Personifizierungen zwei erfolgreiche Konstellationen herausgebildet: Selbstkontinuierung des psychischen Systems oder die Selbstkontinuierung der formalen Organisation. Wenn die Organisation gewählt wird, dann macht sich die Wirtschaft zusätzlich deren innere Dynamik, kooperative Prozesse, Wachstumstendenzen, Interesse an Bestandserhaltung und deren Zweckorientierung zunutze.

Es dürfte also, so können wir folgern, in der Regel darum gehen, eine Kombination von Vertrag und Mitgliedschaft zu finden, die die angestrebte Leistung optimiert – wobei dann als Grenzfall Kostenentscheidungen bei etwa gleicher Leistung auftauchen mögen. Aber selbst bei einer so eingeschränkten Frage wie der nach der Finanzierung über Fremd- oder Eigenkapital kommt es bereits zu unterschiedlichen Ausbeutungseffekten (Williamson 1988).

Strategische Unternehmensentscheidungen stellen in der Regel nicht die Organisationsform prinzipiell in Frage, sondern sie bestimmen konkret, welche Akteurseinheit als *profit center* in einem situativen Zusammenhang gewählt werden soll: natürliche Personen, formale Organisationen, Betriebsabteilungen, lockere Handlungszusammenhänge. Dazu zwei Beispiele: Soll man für leckere Hackfleischbrötchen ein Vertriebssystem von hochmotivierten Einzelhändlern aufbauen oder es von einer zentralisierten schlagkräftigen Organisation führen lassen? Je nach wirtschaftlicher Situation ist es sinnvoller, die Transaktionen auf Individuen zuzurechnen oder auf eine formale Organisation. Im ersten Falle wird man die Vertragsform zur Abwicklung wählen, im zweiten Falle Organisationsformen des Gesellschaftsrechts. Zu einem anderen Schluß kommt der Guru einer religiösen Sekte, der auch wirtschaftlich erfolgreich sein will. Stattet er jedes Sektenmitglied mit einem gewissen Kapital aus und fordert er es zur Profitmaximierung auf, so wird er nicht sehr erfolgreich sein, wenn den Sektenmitgliedern das Seelenheil mehr am Herzen liegt als der Profit. Es gelingt nur selten, die Sektenmitglieder so zu manipulieren, daß sie Profit selbst als gottgefällig ansehen. Viel leichter wird es ihm fallen, seine Mitglieder davon zu überzeugen, daß die Mitgliedschaft in der Sekte, der unbedingte Gehorsam gegenüber seinen Anweisungen und die gemeinsame Arbeit an einem Werk gottgefällig sind. Dann kann er die Hierarchie einsetzen, um Produktion und Markt unmittelbar aufeinander einzustellen. Seine Wahl der Hierarchie ist zwar auch von Transaktionskostenüberlegungen bestimmt (im wesentlichen geringere Überwachungskosten). Ausschlaggebend ist aber, daß er die »sozialen Energien« des (religiös motivierten) kooperativen Verhaltens seiner Mitglieder ökonomisch nutzen kann, wenn er die Hierarchie und nicht den Markt wählt. Deren selektive Ausbeutung wäre ihm verschlossen, wenn er seine Mitglieder als Individuen an den Markt schickte.[10]

Wir sehen also, daß die Wahl des Wirtschaftsakteurs – Individuum oder Organisation – für die Wirtschaft ausschlaggebend ist, um entweder psychische Systeme oder soziale Systeme in ihrer Selbstkontinuierung über selektive Mechanismen struktureller Kopp-

---

10 Eine ähnliche Überlegung gilt, wenn er nicht Einkommen, sondern eine andere Wertqualität, etwa die Zahl der bekehrten Seelen, maximieren will.

lung auszubeuten. Zugleich aber ist es die Vielfalt der Kombinationen beider Akteurskonstruktionen, die dem wirtschaftlichen Handeln neue Umwelten eröffnet. Konkurrenz (von Individuen) und Kooperation (in Organisationen) sind in vielfältiger Weise kombinierbar, und zwar so, daß jeweils die Außenseite der einen Form der anderen als Innenseite dient: Konkurrenz in einer Organisation oder in einem Sprachspiel braucht die Voraussetzung, die innere Selbstverständlichkeit von Normen und Mitgliedschaft. Kooperation braucht voneinander unabhängige Normgemeinschaften oder Organisationen, deren Zusammenhang dann wieder Voraussetzung für neue Formen der Konkurrenz werden kann. So können »netzwerkartige«, polykorporative Personentypen konstruiert werden, deren Komplexität heute noch nicht absehbar ist (dazu Teubner 1992; Hütter/Teubner 1994).

VI

Access to justice wird meist als eine Errungenschaft des modernen Wohlfahrtsstaates gesehen (Cappelletti/Garth 1978). Es verleiht bisher unterprivilegierten Individuen das Recht, vor Gericht zu ziehen und für ihre Anliegen Rechtsschutz zu verlangen. Daß das Recht hier aber nicht nur Wohltaten austeilt, sondern zugleich am »Vermögen« seiner Wohlfahrtsempfänger parasitiert, wird deutlich, wenn man den Zugang zum Recht auch als einen Vorgang der Konstitution von Rechtsakteuren deutet. In der Tat konstituiert die Fähigkeit, vor Gericht zu klagen und verklagt zu werden, die juristische Handlungsfähigkeit »an sich«. Nur wer dies vermag, ist Rechtsperson im praktischen Sinne des Wortes. Für das Recht bedeutet diese Art der Personifizierung zugleich die Begründung eines parasitären Verhältnisses: es kann die Konflikte zwischen den Rechtspersonen, die jetzt von diesen als Kläger und Beklagte in Rechtsform ausgetragen werden, als reiches Material für die Normproduktion benutzen.
Das Recht löst nicht nur Konflikte, es benutzt für eigene Zwecke die Normprojektionen der Menschen und wählt davon nur diejenigen aus, die sich im langen und mühselig ausgetragenen Rechtsstreit letztlich bewähren. Deshalb ist durchaus richtig, von einer »expropriation of conflicts« (Christie 1977) zu sprechen. Damit die Normproduktion des Rechts weiterlaufen kann, nimmt das

Recht den Menschen ihre ureignen Konflikte weg, verfremdet sie in der Rechtssprache und benutzt sie, um neue Regeln für andere Situationen schaffen zu können. Wie die Diskussion um Alternativen zur Justiz (Fitzpatrick 1992) gezeigt hat, ist das Recht gar nicht besonders geeignet, um Konflikte zwischen Menschen allseits befriedigend zu lösen. Vermittlung, Schlichtung, Schiedssprüche werden häufig der Natur der Konflikte, ihren Ursachen und den Bedürfnissen der streitenden Menschen sehr viel eher gerecht. Von daher könnte man in vielen Fällen auf das Recht getrost verzichten. Jedoch braucht das Recht seine Akteure, um ihre Konflikte zur Normproduktion zu benutzen, auch wenn das weder den Konflikten noch den Menschen bekommt. Und Juristen haben für dieses Ausbeutungsverhältnis einen Euphemismus bereit: Die Parteien werden zu »Funktionären der Gesamtrechtsordnung« (Raiser 1963), wenn sie mit ihrer Rechtsverfolgung die Rechtsfortbildung voranbringen. Ehrenamtlich natürlich und unter Begleichung der Gerichts- und Anwaltskosten!

Mit der rechtlichen und faktischen Ausdehnung dieser juristischen Akteurseigenschaft auf immer mehr Menschen wächst auch das Recht, das am Konfliktreichtum der Menschen seinen Normhunger sättigt. Ein Wachstumsschub besonderer Art tritt jedoch dann ein, wenn das Recht sich nicht mehr bloß an die Menschen selbst klammert. *Nomen ossibus inhaeret* – wenn man sich erst mal von diesem Vorurteil gelöst hat und auch »geistige Substanzen« mit einem *nomen* versieht, indem man ihnen Klagrechte gibt, dann kann sich das Recht an ganz andere Konfliktdynamiken ankoppeln, um seine Normproduktion zu steigern. Formale Organisationen stehen auch hier wieder im Vordergrund. Wenn erst einmal formale Organisationen dadurch zu Rechtspersonen werden, daß ihnen das Recht zu klagen und verklagt zu werden, verliehen wird, dann gewinnt die Rechtsproduktion den Zugriff auf das enorme Konfliktpotential organisierten Handelns, das das vergleichbare Potential von Individuen weit in den Schatten stellt. »Why the Haves Come Out Ahead« – unter diesem Slogan haben Rechtssoziologen die große Differenz des Konfliktpotentials zwischen Organisationen und Individuen vor Gericht eingehend untersucht (Galanter 1974; Röhl 1987). Allerdings stehen regelmäßig die unterschiedlichen Gewinnchancen der Akteure im Vordergrund; not täte hingegen eine eingehende empirische

Untersuchung, was die Rolle von organisierten Prozeßparteien für die Normproduktion selbst bedeutet.

»Should Trees Have Standing?« Kann die Natur klagen? (Stone 1972). Diese Fragen verändern ein weiteres Mal Quantität und Qualität der Akteure im Recht und das Umweltverhältnis des Rechts selbst. Beutet das Recht jetzt selbst die Natur zum Zwecke seiner Normproduktion aus? Jedenfalls hat die ökologische Debatte die Frage wieder aufgeworfen, welche »belebten« Einheiten den Status eines Rechtsakteurs mit Recht beanspruchen können. Daß »natürlich« nur Menschen Akteure sein können – dieser Brustton der Überzeugung hat in der Ökologiediskussion etwas von seinem Tremolo eingebüßt. Umweltschutzgruppen ohne formale Rechtsfähigkeit sind noch die einfachsten Fälle von »neuen« Akteuren. Zukünftige Generationen? Tierarten? Pflanzen? Landschaften? Und was ist mit Sprachen? Kulturen? Die theoretische Frage, die sich hier stellt, ist: Geht es bei diesen neuen Akteuren, die für ihre Interessen und Rechte Rechtsschutz einfordern, um soziale Konstellationen, also um soziale Bewegungen im weitesten Sinne, deren strukturelle Kopplung mit dem Recht über den Akteursstatus gefordert wird? Oder koppelt sich das Recht damit an andere »belebte« Prozesse an, um seine Normproduktion in andere Richtungen zu lenken?

VII

»Die Realität des *rational actor* ist eine kommunikative Fiktion der Rechts- und Wirtschaftspraxis selbst, also weder analytisches Konstrukt der Wissenschaft noch reales psychisches Motiv der handelnden Menschen« (These 1). »Über das Personkonstrukt schafft sich das Subsystem eine eigentümliche Perturbationschance, mit der es sich »gezielt« von seinen psychischen Umwelten abhängig macht« (These 2). »Schließlich benutzen soziale Systeme ihre Akteursfiktionen nicht nur dazu, sich an psychische Systeme anzukoppeln, sondern auch dazu, um mit anderen Sozialsystemen, besonders mit formalen Organisationen eine enge strukturelle Kopplung herzustellen und deren kommunikative Energien für ihre Zwecke auszubeuten« (These 3).

Die drei Thesen haben wir mit systemtheoretischen Argumenten auszuarbeiten versucht. Die Konsequenz, schon im Titel angedeutet, ist verstörend: Wir sind, in unserer Identität als Bewußtsein, der Selbsterhaltung sozialer Systeme in einem viel umfassenderen Maße ausgeliefert, als es das Paradigma vom seine eigenen Geschicke lenkenden Individuum wahrhaben will. Mit dieser Folgerung ist keineswegs die Bedeutung der fortschreitenden Individualisierung in modernen Gesellschaften in Frage gestellt, im Gegenteil: Nur eine hochentwickelte Praxis der (Selbst-)Sozialisierung von Personen durch die Subsysteme schafft überhaupt die Möglichkeit differenzierter individueller Verhaltensweisen. Dennoch gilt, daß vieles, was der eigenständigen Entscheidung zwischen Handlungsalternativen zugeschrieben wird, genauso gut oder besser den Reproduktionsbedingungen sozialer Systeme zugeschrieben werden kann. Erst dann aber, wenn wir uns über das Ausmaß der Ausbeutung psychischer Systeme durch soziale Systeme klar geworden sind, können wir damit beginnen, soziale Personenfiktionen aktiv zu beeinflussen. Solange uns das Ausbeutungsverhältnis überhaupt nicht in den Blick gerät, weil die verwendete Theorie die Reproduktion sozialer Systeme nicht darstellen kann, solange bleiben wir uns selbst in Form unserer eigenen Institutionen blind ausgeliefert.

Literatur

Baecker, Dirk (1992), »Die Unterscheidung zwischen Kommunikation und Bewußtsein«, in: W. Krohn und G. Küppers (Hg.), *Emergenz: Die Entstehung von Ordnung, Organisation und Bedeutung*, Frankfurt am Main: Suhrkamp, S. 217-268.
– (1992 a), »The Writing of Accounting«, in: *Stanford Literature Review* 9, S. 157-178.
– (1993), *Die Form des Unternehmens*, Frankfurt am Main: Suhrkamp.
Capelletti, Mauro und Bryant Garth (1978), »Access to Justice: The Worldwide Movement to Make Rights Effective. A General Report«, in: M. Cappelletti und B. Garth (Hg.), *Access to Justice: A World Survey*, Bd. 1, Buch 1, Mailand: Giuffrè, S. 3-124.
Coleman, James (1986), »Psychological Structure and Social Structure in Economic Models«, in: R. M. Hogarth und M. W. Reder (Hg.), *Rational Choice: The Contrast Between Economics and Psychology*, Chicago: Chicago University Press, S. 181-185.
– (1988), »Social Capital in the Creation of Human Capital«, in: Ch. Winship und S. Rosen (Hg.), *Organizations and Institutions. American Journal of Sociology, Supplement* 94, S. 95-120.

Christie, Nils (1977), »Conflicts as Property«, in: *The British Journal of Criminology* 17, S. 1-15.

Easterborok, Frank H. und Daniel Fischel (1989), »The Corporate Contract«, in: *Columbia Law Review* 89, S. 1416-1448.

Ehrlich, Eugen (1913), *Grundlegung der Soziologie des Rechts*, Nachdruck 1967; 4. Aufl. Berlin: Duncker & Humblot 1989.

– (1918), *Die juristische Logik*, Neudruck 1925; Nachdruck Tübingen: Mohr (Siebeck) 1966.

Esser, Hartmut (1991), »Die Rationalität des Alltagshandelns. Eine Rekonstruktion der Handlungstheorie von Alfred Schütz«, in: *Zeitschrift für Soziologie* 20, S. 430-445.

Fitzpatrick, Peter (1992), »The Impossibility of Popular Justice«, in: *Social and Legal Justice* 1, S. 199-215.

Frey, Bruno und R. Eichenberger (1989), »Anomalies and Institutions«, in: *Journal of Institutional and Theoretical Economics* 145, S. 423-437.

Friedman, Milton (1953), »The Methodology of Positive Economics«, in: ders., *Essays in Positive Economics*, Chicago: University of Chicago Press, S. 3-43.

Galanter, Marc (1974), »Why the ›Haves‹ Come Out Ahead«, in: *Law & Society Review* 9, S. 95 ff.

Geiger, Theodor (1964), *Vorstudien zu einer Soziologie des Rechts*, Neuwied: Luchterhand; 4. Aufl. Berlin: Duncker & Humblot 1987.

Hogarth, Robin M. und Melvin W. Reder (Hg.) (1986), *Rational Choice: The Contrast Between Economics and Psychology*, University of Chicago Press.

Homann, Karl und Ingo Pies (1994), »Wirtschaftsethik in der Moderne. Zur ökonomischen Theorie der Moral«, in: *Ethik und Sozialwissenschaften* 5, S. 3-12.

Hutter, Michael (1989), *Die Produktion von Recht: Eine selbstreferentielle Theorie der Wirtschaft, angewandt auf den Fall des Arzneimittelpatentrechts*, Tübingen: Mohr (Siebeck).

– (1991), »Literatur als Quelle wirtschaftlichen Wachstums«, in: *Internationales Archiv für Sozialgeschichte der Literatur* 2, S. 1-50.

– (1993 a), »Communication in Economic Evolution«, in: R. England (Hg.), *Evolutionary Concepts in Contemporary Economics*, Ann Arbor: University of Michigan Press, S. 111-138.

– (1993 b), »Die frühe Form der Münze«, in: Dirk Baecker (Hg.), *Probleme der Form*, Frankfurt am Main: Suhrkamp, S. 159-179.

– (1993 c), »The Emergence of Bank Notes in 17th Century England: A Case Study of a Communication Theory of Economic Change«, in: *Sociologia Internationalis* 31, S. 23-39.

– und Gunther Teubner (1994), »The Parasitic Role of Hybrids«, in: *Journal of Institutional and Theoretical Economics* 149, S. 706-714.

Jensen, Michael und William H. Meckling (1976), »Theory of the Firm:

Managerial Behavior, Agency Costs and Ownership Structure«, in: *Journal of Financial Economics* 3, S. 306-360.

Kelsen, Hans (1960), *Reine Rechtslehre*, 2. Aufl. Wien: Deuticke.

Kliemt, Hartmut (1993), »Constitutional Commitments. On the Economic and Legal Philosophy of Rules«, in: D. Schmidtchen (Hg.), *Jahrbuch für Neue Politische Ökonomie*, Tübingen: Mohr (Siebeck).

Limbach, Jutta (1977), *Der verständige Rechtsgenosse*, Berlin: Schweitzer.

Luhmann, Niklas (1984), *Soziale Systeme. Grundriß einer allgemeinen Theorie*, Frankfurt am Main: Suhrkamp.

– (1988), *Die Wirtschaft der Gesellschaft*, Frankfurt am Main: Suhrkamp.

– (1988 a), »Organisation«, in: W. Küppers und F. Ortmann (Hg.), *Mikropolitik. Rationalität, Macht und Spiele in Organisationen*, Opladen: Westdeutscher Verlag, S. 165-185.

Musgrave, Alan (1981), »›Unreal Assumptions‹ in Economic Theory: The F-Twist Untwisted«, in: *Kyklos* 34, S. 377-387.

Nagel, Ernest (1963), »Assumptions in Economic Theory«, in: *American Economic Review* 53, S. 211-219.

Opp, Karl-Dieter (1986), »Das Modell des Homo Sociologicus: Eine Explikation und eine Konfrontierung mit dem utilitaristischen Verhaltensmodell«, in: *Analyse & Kritik* 8, S. 1-27.

Prescott, E. (1977), »Should Control Theory Be Used for Economic Stabilization?«, in: K. Brunner und A. Meltzer (Hg.), *Optimal Policies, Control Theory, and Technological Exports* (3. Supplement des *Journal of Monetary Economics*), S. 13-38.

Raiser, Ludwig (1963), »Rechtsschutz und Institutionenschutz im Privatrecht«, in: Rechtswissenschaftliche Abteilung der Rechts- und Wirtschafts-Wissenschaftlichen Fakultät der Universität Tübingen (Hg.), *Summum ius summa iniuria*, Tübingen: Mohr (Siebeck), S. 145-167.

Röhl, Klaus (1987), »Die strukturelle Differenz zwischen Individuum und Organisation oder: Brauchen wir ein Sonderprivatrecht für Versicherungen und andere Organisationen?«, in: *Festschrift für Ernst C. Stiefel*, München: Beck, S. 574-605.

Rottleuthner, Hubert (1987 a), »Biological Metaphors in Legal Thought«, in: G. Teubner (Hg.), *Autopoietic Law: A New Approach to Law and Society*, Berlin: de Gruyter, S. 97-127.

– (1987 b), *Einführung in die Rechtssoziologie*, Darmstadt: Wissenschaftliche Buchgesellschaft.

Schanze, Erich (1991), »Symbiotic Contracts: Exploring Long-Term Agency Structures Between Contract and Corporation«, in: C. Joerges (Hg.), *Franchising and the Law: Theoretical and Comparative Approaches in Europe and the United States*, Baden-Baden: Nomos, S. 67-103.

Schumpeter, Joseph A. (1970), *Das Wesen des Geldes*, Vandenhoeck & Ruprecht.

Schweizer, R. (1976), »Empirische Rechtsforschung«, in: *Jahrbuch der Absatz- und Verbrauchsforschung* 22, S. 386-428.

Simmel, Georg (1900), *Philosophie des Geldes*, Frankfurt am Main: Suhrkamp 1989.

Simon, Herbert A. (1983), *Models of Bounded Rationality*, 2 Bde., 2. Aufl., Cambridge, Mass.: MIT Press.

Spencer Brown, George (1969), *Laws of Form*, London: Allen and Unwin.

Stigler, George J. und Gary S. Becker (1977), »De gustibus non est disputandum«, in: *American Economic Review* 67, S. 76-90.

Stone, Christopher (1972), »Should Trees Have Standing? Toward Legal Rights for Natural Objects«, in: *Southern California Law Review* 45, 450 ff.

Sudgen, Robert (1991), »Rational Choice: A Survey of Contributions from Economics and Philosophy«, in: *Economic Journal* 101, S. 751-758.

Teubner, Gunther (1987), »Unternehmenskorporatismus. New Industrial Policy und das ›Wesen‹ der juristischen Person«, in: *Kritische Vierteljahresschrift für Gesetzgebung und Rechtswissenschaft* 2, S. 61-85.

– (1989), *Recht als autopoietisches System*, Frankfurt am Main: Suhrkamp.

– (1992), »Die vielköpfige Hydra. Netzwerke als kollektive Akteure höherer Ordnung«, in: W. Krohn und G. Küppers (Hg.), *Emergenz: Die Entstehung von Ordnung, Organisation und Bedeutung*, Frankfurt am Main: Suhrkamp, S. 189-216.

Weber, Max (1960), *Rechtssoziologie*, Neuwied: Luchterhand.

Weise, Peter (1989), »Homo oeconomicus und homo sociologicus: Die Schreckensmänner der Sozialwissenschaften«, in: *Zeitschrift für Soziologie* 18, S. 148-161.

Whyte, William H. (1956), *Organization Man*, New York.

Williamson, Oliver (1985), *The Economic Institutions of Capitalism: Firms, Markets, Relational Contracting*, New York: Free Press.

– (1988), »The Logic of Economic Organization«, in: *Journal of Law, Economics and Organization* 4, S. 65-91.

Alois Hahn und Rüdiger Jacob
Der Körper
als soziales Bedeutungssystem[1]

1. Der Körper als monolithische Einheit – Dualismus von Leib und Seele

Das Denken der europäischen Moderne – seit Descartes und bis zu Luhmann – hat sich angewöhnt, den Körper als eine Einheit zu begreifen, dem das Bewußtsein, das Denken oder der Geist als ein anderes System gegenübersteht: Körperliche Vorgänge sind etwas fundamental anderes als Bewußtseinsprozesse, obwohl beide in prekärer Weise aufeinander angewiesen sind und aufeinander verweisen. Schon bei Descartes ist jedenfalls klar, daß Leibliches nicht als »input« von Elementen auf den Geist wirkt und daß umgekehrt Gedanken nicht als Gedanken Momente der biophysischen Abläufe sind, die sie nichtsdestoweniger beeinflussen. Daß man den Körper derart als Einheit faßt, kreiert dann das Problem, wie das Verhältnis zwischen der Person und ihrem Körper zu begreifen, wie ihre Wechselwirkung zu erklären ist. Und erst wenn dieses Problem gelöst ist, läßt sich die weitere Frage beantworten, inwieweit jemand für seinen Körper verantwortlich sein kann, ob der Körper auch etwas »tun« kann, was nicht in der Absicht seines »Besitzers« liegt und ob derart unwillentliche Körpertaten unter Umständen als »Enthüllungen« über Absichten oder Charakter eines Menschen etwas aussagen, gerade weil sie unwillkürlich ablaufen bzw. sozial als unwillkürlich ablaufend unterstellt werden. Bekanntlich hat Descartes hier der Zirbeldrüse[2] die Lösung des Rätsels zugeschrieben, das Luhmann mit

[1] Der folgende Text steht im Kontext der Arbeiten von Hahn 1988 und Hahn 1990 und entwickelt Gedanken daraus weiter.
[2] Zum Beispiel Passion I, art. 43, S. 716. Man darf allerdings nicht übersehen, daß er ihr nicht allein diese schwierige Aufgabe überließ, sondern Gott ebenfalls mitwirken ließ, jedenfalls äußert er sich so in dem berühmten Brief an Elisabeth vom Januar 1646 (S. 1227): »C'est lui aussi qui a disposé toutes les autres choses qui sont hors de nous, pour faire

einem Parsonschen Terminus als Interpenetration wiederbelebt hat.[3] Aber ob die Systemtheorie hier als neuer Sphinxbezwinger zum Ödipus der Anthropologie geworden ist, darüber muß noch ein bißchen nachgedacht werden. Vielleicht ist sie nur die neue Sphinx selbst, die uns das alte Rätsel neu aufgibt.

Dabei versteht es sich nicht von selbst, den Körper als ein System zu konzipieren. In vielen Gesellschaften wird er vielmehr selbst als ein Ensemble von keineswegs voll aufeinander abgestimmten Kräften und Wirkungen erlebt und thematisiert. So wird etwa bei den Griechen der lebendige Leib niemals als Singular, sondern als Plural beschrieben, wie uns Vernant berichtet. Das griechische Vokabular für den Körper wird durch äußerste Vielfalt bestimmt, selbst wenn es sich darum handelt, seine Totalität zu bezeichnen. So bedeutet etwa der Ausdruck *gyîa* die Gliedmaßen in ihrer Eigenschaft als Beweger, *mélea* heißen sie als Sitz von Kraft. *Kára* kann den Kopf meinen, aber auch metonymisch das Ganze der Gestalt und auch die in dieser Gestalt erscheinende Person. Nach Vernant gilt für das alte Griechenland:

»Es gibt keinen Terminus, der den Körper als organische Einheit bezeichnet, auf die sich das Individuum in der Multiplizität seiner vitalen und mentalen Funktionen stützt. Das Wort *sôma*, das man mit »Körper« übersetzt, bezeichnet ursprünglich den Leichnam, d. h. das, was übrigbleibt vom Individuum, wenn es, von allem verlassen, was in ihm Leben und körperliche Dynamik inkarnierte, auf eine reglose Form, ein bloßes Abbild reduziert ist ... Der Terminus *démas* (in der Akkusativform angewandt) meint nicht den Körper, sondern die Gestalt oder die Statur ... Er wird oft in Beziehung gesetzt zu *eîdos* oder *phyé*, womit der sichtbare Aspekt einer Gestalt ausgedrückt wird. Auch *chrós* entspricht nicht dem Körper, sondern lediglich der äußeren Hülle, der Haut, der Kontaktfläche des Ich mit dem anderen. Außerdem kann es auch den Teint bezeichnen.«[4]

Und andererseits werden diese vielfältigen körperlichen Komplexe normalerweise in archaischen Gesellschaften keinesfalls als von der Seele oder dem Geist getrennte Entitäten aufgefaßt. Geistige Vermögen und leibliche Prozesse schwingen ineinander,

---

que tels et tels objets se présentassent à nos sens à tel et tel temps à l'occasion desquels il a sû que nôtre libre arbitre nous determineroit à telle ou telle chose.«

3 Luhmann 1984, S.286-345.
4 Vernant 1986, S. 22.

ohne daß je eine binäre Codierung[5] von Leib hie, Geist da streng vollzogen würde, da der Multiplizität der Körperlichkeiten eine ebensolche Mannigfaltigkeit von Seelenkräften und geistigen Strebungen entspricht.[6] Das trifft auch auf die griechische Frühzeit zu, von der es bei Vernant heißt: »Im archaischen Griechenland gibt es noch nicht die Leib-Seele-Unterscheidung.«[7] Folgt man

---

[5] Auf den Begriff der »binären Codierung« werden wir im letzten Abschnitt nochmals genauer zurückkommen.

[6] »Nach Meinung der meisten Naturvölker besteht der Mensch nicht nur aus zwei Elementen, nämlich Leib und Seele; durchweg werden zwei und mehr Seelen angenommen ...« Hirschberg (Hg.) 1988, S. 60.

[7] Vernant 1986, S. 22. Andererseits gilt auch in modernen Gesellschaften der individuelle Körper unter bestimmten Umständen oder in bestimmten Entwicklungsphasen des Individuums nicht als abgeschlossene Entität. So sind Menschen nach ihrer Geburt physisch natürlich klar abgegrenzte und identifizierbare Einheiten; gleichwohl müssen Kinder, die sich und ihre nächste Bezugsperson, in der Regel also ihre Mutter, als symbiotische Einheit erleben, ein eigenes »Ich« und eine eigene Identität erst noch entwickeln. Auch bei Erwachsenen läßt sich beobachten, daß die Grenzen zwischen dem individuellen Ich und der Umwelt aufgelöst oder transzendiert werden. Wie Canetti eindrucksvoll herausgearbeitet hat, sind solche das individuelle Ich transzendierenden Identifikationen mit größeren Gruppen nicht auf einfache Gesellschaften beschränkt, sondern finden sich auch in den ausdifferenzierten Gesellschaftssystemen der Moderne; vgl. Canetti 1984. Zu diesen Aspekten von Massenhandeln siehe auch Hortleder 1977. Huxley hat Aspekte von Selbsttranszendenz eindrucksvoll und anschaulich in seinem auf historischen Fakten basierenden Roman *Die Teufel von Loudon* dargestellt und thematisiert in dem Nachwort insbesondere die »abwärts gerichtete Selbstüberschreitung«, den »Massenwahn«: »Wo zwei oder drei versammelt sind in meinem Namen, da bin ich mitten unter ihnen.« Mitten unter zwei- oder dreihundert wird die göttliche Anwesenheit problematischer, und wenn die Zahl in die Zehntausende geht, ist die Wahrscheinlichkeit, daß Gott im Bewußtsein eines jeden einzelnen anwesend sein wird, äußerst gering. ... Einer in einer Menge zu sein, enthebt einen Menschen des Bewußtseins, ein isoliertes Selbst zu sein, und schwemmt ihn hinab in einen weniger denn persönlichen Bereich, in dem es keine Verantwortlichkeit, kein Recht oder Unrecht, keine Notwendigkeit zum Denken oder Urteilen oder Unterscheiden gibt, sondern nur ein starkes, unbestimmtes Gefühl des Beisammenseins, nur eine allgemein geteilte Erregung, eine kollektive Selbstentfremdung« (Huxley 1992, S. 377).

den Überlegungen von Eric Robertson Dodds[8], so fehlte den Griechen auch eine entsprechende Konzeption von der Seele oder dem Bewußtsein als einem Verfügungszentrum der Person, das für alle Handlungen umstandslos hätte verantwortlich gemacht werden können. Dodds kommt im Blick auf die homerischen Dichtungen zu dem Ergebnis, »daß alle Abweichungen von einem normalen menschlichen Verhalten, deren Gründe nicht unmittelbar einsichtig sind, entweder vom Bewußtsein des Subjekts selbst oder von einem außenstehenden Beobachter einer übernatürlichen Kraft zugeschrieben werden, genauso wie eine Abweichung vom normalen Witterungsverlauf oder vom normalen Verhalten einer Bogensehne.«[9] Im Anschluß an die Arbeiten Bruno Snells kommt Dodds dann ebenfalls zu dem Schluß:

»Der homerische Mensch hat keine einheitliche Vorstellung von dem, was wir ›Seele‹ oder ›Persönlichkeit‹ nennen. Es ist allgemein bekannt, daß Homer dem Menschen nur nach dem Tode eine Seele zuzuerkennen scheint oder wenn er in Ohnmacht fällt bzw. im Sterben liegt oder vom Tode bedroht ist: Die allein vermerkte Funktion der *psyché* bei einem Lebenden ist die, daß sie ihn verläßt. Homer hat aber auch kein anderes Wort für die lebende Person. Der *thymós* mag einmal eine primitive ›Atemseele‹ oder ›Vitalseele‹ gewesen sein; aber bei Homer bezeichnet er weder die Seele noch (wie bei Platon) einen ›Seelenteil‹. Er kann, ganz grob und allgemein, definiert werden als ein Organ der Empfindung. Aber er erfreut sich einer Unabhängigkeit und Selbständigkeit, die sich für uns mit dem Wort ›Organ‹ nicht verbinden, da wir von der späteren Konzeption von ›Organismus‹ und ›organischer Einheit‹ beeinflußt sind.«[10]

Aber nicht nur bei Homer, sondern noch für das 5. Jahrhundert v. Chr. gilt,

»daß die klassische Zeit eine ganze Reihe von einander widersprechenden Bildern der ›Seele‹ oder des ›Ich‹ geerbt hat – den lebenden Leichnam im Grab, das Schattenbild im Hades, die vergängliche Atemseele, die sich in die Luft verströmt oder vom Äther aufgesogen wird, den Dämon, der in anderen Körpern wiedergeboren wird. Obwohl unterschiedlichen Alters und von verschiedenen Kulturformen herzuleiten, bestehen all diese bildhaften Vorstellungen im Hintergrund der Gedankenwelt des fünften Jahr-

---

8 Vgl. Dodds 1970.
9 Ebd., S. 11.
10 Ebd., S. 14.

hunderts. Man konnte von ihnen nun eine einzige ernst nehmen oder auch mehrere, ja sogar alle, denn eine anerkannte Kirche, die einem kundgetan hätte, was wahr und falsch war, gab es nicht. Auf Fragen dieser Art gab es nicht ›die griechische Antwort‹, sondern nur ein Wirrwarr widersprüchlicher Meinungen.«[11]

Daran ändert sich in gewisser Hinsicht auch nicht allzu viel, nachdem sich die griechische Philosophie des Themas annimmt. War schon die Einheit des Leibes und die der Seele jeweils für sich kontrovers, so galt dies erst recht von ihrem Verhältnis zueinander. Das galt schon für die Differenz von Platon und Aristoteles: dem einen war der Körper nur das Vehikel der Seele, der andere stellte sich hier eine substantielle Einheit vor.[12] Und wie Johannes Hirschberger belegt, ist die Spätantike durch ein Kaleidoskop konfligierender diesbezüglicher Theorien gekennzeichnet: Bald wird die Seele als Harmonie, bald als Licht, hier als selbstbewegte Zahl, da als Funktion der Sinne oder als den Leib umspannender Geist vorgestellt.[13]

Die hier am griechischen Beispiel exemplifizierten Gegebenheiten ließen sich im übrigen durch eine Fülle ethnographischen Materials vervollständigen. Die Idee eines einheitlich funktionierenden Systems von Körperlichkeit widerspricht zunächst durchaus »naiver« oder alltäglicher Anschauung. Dieser präsentiert sich der Körper gerade erst einmal als Differenz von rechts und links[14], oben und unten, vorn und hinten, von verschiedenen sinnlichen Vermögen und vitalen Funktionen und Zuständen. Gerade die Differenz der leiblichen Vermögen und Empfindungen läßt die Idee eines systematischen Zusammenhangs zwischen ihnen zu einer Abstraktionsleistung werden, die sich nicht von selbst versteht, sondern voraussetzungsvoll und ganz unwahrscheinlich ist. Dafür spricht schon die Tatsache, daß wir über verschiedene körperliche Vorgänge in unterschiedlichem Ausmaße gebieten: Warum sollen meine Finger, die ich wegen ihrer weitgehenden Willensunterworfenheit fast als Fortsetzung meines Bewußtseins in die äußere Welt ansehen kann, dem gleichen Zusammenhang zuzurechnen sein wie die Verdauung, für die das so gut wie nicht,

---

11 Ebd., S. 93.
12 Vgl. hierzu etwa Kremer 1984, S. 2; Treusch-Dieter 1991.
13 Vgl. hierzu Hirschberger 1969, S. 6 f., S. 8 f. und Kremer 1984, S. 3.
14 Vgl. hierzu die klassische Arbeit von Hertz 1909.

oder auch wie meine Zehen, für die das in erheblich geringerem Maße zutrifft?[15]
Die Vorstellung vom Körper als einem einheitlichen System ist selbst Resultat von Evolution. Die konzeptionelle Entwicklung, die zur Binarisierung des Leib-Bewußtseins-Verhältnisses geführt hat, entspringt nicht zuletzt gesteigerten sozialen Bedürfnissen nach größerer Berechenbarkeit der Körper und ihrer sozialen Kontrolle. Soziale Kontrolle des Körpers nämlich kann zwar auch direkt beim Körper ansetzen, also gleichsam unter Umgehung des Bewußtseins; in vielen Fällen ist es aber effizienter, die soziale Kontrolle des Körpers über die Beeinflussung des Bewußtseins zu perfektionieren. Das jedoch setzt voraus, daß der Körper als Maschine erscheint, für die das Bewußtsein verantwortlich ist, weil es über sie gebietet und über sie verfügen kann. Nur der dem Geist gehorsame Körper kann als dessen Werk voll der individuellen Verantwortung zugerechnet werden und insofern sozial als Vollzugsorgan der Person behandelt und sanktioniert werden.[16]

15 Vgl. hierzu ähnliche Überlegungen bei Serres 1985, S. 18 ff.
16 Gewisse Gegentendenzen lassen sich in juristischen Kontexten der Gegenwart beobachten, wo bei bestimmten Verbrechen immer häufiger psychiatrische Gutachten angefordert werden zur Klärung der Frage, ob der Delinquent voll schuldfähig ist oder aufgrund bestimmter psychisch-physischer Dispositionen zwanghaft in einer bestimmten Art und Weise handeln mußte, so daß als Konsequenz dann keine Strafe, sondern eine Therapie verordnet wird – womöglich typischerweise mit dem Ziel, die volle Verantwortung des Betreffenden für sein Tun, seinen Triebhaushalt, seine Verhaltensweisen (wieder-) herzustellen. Zunächst aber gilt es darauf hinzuweisen, daß der »Leib« etwas historisch Wandelbares ist. Die Evidenz der phänomenologischen Meditationen über Leiblichkeit von Husserl bis zu Scheler und Plessner verdanken sich insofern zumindest teilweise der Tatsache, daß sie unserer modernen Leiberfahrung korrespondieren. Die Vorstellungen von systematischer Steuerung des körperlichen Bewegungsapparates durch ein seelisches Zentrum als Quelle aller Intentionalität wird vermutlich erst systematisch seit dem 12. Jahrhundert in Europa entwickelt, und zwar vor allem im Gefolge der Theorien Abälards. Daß eine anthropologisch verfahrende Handlungstheorie historisch zu kurz greift, wenn sie intentionale Handlungssteuerung zum überepochalen Existential hochstilisiert, scheint mir ausgemacht zu sein; vgl. dazu Hahn 1982 und, mit Hinweis auf die Bedeutung dieser Tatsachen für die Systemtheorie, Luhmann 1981, S. 58.

Der historische Zusammenhang der Radikalisierung der begrifflichen Konzeption vom Körper als einem einheitlichen System, einer Maschine eben, und den in der frühen Neuzeit entstehenden Verfahren zur Steigerung der Niveaus von Überwachung und Kontrolle sind keinesfalls als zufällig anzusehen. Das haben auf verschiedene Weise und für verschiedene Gruppen Foucault, Elias, Weber und Marx gezeigt.[17] Freilich, die völlige Beherrschung des Körpers durch das Bewußtsein oder die Gesellschaft ist allemal Utopie. Aber gerade aus der begrenzten Domestizierbarkeit des Körpers können dann sozial relevante Interpretationen entspringen.

2. Codierung der Leiblichkeit als Differenz von Mitteilung und Information

Insofern der Körper einerseits als Vollzugsorgan eines Bewußtseins gedeutet wird, andererseits aber auch als Manifestation von Tatsachen, die das Bewußtsein gerade nicht mitteilen will, wird er zur Schnittfläche, auf der die Differenz zwischen Mitteilung und Information[18] sozial relevant wird. Er wird in doppelter Hinsicht

17 Vgl. Hahn 1986.
18 Die Unterscheidung wird hier als terminus technicus im Sinne von Niklas Luhmannn verwandt. Vgl. Luhmann 1984, S. 193 ff. Üblicherweise bedient man sich bei »Kommunikation«, um die es hier geht, einer Übertragungsmetapher, die suggeriert, daß ein »Sender« etwas im Sinne eines strukturtreuen Abbildens auf einen »Empfänger« übertragen könne, wobei der Sender als *Ego*, als der aktive, und der Empfänger als *Alter ego*, als der passive Part verstanden wird. Demgegenüber ist festzuhalten, daß Kommunikation ein Prozeß ist, in dem grundsätzlich alle Partner »aktiv« sind und die entscheidende Rolle dem »Empfänger« als dem eigentlichen *Ego* eines kommunikativen Prozesses zukommt (wobei, um dies nur der Vollständigkeit halber anzumerken, diese Rollen in einem interdependenten Verständigungsprozeß natürlich ständig wechseln). Denn eine Mitteilung ist zunächst nicht mehr als eine Selektion aus mehreren Möglichkeiten, eine Anregung zur Fortsetzung von Kommunikation. Kommunikation selbst findet aber erst dann statt, wenn jemand eine Mitteilung auch auf sich bezieht, als an sich gerichtet versteht, in bestimmter selektiver und grundsätzlich subjektiv konstruierender Art und Weise mit Sinn verknüpft und seine Reaktionen und Handlungen daran ausrichtet. Dabei

beobachtet: als Medium für Mitteilung und als Feld für Informationen. Die Interpretationen des Körpers, die dessen relative Unberechenbarkeit zum Ausgangspunkt nehmen, beziehen sich nicht nur auf das, was uns jemand mitteilen will, sondern auch auf das, was er uns ausdrücklich verheimlichen möchte. Beide Beobachtungen halten sich an den Körper des anderen. Als »Informant« kann der Körper nicht lügen, wohl aber falsch gedeutet werden. Als Organ der Mitteilung ist er zwar unvermeidlich und unverzichtbar, aber zumindest virtuell auf die Funktion eines bloßen Mediums reduziert. Er wird als solches aber auch Vehikel der Lüge; denn diese entsteht erst in der Sphäre der Mitteilungen. Wenn wir direkt Einsicht hätten in die Seele unserer Partner, wären wir nicht auf die Wahrnehmung ihres Leibes angewiesen. Da das nicht möglich ist, spielt der Körper eine Doppelrolle. Vor allem als beherrscht sprechender oder schreibender teilt er mit, als eigensinnig unwillkürlicher verweist er wie ein Gegenstand der Natur auf Zusammenhänge, die unabhängig von allen Mitteilungsabsichten oder Unterstellungen gegeben sind. Der Körper des anderen kann dann einmal als Lieferant von Botschaften angesehen werden, die dieser als Person gerade nicht verbreiten möchte. Bei völliger Beherrschung des Körpers könnte der Körper genauso gut lügen wie sein »Eigner«. Es ergibt sich insofern in diesem Zusammenhang eine Paradoxie, als der Leib, je gehorsamer er dem Willen seines »Herrn« bzw. seiner »Herrin« wird, desto weniger tauglich als Auskunftsquelle wird, die etwas »ausplaudert«, was dieser bzw. diese lieber geheimhielte. Das, was also einerseits die Machtladung einer Gruppe steigert, hohe Körperdisziplin, entzieht andererseits latente Intentionen virtuell der Entdeckbarkeit und reduziert insofern den Körper auf seine Funktion als Mitteilungsorgan, indem es ihm fast jede von Mitteilung unabhängige Bedeutung nimmt. Um so interessanter können unter Umständen die verbleibenden Restbestände werden. Die soziale Aufmerksamkeit wird jedenfalls in dem Maße, wie ein allgemein hohes Niveau von Selbstbeherrschung gegeben ist oder sozial unterstellt wird, die Beobachtung selbst minimaler Spuren unwillkürlicher oder als solcher interpretierter Botschaften des fremden Körpers verfeinern.[19]

    müssen, wenn Kommunikation gelingen soll, diese Sinnselektionen wiederum für *Alter ego* anschlußfähig sein.
19 Vgl. dazu insbesondere die Arbeiten von Elias.

Wenn der Leib ein »Eigenleben« führt, dann wäre es denkbar, die physischen Vorgänge – zumindest teilweise – als Texte zu behandeln, die über die Wahrheit oder Falschheit des absichtlich Kommunizierten Auskunft geben. In diesem Falle könte der Körper als Lügendetektor institutionalisiert werden: Leib als Metatext, als »Rahmen« (im Sinne von Goffman 1977), der eine modifizierte Lektüre aller anderen Texte erschlösse. Ob freilich die Körper derart als Organ der Ehrlichkeit oder selbst als potentielle Lügenbolde aufgefaßt werden können, das hängt von der Art und Weise ab, wie der Körper als soziale Wirklichkeit konstruiert wird.[20]

3. Der eigene Leib als nächste Fremdheit

Niemals ist indessen – wie gesagt – mit totaler individueller Verfügung über den eigenen Körper zu rechnen. Und darin liegt nicht nur eine Schranke herrschaftlicher Indienstnahme des fremden Leibes, sondern auch eine grundsätzliche Fremdheit des eigenen Körpers[21] für uns selbst. Auch wenn der Mensch sich als Einheit von Leib und Seele empfindet, auch wenn seine soziale Umgebung ihn so behandelt und alles, was von seinem Körper ausgeht,

20 Zumindest in den USA läßt sich die (allerdings auch dort nicht unumstrittene) Tendenz beobachten, den Körper gleichsam maschinell lesbar zu machen. Maschinen, nämlich Lügendetektoren, sollen eine durch körperliche Vorgänge offenbarte Wahrheit lesen, die der Mensch selbst unmittelbar nicht lesen kann. Paradox an dieser Konstruktion mutet ihre Ungleichzeitigkeit an: Mit (technischen) Produkten der Moderne und wissenschaftlichen Begründungen wird hier im Prinzip an vormoderne Deutungen und Sinngebungen von Körpervorgängen angeschlossen, die durch den wissenschaftlichen Diskurs über den Körper gerade erst zurückgedrängt und aus der offiziellen Sichtweise ausgeschlossen wurden. Die Wahrheit nicht aus der »Sprache des Körpers«, sondern allein aus dem gesprochenen oder beeideten Wort ableiten zu dürfen, gehört etwa für das Rechtssystem zu den wichtigsten Rechtsstaatsgarantien seit der Aufklärung.
21 Daß selbstredend auch die eigenen »Binnenzustände« dem Individuum weitgehend unverfügbar sein können, leuchtet jedem ein, der sich etwa bei Racine über die Macht der Leidenschaften informiert hat oder – warum nicht? – an Freud glaubt. Den Ungebildeten könnte – notfalls! – Selbsterfahrung zur gleichen Einsicht bringen.

ihm und seinem Selbst zuschreibt, es bleibt doch der Leib etwas Fremdes für unser Bewußtseinsleben. Auch der eigene Körper ist in gewisser Weise, so könnte man sagen, wenn man sich der Sprache der Systemtheorie bedienen will, »Umwelt« für unser psychisches System. Das läßt sich leicht veranschaulichen. Die körperlichen Vorgänge und Prozesse laufen zum größten Teil unbewußt ab. Wir können sie uns durch noch so große Anstrengungen nicht unmittelbar vergegenwärtigen oder willentlich beeinflussen. Das gilt selbst dann, wenn wir ein theoretisches Wissen dessen haben, was sich hier abspielt. Auch dem Spezialisten für die Theorie des Blutkreislaufs ist sein eigener nicht direkt erlebbar.

Trotzdem ist uns unser Körper nicht in der gleichen Weise fremd wie etwa das Bewußtsein eines anderen Menschen. Ähnlich ist zwar in beiden Fällen, daß wir hier wie dort keine unmittelbare Möglichkeit der Teilhabe am Geschehen haben. Wir können am fremden Bewußtsein genauso wenig innerlich partizipieren wie an den chemischen Vorgängen, welche die Oxydation unserer Nahrung vollbringen. Aber immerhin ist das fremde Bewußtsein doch ein Bewußtsein wie wir, also sinnhaft, während unser Körper das nicht ist. Deshalb können wir uns in eine andere Psyche »hineinversetzen«[22], niemals aber in unseren Körper. Insofern ist unser Körper uns eigentlich fremder als ein *Alter ego*. Anderseits aber wiederum ist unser Leib unser Allernächstes. Unser Bewußtseinsleben ist zwar nicht unser Gehirn, basiert aber auf den selbst nicht sinnhaften Prozessen, die allen Sinn ermöglichen. Unsere Psyche ist mit unserem Leib verschränkt, aber doch keinesfalls so, als ob dieser einfach nur ein Instrument unseres Ichs wäre. Der Leib ist uns stets nur in Grenzen dienstbar, in gewisser Hinsicht sogar auf unaufhellbare Weise unverfügbar, wenn auch in historisch und individuell verschiedenem Ausmaß, insofern der Leib durch individuelle und kollektive Prozeduren zähmbar, überformbar, kontrollierbar, steuerbar und deutbar wird. Die Grenzen solcher Un-

22 Wir können und sollen dies zumindest versuchen, da gerade alltägliche Sozialsysteme existentiell auf wechselseitiges Verstehen angewiesen sind, was häufig dazu führt, daß Konsens in solchen Sozialsystemen gleichsam per »Voreinstellung« unterstellt wird, ohne daß die Interaktionspartner tatsächlich das gleiche meinen (was wiederum natürlich nur aus der Perspektive des externen Beobachters festgestellt werden kann). Deutlich wurde dies beispielsweise in einer Untersuchung über die Konsensfiktionen in jungen Ehen; vgl. dazu Hahn 1983.

terwerfung des Körpers zeigen sich vielleicht am massivsten an der Sterblichkeit. Das individuelle Bewußtsein für sich könnte unsterblich sein. Das, was seinen Tod erzwingt, liegt eben in Gesetzlichkeiten begründet, die als solche sinnfremd sind, systemtheoretisch gesprochen: in der Logik von Systemen, die nicht mit Sinn arbeiten, also in diesem Falle Organismen. Ähnliches wie für den Tod gilt auch für andere leibliche Phänomene, insbesondere Krankheiten und Schmerzen, aber auch unkontrollierbare physische Regungen von damit verglichen geringerer vitaler oder existentieller Dramatik, wie Hunger und Durst, Sexualität, Verdauungsvorgänge, Schweißausbrüche, Lachen und Weinen[23] usw. Immer handelt es sich dabei darum, daß die leibliche Dimension Phänomene produziert, die zwar – physiologisch oder medizinisch gesehen – durchaus als gesetzmäßige Verläufe deutbar sind, die aber im Kontext des sinnhaft verfaßten Bewußtseinslebens zunächst als äußere Störungen erscheinen und insofern als nicht zu uns gehörig, als fremd verbucht werden.

4. Der Leib als Gefahr

Das in vielen Kulturen feststellbare Mißtrauen gegen den Leib hängt vermutlich mit dieser Ambivalenz zusammen. Er ist einerseits »Sitz« des Selbst, andererseits dessen Verräter oder Deserteur. Vor allem als von unkontrollierbaren Krankheiten heimgesuchter oder von Affekten geplagter oder in Versuchung gebrachter erscheint er deshalb in vielen Religionen zugleich als Gefahr. Besonders deutlich wird das in einer im Christentum immer wieder virulent werdenden Unterströmung, den Leib als Gefahr für das eigene Heil anzusehen, soweit er als Lustorgan interpretiert wird. Jedenfalls gilt das für den Leib nach dem Sündenfall. Für die paradiesische Leiblichkeit des Menschen werden dann Definitionen gefunden, die gerade in bezug auf die Begierden charakteristische Differenzen einführen. Am eindrucksvollsten werden solche Tendenzen etwa bei Gregor von Nyssa sichtbar[24], dem

23 Zu diesem Problemzusammenhang vgl. Plessners berühmte Arbeit von 1961; generell zur Dialektik von Körper und Bewußtsein aus der Sicht der deutschen philosophischen Anthropologie siehe Plessner 1965 a und 1965 b.
24 Vgl. Gregor von Nyssa, *De Opificio Hominis*.

sich andere Autoren zugesellen ließen. Gregor geht davon aus, daß das Menschengeschlecht im Paradiese sich ohne Beischlaf nach Art der Engel fortgepflanzt habe aufgrund der Wirkung göttlicher Kräfte. Daß die Frau bereits vor dem Sündenfall geschaffen worden sei (*Gen.* 1, 27 und 2, 22), wird damit erklärt, daß Gott den Sündenfall vorausgewußt und die Frau mit Rücksicht auf die dann erforderliche Zeugungsweise vorgesehen habe. Ähnlich hatte auch Johannes von Damaskus[25] auf den engelgleichen Zustand Adams und Evas im irdischen Paradies verwiesen. Wo wie bei Augustinus oder Thomas von Aquin an der paradiesischen Zeugung festgehalten wird, wird jedenfalls nie versäumt, auf entscheidende Differenzen in der Qualität der dabei wirksam werdenden Begierden hinzuweisen. Bei Augustin zum Beispiel wird zwischen der wahren Freude (*gaudium verum*) und dem leeren Vergnügen (*inaniter laetum*) unterschieden. Was die Zeugung betrifft, so wäre sie demnach im Paradies *sine libidinis morbo* zustande gekommen, wobei für die Zeugungsorgane bemerkt wird, sie wären bewegt worden wie Arme oder Beine, also durch die vernünftige Willenskraft (*eo moverentur membra illa quo cetera*), ohne wollüstige Brunst (*sine ardoris inlecebroso stimulo cum tranquillitate animi et corporis*). Dabei wäre auch die jungfräuliche Unversehrtheit der Frau durch die Insemination nicht tangiert worden, so wie jetzt ja auch das Menstruationsblut die Jungfräulichkeit nicht beeinträchtige (*ita tunc potuisse utero coniugis salva integritate feminae virile semen inmitti, sicut nunc potest eadem integritate salva ex utero virginis fluxus menstrui cuoris emitti*).[26] Entscheidend ist hier – wie in den analogen Passagen bei Thomas (*Summa theologica*, I, 98, 2) – die völlige Vernunftbeherrschung des Trieblebens. Die Einheit von Leib und Seele wird im Vollsinn also nur für den paradiesischen Zustand des Menschen angenommen. Schon von der empirischen Einheit von Körper und Bewußtsein im Diesseits zu sprechen setzt starken Glauben voraus oder vielleicht noch stärkeren Willen zur Macht. Die Leib-Seele-Einheit als empirische Gegebenheit zu postulieren scheint uns eine Steigerung solchen Glaubens oder solchen Willens zu sein. Wenn bei Thomas von Aquin von solcher Einheit die Rede ist, handelt es sich um eine metaphysische Angelegenheit, die nicht

25 Vgl. Johannes von Damaskus, *De Fide Orth*.
26 Vgl. hierzu Augustinus 1981, S. 53 f.

zufällig auf die Erschaffung und den Urzustand des Menschen oder aber auf die postmortale Form von Leib-Seele-Verhältnissen abhebt. Wenn die Herausgeber der deutschen Thomas-Ausgabe von 1941 auf die tiefe Wesensgemeinschaft zwischen Thomas von Aquin und dem 1940 erschienenen Werk *Der Mensch* von Arnold Gehlen verweisen, so fällt es schwer, bloß ein Mißverständnis anzunehmen.[27]

Daß die völlige Beherrschung des Leibes im übrigen eine Aufgabe der religiösen Virtuosität ist, liegt auf der Hand. Sie steht im europäischen Mittelalter vor allem in Verbindung mit den supererogatorischen Leistungen der Mönche, für die nicht nur die Herrschaft über die äußeren Körpervorgänge, sondern auch über die innere Spontaneität angestrebt wird.[28] Umgekehrt kann die nur bedingte Verfügbarkeit und Transparenz des Leibes für unseren Willen und unser Bewußtsein auch die Basis für eine individuelle, sozial mehr oder weniger anerkannte Distanzierung von Ich und Leib werden. Das Selbst bleibt dann zum Beispiel untangiert von der kommunikativen oder rituellen Störung, die der Körper verursacht. Gestank, Niesen, Schweißausbrüche, Impotenz, Krankheit, Lachanfälle, Weinkrämpfe, Schüttelfröste, Nasenbluten usw. werden dann nicht mir, sondern nur meinem Körper zugeschlagen, für den ich nicht kann. Das gleiche kann dann auch für Krankheiten gelten: Sie können als bloß äußere, selbstferne, fremde Ereignisse oder umgekehrt als geheime Botschaften gelesen werden, die den Sinn der Existenz erhellen.

27 »Wenn die heutige Biologie den Leib-Seele-Dualismus oder gar den ›Trialismus‹ (Gehlen) von Geist–Seele–Leib überwinden möchte, dann liegt das ganz in der Linie thomistischen Denkens, mag auch die letzte metaphysische Einheit des Wesens Mensch dem Naturforscher verborgen bleiben.« Kommentar der Herausgeber, in: Thomas von Aquin 1941, S. 8. Immerhin lehrt ein Blick auf die theologische Tradition, daß zwar der Leib des gefallenen Menschen eine eigene Quelle von Versuchungen und insofern von Heilsgefahren darstellt, daß aber daraus nicht schlechthin auf Leibfeindschaft geschlossen werden darf. Schon die Abwehr gnostisch-manichäischer Tendenzen führt selbst bei einem Autor wie Tertullian dazu, daß der Leib ausdrücklich an der Gottebenbildlichkeit des Menschen partizipiert. Vgl. ebd., S. 224. Zur Lehre von der Seele in der Scholastik vgl. außerdem Knebel 1991 und, allgemein zur Geschichte der Seele in Europa, Wulf 1991.
28 Vgl. zu diesem Zusammenhang etwa Foucaults (1982) Interpretation von Cassian, *De institutis coenobiorum*.

So finden sich in fast allen Gesellschaften – jenseits aller fachlichen Deutungsabstinenz der medizinischen Wissenschaft, soweit es eine solche gibt – Deutungsmuster, die die körperliche Funktionsstörung als Text werten, der Auskunft über eine vorher verborgene Wahrheit gibt. Krankheit wird dann vielleicht interpretiert als Prüfung, als Entlarvung, als Schande, als Strafe. »Jahrhundertelang basierte im christlichen Abendland der alte Begriff des Fatums auf der religiösen Auffassung von Krankheit: der Wille Gottes ist Herr über das Schicksal des Menschen. Die Krankheit erhält einen Sinn. Gott schickt sie dem Menschen wegen seiner Sünden, aufgrund seiner sündigen Natur.«[29] Für das Individuum dürfte hier nicht selten zusätzliche Tragik dadurch entstehen, daß für dieses selbst zunächst bloße physische Symptome sozial als Ehrlichkeit des Leibes ausgelegt werden. So zum Beispiel, wenn das Auftreten einer Hautveränderung als Hexenmal interpretiert wird, Impotenz als Zeichen für Untreue gilt oder Epilepsie oder AIDS als Strafen Gottes für ein verheimlichtes Verbrechen bzw. für einen unmoralischen Lebenswandel angesehen werden.

Speziell im Christentum ist Krankheit eher Zeichen einer Gefährdung des Heils, als daß sie selbst als solche wirksam würde. Fast könnte man angesichts vieler Zeugnisse behaupten, daß der Gefahr für das äußere Leben die heilsförderliche Bußwirkung der Schmerzen korrespondiert.[30] Schwere und existentiell bedroh-

---

29 Herzlich und Pierret 1991, S. 170; vgl. dazu auch Schimitschek und Werner 1985, S. 146; MacNeill 1978, S. 141; Overbeck 1987, S. 30. Schmidt zitiert eine Fülle von Leserbriefen, die im ZDF eingingen, die alle den Tenor hatten, daß AIDS eine Strafe Gottes für abartige Sexualität sei, nachdem der Sender zwei Beiträge über AIDS-Kranke brachte; vgl. Schmidt 1988, S. 99-105. In unseren repräsentativen Befragungen in den alten und neuen Bundesländern stimmten jeweils rund 28% der Ost- und der Westdeutschen dem Statement zu, daß »AIDS die Geißel der Menschheit und die Strafe für ein unmoralisches zügelloses Leben« sei; vgl. Eirmbter, Hahn und Jacob 1992 c. Siehe zur Untersuchung in den alten Bundesländern außerdem Eirmbter, Hahn und Jacob 1993.
30 Der rituelle Begriff der »Reinheit« ist häufig geradezu untrennbar verbunden mit körperlicher Unreinheit, sei es, weil Asketen oder Eremiten zum Zweck der Läuterung und Erleuchtung allen weltlichen Bequemlichkeiten, wozu auch die Körperpflege zählt, entsagen, sei es, weil Heilige und Märtyrer mit entstellenden Krankheiten oder Torturen und Martern geschlagen werden, die sie klaglos ertragen.

liche Krankheiten, die jahrhundertelang nicht heilbar waren und unterschiedslos jeden trafen, lassen sich mit Hilfe dieser Strategie auch für die Betroffenen sinnhaft bewältigen. So schrieb beispielsweise Cyprianus, Bischof von Karthago, im Jahre 251 über die Pest, die in der Gegend wütete:

»Eine große Zahl von uns stirbt diesen Tod, das heißt, eine große Zahl von uns ist von dieser Welt erlöst. Dieser Tod ist eine Geißel für die Juden und die Heiden und die Feinde Christi; für die Diener Gottes ist er der Beginn des Heils. Wenn auch, ohne Unterscheidung der menschlichen Rasse, der Gerechte mit dem Ungerechten stirbt, steht es euch doch nicht an zu denken, daß die Vernichtung für den Bösen wie den Guten gleich ist. Den Gerechten ist sie die Erlösung, den Ungerechten Höllenqual.«[31]

Weniger Krankheit, obwohl auch sie bisweilen als Zeichen für bereits gefährdetes Heil infolge sündhafter Verfehlungen (aber mit der, wie wir gesehen haben, gleichzeitigen Funktion innerweltlicher Buße und Läuterung zur Wiedererlangung spiritueller Reinheit) gilt, als vielmehr der gesunde, ja der ausgesprochen vitale Körper wird in der christlichen Tradition als das eigentlich Gefährliche angesehen, und zwar unabhängig davon, ob nun jeweils die fast manichäische generelle Lustverdächtigung oder die moderatere des Aquinaten dominant war. Es bleibt doch die stete Beunruhigung durch die nicht völlig vom Willen steuerbare Begierde, die in ständiger Sorge auf ihre mögliche Sündhaftigkeit befragt wird. Das gilt nicht nur für verbotene Handlungen, sondern bereits für verbotene Gedanken und Wünsche. Das gilt auch nicht nur für die untersagten Formen der Sexualität; auch und gerade die gebotene eheliche Pflichterfüllung bleibt stets moralisch prekär und gefährlich, weil im Zusammenhang mit ihr Begierden auftauchen können, die sündhaft sind. Ob nicht überhaupt selbst beim an sich erlaubten ehelichen Verkehr die dabei aufkommende Lust, soweit sie nicht als unvermeidliche Begleiterscheinung in Kauf genommen, sondern aktiv gesucht wird, als Sünde zu interpretieren ist, bleibt bis fast in die aktuelle Gegenwart hinein in der katholischen Moraltheologie kontrovers. Ein aufschlußreiches Beispiel für die Problematisierung der Lust findet sich in *De Principiis Theologiae Moralis* des Innsbrucker Theologieprofessors H. Noldin S. J. (ich zitiere nach der 14. Auf-

---

31 Zit. nach Herzlich und Pierret 1990, S. 170, vgl. zu diesem Aspekt dort auch die Seiten 171 ff.

lage von 1913), worin die Frage gestellt wird, ob die medikamentöse Herbeiführung der Menstruation sündhaft sei. Die Frage wird verneint mit der Begründung, die Blutungen seien nicht mit sexueller Lust verbunden. (*Quandoque mulierum affecta valetudo postulat, ut fluxus menstruus arte, ope scilicet medicamentorum, provocetur, quod quidem moraliter licitum est, quia hunc fluxum nulla comitatur delectatio venerea.*)[32]

Dabei hat ein diesbezüglich gewiß unverdächtiger Zeuge, nämlich Foucault, im ersten Band seiner Geschichte der Sexualität darauf aufmerksam gemacht, daß sexuelle Verbote nicht umstandslos bloß als Repression interpretierbar seien. Gerade die extreme Kasuistik etwa der sexualtheologischen Handbücher (es bleibt keine Position unerwähnt, kein Handgriff undiskutiert, kein Juckreiz ungedeutet) könnte wegen der Überfülle an Todsünden, die das Reich der Lüste vergiften, leicht so mißverstanden werden. Vielmehr entwickelt sich mit den Verboten gerade auch eine Entfaltung von sexuellen Möglichkeiten. Sie werden zwar alle negativ bewertet. Aber zunächst einmal bringen sie sie zur Sprache, machen sie zum Gegenstand der Selbstbeobachtung und der Selbsterfahrung, bringen sie somit in Reichweite des Bewußtseins, der Aufmerksamkeit und der Selbstkontrolle. Die Verbote generieren nicht nur die »Diskurse«, sondern in gewisser Weise die Formen der Sexualität selbst:

»Non seulement on assiste à une explosion visible des sexualités hérétiques. Mais surtout et c'est là le point important un dispositif différent de la loi, même s'il s'appuie localement sur des procédures d'interdiction, assure par un réseau de mécanismes qui s'enchaînent, la prolifération de plaisirs spécifiques et la multiplication de sexualités disparates.«[33]

Die religiöse Interpretation der leiblichen Konkupiszenz als Symbol des Sündenfalls macht den Menschen in einmaliger Weise zum Subjekt von Begierden. Die sorgfältige Selbstanalyse der leiblichen Regungen, der sexuellen Wünsche und Taten im Lichte der Sündenlehre stiftet in gewisser Weise eine neue Form der Identität von Ich und Leib. Sie macht den Leib als Quelle von Lustmöglichkeiten zum Ausgangspunkt von Selbstthematisierungen. Der Kampf mit dem Körper, die Siege und Niederlagen, aber auch die nur anhand des Sündenkonzepts möglichen Formen des leib-

32 Noldin 1913, S. 42.
33 Foucault 1976, S. 67.

lichen Glücks werden zum Schlüssel der biographischen Autopoiesis. Die Lektüre der vergangenen Spuren des Selbst folgt der Sündenschrift. Im Zentrum des Schuldbewußtseins steht aber die Sexualität, die ihrerseits zum Schlüssel für die Körperlichkeit überhaupt wird.

Ganz gewiß ist es nicht so, als hätte das Christentum in Europa ohne historische Vorgegebenheiten jene Dramatisierung der sexuellen Thematik erfunden. Gerade Foucault hat in den kurz vor seinem Tod erschienenen Bänden über die Sexualität in der Antike anhand der Analyse von philosophischen und medizinischen Texten im klassischen Griechenland und im Hellenismus dargestellt, daß auch hier die »plaisirs« und mit ihnen die Sexualität Gegenstand moralischer Problematisierungen waren. Aber die Sexualität wird nicht unter dem Aspekt der Schuld zum Zentrum der Aufmerksamkeit. Vielmehr wird die Kontrolle der körperlichen Begierden, ihre Beherrschung und Mäßigung zur moralischen Forderung für den, der seine Existenz unter ästhetische Ansprüche stellt. Die Lustzähmung ist ein Moment der Selbstästhetik (*esthétique de soi*). Sie figuriert im Kontext der *enkrateia*, der *maîtrise de soi*, als Voraussetzung für die Beherrschung anderer, ist von daher nicht auf Religion, sondern auf Macht bezogen. Dort, wo der Machtaspekt, wie vor allem in der Spätantike, stärker zurücktritt, ist es vor allem der Gesichtspunkt der Freiheit und Autonomie des Selbst, der die Domestikation der Lust empfiehlt. Man darf sich nicht seinen Begierden unterwerfen. Die *culture de soi* gebietet das. Dabei geht es nicht um die Unterdrückung der Lust, weil diese etwas an sich Schlechtes wäre, sondern um die Verfügung über sie, also auch wieder um ihre Einbindung in ein Ideal vom Menschen, der sich selbst bestimmt und der weder durch Hunger noch durch Durst oder sonstige Begierden in seiner Unerschütterlichkeit gestört wird. In gewisser Weise handelt es sich um das genaue Gegenteil einer Selbstverleugnung, als deren Moment die Bekämpfung der Sünden im Christentum immer erscheint, um eine Form der Selbstvergottung.

Foucault zählt deshalb auch sowohl stoische wie epikuräische Texte auf, in denen die Lustbeherrschung Emanzipation des Ich, Selbstgenuß, Freude am selbstgeschaffenen Kunstwerk der eigenen Existenz ist. Gerade diese Zielsetzung der *jouissance de soi* als Folge von Askese wäre im christlichen Rahmen als Form der Kreaturvergötzung die schlimmste aller Sünden gewesen. Vielleicht kann man die Differenz bei scheinbarer Ähnlichkeit – immer geht es um die Befreiung von der Tyrannei der Triebe – am eindrucksvollsten an der moralischen Beurteilung der Masturbation erkennen. Dem Christentum ist sie im Sexuellen fast die Sünde aller Sünden, als *peccatum contra naturam* schlimmer als der Ehebruch. Die Angst vor ihr als der gefährlichsten Versuchung wird drastisch geschürt. Demgegenüber findet sich in den nichtchristlichen antiken Texten, wenn überhaupt die Rede davon ist, was selten und diskret geschieht, die Auffassung, daß sie ein eher kommodes Mittel sei, der Fesselung durch die sexuelle Begierde schnell ein Ende zu machen. Sie steht im Dienste der Emanzipation des Menschen von der seine Freiheit beeinträchtigenden Triebhaftigkeit. Die öffentliche Masturbation des Diogenes, von der Plutarch berichtet, steht im Dienste dieser Lehre. Ganz allgemein ist überdies nicht die Sexualität die zentrale Störung des Seelenfriedens, die von der Leiblichkeit ausgeht. Die mit Hunger und Durst gegebenen Irritationen scheinen viel wichtiger gewesen zu sein. Deshalb haben auch die Vorschriften erheblicheres Gewicht, die sich auf alimentäre Askese und die Schmerzbeherrschung beziehen.

Wie immer aber die verschiedenen Kulturen die Ich-Unzugänglichkeit des Leibes im einzelnen deuten, welche Strategien der Eindämmung der Spontaneität seiner Begierden und Manifestationen sie empfehlen oder gebieten, an der prinzipiellen Gefährlichkeit auch des eigenen Körpers ändert das nichts. Er bleibt (in gewissen Grenzen) ein Fremder, und insofern muß man vor ihm auf der Hut sein. Dabei überwiegt bald das Motiv, daß man sich gegen seine Lockungen schützen muß, bald auch der Gedanke, daß er eine bloß negative Störquelle ist.

5. Risiko oder Gefahr als Codierungsschema für die Leiblichkeit

Sowohl der Körper als auch Krankheit stellen sich in historischer Perspektive zunächst, wie schon gezeigt, als Gefahren dar, deren individuelle Unkalkulierbarkeit und Unbeherrschbarkeit Anlaß für zumindest symbolische und sinnhafte Bewältigungsversuche waren, denn – wie Watzlawick schreibt – »sinnvoll erscheinendes Leiden ist bekanntlich viel leichter zu ertragen als sinnloses«.[34]

Nun läßt sich Unsicherheit oder – noch allgemeiner formuliert – Kontingenz nicht nur als Gefahr in dem beschriebenen Sinn auffassen, sondern auch als Risiko. Dabei stellt Risiko jene Gefährdung dar, die man wagt oder auch nicht wagt, wobei man sich aber in jedem Fall Folgen von Tun oder Lassen selbst zurechnet. Gefahr dagegen rechnet man der Umwelt zu. Als Gefahren werden solche schädigenden Ereignisse interpretiert, die als überhaupt nicht oder zumindest nicht durch eigene, individuelle Aktionen kontrollierbar erscheinen. Natürlich schließt das nicht aus, daß man durch Eingriffe in die Umwelt versucht, diese weniger gefährlich zu gestalten. Risiko und Gefahr stellen damit, was auf den ersten Blick nicht unmittelbar einsichtig sein muß, eine binäre Codierung dar, die Realität unter spezifischen Blickwinkeln thematisiert und die Wahrnehmung strukturiert – und zwar im Prinzip in gleicher Weise, wie dies bei der Unterscheidung von Leib und Seele, der von Mitteilung und Information oder der von Gesundheit und Krankheit der Fall ist.

Grundsätzlich strukturieren alle modernen ausdifferenzierten Funktionssysteme ihre Kommunikation durch einen solchen zweiwertigen Code, der nach Maßgabe der jeweils spezifischen Funktion universelle Geltung beansprucht und insbesondere dritte Möglichkeiten ausschließt[35], was sich sehr gut an der Differenz von »Gesundheit« und »Krankheit« zeigen läßt.

So wird das menschliche Leben in der modernen Gesellschaft zunehmend nicht vor der Alternative Heil oder Verdammnis, sondern vor der von Gesundheit und Krankheit codiert. Damit ist in Anbetracht des universellen Gültigkeitsanspruchs eines solchen Codes gemeint, daß nicht mehr nur einzelne Handlungen oder Unterlassungen als gesundheitsrelevant aufgefaßt werden, während der Rest diesbezüglich als irrelevant gelten könnte. Vielmehr sind virtuell alle Handlungen darauf befragbar, ob sie einen positiven oder negativen Effekt auf die Gesundheit haben. Die Rede von der Codierung des Körpers in Begriffen von Krankheit und Gesundheit verliert insofern gegenwärtig ihren metaphorischen

---

34 Watzlawick 1992, S. 177.
35 Vgl. dazu und zu den folgenden Ausführungen zu binären Codes Luhmann 1986, S. 75-88.

Charakter. So wie andere Codes (etwa Wahrheit, Liebe, Recht oder Zahlung) auch, bezieht sich der Gesundheitscode auf den Gesamtbestand relevanter Alternativen. Alles kann sozial legitim darauf hin befragt werden, ob es gesund bzw. der Gesundheit förderlich oder abträglich ist.

Die Totalisierung des Anwendungsbereichs eines Codes, sofern dieser kommunikativ gewählt wird (was nicht sein muß), führt, wie Luhmann schreibt, zu ausnahmsloser Kontingenz aller Phänomene. »Alles, was erscheint, erscheint im Licht der Möglichkeit des Gegenwertes: als weder notwendig noch unmöglich.«[36] Damit aber gewinnt das seit der Aufklärung als Ideal verfolgte Ziel der freien, individuellen Wahl eine neue Wendung: Man hat nicht (mehr) die Wahl, ob man wählen möchte oder nicht, vielmehr muß man, um sich zu orientieren und handeln zu können, ständig auswählen.

Gerade dies scheint nun ein charakteristisches Strukturmerkmal moderner, funktional ausdifferenzierter Gesellschaften zu sein, daß immer mehr Lebensbereiche transformiert werden in kontingente Situationen mit Selektionszwängen. Ob diese in Anbetracht verlorengegangener Orientierungsgewißheiten als »unsicher« oder auch als Chance zur Gestaltung interpretiert werden, ist dann bereits Resultat eines jeweils anders möglichen Interpretationsprozesses.

Für die Gegenwart im allgemeinen ist es in diesem Zusammenhang charakteristisch, daß sie auch dazu tendiert, immer mehr Ereignisse statt als Gefahren als Risiken zu interpretieren. Vieles, was noch vor einigen Generationen als unvermeidlicher Schicksalsschlag empfunden worden wäre, erscheint jetzt als Resultat von zurechenbaren Handlungen oder Unterlassungen. Selbst Naturkatastrophen werden dann als Folge prinzipiell vermeidbarer Eingriffe interpretiert. Da dieser Schematismus als Codierung für Kontingenz generell gewissermaßen eine Meta-Codierung für alle anderen Funktionssysteme darstellt, läßt er sich über die Codierung »gesund/ungesund« wie über andere Codes auch legen, da hier stets gefragt werden kann, ob das zur Rede stehende Phänomen riskant oder gefährlich ist.

Diese Umdefinition gilt für die Sichtweise des Körpers wie auch für die Einschätzung von Krankheit. Jener erscheint – in der of-

---

36 Ebd., S. 79.

fiziellen Sichtweise – als beherrschbar, diese als vermeidbar. Insofern sind chronisch-degenerative Erkrankungen nicht nur aufgrund ihres verstärkten Auftretens in diesem Jahrhundert die typischen Krankheiten der Moderne. Gerade diese Krankheiten sind trotz aller unbestrittenen Umwelteinflüsse in weitaus größerem Maß individuelle Krankheiten als die Seuchen der Jahrhunderte zuvor, weil sie ätiologisch stark von individuellen Verhaltensweisen abhängig sind.

Diese Sichtweise setzt neben entsprechenden ätiologischen Kenntnissen aber wiederum voraus, daß der eigene Körper auch als beherrschbar angesehen wird, man sich also in der Lage sieht, seine Ernährung zu ändern, auf Alkohol, Nikotin oder ungeschützten Sexualverkehr zu verzichten und regelmäßig Sport zu treiben. Nur dann läßt sich Krankheit oder lassen sich Körpermanifestationen, wozu in der Gegenwart auch spezifische Schönheits- und Fitneßideale zählen[37], eigenen Handlungen zurechnen und werden nicht als schicksalhaft gegeben interpretiert.

Es ist zu vermuten, daß sich dieses – etwas überspitzt ausgedrückt – Weltbild der Moderne auch am ehesten in Gruppen mit moderner Lebensweise finden läßt[38], während die Sichtweise von Welt als einem in erster Linie gefährlichen Ort vor allem in traditionell geprägten Lebenskontexten mit vormodernen Unterströmungen anzutreffen ist. Belege für diese Vermutung finden sich in einer Untersuchung über die gesellschaftlichen Folgen von AIDS, an der wir zusammen mit Willy H. Eirmbter seit Anfang 1990 arbeiten.[39]

37 Vgl. dazu zum Beispiel Honer 1985.
38 Um Mißverständnisse zu vermeiden: die Terminologie ist soziologisch zu verstehen und impliziert keine Hierarchisierungen oder Wertungen.
39 Im Mittelpunkt dieses Forschungsprojekts, das im Auftrag des Bundesgesundheitsamtes mit Mitteln des BMFT durchgeführt wird, stehen Wahrnehmungs- und Deutungsmuster von AIDS und anderen (schweren) Krankheiten und daraus resultierende Reaktionen. Das Projekt gliedert sich in je eine repräsentative Befragung in den alten und neuen Bundesländern (N jeweils größer 2000) und eine intrakulturell vergleichende Untersuchung in drei unterschiedlich strukturierten Sozialräumen (Köln, Trier, Landkreise Ansbach und Neustadt/Aisch, N größer 2200). Die hier präsentierten Daten entstammen der Repräsentativbefragung in den alten Bundesländern, die im Sommer 1990 durchgeführt wurde. Vgl. dazu die im Literaturverzeichnis angeführten Arbeiten von Eirmbter, Hahn und Jacob.

AIDS ist nicht nur eine tödliche Krankheit, sie ist auch Gegenstand eines bestimmten Diskurses. In diesem finden sich nicht nur die bis dato von der Wissenschaft sanktionierten Annahmen und Kenntnisse, das szientifische Wissen über Erreger, Übertragungswege, Ansteckungsgefahren, Diagnose- und Therapieverfahren usw., sondern auch ein kollektiv unterstellter Zusammenhang von anderer Lebensform, Charakter und Gefahr, von Schuld und Tod, von Sexualität und Bedrohung. Zur Krankheit als Medienthema gehört ein *imaginaire*. Selten hat eine Krankheit in so kurzer Zeit eine solche öffentliche Aufmerksamkeit ausgelöst wie AIDS. Das gilt vor allem, wenn man sich die relativ geringe Zahl derer klar macht, die bislang von dieser Krankheit befallen sind (im Vergleich zu anderen Todesursachen). Trotzdem ist die Krankheit als Phänomen bei nahezu der gesamten Bevölkerung bekannt. AIDS ist also gegenwärtig vor allem eine Realität der Kommunikation. Nur sehr wenige Personen in der allgemeinen Bevölkerung haben das Phänomen selbst bisher beobachten können. Die verbreitete Angst ist nicht auf eigene Erlebnisse, sondern auf Medienvermittlung gegründet, wobei es freilich zu kurz greifen würde, die Medien für die Zentralität des Themas AIDS verantwortlich machen zu wollen. Die Medien spiegeln vielmehr eine »Betroffenheit«, die selbst erst in ihrer Universalität erklärt werden muß; AIDS ist epidemisch, tödlich, wird sexuell übertragen und mit »Abweichung« verknüpft. Man könnte auch sagen, daß das Virus momentan schneller in den Köpfen als im Blut der Menschen zirkuliert.

Untersucht man die Inhalte, durch die das *imaginaire* dieser Krankheit charakterisiert ist, im einzelnen, so findet man sowohl die Vorstellung von AIDS als einer Gefahr als auch die von AIDS als einem Risiko. AIDS ist einerseits als universale Bedrohung präsent. Die Krankheit ist unheilbar und nach bisherigem Wissen sicher tödlich. Jeder kann sich grundsätzlich anstecken. Obwohl de facto bislang nur wenige direkt betroffen sind und außerdem nur bestimmte Verhaltensweisen erheblich höhere Infektionsrisiken implizieren[40], wird die Gefahr als ubiquitär vorgestellt, und

---

40 Wenn man einmal von – im Falle von AIDS massiven – Fehlleistungen des Systems absieht, wie sie etwa die jahrelange Infizierung von Blutern in Frankreich und Deutschland durch HIV-verseuchte Blutpräparate darstellt.

zwar sehr oft im Gegensatz zu bislang vorliegenden Kenntnissen der »wirklich« gegebenen Möglichkeiten einer Kontamination, so etwa, wenn Mitglieder des Alpenvereins anfragen, ob man noch ohne Handschuhe einen gesicherten Klettersteig benutzen solle. Aber andererseits korrespondiert mit dem Thema der Omnipräsenz der Gefahr der Hinweis auf die prinzipielle Vermeidbarkeit einer Ansteckung, zumal die Krankheit nur schwach infektiös und an spezifische Übertragungswege gebunden ist: Jeder kann selbst dafür sorgen, eine Ansteckung zu vermeiden. Dabei können die inzwischen für jeden Verbandskasten vorgeschriebenen AIDS-Handschuhe gleichsam wie ein Symbol der Gleichzeitigkeit von universaler Anwesenheit der Gefahr und prinzipieller Schutzmöglichkeit aufgefaßt werden.

AIDS ist außerdem – in Anbetracht des Zeitraumes zwischen einer Infektion mit HIV und der Entwicklung zum Vollbild von AIDS – auch als chronische Krankheit zu charakterisieren, und speziell dieser Umstand ist in besonderer Weise anschlußfähig für den Topos des Körpers als einer Gefahr. Denn ob man selbst oder andere Träger des Virus sind, ist nicht wahrnehmbar. Man selbst weiß es nicht, sondern muß es sich sagen lassen, und zwar von den Ärzten, die den Test verwalten.

Der Test wird folglich im *imaginaire* dieser Auffassungen zum Organ der Wahrheit, ähnlich der Folter vor einigen Jahrhunderten oder dem schon erwähnten Lügendetektor in den USA. Nur handelt es sich diesmal um eine sanfte Tortur, wissenschaftlich und hygienisch. Aber hier wie dort handelt es sich um eine Manifestation unserer Identität. Was das öffentliche Zwangsgeständnis oder die permanente Denunziation in autoritären und totalitären Gesellschaften war und ist, das wird der ununterbrochene Test im gefahrinduzierten Diskurs über AIDS. Der Test wird dann zum »Durchbruch« der versteckten, der wahren, der gefährlichen Identität, indem er den Zusammenbruch der bislang innegehabten herbeiführt. Nicht erst der Ausbruch der Krankheit selbst oder der Tod sind der Zusammenbruch, sondern schon die Enthüllung der Seropositivität.

Der Test funktioniert insofern wie ein institutionalisiertes unfreiwilliges Gedächtnis, oder vielleicht sollte man eher sagen, wie die Lektüre eines ins Blut eingeschriebenen Textes. »Blut ist ein ganz besonderer Saft«, sagte Goethes Teufel. Im *imaginaire* der AIDS-Erkrankung verbinden sich Blut, ein unheimliches und verborgenes Virus, Sexualität, Sperma und Tod zu einer funesten Assoziation. Der Test arbeitet wie ein Geständnisgenerator, der ein geheimes und uneingestehbares Inneres entäußert; seine Institutionalisierung ermöglicht die Kontrolle durch die Kontrolle: ein Dispositiv der Wahrheit, das die vergessene Vergangenheit in ein kollektiv gültiges Präsens der sozialen Person verwandelt. Dabei läßt sich die intendierte Schutzfunktion des Tests natürlich nur erreichen, wenn sein Ergebnis öffentlich ist oder wird. Test und Denunziation wohnen dicht beieinander in der Vorstellungswelt derer, die sich nur von seiner allgemeinen Anwendung Schutz für die Bevölkerung erhoffen. Wenn die Ansteckungsgefahren als ubiquitär angesehen werden, dann liegt es auch nahe, die totale Publizität der AIDS-Identität zu verlangen. Wenn man ausschließlich den Austausch von Körperflüssigkeiten mit Infizierten für gefährlich hält, dann kann man auch die Publizität der Infektion einschränken. Liest man sich die entsprechenden Forderungen durch, wie sie öffentlich erörtert werden, so finden sich denn auch beide in dem gefahrinduzierten Diskurs über AIDS. Die Alternativen, die dieser Diskurs anbietet, liegen also zwischen Stigmatisierung und physischer sozialer Isolation.

Hier ließe sich natürlich einwenden, daß dieser Dualismus von Risiko und Gefahr im Fall von AIDS gerade vor dem Hintergrund der medizinischen Erkenntnisse durch verstärkte Informations- und Aufklärungskampagnen leicht aufzulösen wäre, welche die objektiv[41] unangemessene Interpretation von AIDS als Gefahr ausschalten und die objektiv richtige Einschätzung als Risiko propagieren und mithin dafür sorgen, daß sich diese Risiko-Sicht in der Bevölkerung allgemein durchsetzt.

Alle bislang praktizierten Aufklärungskampagnen hatten genau das ja auch zum Ziel. Dem steht aber entgegen, daß sich die Beurteilung von Situationen als riskant oder als gefährlich eben nicht *nach* ihrer quasi voraussetzungslosen Wahrnehmung vollzieht, sondern auf der Basis von grundlegenden Dispositionen und subjektiv eingeordneten Erfahrungen, die der jeweiligen speziellen Wahrnehmung vorgelagert sind und diese in spezifischer Weise prägen. »Die Theorie bestimmt, was wir beobachten können«

---

41 Das heißt dem aktuellen Kenntnisstand der Wissenschaft entsprechend. »Objektiv« ist nicht gleichzusetzen mit »wahr«, sondern bezieht sich auf den Modus der (Er-) Kenntnisgewinnung.

(Albert Einstein); bestimmt, wie AIDS eingeschätzt wird. Wie und welche Informationen von Personen handlungsleitend integriert werden, hängt weniger von diesen konkreten und speziellen Reizen selber als vielmehr von grundlegenden Interpretationsschablonen ab. Nur sehr selten sind die »Dinge an sich« als »Wirklichkeiten erster Ordnung«[42] mit objektiv feststellbaren Eigenschaften handlungsrelevant, sondern bestimmend ist in aller Regel das, wofür sie subjektiv gehalten werden. Gerade Verhalten unter Unsicherheit stellt einen zentralen Anwendungsbereich solcher gleichsam vorgefertigter Interpretations- und Handlungsmuster dar, in denen die Feststellung von Tatsachen und ihre Bewertung und Einordnung nicht eindeutig voneinander zu trennen sind. Wie die Reaktionen auf AIDS ausfallen, hängt demnach davon ab, wie kontingente Situationen ganz allgemein eingeschätzt werden.

»Sicheres Umgehen mit Unsicherheit« wird dann um so eher eine habitualisierte Handlungsressource, je häufiger sich Individuen neuen und mehr oder weniger unbekannten Situationen, Anforderungen, Erfordernissen, Personen konfrontiert sehen. Dabei korreliert die Verteilung solcher Handlungschancen und Erfahrungsmöglichkeiten auch in der »modernen Risikogesellschaft«[43] mit überindividuellen Daseinszuständen. Hoher sozialer Status, Jugend oder urbane Lebensweise etwa stellen Formen der bevorzugten Zugänglichkeit dieser generalisierten Ressource dar, die man vielleicht als »Selbstvertrauen«, »Selbstsicherheit« oder »Handlungs- und Gestaltungskompetenz« bezeichnen könnte. Neue Situationen versucht man dann weniger durch Analogiebildung oder durch die Delegation an schicksalhafte Mächte zu bewältigen, die von individueller Verantwortung und weiterer Auseinandersetzung mit dem Phänomen entlasten. Vielmehr dürften diese als jeweils tatsächlich neue Aspekte mit dem generellen Gefühl angegangen werden, Probleme meistern zu können, die Übersicht zu behalten, sich auszukennen, Lösungen zu finden.

Die Unterscheidung von Risiko oder Gefahr und ihre Anwendung auf AIDS verdeutlicht dies. Unsere Ergebnisse zeigen, daß es gewissermaßen zwei Syndrome der Einschätzung von AIDS und daraus resultierender Reaktionen gibt. Es läßt sich die klare

---

42 Watzlawick 1978, S. 143.
43 Vgl. Beck 1986.

Tendenz beobachten, AIDS bewußtseinsmäßig um so gesteigerter als Gefahr zu erleben, je älter die betreffenden Personen sind, je niedriger ihr sozialer Status ist und je kleiner die Gemeinden sind, in denen sie leben. Zugleich ist in diesen Personengruppen die objektive Wahrscheinlichkeit, sich anzustecken, am niedrigsten. Die zunächst paradox anmutende Situation erklärt sich aus dem zuvor Ausgeführten: AIDS steht für eine bedrohliche, neue Situation, zu deren Bewältigung wird vor dem Hintergrund der unterschiedlich ausgeprägten generellen Ressource »Gestaltungskompetenz« hier auf analoge Konzepte zurückgegriffen. Daß dies bei AIDS individuelle und kollektive Erfahrungen mit anderen (schweren) Krankheiten sind, liegt auf der Hand. Die Sichtweise von AIDS als Gefahr beeinflußt die Wahrnehmung der Krankheit und deren laienätiologisch geprägte Interpretation als hochinfektiös und allgegenwärtig, die sich zudem, da bestimmte, ohnehin stigmatisierte Gruppen in den westlichen Industrieländern die Erstbetroffenen waren, für Projektionen und Schuldattributionen hervorragend anbietet. Dem entspricht der Umgang mit den perzipierten Virusträgern. Diese werden als gefährliche Fremdgruppe angesehen, wobei die Extension dieser Fremdgruppe unterschiedliche Ausmaße annehmen kann. Hierunter können zunächst tatsächlich Betroffene subsumiert werden, dann aber auch alle Angehörigen der sogenannten Hauptrisikogruppen, potentiell schließlich – wegen der vorgestellten Ubiquität von AIDS – unterschiedslos alle anderen, zumindest aber alle Personen außerhalb des persönlichen Umfeldes, mithin alle »Fremden«. AIDS-Gefahren gehen von den anderen aus und lauern prinzipiell überall.[44]

Grundvoraussetzung für Ansteckungsvermeidung ist daher ein generelles Mißtrauen allen Fremden gegenüber, da alle Fremden potentielle Virusträger sind. AIDS als infektiöse Krankheit verstärkt somit das Bewußtsein einer feindlichen und gefährlichen Welt. Dabei wird die Öffentlichkeit in steigendem Maß als bedrohlich wahrgenommen, und Rückzugsstrategien erscheinen dann ebenso angebracht wie die Beseitigung der Gefahr durch Ausgrenzung und Separierung der tatsächlich oder vermeintlich Gefährlichen, der sogenannten Hauptrisikogruppen. Dieser Diskurs ist natürlich keineswegs auf AIDS beschränkt, sondern fin-

---

44 Allgemein zu einer Soziologie des Fremden siehe Hahn 1992.

det sich in vielen anderen Zusammenhängen in gleicher Weise, in jüngster Zeit etwa bei der Debatte über Ausländerfeindlichkeit. Daß sich für diesen Diskurs auch Begriffe wie »autoritär« oder »totalitär« finden lassen, hängt mit eben der zentralen Perspektive einer gefährlichen, unbeherrschbaren und unberechenbaren und so in gewisser Weise auch anarchischen Welt zusammen, vor deren Einbruch in die stets prekäre »heile« Alltagswelt man sich nur durch konsequente und permanente Regelung, Aufrechterhaltung und Befolgung von Normen, Institutionalisierung von Ordnung schützen kann. So läßt sich auch immer wieder feststellen, daß Sicherheit und Ordnung zentrale Topoi im gefahrinduzierten Diskurs sind.

Unsere Ergebnisse korrespondieren insofern mit den Daten, die Schulze in seiner 1985 durchgeführten Lebensstiluntersuchung ermittelt hat. Er konnte eine von ihm »Harmoniemilieu« genannte subkulturelle Gruppe identifizieren. Sozialstrukturell, aber auch bezogen auf den grundlegenden Habitus, deckt sich dieses Milieu mit der Personengruppe, bei der in unserer Studie die höchste Bereitschaft zum Mißtrauen gegenüber Fremden, zu Verunsicherung und Rückzugstendenzen zu beobachten war. Schulze weist darauf hin, daß hier ein soziales Klima besteht, in dem sich die Suche nach »Gemütlichkeit« und der Meidung von als »ungemütlich« empfundenen Störungen miteinander verbinden. Das Ungemütliche schlechthin ist aber das Fremde.[45] Wie die Ergebnisse von Schulze zeigen, hängen die Sehnsucht nach Gemütlichkeit und die Angst vor Fremden miteinander eng zusammen. Diese Sehnsucht findet sich besonders intensiv bei Menschen, die zu Rückzug und Resignation neigen, anderen gegenüber eher mißtrauisch sind, wenig Zutrauen zu sich selbst und ihren Fähigkeiten besitzen. Unbekannte und unstrukturierte Situationen werden als bedrohlich und angsteinflößend empfunden. »Im Weltbild des Harmoniemilieus dominiert als primäre Perspektive die Dimension der Gefahr. Gegeben ist eine potentiell bedrohliche Welt... Von der Wirklichkeit ist nichts Gutes zu erwarten, von anderen Menschen nicht, von der Zukunft nicht...«[46] Auch die von uns beobachtete Tendenz zum Rückzug findet sich in dem »Harmoniemilieu« wieder: »Kein Milieu tritt

---

45 Vgl. dazu Schulze 1992, S. 151.
46 Ebd., S. 293 f.

öffentlich weniger in Erscheinung, ... kein Milieu hat eine stärkere Neigung zum Rückzug in die eigenen vier Wände. Man bleibt, wo man sich am sichersten fühlt: zu Hause.«[47] Dieses Milieu ähnelt der von Bourdieu für Frankreich identifizierten Klasse des »absteigenden Kleinbürgertums«[48], für das die Zentralität solcher Werte wie Sauberkeit und Ordnung, Sicherheit und die Orientierung an Althergebrachtem und Bewährtem wie auch repressive Neigungen ebenfalls charakteristisch sind.[49]

Der Sichtweise von AIDS als Risiko entspricht demgegenüber der bewußte und kalkulierte Umgang mit der Bedrohung einer HIV-Infektion. Auf der Basis objektiver krankheitsbezogener Informationen und deren handlungsleitender Integration in das individuelle Bewußtsein werden (möglicherweise) hier lediglich bestimmte ansteckungsrelevante Situationen vermieden. Das heißt, daß diese Sichtweise ein situationsbedingt vorsichtigeres Verhalten, aber kein generelles Mißtrauen impliziert. Risikobewußtsein als ein Bewußtsein der eigenen Verantwortlichkeit für die Folgen bestimmter Handlungen oder auch Unterlassungen führt dann eher zu Strategien individueller Risikominimierung. Ein solcher Umgang mit der Bedrohung durch HIV bedeutet, daß unter Umständen bestimmte, eigene Verhaltensweisen als änderungsbedürftig angesehen werden. Eine weitergehende Identifizierung und Behandlung von Virusträgern, wie sie die Interpretation von AIDS als Gefahr zur Konsequenz hat, wird bei dieser Sichtweise der Krankheit aber kaum als erforderlich angesehen, denn nicht die Virusträger selbst, sondern nur bestimmte Formen des Kontaktes mit diesen werden als bedrohlich angesehen. Diese Sichtweise von AIDS ist überdurchschnittlich häufig in großstädtischen Kontexten, bei jüngeren und formal besser gebildeten Personen mit besser dotierten beruflichen Positionen anzutreffen. Auch diese Gruppe findet sich in der Lebensstiluntersuchung von Schulze wieder und wird auch dort als Antityp zum Harmoniemilieu beschrieben: »Hier die Jüngeren, dort die Älteren; hier die Gebildeten, dort die wenig Gebildeten. Entgegengesetzt zum Harmoniemilieu ist auch der Stiltypus. Es dominiert ein Muster,

---

47 Ebd., S. 294.
48 Vgl. Bourdieu 1984, S. 541.
49 Zur genaueren Beschreibung des »absteigenden Kleinbürgertums« vgl. Bourdieu 1984, S. 541-549.

das positiv durch Nähe zum Hochkulturschema und Spannungsschema, negativ durch Distanz zum Trivialschema bestimmt ist.«[50] Ein charakteristischer Typus dieses Milieus ist der des Studenten.

»Auch nach Beendigung des Studiums, schon im Berufsleben, bleiben viele noch über Jahre hinweg studentenähnlich. Milieutheoretisch ist Student-Sein eine Existenzform, für welche die Einbindung in Institutionen nur eine untergeordnete Rolle spielt. Zur Manifestation dieser Existenzform in der Alltagserfahrung gehört die Teilnahme an Neuer Kulturszene und Kneipenszene, die Rhetorik der Selbstverwirklichung und die Symbolik der unabgeschlossenen Entwicklung – Zeichenwechsel, Ortswechsel, Beziehungswechsel, Karrierewechsel, Einsteigen, Umsteigen, Aussteigen.«[51]

Typisch ist hier auch eine durch Offenheit und »allgemeine Unbekümmertheit« (Schulze) zu charakterisierende Grundhaltung anderen gegenüber sowie das Verhältnis zur Öffentlichkeit. »Es ist das mobilste Milieu, mit der ausgeprägten Tendenz, die eigenen vier Wände zu verlassen und auszugehen ... Auch sozial ist das Milieu expansiv. Typisch ist ein großer Freundeskreis.«[52] Politisch ist dieses Milieu links von der Mitte einzuordnen. Es »ist das Kernmilieu sozialer Bewegungen. Alternativbewegung, Friedensbewegung, die Grünen ... finden im Selbstverwirklichungsmilieu die meisten Anhänger. Spiegelbildlich dazu haben konservative Kräfte, so die bürgerlichen Parteien und die katholische Kirche, hier die wenigsten Parteigänger.«[53]

6. Belege

Die folgenden Ergebnisse unserer Untersuchungen belegen diese Zusammenhänge.[54] Mit Indikatoren für die Wahrnehmung und Interpretation von AIDS (AIDS als Gefahr, perzipierte Infektiosität von AIDS, Schuldattributionen), Reaktionsdispositionen

---

50 Schulze 1992, S. 312. Zur Unterscheidung dieser drei Kulturschemata vgl. ebd., S. 142-157.
51 Ebd., S. 312 f.
52 Ebd., S. 318 f.
53 Ebd., S. 319.
54 Im Detail zu methodischen Fragen wie der Operationalisierung der

(Ausgrenzungsbereitschaften, Akzeptanz staatlicher Zwangsmaßnahmen), einem Indikator für ein allgemeines und diffuses Bedrohtheitsgefühl in der Öffentlichkeit sowie den Merkmalen Alter, sozialer Status und Größe des Wohnortes wurde neben uni- und bivariaten Analysen auch eine Korrespondenzanalyse zur Ermittlung multivariater Zusammenhänge gerechnet. Berücksichtigt wurden dabei außerdem die Merkmale Konfessionszugehörigkeit, Kirchennähe, Parteipräferenz, subjektive Bedeutung von sexueller Treue und die Zahl der Sexualpartner in den der Befragung vorangegangenen 12 Monaten.[55] Das Geschlecht spielt in dem hier untersuchten Zusammenhang keine Rolle, wie sowohl die bivariaten Auswertungen als auch die Korrespondenzanalyse gezeigt haben.

Die zugrundeliegenden Indikatoren basieren zum größten Teil auf mehreren Items. Die Sichtweise von AIDS als Gefahr, die Bereitschaft zu Schuldattributionen und zur Ausgrenzung Betroffener sowie der subjektive Stellenwert sexueller Treue wurden mittels Statements operationalisiert, wobei nach einer Faktorenanalyse diejenigen Statements, die mit mehr als .5 auf den entsprechenden Faktoren geladen waren, additiv verknüpft wurden. Die weitere Analyse erfolgte dann mit diesen Indizes.

Um zu ermitteln, ob und welche nach bisherigem Kenntnisstand für eine Übertragung von HIV unbedenklichen Alltagssituationen[56] gleichwohl als infektiös eingeschätzt werden, wurden insgesamt acht solcher Routinen des täglichen Lebens vorgegeben und danach gefragt, ob diese als infektiös eingeschätzt werden oder nicht. Diese Antworten haben wir zu einem Summenindex zusammengefaßt, der Auskunft darüber gibt, wie viele der genannten Situationen als ansteckungsrelevant beurteilt werden. Das gleiche gilt für eine vorgegebene Liste mit 5 möglichen Zwangsmaßnahmen zur Bekämpfung von AIDS, wobei sich 4 davon nur gegen Betroffene und Angehörige sogenannter Hauptrisikogrup-

einzelnen Konstrukte und durchgeführter Testverfahren vgl. Eirmbter, Hahn und Jacob 1993.
55 Mittels einer vorgeschalteten Filterfrage wurde sichergestellt, daß nur solche Personen gefragt wurden, die in der fraglichen Zeit überhaupt sexuell aktiv waren.
56 Eine Übertragung von Krankheiten durch Schmier- oder Tröpfcheninfektion (zum Beispiel Schnupfen oder Grippe) ist in allen genannten Situationen dagegen möglich.

pen richteten, die fünfte dagegen (»Zwangstest für alle«) auch an die Allgemeinbevölkerung. Aus diesen Antworten wurde ebenfalls ein Summenindex gebildet. Zur Messung der perzipierten Bedrohlichkeit von Öffentlichkeit wurden wiederum einige Situationsbeschreibungen vorgegeben und die Antworten in einem Summenindex zusammengefaßt.

Den sozialen Status haben wir ermittelt durch bestimmte Kombinationen der Merkmale »formale Bildung«[57] und »berufliche Position«.[58] Wir unterscheiden so 5 Statusgruppen (in Ermangelung griffiger Formulierungen verwenden wir zur verbalen Kurzcharakterisierung Bezeichnungen aus dem Schichtungsmodell), daneben Schüler und Studenten und eine siebte, nicht eindeutig zu typisierende Gruppe mit inkonsistenten Merkmalskombinationen.

Im folgenden werden zunächst die Häufigkeitsverteilungen aller verwendeten Merkmale wiedergegeben (vgl. Tabelle 1), wobei zugleich die Abkürzungen (in Klammern) für die einzelnen Merkmalsausprägungen erläutert werden, wie sie in der Korrespondenzanalyse verwendet und in der Numerik dargestellt werden. Tabelle 2 weist die bivariaten Zusammenhänge zwischen einer Sichtweise von AIDS als Gefahr und den übrigen verwendeten Variablen aus, die als Grundlage für die Korrespondenzanalyse gedient haben. Bereits hier zeigt sich, daß AIDS um so eher als Gefahr angesehen wird, mit der man überall zu rechnen hat und vor der es kaum eine Schutzmöglichkeit gibt, je älter die Befragten sind, je niedriger ihr sozialer Status und je kleiner der Ort ist, in dem sie wohnen. Außerdem entspricht dieser Einschätzung der Krankheit eine ausgeprägte Neigung zu Schuldzuschreibungen und zur Ausgrenzung Betroffener aus dem eigenen Umfeld. Eine spezifische alltagstheoretisch geprägte und analogisierende Sichtweise der Krankheit ist sehr ausgeprägt, wie die Vielzahl der als infektiös eingeschätzten Situationen der täglichen Lebensroutine zeigt. Ein ganzer Katalog von staatlichen Zwangsmaßnahmen zur Identifizierbarkeit und Beseitigung dieser Gefahr (Zwangstests für Ange-

---

57 »Kein Abschluß« bis »Universitätsabschluß«.
58 Zum Beispiel »ungelernte Arbeiter« bis »Meister«, »Angestellte mit einfacher Tätigkeit« bis »Angestellte mit Führungs- und Leitungsaufgaben«. Die übrigen Berufsgruppen wurden in entsprechender Weise differenziert.

hörige von sogenannten Hauptrisikogruppen, Meldepflicht für Infizierte, Separierung und Kennzeichnung Kranker und Infizierter) wird weit überdurchschnittlich häufig befürwortet:

Tabelle 1: Univariate Verteilungen

Merkmal	Ausprägungen	Abkürzung	N	valid %
Geschlecht	männlich	m	993	46,9
	weiblich	f	1125	53,1
Altersklassen	18 bis unter 30	a1	527	25,0
	30 bis unter 40	a2	428	20,3
	40 bis unter 50	a3	344	16,3
	50 bis unter 60	a4	324	15,4
	60 und älter	a5	481	22,9
Sozialer Status	Schüler und Stud.	s1	123	5,8
	Oberschicht	s2	137	6,5
	Obere Mittelsch.	s3	445	21,0
	Mittlere Mittelsch.	s4	334	15,8
	Untere Mittelsch.	s5	608	28,7
	Unterschicht	s6	238	11,2
	Restkategorie	s7	233	11,0
Wohnortgrößenklassen in 1000	bis unter 2	k1	108	5,1
	2 bis unter 5	k2	179	8,5
	5 bis unter 20	k3	490	23,1
	20 bis unter 50	k4	328	15,5
	50 bis unter 100	k5	211	10,0
	100 bis unter 500	k6	417	19,7
	über 500	k7	385	18,2
Konfession	evangelisch	ev	1009	47,8
	katholisch	rk	879	41,6
	andere Konfessionen	an	31	1,5
	keine Konfession	ke	193	9,1
Verbundenheit mit Kirche	stark	f1	637	33,3
	weniger stark	f2	969	50,7
	keine Verbundenheit	f3	307	16,0
Parteipräferenz	CDU/CSU	cd	578	32,4
	SPD	sp	592	33,2
	FDP	fd	119	6,7
	Grüne	gr	150	8,4

Sexuelle Treue wichtig	stimme sehr zu	t1	785	38,4
	stimme eher zu	t2	728	35,7
	teils-teils	t3	413	19,5
	lehne eher ab	t4	102	5,0
	lehne sehr ab	t5	14	0,7
Mehrere Sexualpartner	ja	p1	301	19,7
	nein	p2	1225	57,8
Zahl der als infektiös eingeschätzten Situationen	0	w0	764	37,0
	1	w1	423	20,5
	2	w2	338	16,4
	3	w3	231	11,2
	4	w4	141	6,8
	5	w5	79	3,8
	6	w6	36	1,7
	7	w7	20	1,0
	8	w8	35	1,7
AIDS ist Folge von Schuld und Strafe für Verfehlungen	stimme sehr zu	c1	234	11,2
	stimme eher zu	c2	815	38,9
	teils-teils	c3	737	35,2
	lehne eher ab	c4	256	12,2
	lehne sehr ab	c5	53	2,5
Bereitschaft zur Meidung und Ausgrenzung Betroffener aus dem eigenen Umfeld	stimme sehr zu	m1	62	2,9
	stimme eher zu	m2	425	20,2
	teils-teils	m3	639	30,4
	lehne eher ab	m4	616	29,3
	lehne sehr ab	m5	360	17,1
Zahl akzeptierter Zwangsmaßnahmen	0	z0	408	19,5
	1	z1	278	13,3
	2	z2	356	17,0
	3	z3	383	18,3
	4	z4	493	23,5
	5	z5	178	8,5
Zahl der als bedrohlich angesehenen Situationen in der Öffentlichkeit	0-1	o1	264	13,2
	2	o2	241	12,0
	3	o3	737	36,8
	4	o4	544	27,1
	5-6	o5	219	10,9
AIDS ist eine allgegenwärtige Gefahr	stimme zu	g1	217	10,3
	teils-teils	g2	604	28,7
	lehne ab	g3	1282	61,0

Tabelle 2: Bivariate Verteilungen (relative Häufigkeiten)

Merkmal	Ausprägung	g1	g2	g3	N	Sig.	Korr.
Geschlecht	m	11,3	27,2	61,6	986	.199	.039
	f	9,5	30,1	60,4	1117		
Konfession	ev	12,2	28,6	59,2	1002	.000	.073
	rk	8,8	30,8	60,4	873		
	an	19,4	25,8	54,8	31		
	ke	5,8	20,9	73,3	191		
Verbundenheit mit Kirche	f1	11,2	34,0	54,8	633	.030	.093
	f2	10,4	27,4	62,2	961		
	f3	10,8	26,8	62,4	306		
Sozialer Status	s1	4,1	13,0	82,9	123	.000	*.172*
	s2	3,7	19,9	76,5	136		
	s3	6,4	20,7	73,0	440		
	s4	9,7	27,9	62,4	330		
	s5	13,5	36,1	50,4	607		
	s6	17,5	37,6	44,9	234		
	s7	10,3	30,5	59,2	233		
Wohnortgrößenklassen in 1000	k1	16,8	33,6	49,5	107	.000	.087
	k2	15,8	28,8	55,4	177		
	k3	11,1	24,6	64,3	487		
	k4	10,7	33,1	56,1	326		
	k5	6,2	35,4	58,4	209		
	k6	9,0	29,5	61,5	413		
	k7	8,3	24,2	67,4	384		
Altersklassen	a1	8,2	22,1	69,7	524	.000	*−.184*
	a2	8,5	27,3	64,2	425		
	a3	9,3	27,6	63,1	344		
	a4	11,9	35,7	52,4	319		
	a5	14,0	33,5	52,4	477		
Sexuelle Treue wichtig	t1	12,2	27,0	60,8	781	.000	.090
	t2	12,1	31,7	56,1	725		
	t3	6,6	28,5	64,9	410		
	t4	4,0	19,0	77,0	100		
	t5	–	14,3	85,7	14		
Mehrere Sexualpartner	p1	7,0	25,0	68,0	300	.040	.065
	p2	11,2	27,6	61,2	1215		
Parteipräferenz	cd	15,0	31,4	53,6	573	.000	.134

	sp	8,5	31,7	59,8	587		
	fd	10,1	24,4	65,5	119		
	gr	5,4	22,1	72,5	149		
Zahl der als infektiös eingeschätzten Situationen	w0	6,1	17,8	76,2	759	.000	−.408
	w1	6,7	27,6	65,8	421		
	w2	8,0	36,4	55,6	338		
	w3	13,9	39,1	47,0	230		
	w4	18,7	41,0	40,3	139		
	w5	22,8	40,5	36,7	79		
	w6	33,3	33,3	33,3	36		
	w7	55,0	35,0	10,0	20		
	w8	34,3	54,3	11,4	35		
AIDS ist Folge von Schuld und Strafe für Verfehlungen	c1	26,2	33,5	40,3	233	.000	.393
	c2	12,8	32,8	54,4	811		
	c3	5,6	30,9	63,5	734		
	c4	2,4	10,2	87,5	255		
	c5	5,7	9,4	84,9	53		
Bereitschaft zur Meidung und Ausgrenzung Betroffener aus dem eigenen Umfeld	m1	35,5	33,9	30,6	62	.000	.609
	m2	30,2	37,0	32,8	424		
	m3	8,3	40,4	51,3	636		
	m4	1,8	20,8	77,4	614		
	m5	0,6	10,9	88,5	357		
Zahl akzeptierter Zwangsmaßnahmen	z0	2,5	15,4	82,1	403	.000	−.390
	z1	2,5	23,0	74,5	278		
	z2	9,6	30,4	60,0	355		
	z3	10,8	30,2	59,1	381		
	z4	16,5	37,3	46,1	490		
	z5	24,2	37,1	38,8	178		
Zahl der als bedrohlich angesehenen Situationen in der Öffentlichkeit	o1	0,8	18,2	91,1	264	.000	−.553
	o2	4,1	19,9	75,9	241		
	o3	3,9	22,7	73,4	736		
	o4	15,9	36,9	47,2	542		
	o5	36,5	50,2	13,2	219		

Cramer's V = .000, Gamma = .000

Die Korrespondenzanalyse liefert weitere Belege dafür, daß es zwei deutlich getrennte Syndrome der Einschätzung von AIDS gibt, die sich mit aller gebotenen Vorsicht[59] auch sozialstruktu-

---

59 Datenbasis ist eine allgemeine Bevölkerungsumfrage mit standardisier-

rell unterschiedlichen Gruppen oder »Milieus« zuordnen lassen, die man mit Schulze als »Harmoniemilieu« und »Selbstverwirklichungsmilieu« bezeichnen könnte.

In dieser Analyse wurde das Konstrukt einer Einschätzung von AIDS als Gefahr als zu beschreibende Variable verwendet, die übrigen Merkmale dienen der genaueren Charakterisierung dieser Position. Theoretisch ist bei drei Ausprägungen der zu beschreibenden Variable eine zweidimensionale Lösung möglich; allerdings erklärt die erste Achse bereits 90,25% der Varianz des Modells, so daß wir die zweite Achse nicht weiter berücksichtigen.

Grafik wie auch Numerik illustrieren, daß die Einschätzung von AIDS als Gefahr als ordinale Variable repliziert wurde.[60] Es lassen sich zwei deutlich getrennte Gruppen unterscheiden, die den zugrundeliegenden Items dieses Konstruktes entweder zustimmen oder diese ablehnen. Diejenigen, die sich hier unentschieden äußern, liegen in der Mitte, tendieren aber im Zweifel eher dazu, AIDS als allgegenwärtige Gefahr anzusehen (vgl. Tabelle 3 und Abbildung 1).

Dem entspricht die Lokalisierung der übrigen Variablen zur Indizierung von Wahrnehmungsmustern und Reaktionsdispositionen wie auch den sozialstrukturellen Merkmalen (vgl. Tabelle 4). Personen, die AIDS als Gefahr ansehen, interpretieren die Krankheit überdurchschnittlich häufig auch als im Alltag sehr infektiös (3 oder mehr Routinen des täglichen Lebens werden als ansteckungsrelevant eingestuft). AIDS wird als Folge von Schuld und Strafe für moralisches Fehlverhalten angesehen. Ausgrenzungswünsche sind deutlich ausgeprägt, Zwangsmaßnahmenkataloge zur Bekämpfung von AIDS werden hier überdurchschnittlich häufig begrüßt. Hervorzuheben ist dabei, daß auch die Einführung eines Zwangstests für alle häufig befürwortet wird. Dies stützt unsere theoretischen Überlegungen, denn bei einer extremen Sichtweise von AIDS als allgegenwärtiger Gefahr mit hoher Infektiosität sind eben nicht nur Angehörige sogenannter Hauptrisikogruppen (also kleine Minderheiten), sondern alle Fremden potentielle Virusträger. Öffentlichkeit wird von diesen Personen zudem generell als bedrohlich und feindlich eingestuft. Daß es

---

tem Meßinstrument, die notwendigerweise für solche differenzierten Analysen nur vergleichsweise grobe Indikatoren zur Verfügung stellt.

60 Dies gilt im übrigen auch für die anderen verwendeten rating scales.

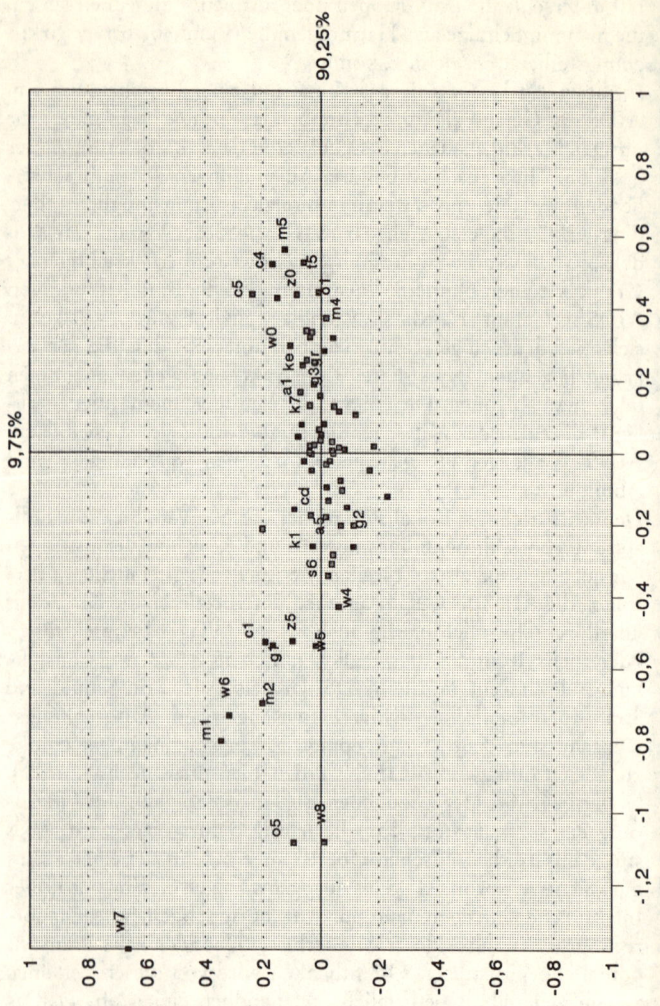

Abb. 1: *Korrespondenzanalyse. Grafik*

sich bei diesen Personen eher um eine konservativ orientierte Gruppierung handelt, wird durch die deutliche Präferenz für die Unionsparteien illustriert. Sozialstrukturell finden wir hier überdurchschnittlich viele Ältere, Personen mit niedrigerem Status, tendenziell Bewohner kleinerer und kleinster Orte.

Umgekehrt lassen sich diejenigen, die AIDS nicht als Gefahr in dem beschriebenen Sinn ansehen, dadurch charakterisieren, daß sie dort keine Infektionsrisiken vermuten, wo es nach bisherigem Kenntnisstand der Medizin auch keine gibt. AIDS wird hier kaum als Schuldfrage interpretiert, Ausgrenzungswünsche oder die Nachfrage nach repressiven staatlichen Maßnahmen sind hier kaum anzutreffen. Allerdings sind diese Personen objektiv tendenziell ansteckungsgefährdeter: Sexuelle Treue hat eine vergleichsweise geringere Bedeutung, überdurchschnittlich groß ist der Anteil derjenigen mit wechselnden Sexualpartnern. Kirchliche Wertvorstellungen spielen hier keine besondere Rolle, überdurchschnittlich viele Personen dieser Gruppierung sind konfessionslos. Politisch sind die Personen in diesem Segment eher links von der Mitte anzuordnen mit klarer Präferenz für die Grünen. Sozialstrukturell gesehen überwiegen hier deutlich Jüngere, Studenten, Personen mit höherem sozialen Status und in der Tendenz Großstädter. (Siehe Tabellen 3 und 4 sowie Abbildung 1.)

Tabelle 3: Korrespondenzanalyse. Zu beschreibende Variable. Numerik der 1. Achse

Merkmalausprägung	Masse	Loc1	Sqcor	Inertia
g1	104	−539	913	476
g2	287	−203	766	186
g3	609	188	983	338

Tabelle 4: Korrespondenzanalyse. Beschreibende Variablen. Numerik der 1. Achse

Merkmalausprägung	Masse	Loc1	Sqcor	Inertia
m	36	−0	0	0
f	40	6	22	0
a1	19	166	844	8
a2	15	78	986	1
a3	12	49	1000	0
a4	12	−152	743	4
a5	17	−180	992	9
s1	4	427	889	13
s2	5	332	991	9
s3	16	241	935	15
s4	12	34	996	0
s5	22	−203	900	14
s6	8	−343	995	16
s7	8	−24	385	0
k1	4	−261	988	4
k2	6	−157	746	2
k3	18	44	233	1
k4	12	−78	577	1
k5	8	17	9	0
k6	15	29	375	0
k7	14	130	916	4
ev	36	−50	704	1
rk	32	14	47	0
an	1	−213	526	1
ke	7	255	964	7
f1	23	−104	677	4
f2	35	21	463	0
f3	11	19	196	0
cd	21	−174	961	10
sp	21	9	12	0
fd	4	77	571	0
gr	5	247	992	5
t1	28	−24	144	0
t2	26	−96	961	4
t3	15	113	770	3

t4	4	336	977	6
t5	1	524	987	2
p1	11	156	999	10
p2	44	−5	20	0
w0	27	295	885	38
w1	15	127	890	4
w2	12	−49	79	0
w3	8	−262	848	9
w4	5	−430	981	15
w5	3	−539	999	13
w6	1	−733	842	11
w7	1	−1383	814	22
w8	1	−1085	1000	23
c1	8	−528	883	37
c2	29	−133	965	8
c3	27	105	440	5
c4	9	520	905	39
c5	2	436	772	6
m1	2	−803	844	23
m2	15	−699	922	118
m3	23	−121	221	5
m4	22	371	998	48
m5	13	560	952	64
z0	15	436	964	43
z1	10	316	984	16
z2	13	−2	3	0
z3	14	−33	777	0
z4	18	−310	986	27
z5	6	−526	966	28
o1	10	332	1000	29
o2	9	317	986	14
o3	27	280	998	33
o4	20	−284	980	25
o5	8	−1087	993	147

Literatur

Augustinus (1981), *De civitate Dei*, hg. von Dombart und Kalb, Bd. 2, 5. Aufl., Darmstadt, 1.14, c.26.
Beck, U. (1986), *Risikogesellschaft. Auf dem Weg in eine andere Moderne*, Frankfurt am Main.
Bourdieu, P. (1987), *Sozialer Sinn. Kritik der theoretischen Vernunft*, Frankfurt am Main.
– (1984), *Die feinen Unterschiede. Kritik der gesellschaftlichen Urteilskraft*, 3. Aufl., Frankfurt am Main.
Canetti, E. (1984), *Masse und Macht*, Hamburg.
Descartes, R. (1953), *Œuvres et lettres*, hg. von Bridoux, Paris: Pléiade.
Dodds, E. R. (1970), *Die Griechen und das Irrationale*, Darmstadt (Originalausgabe 1951).
Eirmbter, W. H., A. Hahn und R. Jacob (1992 a), »Zum Alltagswissen über AIDS«, in: *Soziale Probleme*, Nr. 1, 3, S. 45-78.
Eirmbter, W. H., A. Hahn und R. Jacob (1992 b), »Zum Umgang mit AIDS in der Bevölkerung«, in: *MMG* 17, S. 216-226
Eirmbter, W. H., A. Hahn und R. Jacob (1992 c), »Vergleich der Ergebnisse zweier Bevölkerungsbefragungen zu AIDS in den alten und neuen Bundesländern«, Forschungsbericht, Trier.
Eirmbter, W. H., A. Hahn und R. Jacob (1993), *AIDS und die gesellschaftlichen Folgen*, Frankfurt am Main.
Elias, N. (1976), *Über den Prozeß der Zivilisation*, 2 Bände, Frankfurt am Main.
– (1969), *Die höfische Gesellschaft*, Neuwied.
Foucault, M. (1977), *Sexualität und Wahrheit*. Bd. 1: *Der Wille zum Wissen*, Frankfurt am Main.
– (1982), »Der Kampf um die Keuschheit«, in: Ph. Ariès und A. Béjin (Hg.), *Die Masken des Begehrens und die Metamorphosen der Sinnlichkeit. Zur Geschichte der Sexualität im Abendland*, Frankfurt am Main, S. 25-39.
– (1986 a), *Sexualität und Wahrheit*. Bd. 2: *Der Gebrauch der Lüste*, Frankfurt am Main.
– (1986 b), *Sexualität und Wahrheit*. Bd. 3: *Die Sorge um sich*, Frankfurt am Main.
Goffman, E. (1977), *Rahmen-Analyse. Ein Versuch über die Organisation von Alltagserfahrungen*, Frankfurt am Main.
Goudsblom, J. (1987), »Les grandes épidémies et la civilisation des mœurs«, in: *Actes de la recherche en sciences sociales* 68, S. 3-14.
Gregor von Nyssa, *De opificio hominis*, Kap. 17, Migne PG, 44, 189 AB.
Hahn, A. (1983 a), »Konsensfiktionen in Kleingruppen. Dargestellt am Beispiel von jungen Ehen«, in: F. Neidhardt (Hg.), *Gruppensoziologie. Perspektiven und Materialien*, Köln, S. 210-232.

- (1983 b), »Zur Soziologie der Beichte und anderer Formen institutionalisierter Bekenntnisse. Selbstthematisierung und Zivilisationsprozeß«, in: *Kölner Zeitschrift für Soziologie und Sozialpsychologie* 34, S. 408-434.
- (1986), »Differenzierung, Zivilisationsprozeß, Religion. Aspekte einer Theorie der Moderne«, in: F. Neidhardt und M. R. Lepsius (Hg.), *Kultur und Gesellschaft*. Sonderband 27 der *Kölner Zeitschrift für Soziologie und Sozialpsychologie*, Opladen, S. 214-231.
- (1988), »Kann der Körper ehrlich sein?«, in: H. U. Gumbrecht und K. L. Pfeiffer (Hg.), *Materialität der Kommunikation*, Frankfurt am Main, S. 666-679.
- (1990), »Religiöse Dimensionen der Leiblichkeit«, in: V. Kapp (Hg.), *Die Sprache der Bilder und Zeichen. Rhetorik und nonverbale Kommunikation in der frühen Neuzeit*, Marburg, S. 130-141.
- (1991), »Paradoxien in der Kommunikation über AIDS«, in: H. U. Gumbrecht und K. L. Pfeiffer (Hg.), *Paradoxien, Dissonanzen, Zusammenbrüche*, Frankfurt am Main, S. 606-618.
- (1992), »Überlegungen zu einer Soziologie des Fremden«, in: *Simmel Newsletter* 2, Nr. 1, Sommer, S. 54-60.
- W. H. Eirmbter und R. Jacob (1992), »AIDS: Risiko oder Gefahr«, in: *Soziale Welt* 43, S. 400-421.

Hortleder, G. (1977), »Massenhandeln. Canettis Beitrag zur Analyse kollektiven Verhaltens«, in: H. Lenk (Hg.), *Handlungstheorien interdisziplinär*. Bd. IV: *Sozialwissenschaftliche Handlungstheorien und spezielle systemwissenschaftliche Ansätze*, München, S. 273-289.

Herzlich, C. und J. Pierret (1991), *Kranke gestern, Kranke heute. Die Gesellschaft und das Leiden*, München.

Hertz, R. (1909), »La prééminence de la main droite: étude sur la polarité religieuse«, in: *Revue philosophique* 68, S. 553-580.

Hirschberg, W. (Hg.) (1988), *Neues Wörterbuch der Völkerkunde*, Berlin.

Hirschberger, J. (1969), »Seele und Leib in der Spätantike«, in: *Sitzungsberichte der wissenschaftlichen Gesellschaft an der Johann Wolfgang-Goethe Universität Frankfurt am Main*, Frankfurt am Main.

Honer, A. (1986), »Beschreibung einer Lebens-Welt. Zur Empirie des Body-building«, in: *Zeitschrift für Soziologie*, S. 131-139.

Huxley, A. (1992), *Die Teufel von Loudon*, 3. Auflage, München.

Jacob, R., W. H. Eirmbter und A. Hahn (1992), »AIDS: Krankheitsvorstellungen und ihre gesellschaftlichen Folgen«, in: *Kölner Zeitschrift für Soziologie und Sozialpsychologie* 44, S. 519-537.

Johannes von Damaskus, *De Fide Orth*, lib. 2, cap. 11/Migne PG 94/916c.

Knebel, S. K. (1991), »Scientia de anima: Die Seele in der Scholastik«, in: G. Jüttemann, M. Sonntag und Ch. Wulf (Hg.), *Die Seele. Ihre Geschichte im Abendland*, Weinheim, S. 123-144.

Kremer, K. (1984), »Zur Einführung: Die Problemlage und die Aufgabe«,

in: ders. (Hg.), *Seele. Ihre Wirklichkeit, ihr Verhältnis zum Leib und zur menschlichen Person*, Leiden und Köln.
Luhmann, N. (1973), *Vertrauen. Ein Mechanismus der Reduktion sozialer Komplexität*, 2. Auflage, Stuttgart.
- (1981), »Handlungstheorie und Systemtheorie«, in: ders., *Soziologische Aufklärung*, Bd. 3., Opladen, S. 50-66.
- (1984), *Soziale Systeme*, Frankfurt am Main.
- (1986), *Ökologische Kommunikation*, Opladen.
- (1988), *Die Wirtschaft der Gesellschaft*, Frankfurt am Main.
- (1990), »Risiko und Gefahr«, in: ders., *Soziologische Aufklärung*, Bd. 5, Opladen, S. 131-169.
MacNeill, W. H. (1978), *Seuchen machen Geschichte: Geißeln der Völker*, München.
Noldin, H. (1913), *De sexto praecepto et de usu matrimonii*, 14. editio, Oeniponte.
Overbeck, G. (1987), »Krankheit als Anpassung«, in: A. Venth (Hg.), *Gesundheit und Krankheit als Bildungsproblem*, Bad Heilbrunn, S. 31-40.
Plessner, H. (1961), *Lachen und Weinen. Eine Untersuchung nach den Grenzen menschlichen Verhaltens*, 3. Auflage, Bern.
- (1965 a), *Die Einheit der Sinne*, Bonn.
- (1965 b), *Die Stufen des Organischen und der Mensch*, 2. Auflage, Berlin.
Serres, M. (1993), *Die fünf Sinne. Eine Philosophie der Gemenge und Mischungen*, Frankfurt am Main.
Schimitschek, E. und G. T. Werner (1985), *Malaria, Fleckfieber, Pest*, Stuttgart.
Schmidt, W.-R. (1988), »AIDS – die Geißel Gottes?«, in: J. Micksch (Hg.), *Positiv oder negativ*, Gütersloh, S. 99-107.
Schulze, G. (1992), *Die Erlebnisgesellschaft. Kultursoziologie der Gegenwart*, Frankfurt am Main.
Thomas von Aquin (1941), *Erschaffung und Urzustand des Menschen*. Vollständige, ungekürzte deutsch-lateinische Ausgabe der *Summa Theologica*, München.
Treusch-Dieter, G. (1991), »Metamorphose und Struktur. Die Seele bei Platon und Aristoteles«, in: G. Jüttemann, M. Sonntag und Ch. Wulf (Hg.), *Die Seele. Ihre Geschichte im Abendland*, Weinheim, S. 15-42.
Vernant, J.-P. (1986), »Corps obscur, corps éclatant«, in: C. Malamoud und J.-P. Vernant (Hg.), *Corps des dieux*, Paris, S. 19-46.
Watzlawick, P. (1978), *Wie wirklich ist die Wirklichkeit?*, 19. Auflage, München.
Wulf, Ch. (1991), »Präsenz und Absenz. Prozeß und Struktur in der Geschichte der Seele«, in: G. Jüttemann, M. Sonntag und Ch. Wulf (Hg.), *Die Seele. Ihre Geschichte im Abendland*, Weinheim, S. 5-14.

Wolfgang Ludwig Schneider
Intersubjektivität
als kommunikative Konstruktion

1. Intersubjektivität und Systemtheorie[1]

Luhmanns Theorie sozialer Systeme hat den Menschen und seine semantischen Nachfolger, das Subjekt und die Intersubjektivität, exkommuniziert. Soziales erscheint als operativ geschlossenes System, als rekursives Netzwerk kommunikativer Ereignisse und Strukturen, das alles andere aus sich ausschließt, in die Umwelt des Systems verbannt. Nur die Kommunikation kommuniziert. Ganz ohne Subjekte kann und soll das freilich nicht gehen. Sie werden als externe Bedingungen der Möglichkeit, als Betreiber oder Prozessoren von Kommunikation benötigt. Intern kommen sie als mögliches Thema, als Referenten für die Anlagerung von Erwartungen und als Zurechnungspunkte ins Spiel, die als Quelle von Mitteilungsereignissen identifiziert und dafür verantwortlich gemacht werden können.
Theorieimmanent läßt sich diese Entscheidung als Konsequenz aus der Nicht-Hintergehbarkeit der System/Umwelt-Differenz verstehen. Dem begriffstechnischen Zwang des so angelegten Theoriebauplanes folgend, müssen alle Beziehungen entweder als systeminterne oder als System-Umwelt-Beziehungen konstruiert werden. Kommunikation und die sie betreibenden Subjekte werden daher zu unterschiedlichen empirischen und operativ geschlossenen Systemen, die füreinander Erscheinungen der Umwelt sind. Weil jedes System nur innerhalb seiner Grenzen, nicht aber in der Umwelt operieren kann, gilt auch für die Beziehungen zwischen Subjekten bzw. psychischen Systemen, daß sie als doppelperspektivische System-Umwelt-Beziehung konzeptualisiert werden müssen. Inter-Subjektivität kann es unter diesen Prämis-

[1] Für (un-)geduldiges Zuhören, Anregungen und Kritik danke ich Bernd Giesen, Kay Junge, Christian Kritschgau sowie Peter Fuchs, dessen in vielen Diskussionen obstinat wiederkehrender ›Anti-Regelianismus‹ eine wichtige Reiz-Quelle für die Entstehung des vorliegenden Textes war.

sen nicht als transsubjektive Einheit, sondern nur als je syteminterne Repräsentation der Relation zwischen Subjekten geben, als Egos oder Alters Inter-Subjektivität. Sie fällt in Subjektivität zurück und iteriert so nur die Differenz, deren Aufhebung sie doch leisten soll.² Um von hier aus zu einer Theorie des Sozialen zu gelangen, muß die Systemtheorie das Soziale als eigenständigen Zusammenhang konzipieren, der die dazu beitragenden Subjekte aus sich ausschließt, sie in seine Umwelt verbannt, sich als Systemtyp auf autonomer operativer Grundlage konstituiert. An die Stelle der inkludierenden Unterscheidung Subjekte/Intersubjektivität tritt so die exkludierende zwischen Subjekten und Kommunikation bzw. psychischen und sozialen Systemen.³ Gegen Luhmanns »abstrakte Trennung von psychischem und sozialem System«⁴ bietet Habermas ein sprachanalytisch fundiertes Intersubjektivitätskonzept auf. Intersubjektivität gilt ihm als ein Gemeinsames, in dem sich die Subjekte treffen, als transsubjektive Ebene möglichen Einverständnisses, die noch das Selbstverstehen der Subjekte trägt. An Wittgenstein anschließend, analysiert Habermas Intersubjektivität in ihrer elementaren Version als *kollektive Praxis der Regelbefolgung* und gewinnt daraus ein für ihn zentrales Argument gegen die Systemtheorie.⁵ Im Begriff der Regel sieht er zwei Momente vereinigt, die aus der »monologischen«, unhintergehbar an die System/Umwelt-Differenz gebundenen Perspektive der Systemtheorie nicht rekonstruiert werden können: *identische Bedeutung* und *intersubjektive Geltung*.

Intersubjektivität und die Thematisierung von Kommunikation als subjektfreier Systemzusammenhang erscheinen so als konkurrierende Ausgangspunkte soziologischer Theoriebildung.⁶ Darin stimmen Habermas und Luhmann überein. Die begrifflichen Anfangsentscheidungen erledigen diese Konkurrenzsituation jedoch nicht durch Eliminierung des abgewiesenen Kandidaten, sondern

---

2 Vgl. Luhmann 1986 b, S. 42.
3 Zur Unterscheidung zwischen inkludierenden und exkludierenden Unterscheidungen siehe Luhmann 1990 b, S. 378.
4 Habermas 1985, S. 437.
5 Vgl. dazu besonders 1971, S. 189 ff.; 1981, Bd. 2, S. 31 ff. sowie 1984, S. 65 ff.
6 So Luhmann 1986 b mit dem Titel »Intersubjektivität oder Kommunikation: Unterschiedliche Ausgangspunkte soziologischer Theoriebildung«.

durch dessen Subordination unter das jeweilige Leitkonzept. Bei Habermas ist dies offensichtlich. Er versucht Kommunikation unter den Prämissen intersubjektiv geteilter Bedeutungen und Geltungsansprüche zu rekonstruieren. Ihm geht es um die »Untersuchung von Kommunikation als einer die Identität von Bedeutungen erst garantierenden ›Teilung desselben‹«.[7]
Luhmann verhält sich – vor allem terminologisch – distanzierter.[8] Der Sache nach enthält seine Kommunikationstheorie eine markierte Stelle für ein reformuliertes Intersubjektivitätskonzept. Sie ist verknüpft mit dem Verstehen, das Luhmann als eine von drei Selektionen einführt, die zusammen Kommunikation konstituieren. Kommunikatives Verstehen muß sich als richtiges Verstehen beobachten und das heißt von Mißverstehen unterscheiden können, »denn als Mißverstehen würde es sein Beobachten nicht fortsetzen, sondern einstellen«.[9] Als Unterscheidbarkeit von richtigem und falschem Verstehen wird in der Kommunikation »Intersubjektivität« zum Problem.[10]
Mit dem Wechsel des Theoriekontextes verändert sich freilich der Status dieses Begriffs. Er meint jeweils anderes. Direkt miteinander konfrontiert, könnten seine Verwendungsweisen deshalb »inkommensurabel« scheinen. Auf dem Wege einer immanent ansetzenden Kritik lassen sich jedoch Inkonsistenzen des Habermasschen Intersubjektivitätskonzepts aufweisen, deren Konsequenzen zu seiner Transformation im Sinne der systemtheoretischen Kommunikationstheorie drängen. Um dies zu demonstrieren, wenden wir

7 Siehe Habermas 1971, S. 188.
8 »Intersubjektivität« ist für ihn »kein Begriff, sondern eine Verlegenheitsformel«, bei der die beiden Komponenten einander aufheben, ein »Unbegriff«, in dem nur die Aporie der Subjekttheorie zur Sprache kommt und deren Korrekturbedürftigkeit markiert; vgl. Luhmann 1986 b, S. 42. Siehe auch in diesem Band: »Gibt man der Frage nach dem Beobachter einen ›meta-physischen‹ Primat..., lösen sich die alten Probleme der Ontologie, des Wahrheitskonsenses, der ›Intersubjektivität‹ auf.« Gleichwohl finden sich auch Formulierungen vorsichtiger Annäherung wie die, daß »Kommunikation denn auch Bedingung für so etwas wie ›Intersubjektivität‹« sei; vgl. Luhmann 1990 b, S. 19.
9 Siehe Luhmann 1986 a, S. 86.
10 Die strukturellen Einrichtungen zur Lösung dieses Problems bleiben in der Systemtheorie bisher eher unterbelichtet. Vgl. etwa Luhmann 1984, S. 198 f.; 1986 a, S. 85 ff.; ausführlich dazu Schneider 1994, Kapitel 3 und 4.

uns im folgenden der Diskussion des Regelbegriffs zu. Unser Interesse ist dabei zugleich rekonstruktiver und systematischer Art. Es führt uns von der Untersuchung des Regelbegriffs als Intersubjektivitätsgarant beim ›frühen‹ Habermas zu seiner (beim ›späten‹ Habermas vorbereiteten) Reformulierung als Operations- und Beobachtungsschema, das auf verschiedenen Ebenen der Kommunikation mit jeweils unterschiedlicher Funktion fungiert.[11]

II. Intersubjektivität bei Habermas

Habermas entwickelt sein Konzept von Intersubjektivität in engem Kontakt mit Wittgensteins Analyse des Regelbegriffs. Sach- und Sozialdimension erscheinen dabei konstitutiv miteinander verschränkt: »Im Sinn von ›Regel‹ ist analytisch enthalten, daß das, was A seiner Verhaltensorientierung zugrunde legt, sich gleich bleibt.«[12] Sofern jemand einer Regel folgt, folgt er demnach »unter wechselnden Anwendungsbedingungen *derselben* Regel«.[13] Die Konstanz der Regel erscheint so als sinnlogische Bedingung der Möglichkeit von Regelbefolgung. »Dieses Gleichbleiben resultiert nicht aus Gleichförmigkeiten in A's beobachtbarem Verhalten. Nicht jede Ungleichförmigkeit zeigt einen Regelverstoß an. Man muß die Regel kennen, wenn man feststellen

---

11 Insofern versuchen wir, die »Äther-Hypothese der Soziologie« (so eine Charakterisierung des »Regelparadigmas« von Peter Fuchs 1993, S. 19, Fußn. 16) nicht nur zu ›retten‹, sondern wollen darüber hinaus zeigen, daß sie – in einer mit Wittgenstein durchaus kompatiblen Version – als wesentliches Element der systemtheoretischen Kommunikationstheorie betrachtet werden muß.

12 Zu diesem sowie den folgenden Zitaten, soweit nicht anders vermerkt, siehe Habermas 1981, Bd. 2, S. 33. Für dieses Argument rekurriert Habermas auf folgende Bemerkung Wittgensteins im § 225 der *Philosophischen Untersuchungen* (im folgenden zitiert als *PhU*): »Die Verwendung des Wortes ›Regel‹ ist mit der Verwendung des Wortes ›gleich‹ verwoben.« – In seiner Wittgenstein-Interpretation schließt Habermas übrigens ausdrücklich an Winch 1974 an. Insoweit richten sich unsere dagegen vorzutragenden Einwände auch gegen Winchs Position.

13 Habermas 1981, a.a.O., Hervorhebung im Original.

will, ob jemand von der Regel abweicht.«[14] Ein regelunkundiger Beobachter kann demnach nicht feststellen, ob A's Verhalten regelgemäß ist oder nicht. Durch bloße Verhaltens*beobachtung* ist hier kein Zugang möglich. Mit diesem Argument versucht Habermas, die Scylla eines – sei es behavioristisch, systemtheoretisch oder wie immer sonst argumentierenden – Objektivismus zu umsteuern.[15] Der solipsistischen Charybdis begegnet Habermas mit dem Wittgensteinschen Diktum gegen die Möglichkeit privater Regelbefolgung: »der Regel zu folgen *glauben* ist nicht: der Regel folgen. Und darum kann man nicht der Regel ›privatim‹ folgen, weil sonst der Regel zu folgen glauben dasselbe wäre, wie der Regel folgen.«[16] Habermas interpretiert: »Die Pointe dieser Überlegung ist, daß A nicht sicher sein kann, ob er überhaupt einer Regel folgt, wenn nicht eine Situation besteht, in der er sein Verhalten einer grundsätzlichen konsensfähigen Kritik durch B aussetzt.«[17] Sachliche Konstanz und soziale Geltung der Regel bilden nach dieser Analyse einen unauflöslichen Verweisungszusammenhang. Die Identität der Regel als Sinnbedingung möglicher Regelbefolgung und Garant intersubjektiver Bedeutungsidentität der durch ihre Befolgung erzeugten Ereignisse kann nur durch intersubjektiven Geltungskonsens gesichert werden.[18]

Die Habermassche Analyse will angeben, welche Voraussetzungen derjenige als erfüllt *unterstellen* muß, der den Regelbegriff gebraucht. Sie expliziert damit aber nur die Präsuppositionen eines *Beobachtungsschemas*, die akzeptieren muß, wer Verhalten

---

14 Habermas 1981, a.a.O.
15 Daß die Gleichheit regelgeleiteten Verhaltens »nicht aus Gleichförmigkeiten in A's beobachtbarem Verhalten« resultiert, ist allerdings eine etwas zugespitzte Formulierung, die – soll sie Bestand haben – keinesfalls so gelesen werden darf, als ob ein regelunkundiger Beobachter keine Gleichförmigkeiten entdecken könnte. *Sonst könnten Regeln nicht erlernt werden.* Für Wittgenstein (*PhU*, § 207) ist die Feststellbarkeit eines regelmäßigen Zusammenhanges zwischen geäußerten Lauten und Handlungen ein wesentliches Kriterium unseres Begriffes von »Sprache«.
16 Vgl. Wittgenstein, *PhU*, § 202, auch zitiert bei Habermas 1981, Bd. 2, S. 33.
17 Habermas 1981, a.a.O.
18 »Die Identität der Regel in der Mannigfaltigkeit ihrer Realisierungen beruht nicht auf beobachtbaren Invarianzen, sondern auf der Intersubjektivität ihrer Geltung«; a.a.O., S. 33.

unter dem Aspekt der Regelbefolgung sieht. Habermas verweist hier auf eine quasi-transzendentale Nötigung, bei unserem Verhalten und bei der Beurteilung des Verhaltens anderer in der Interaktion dieses Beobachtungsschema zugrunde zu legen: Solange wir uns mit anderen zu *verständigen* versuchen, es uns also nicht nur um wechselseitige Zustimmung ohne übereinstimmende Begründungsbasis geht (denn das wäre nur: ein Kompromiß), kommen wir demnach nicht umhin, die Erfüllung der damit verknüpften Präsuppositionen anzunehmen.[19]

Diese Konzeptualisierung von Intersubjektivität erzeugt Folgeprobleme, die – solange die Annahme *empirisch möglicher Bedeutungsidentität* beibehalten wird – nur durch die Einführung starker Idealisierungen abgefangen werden können: Weil Habermas Intersubjektivität als ›*Teilung desselben*‹ begreifen will, muß er an der Verbindung von Konsens und einer übereinstimmenden Begründungsbasis und damit an der Möglichkeit ihrer Unterscheidung festhalten. Zugleich behauptet er, daß es für die Durchführung dieser Unterscheidung keine objektiven, aus der Perspektive eines *externen* Beobachters anzuwendenden Kriterien gibt. Die Differenz von Konsens und Geltungsgrundlage (im Falle konsentierter Bedeutungszuweisungen sind dies: Bedeutungs- bzw. Interpretationsregeln) muß daher als *konsensinterne Differenz* rekonstruiert werden. Übereinstimmung im Sprachgebrauch genügt also nicht, denn diese könnte sich als kontingent erweisen. Es muß darüber hinaus unterstellt werden, daß in Fällen, in denen ein Teilnehmer den Gebrauch eines Wortes oder einer Äußerung als abweichend einstufen würde, Übereinstimmung über deren Regelwidrigkeit erzielt werden können muß, und dies für *jede erdenkliche* Anwendungssituation.[20] Jeder empirische Konsens muß demnach durch idealisierende Unterstellung auf einen unbe-

---

19 Vgl. entsprechend Habermas 1985, S. 233 mit der Feststellung, daß die Kommunikationsbeteiligten »*allein unter der Voraussetzung intersubjektiv identischer Bedeutungszuschreibungen überhaupt kommunikativ handeln können*« (Hervorhebung im Original).

20 Vgl. Habermas 1984, S. 70: »Das ›Undsoweiter‹, mit dem der Lehrer [der die Anwendung einer mathematischen Regel lehrt – W.L.S.] eine Reihe von Zahlen, die eine Regel exemplifizieren sollen, abbricht, steht für die abstrakte Möglichkeit, unendlich viele weitere Operationen auszuführen und unendlich viele weitere Fälle zu generieren, die der Regel entsprechen. Die Kompetenz, die ich durch das Erlernen einer

grenzten Konsens hin überschritten werden, von dem angenommen werden muß, daß er sich unter allen denkbaren Bedingungen bewähren können müßte. Für diese Unterstellung kann es empirisch kein Korrelat geben. Sie kann nicht als Antizipation eines real herstellbaren infiniten Konsenses gedeutet, sondern muß *fallibilistisch* verstanden werden als eine Unterstellung, die mit jeder Anwendungssituation einer neuen Probe unterworfen wird und sich dabei als falsch herausstellen kann.[21] Unter diesen Voraussetzungen die Realisierung von Bedeutungs*identität* als empirische Möglichkeit anzunehmen, ist eine starke These.[22] Zwar sind die Konstruktionsentscheidungen einsichtig, die Habermas zu diesem Ergebnis führen. Das Resultat jedoch stimmt skeptisch. Soviel Nötigung zur Kreditierung kontrafaktischer Annahmen stimuliert die Frage, ob dies nicht ein Symptom überzogener Ansprüche ist.

III. Die Indeterminiertheit der Regelbefolgung

Kritische Argumente gegen die Habermassche Position können aus unterschiedlichen Quellen bezogen werden. So etwa aus Quines These der Unbestimmtheit der Übersetzung, die in einer von ihren anti-mentalistischen Prämissen befreiten Version, wie sie Davidson vertritt, auch Geltung für Sprecher der gleichen

Spielregel oder einer grammatischen Regel erwerbe, ist eine generative Fähigkeit.«

21 Siehe entsprechend Wellmer 1992, S. 29f., der zwischen einer schwachen fallibilistischen und einer starken konsensustheoretischen Interpretation der kontrafaktischen Unterstellungen unterscheidet, die mit dem Habermasschen Konzept kommunikativen Handelns verbunden sind, und sich dann für die schwächere Interpretation als allein haltbare entscheidet.

22 Vgl. dazu erneut Habermas 1971 mit der These, es bedürfe »der Untersuchung von Kommunikation als einer die Identität von Bedeutungen erst *garantierenden ›Teilung desselben‹* ... Der Sinn des Sinnes besteht zunächst darin, daß er intersubjektiv geteilt werden, daß er für eine Gemeinschaft von Sprechern und Handelnden *identisch sein kann*« [Hervorhebungen von mir, W.L.S.]. – Einschränkend ist hier jedoch hinzuzufügen, daß die Annahme der empirischen Möglichkeit von Bedeutungsidentität in späteren Publikationen faktisch aufgegeben worden ist. Wir kommen darauf weiter unten zurück.

Sprache beansprucht[23], ebenso von Lyotard und Derrida oder aus dem Umfeld der Kybernetik zweiter Ordnung.[24] Für unsere Zwecke empfiehlt es sich, vorrangig auf Argumentationskontexte zurückzugreifen, aus denen auch Habermas seine Begründungsressourcen bezieht. Einwände lassen sich hier zunächst im Anschluß an Wittgenstein und die Hermeneutik gewinnen.

Gegen die Habermassche Wittgenstein-Interpretation sprechen unter anderem Wittgensteins Äußerungen zur »Familienähnlichkeit«. Am Beispiel der von uns als ›Spiele‹ bezeichneten Vorgänge entwickelt Wittgenstein die These, daß keine Gruppe von Kriterien existieren muß, die allen Anwendungen eines Begriffs zugrunde liegt. Vergleichen wir diese Anwendungen untereinander, so können wir nur »Ähnlichkeiten auftauchen und verschwinden sehen«.[25] Der Umfang eines Begriffs muß demnach »*nicht* durch eine feste Grenze abgeschlossen« sein.[26] Um den Gebrauch eines solchen Begriffs zu erklären, kann man nur Anwendungsbeispiele beschreiben, »und wir könnten der Beschreibung dann hinzufügen: das, *und Ähnliches*, nennt man ›Spiele‹. Und wissen wir selbst denn mehr? Können wir etwa nur dem Andern nicht genau sagen, was ein Spiel ist? – Aber das ist nicht Unwissenheit. Wir kennen die Grenzen nicht, weil keine gezogen sind.«[27]

---

23 Vgl. dazu Quine 1960, § 12 ff. und 1969, S. 26 ff.; die Beiträge zum Thema »radikale Interpretation«, in: Davidson 1986, S. 183 ff. sowie Davidson 1990, S. 203 ff.
24 Vgl. Lyotard 1987 sowie die – wesentlich über Wittgenstein vermittelte – Konfrontation von Lyotard und Habermas durch Frank 1988. Zu Derrida siehe vor allem seine Auseinandersetzung mit Austin und Searle (Derrida 1988 und 1977; als Darstellung und Kommentierung der Debatte Searle-Derrida vgl. Frank 1983, S. 497 ff. und 1990, S. 491 ff.). Zur Behandlung von Kommunikation im Umkreis der Kybernetik zweiter Ordnung vgl. etwa Pedretti/Glanville 1980; von Foerster 1985, S. 85 und S. 90; Winograd/Flores 1986, Teil I. – Auf die Auseinandersetzung von Habermas mit Derrida, in der Habermas sich stellvertretend an Formulierungen des Derrida-Interpreten Jonathan Culler hält, kommen wir später kurz zurück.
25 Siehe *PhU*, § 66; unmittelbar anschließend endet der Paragraph mit den Worten: »Und das Ergebnis dieser Betrachtung lautet nun: Wir sehen ein kompliziertes Netz von Ähnlichkeiten, die einander übergreifen und kreuzen. Ähnlichkeiten im Großen und Kleinen.«
26 *PhU*, § 68, Hervorhebung im Original.
27 *PhU*, § 69; Hervorhebung im Original.

Für Begriffe des von Wittgenstein diskutierten Typs fehlen feststehende Kriterien, die für alle Anwendungen gelten. Der Begriffsumfang ist beweglich, offen für die Eingliederung neuer Anwendungen, ohne daß dabei entweder eine umgrenzte Menge aufzählbarer Merkmale erfüllt sein oder die Verwendungsregel des Begriffs verändert werden müßte. Neue Anwendungen stützen sich auf hinreichend analoge Präzedenzfälle.[28] An die Stelle der Subsumtion unter feststehende Gattungsmerkmale tritt eine unter limitierenden Bedingungen durchzuführende Entdeckungsprozedur. Folgt man Kuhn, dann funktionieren wissenschaftliche Musterbeispiele, das heißt exemplarische Problemlösungen (Paradigmata), gemäß dieser Beschreibung.[29] Sie bilden die gemeinsame Grundlage einer wissenschaftlichen Gemeinschaft, an der die einzelnen sich bei der Suche nach neuen Problemlösungen orientieren. Die Bedeutung der dabei verwendeten Begriffe hängt ab von den typischen Problemlösungskontexten, in denen sie funktionieren. Mit der Veränderung der Problemlösungspraxis verschiebt sich ihre Bedeutung, und es treten Differenzen zwischen unterschiedlichen Verwendern eines Begriffs auf.[30] In der philosophischen Hermeneutik Gadamers finden wir analoge Überlegungen im Blick auf das Verstehen von Texten. Die Bedeutung eines Textes wird hier bestimmt als sein Antwortgehalt in Relation zu einem Fragekontext. Dieser wiederum variiert mit dem Vorverständnis des Interpreten. Die historische Transformation des Vorverständnishorizontes erzeugt neue Fragekontexte, auf die hin ein Text als gültige Antwort ausgelegt werden kann. – Die Relationen Text/Fragekontext und Begriff/Anwendungskontext stimmen darin überein, daß Bedeutung hier als Funktion der Applikation in Problemsituationen aufgefaßt und damit dynamisiert wird.[31]

28 Aber was heißt »hinreichend analog«? – Wie auch immer eine zufriedenstellende Auskunft darauf lauten mag, sie ist nicht durch Deduktion aus Regeln zu erhalten, denn: »there must still be a judgement as to whether the next occasion is sufficiently similar to fall within the scope of the prior judgement. In this sense, the rules as Garfinkel puts it, are always applied for ›another first time‹« (so Heritage 1984, S. 122). Siehe dazu auch Fußn. 34.
29 Siehe Kuhn 1978, S. 400 ff.
30 Als Illustration dazu siehe Kuhn 1967, S. 64.
31 Bekanntlich betrachtet Gadamer jede Auslegung als »Applikation« des gedeuteten Textes (vgl. Gadamer 1965, S. 290 ff.) und sieht darin die

Im Fluchtpunkt dieses Ansatzes liegt ein *ereignisbezogenes Bedeutungskonzept*. Weil keine Verwendungssituation mit einer anderen völlig identisch ist, kann ein Wort, ein Begriff, eine Äußerung oder ein Text nicht zweimal auf *absolut selbige* Weise gebraucht bzw. verstanden werden.[32] Regeln dürfen daher nicht als starre, kontextinvariante, keiner Interpretation bedürftige und daher aus unterschiedlichsten Perspektiven übereinstimmend und eindeutig zu verstehende Anweisungen aufgefaßt werden, durch deren *je individuelle* Befolgung eine *infinite Serie sachlich, zeitlich und sozial übereinstimmend identifizierbarer Ereignisse erzeugt werden kann.*[33] Die sachlich invariante Reproduktion einer Regel muß als idealisierter Grenzfall eines nie definitiv stillzustellenden Transformationsprozesses vorgestellt werden, in dem jede neue Applikation der Regel modifizierende Auswirkungen auf die Regel selbst hat bzw. haben kann.

Dies ist nur eine andere Formulierung dafür, daß keine Regel in der Lage ist, vollständig zu determinieren, welches Verhalten als Befolgung dieser Regel zu gelten hat und welches nicht.[34] Jede

paradigmatische Bedeutung der juristischen und theologischen Auslegung für die Hermeneutik überhaupt. Zur Darstellung der Verbindungslinien, die sich von hier aus zum systemtheoretischen Informations- und Kommunikationsbegriff ziehen lassen, vgl. Schneider 1992, S. 428 ff.

32 Oder, um es mit Gadamer zu formulieren, man versteht jeweils *anders*, sofern man überhaupt versteht; siehe dazu Gadamer 1965, S. 280; vgl. auch a.a.O., S. 448: »Jede Aneignung der Überlieferung ist eine geschichtlich andere – was nicht heißt, daß eine jede nur eine getrübte Erfassung derselben wäre: eine jede ist vielmehr die Erfahrung einer ›Ansicht‹ der Sache selbst.« – Gadamer fokussiert hier auf die Sozialdimension. Ihm geht es um die differentielle Entfaltung der Textbedeutung in der jeweiligen Perspektive seiner verschiedenen Interpreten und seines Urhebers. Der zugrundeliegende Gedanke läßt sich jedoch auch auf das Verstehen eines Textes durch die gleiche Person beziehen, wie die Erfahrung der erneuten Lektüre eines Textes vor dem Hintergrund einer veränderten Fragestellung intuitiv plausibilisiert.

33 Vgl. dazu auch Frank 1988, S. 47 f. Frank (a.a.O., S. 48) kritisiert die Habermassche Wittgenstein-Interpretation mit dem Einwand, daß Habermas »in Wittgensteins Regel-Begriff eine Bürgschaft für die starre Identität der kommunizierten Bedeutungen übernommen sieht«.

34 Dieser Mangel ist unheilbar und kann nicht durch andere Regeln kompensiert werden. Dazu bedarf es vielmehr, wie Kant (*Kritik der reinen*

Anwendung verlangt eine Interpretation der Regel im Lichte der Anwendungssituation. Wie schnell daraus komplexe Auslegungsprobleme entstehen, läßt sich am Beispiel der Gesetzesanwendung leicht nachvollziehen. Die vorgegebene Regel *determiniert nicht*, sie *limitiert* nur, welcher Lebenssachverhalt mit dem gesetzlichen Tatbestand in Übereinstimmung gebracht werden kann. Um ihre Anwendung mit stärkeren Restriktionen auszustatten, bedarf es Kriterien der Auslegung, dogmatischer Begründungsfiguren und der Einschränkung des Spielraums durch die bisherige Praxis der

Vernunft, B 172, A 133, *Werkausgabe* Bd. III, S. 184, Hervorhebung im Original) feststellt, der »Urteilskraft«: »Urteilskraft (ist) das Vermögen, unter Regeln zu *subsumieren*, d.i. zu unterscheiden, ob etwas unter einer gegebenen Regel (casus datae legis) stehe, oder nicht. Die allgemeine Logik enthält gar keine Vorschriften für die Urteilskraft, und kann sie auch nicht enthalten ... Wollte sie nun allgemein zeigen, wie man unter diese Regeln subsumieren, d.i. unterscheiden sollte, ob etwas darunter stehe oder nicht, so könnte dieses nicht anders, als wieder durch Regeln geschehen. Diese aber erfordert eben darum, weil sie eine Regel ist, aufs neue eine Unterweisung der Urteilskraft, und so zeigt sich, daß zwar der Verstand einer Belehrung und Ausrüstung durch Regeln fähig, Urteilskraft aber ein besonderes Talent sei, welches gar nicht belehrt, sondern nur geübt sein will.«
Entsprechend unterscheidet Wittgenstein (*PhU*, § 242) zwischen Regeldefinitionen und ihrer Anwendung im Urteil: »Zur Verständigung durch die Sprache gehört nicht nur eine Übereinstimmung in den Definitionen, sondern (so seltsam dies klingen mag) eine Übereinstimmung in den Urteilen. Dies scheint die Logik aufzuheben; hebt sie aber nicht auf.«
Unter analogen Prämissen und mit explizitem Bezug auf Wittgenstein attackiert Garfinkel (1967, S. 71) eine Forschungsstrategie, welche determinierende Regeln des Verhaltens und des Zeichengebrauchs unterstellt und dabei die autonome Rolle der Urteile der Akteure im Anwendungsprozeß ausblendet: »In each case a procedural description of such symbolic usages is precluded by neglecting the judgemental work of the user.« Das Parsonssche Modell der Steuerung des Handelns durch kulturell geprägte Bedürfnisdispositionen und internalisierte Handlungsregeln wird entsprechend charakterisiert als »making out the person-in-society to be a judgemental dope« (a.a.O., S. 68). Als zusammenfassende Darstellung der Kritik an der Annahme einer Regeldetermination des Verhaltens aus der Perspektive von Phänomenologie und Ethnomethodologie vgl. Heritage 1984, S. 120 ff.

Regelbefolgung, die dazu einen präjudiziellen Status erhält.[35] Insofern Regeln die Art ihrer Anwendung nicht ein für alle Mal sinnlogisch determinieren, sondern nur *limitieren*, welche Ereignisse mit ihnen in Einklang gebracht werden können, impliziert jede neue Anwendung ein Element der Entscheidung über die *Fortbildung* der Regel.[36] Es kann keine sachlich konstante und zeitlich potentiell unbefristete Identität einer Regel unterstellt werden, die nur noch vor die Alternativen Erfüllung, Mißachtung oder Änderung der Regel stellt. Mit jedem Übergang zu einer neuen Anwendung steht vielmehr die Identität der Regel selbst zur Disposition, weil jeweils *von neuem bestimmt* werden muß, was sie im gegebenen Fall »besagt«, das heißt, welches Verhalten ihr hier und jetzt entspricht.[37] Konsens darüber, was als Regeler-

35 Die verschiedenen Gesichtspunkte juristischer Interpretation, wie sie gemeinhin unter den Titeln der grammatischen, systematischen, historischen und teleologischen Auslegung zusammengefaßt werden, umschreiben dabei je unterschiedliche *Kontexte* (Sprachgebrauch, Relation zu anderen Rechtsnormen, Wille des Gesetzgebers, objektiver Gesetzeszweck), vor deren Hintergrund die Bedeutung eines Tatbestandes für eine bestimmte Anwendungssituation zu spezifizieren ist. Die verschiedenen Auslegungsweisen können zu gegensätzlichen Ergebnissen führen. Charakteristisch ist hier, daß eine generelle, das heißt von der individuellen Anwendungssituation unabhängige Rangfolge zwischen den Auslegungstypen, die als Entscheidungsregel bei konfligierenden Ergebnissen der Interpretation herangezogen werden könnte, nicht angegeben werden kann. Vgl. dazu Hassemer 1986, S. 197 und S. 204. Noch die Applikation der Kriterien für die Interpretation rechtlicher Tatbestände, die im Hinblick auf diese den Status von Meta-Regeln einnehmen, ist unaufhebbar rückgebunden an die jeweilige Anwendungssituation und kann erst in ihrem Lichte bestimmt werden. Tatbestand und Sachverhalt (so Hassemer 1968, S. 107 f.) bestimmen einander wechselseitig im Prozeß der Auslegung.
36 Das sieht auch Habermas. Vgl. zuletzt 1992, S. 597: »Die regelanwendenden Interpretationsleistungen sind, wie die philosophische Hermeneutik zeigt, mit implizit-rechtsfortbildenden Konstruktionsleistungen ... unauflöslich verwoben.« Gerade daraus aber folgt letztlich die Unhaltbarkeit der These einer empirisch möglichen Bedeutungsidentität in dem von Habermas früher vertretenen Sinne. Wie wir gleich sehen werden, hat Habermas diese Konsequenz, wenngleich nicht ohne sichtbare Konsistenzprobleme, dann auch gezogen.
37 »›Die Übergänge sind eigentlich alle schon gemacht‹ heißt: ich habe keine Wahl mehr. Die Regel, einmal mit einer bestimmten Bedeutung

füllung gilt, bestätigt nicht einfach eine vorgängig bestehende Übereinstimmung. Die Regel garantiert keine *prästabilierte Harmonie* über eine unbegrenzte Zahl von Anwendungen, die in einem infiniten Konsens zur Darstellung käme. Von Anwendung zu Anwendung muß Konsens in einer *creatio continua* immer wieder erzeugt werden.[38] Solange dies jedoch gelingt, bestätigt der gefundene Konsens *nachträglich*, daß das konsentierte Verhalten durch die Regel *vorgezeichnet* war, insofern ihr *Limitationspotential im gegebenen Kontext* ausreichte, um das Aufkommen divergierender Möglichkeiten ihrer Befolgung auszuschließen.

Mit jeder *aktuell* manifest werdenden Divergenz aber ist zugleich die Unterstellung in Gefahr, daß *vergangener* Konsens auf übereinstimmenden Grundlagen beruhte. Mißlingt die Herstellung von Konsens in einer gegebenen Anwendungssituation, dann können vergangene Übereinstimmungen *rückblickend* als kontingentes Resultat grundsätzlich divergierender Regelinterpretationen erscheinen. Divergiert jedoch die Interpretation, dann wird zweifelhaft, inwiefern die dissentierenden Personen oder Kollektive *derselben* Regel folgen. Schon aus Gründen der Gedächtniskapazität ist dabei freilich mit eng begrenzten kommunikativen ›Teststrecken‹ für die Bewährung von Konsens zu rechnen. Darüber hinaus werden selbst unter angespannten Rationalitätsanforderungen, wie die wissenschaftstheoretische, -historische und -soziologische Diskussion lehrt, Anomalien meist normalisiert und nur unter besonderen Bedingungen als Falsifikation perzipiert. Solange Anzeichen für eine gravierende Beeinträchtigung wechselseitigen Verstehens fehlen, können abweichende Formen des Sprachgebrauchs als

gestempelt, zieht die Linien ihrer Bedeutung durch den ganzen Raum«, diese Beschreibung der Regel weist Wittgenstein zurück: »– *So kommt es mir vor* – sollte ich sagen« (*PhU*, § 219); und schärfer noch: »Mein symbolischer Ausdruck [gemeint ist der Ausdruck ›Die Übergänge ...‹; W.L.S.] war eigentlich eine mythologische Beschreibung des Gebrauchs einer Regel« (*PhU*, § 221). – Vgl. auch Hassemer 1968, S. 160 mit der auf die Subsumtion empirischer Sachverhalte unter gesetzliche Tatbestände bezogenen Feststellung: »Seine [des gesetzlichen Tatbestandes, W.L.S.] Grenzen sind nicht schon immer bestimmt, sondern werden erst im Auslegungsprozeß bestimmbar.«

38 Vgl. dazu Hassemer 1968, S. 112 f.: »Jede Sachverhaltsentscheidung bedeutet ja ein Neu- und damit Anders-Verstehen des angewendeten Tatbestandes« sowie a.a.O., S. 165: »Positive Garantien für die Richtigkeit der Auslegung gibt es nicht außerhalb des Auslegungsprozesses selber.«

Randphänomen ignoriert oder als Lapsus bagatellisiert werden, denen man nicht nachzugehen braucht. Auffälligere Abweichungen können Anlaß zu personenspezifischen Zuschreibungen geben (zum Beispiel: der Sprecher scherzt, versucht zu provozieren etc.), mit denen die Abweichung normalisiert und mit der Annahme eines fortbestehenden Konsenses über Bedeutungsregeln in Übereinstimmung gebracht wird.[39] Die Anforderungen des »Dauertests«, dem die idealisierende Unterstellung intersubjektiv identischer Bedeutungszuschreibungen in der kommunikativen Alltagspraxis nach Habermas ausgesetzt ist[40], dürfen daher nicht überschätzt werden. Sie hängen ab vom Verständigungsbedarf in der aktuellen Situation und den damit verbundenen Konsistenzbedürfnissen zum Sprachgebrauch in anderen Kontexten.

Weil von übereinstimmender Regelbefolgung abhängig, kann auch Bedeutungsidentität nicht als etwas dem Konsens *Voraus- und Zugrundeliegendes* betrachtet werden, das im Konsens nur seinen Ausdruck findet und darin kommunikativ ratifiziert wird, sondern sie muß durch laufende Konsensherstellung immer wieder *neu produziert* werden. Bedeutungsidentität und Regelgeltungskonsens als die beiden Momente, die Habermas mit dem Regelbegriff verknüpft sieht, *verlieren so ihre analytische Unabhängigkeit*. Wir schlagen deshalb vor, die Habermassche Unterscheidung zwischen Bedeutungsidentität und Geltungskonsens durch den Begriff *Bedeutungskonsens* zu ersetzen.[40a] Darin ist angezeigt, daß es nicht um die bloße Bestätigung schon bestehender Übereinstimmungen, sondern um *kontinuierliche Synchronisation von Auslegungsentscheidungen* geht, für die es keine eindeutigen Instruktionen gibt, so daß jede weitere Applikation einer Regel die Möglichkeit auseinanderdriftender Voten in sich birgt. »Identität« der Bedeutungen kann deshalb nur *im Kontext der je laufenden Interaktion hergestellt* werden. Solange Ego und Alter ihr Verhalten wechselseitig als regelkonform beobachten, können sie die Unterstellung übereinstimmender Bedeutungszuweisungen aufrecht erhalten. Treten Abweichungen auf, müssen diese

---

39 Vgl. Garfinkel 1967, besonders S. 35 ff.; Heritage 1984, S. 115 ff.; wir kommen unten darauf zurück.
40 Siehe Habermas 1985, S. 233 f.
40a Dieser Vorschlag gilt nur für den Geltungsanspruch der *Richtigkeit* regelbefolgenden Verhaltens!

angezeigt und repariert oder in reflexiver Kommunikation zum Thema gemacht und muß ein Konsens darüber herbeigeführt werden, ob das kritische Ereignis als regelkonform oder regelverletzend einzustufen ist. Unter diesen Voraussetzungen wird einsichtig, »how language can work without any ›objective‹ criteria of meaning. We need not base our use of a particular word on any externally determined truth conditions, and need not even be full in agreement with our language partners on the situations in which it would be appropriate. All that is required is that there be a sufficient coupling so that breakdowns are infrequent, and a standing commitment by both speaker and listener to enter into dialog in the face of a breakdown.«[41]

Worauf es hier ankommt, ist, daß die *Voraussetzung* einer absoluten, das heißt sich auf eine infinite Serie von Applikationen eines Wortes oder Begriffs erstreckenden *Identität* des Gebrauchs aufgegeben werden kann zugunsten einer *aktuell und lokal* erreichten Übereinstimmung, die sich in der laufenden Kommunikation bewährt[42], ohne die Transzendierung auf einen *infiniten Konsens* hin zu erfordern. Abweichungen jenseits des gerade relevanten Kontextes können ignoriert werden, solange sie als Unterschiede verbuchbar sind, die für das, worum es den Beteiligten aktuell geht, keinen Unterschied machen.[43] Umgekehrt muß jeder Teil-

---

41 So Winograd/Flores 1986, S. 63.
42 Vgl. dazu Garfinkel 1967, S. 9f. und S. 32f.
43 Wie leicht zu sehen, greifen wir hier Batesons Bestimmung einer elementaren Informationseinheit auf als »Unterschied, der einen Unterschied ausmacht« (vgl. 1983, S. 582), und geben ihr eine (negierbar) negierte Fassung. Unter diesen Prämissen kann »Identität« dann weder als Qualität eines an sich Seienden noch als regeldeterminierte Invarianz verstanden werden, sondern ist Produkt der Abweisung anderer Möglichkeiten. – Aus systemtheoretischer Perspektive sind hier Präzisierungen möglich: »Identität« wird operativ erzeugt durch wiederholte Verwendung einer Bezeichnung zur Identifizierung von etwas im Unterschied zu anderem. Über verschiedene Anwendungen »identisch« bleibt der Sinn einer verwendeten Bezeichnung dabei nur insoweit, wie das, wovon das Bezeichnete unterschieden wird, nicht ausgetauscht wird. Auch hier jedoch handelt es sich um eine Setzung, die keine absolute Übereinstimmung verbürgen kann. Auch wenn Ego und Alter etwas übereinstimmend bezeichnen und von anderem unterscheiden und insofern die gleiche Unterscheidung bei der Generierung von Äußerungen verwenden, kann der psychische Hintergrund, vor

nehmer darauf bauen können, daß der andere relevante Abweichungen thematisiert.[44] Nur so kann hinreichend übereinstimmendes Verstehen gesichert werden.

In seiner Auseinandersetzung mit Derridas »Dekonstruktion« nähert sich Habermas dieser Position an. Habermas wendet sich hier gegen die These, nach der Verstehen eine spezifische Spielart des Mißverstehens sei. Dabei hält er sich an die folgende Erläuterung durch Jonathan Culler: »Wenn ein Text verstanden werden kann, kann er im Prinzip wiederholt von verschiedenen Lesern unter verschiedenen Umständen verstanden werden. Und diese Lektüre- oder Verstehensakte sind natürlich nicht identisch. Sie implizieren Modifikationen und Differenzen, die aber für unwesentlich gehalten werden. Wir können demnach in einer Formulierung, die stichhaltiger ist als ihre Umkehrung, sagen, daß das Verstehen ein Sonderfall des Mißverstehens ist, eine besondere Abweichung von oder Bestimmung des Mißverstehens. Es ist das Mißverstehen, dessen Verfehlungen keine Rolle spielen.«[45] Worum es hier geht, ist die Kritik der Auffassung von Verstehen als identischer Duplizierung eines ursprünglichen Sinnes. In Zweifel gezogen wird, was für Habermas gerade zentral ist, die Möglichkeit »intersubjektiv identischer Bedeutungszuschreibun-

---

dem dies geschieht, beträchtliche Sinndifferenzen enthalten. So, wenn jeder die verwendete Unterscheidung intern von anderen Unterscheidungen unterscheidet bzw. die aufeinander bezogenen Seiten der Unterscheidung in anderen Kontexten von den Beteiligten mit je anderen Bezeichnungsmöglichkeiten in die Einheit einer Unterscheidung gespannt werden. Auf diese Weise kann die aktuell prozessierte Unterscheidung für die Beteiligten mit unterschiedlichen Konnotationen geladen sein, die als irrelevant ausgeblendet werden müssen, um aktuell als »identisch« beobachtbaren Sinn zu ermöglichen. Zur Genese von Sinn und Identität vgl. Luhmann 1990b, S. 108f. und 1990a, S. 21 ff.

44 Das von Winograd und Flores behauptete »standing commitment ... to enter into a dialog in the face of a breakdown« kommt deshalb in der Kommunikation vor allem als Berechtigung zur Geltung, fehlenden Einspruch als Bestätigung der Korrektheit eigener Anschlüsse an Äußerungen des anderen zu behandeln. (Es handelt sich hier, wenn man so sagen darf, um eine generalisierte Version des juristischen Prinzips des Vertrauensschutzes.)

45 Siehe Culler 1988, S. 197; bei Habermas (1985, S. 233) im englischen Originaltext vollständig zitiert.

gen«.⁴⁶ In seiner Entgegnung bestätigt Habermas zunächst das produktive Moment des Verstehens im Anschluß an die Einsichten der Hermeneutik, um dann fortzufahren: »Culler läßt freilich einen Umstand außer Betracht. Die Produktivität des Verstehensprozesses bleibt nur so lange unproblematisch, wie alle Beteiligten am Bezugspunkt einer möglichen aktuellen Verständigung festhalten, in der sie *denselben* Äußerungen *dieselbe* Bedeutung beimessen. Auch die hermeneutische Anstrengung, die zeitliche und kulturelle Abstände überbrücken will, bleibt, wie Gadamer gezeigt hat, an der Idee eines möglichen, aktuell herbeigeführten Einverständnisses orientiert.«⁴⁷ Die Antwort von Habermas trifft nicht die Pointe von Cullers Argument. Culler muß nicht bestreiten, daß die Idee des Verstehens mit der Unterstellung einer möglichen Herbeiführung von Bedeutungskonsens verknüpft ist. Strittig ist nur, ob eine solche Übereinstimmung, wenn sie erreicht ist, als Übereinkunft in einem *ununterschieden Identischen*, als ›Teilung *desselben*‹, begriffen werden kann. Culler insistiert darauf, daß jeder Verstehensakt in Differenz zum Original tritt, es in einer bestimmten, als einseitig kritisierbaren Hinsicht auffaßt und daß dies für jeden Verstehensakt gilt, so daß kein Verstehen dem anderen völlig gleicht. Übereinstimmung im Verstehen kann demnach nicht auf differenzlos geteiltem Sinn gründen, sondern nur auf dem Wege der *Einklammerung fortbestehender Differenzen* erreicht werden. Als Unterschiede, die für die Beteiligten aktuell keine Unterschiede machen, informieren sie nicht über divergierende Deutungen eines Textes, werden sie als indifferent behandelt und ausgeblendet. Damit sind sie jedoch nicht eliminiert, sondern nur vorläufig und auf grundsätzlich negierbare Weise negiert.⁴⁸ Angesteuert durch neue Verstehensakte, die daraus konkurrierende Folgerungen ziehen, können sie jederzeit reaktiviert werden. Bedeutungskonsens kann sich insofern nicht auf identischen, sondern nur auf widerrufbar *indifferentialisierten* Sinn stützen.⁴⁹ Nur durch *koordinierten Negationsgebrauch* kann

---

46 Vgl. Habermas 1985, S. 233.
47 Siehe Habermas 1985, S. 233, Hervorhebungen im Original.
48 Zur Rolle der Negation in der Konstitution von Sinn vgl. Luhmann 1971, S. 46 ff.
49 Auch interaktionsleitende Typisierungsschemata sind nur durch entsprechende Operationen der Indifferentialisierung möglich; siehe dazu Schütz 1960, S. 230 f. u. a.; vgl. auch Schneider 1994, S. 34. Durch Aus-

sozial erzeugt werden, was den Beteiligten aktuell als Bedeutungs*identität erscheint*.⁵⁰ Das Anführen und Akzeptieren von Gründen bietet hier keine Alternative, denn auch sie können unterschiedlich verstanden werden. Begründungen ziehen jedoch stärkere Limitationen ein für das, was mit den begründeten Aussagen verträglich ist. Argumentative Konsenserzeugung ist insofern eine besonders wirksame, aber auch noch voraussetzungsvolle Negationstechnik, deren Einsatzbereich eng begrenzt ist.

Jüngere Äußerungen von Habermas überraschen durch die weitgehende Preisgabe der These intersubjektiver Bedeutungsidentität. Habermas spricht jetzt »von konstruktiven Verständigungsleistungen, die sich in den Formen einer *gebrochenen* Intersubjektivität vollziehen«, und erläutert: »Gewiß, die grammatischen Regeln *garantieren die Bedeutungsidentität* der sprachlichen Ausdrücke; aber zugleich müssen sie Raum lassen für einen individuell abgeschatteten und innovativ unvorhersehbaren Gebrauch dieser als *bedeutungsidentisch nur unterstellten* Ausdrücke. Die Tatsache, daß die Intentionen der Sprecher von den Standardbedeutungen der verwendeten Ausdrücke auch immer wieder abweichen, erklärt jenen *Schatten von Differenz, der auf jedem sprachlich erzielten Einverständnis ruht:* ›Alles Verstehen ist daher immer zugleich ein Nicht-Verstehen, alle Übereinstimmung in Gedanken und Gefühlen zugleich ein Auseinandergehen‹ (W. v. Humboldt).«⁵¹

blendung individualisierter Sinnmomente, welche die Interaktionsbeteiligten gleichwohl mit ihnen verknüpfen können, etablieren sie Schwellen der Indifferenz gegenüber möglichen Unterschieden im Verstehen. Solange ein Mißverstehen sich unterhalb dieser Schwellen bewegt, kann es daher in Anschluß an Culler (a.a.O., S. 195 f.) charakterisiert werden als ein Mißverstehen, dessen Miß- keine Rolle spielt.

50 Siehe dazu für die juristische Auslegung Kriele 1981, S. 410: »Auch wenn wir feststellen: Der Text sei eindeutig und erlaube kein Deuten, so haben wir entschieden, daß wir davon absehen, von Auslegungsmöglichkeiten, die den Text relativieren, Gebrauch zu machen.« – Vgl. dagegen Habermas 1971, S. 188: »Für die fundamentale Frage, wie denn identische Bedeutungen überhaupt möglich sind, kann aber der Hinweis auf die Rolle der Negation nicht hilfreich sein.«

51 Siehe Habermas 1988, S. 56 (alle Hervorhebungen von mir, W.L.S.). Wenige Zeilen später unterstreicht Habermas noch einmal, daß Bedeutungsidentität empirisch unerreichbar ist, wenn er feststellt, daß »der sprachlich erzielte Konsens in der Übereinstimmung die Differenzen

Als Ergebnis seiner Auseinandersetzung mit dem Neostrukturalismus und deren Rezeption durch die Hermeneutik[52] besinnt sich Habermas mit dem »Nicht-Identischen« auf ein verdrängtes Moment der kritischen Theorie[53], dessen Integration in den ursprünglichen konzeptuellen Rahmen jedoch sichtbar schwerfällt.[54] Nach schwacher Beschwörung einer »grammatisch« verankerten Identitätsgarantie wird die These einer *faktisch erreichbaren* Bedeutungsidentität, die Habermas 1971 als zentrales Argument gegen den systemtheoretischen Sinnbegriff ins Feld führte[55], faktisch aufgegeben. Was als ›harter Kern‹ der Habermasschen

    der Sprecherperspektiven *nicht tilgt, sondern als unaufhebbar voraussetzt*« (Hervorhebung von mir, W.L.S.). – Deutlicher kann die Revision der ursprünglichen Position kaum mehr vollzogen werden.
52 Vor allem vertreten durch Manfred Frank; vgl. 1983, 1988 und 1990.
53 Vgl. dazu 1988, S. 57: »So bleibt in der kommunikativen Alltagspraxis jenes verletzbare, objektivierend immer wieder verstellte Nicht-Identische, das durch das Netz der metaphysischen Grundbegriffe stets hindurchfiel, auf eine triviale Weise zugänglich.«
54 Warum aber beharrt Habermas selbst hier noch – und dies um den Preis eines anschließenden Selbstdementis – auf einer angeblich durch sprachliche Regeln garantierten Bedeutungs*identität*? Dazu die folgende Vermutung: Im Anschluß an die revidierte Wahrheitssemantik behauptet Habermas einen »internen« Zusammenhang zwischen der Bedeutung sprachlicher Ausdrücke und der Einlösbarkeit von Geltungsansprüchen. »Eine Behauptung zu verstehen heißt zu wissen, wann ein Sprecher gute Gründe hat, die Gewähr dafür zu übernehmen, daß die Bedingungen für die Wahrheit der behaupteten Aussage erfüllt sind« (vgl. Habermas 1981, Bd. 1, S. 426). Habermas generalisiert diese These für alle Typen von Sprechhandlungen und die mit ihnen verknüpften Geltungsansprüche (vgl. a.a.O., S.168). Dieses Junktim von Bedeutung und Geltungsbegründung aber hat zur Folge, *daß mit der empirischen Möglichkeit intersubjektiv identischer Bedeutungen zugleich die empirische Möglichkeit intersubjektiven Geltungskonsenses in Fragen der Wahrheit und der Rechtfertigbarkeit von Normen problematisch wird*. Solange Habermas an der empirischen Möglichkeit konsensueller Geltungsbegründung – dem wohl zentralen Motiv seiner Theorie – festhalten will, *darf er* deshalb die These intersubjektiver Bedeutungsidentität nicht aufgeben.
55 Siehe erneut Habermas 1971, S. 188f.: »Der Sinn des Sinnes besteht zunächst darin, daß er intersubjektiv geteilt werden kann, daß er für eine Gemeinschaft von Sprechern identisch sein kann. Identität der Bedeutungen verweist nicht auf Negation, sondern auf die Bürgschaft inter-

Position noch bleibt, ist die These, daß die Teilnehmer einer Kommunikation als Sinnbedingung ihres Engagements die Möglichkeit der aktuellen Herbeiführung von Bedeutungskonsens unterstellen müssen.[56] Diese Unterstellung hat den Status einer praktischen Hypothese, die sie – selbst bei schlechter Bewährung – so lange nicht aufgeben können, wie sie sich an Kommunikation beteiligen. Der Hinweis auf ihre Unvermeidlichkeit kann jedoch kaum als Grund für die Verläßlichkeit dieser Unterstellung beansprucht werden. Alternativlosigkeit ist keine Begründung, sondern eher ein funktionales Äquivalent dafür.[57] Sie macht Gründe als Handlungsgrundlage überflüssig. Wir unterstellen die Möglichkeit intersubjektiver Regelbefolgung und daran gebundener gemeinsam geteilter Bedeutungen, weil wir nicht anders können. Das aber heißt, daß auch jene kommunikativen Ereignisse, die als potentielle »Falsifikatoren« dafür in Frage kommen könnten, mit dieser Unterstellung kompatibel gemacht, das heißt im *Beobachtungsschema intersubjektiver Regelbefolgung* beobachtet werden müssen. Weil keine Alternativen denkbar sind, besteht eine quasi-transzendentale Nötigung zur Immunisierung dieser Beobachtungsweise gegen mögliche Gegenevidenzen. Sie muß ausgerüstet sein mit Bewältigungsstrategien, die Deutungs- und Reaktionsmöglichkeiten für alle unerwarteten Wechselfälle der Kommunikation bereitstellen. Diese gilt es zu rekonstruieren, wenn geklärt werden soll, was Intersubjektivität unter den revidierten Voraussetzungen heißen kann.

subjektiver Geltung. Diese Fragestellung bleibt Luhmann verschlossen.« Die damalige Pointe der Habermasschen Position lag gerade darin, daß er glaubte, Bedeutungsidentität aus der intersubjektiven Geltung von Regeln ableiten zu können.
[56] Obwohl Habermas sich dabei nur auf kommunikatives Handeln bezieht, gilt dies unseres Erachtens auch für strategisch handelnde Teilnehmer, die auf konsensunabhängige Realisierung privater Zwecke aus sind: Sie können diese Zwecke nur dann verläßlich (und nicht nur zufällig) erreichen, wenn sie korrekt antizipieren können, wie der andere die zu seiner Beeinflussung bestimmten Mitteilungen verstehen wird. Im Hinblick auf die reguläre Bedeutung ihrer Äußerung müssen daher auch sie »am Bezugspunkt einer aktuell möglichen Verständigung« (Habermas 1988, S. 233) festhalten.
[57] Umgekehrt gilt: Wo sich Alternativen bieten (das heißt Alternativlosigkeit als Handlungsbasis ausfällt), können Gründe (gute wie schlechte) für die notwendigen Selektionsleistungen sorgen.

Um die Erzeugung von gemeinsamem Sinn in der Kommunikation sicherzustellen, bedarf es vor allem ständig aktivierter *Einrichtungen der Abweichungskontrolle*. Kollektives Regelbefolgen und korrektes Verstehen werden ermöglicht durch übereinstimmendes Erkennen und Abweisen von Fehlern. Weil Habermas an einem identitätstheoretischen Fundament intersubjektiver Regelbefolgung festhalten will, dessen Status jedoch nicht ontologischer Art, sondern auf die Möglichkeit der Herbeiführung von Geltungskonsens bezogen sein soll, weist auch er der gemeinsamen Identifizierung von Abweichungen in der Kommunikation eine besondere Rolle zu.[58] An Wittgenstein anschließend, bewährt sich für Habermas die Annahme der intersubjektiven Geltung einer Regel, wenn zwei miteinander interagierende Personen gegebenenfalls einander *Fehler* nachweisen und ein Einverständnis über die *richtige* Befolgung der Regel herbeiführen können. Die intersubjektive Bewährung in der Kommunikation verlangt insofern minimal eine Sequenz von drei Zügen: Eine Verhaltensäußerung Egos; Markierung des Verhaltens als abweichend durch Alter; Egos Zustimmung zu dieser Bewertung.

Der Versuch, Intersubjektivität kommunikationstheoretisch zu rekonstruieren, kann hier anschließen. Er führt jedoch über die Grenzen einer Theorie kommunikativen Handelns hinaus auf ein anderes, der Luhmannschen Systemtheorie nahegelegenes Terrain. Was Habermas mit Wittgenstein in abstracto als elementares Sprachspiel konzipiert, in dem gemeinsame Regelbefolgung zum Thema wird, stellt sich aus der Perspektive der ethnomethodologischen Konversationsanalyse als Moment der *kommunikativen Reparaturorganisation* dar.[59] Mit der Reparaturorganisation verbunden ist eine Sondierungsvorrichtung, die kontinuierlich prüft, ob die Kommunikation unter Bedingungen intersubjektiv kompatibler Bedeutungszuweisungen verläuft oder Diskrepanzen auftreten. Sie kann Zusammenbrüche der Intersubjektivität registrieren und die notwendigen Reparaturen auslösen. Diese Sondierungsvorrichtung wird an jeder dritten Position einer Interak-

---

58 Dies bereits in seiner frühen Auseinandersetzung mit Luhmanns Sinnbegriff; vgl. 1971, S. 190; ausführlicher dazu 1981, Bd. 2, S. 34 ff.
59 Vgl. dazu besonders Schegloff 1992. Zur Nähe zwischen Konversationsanalyse und der systemtheoretischen Thematisierung von Kommunikation als autopoietischem System vgl. Hausendorf 1992.

tionssequenz aktiviert. An ihrer Funktionsweise und am Ablauf dadurch stimulierter Reparaturen wird deutlich, wie Intersubjektivität ohne transsubjektive Bedeutungsidentität in der Kommunikation kontinuierlich reproduziert werden kann.

IV. Gemeinsame Regelbefolgung und die kommunikative Synthesis von Bedeutungsselektionen

Jede Äußerung einer Sequenz, was immer ihre sonstige kommunikative Funktion sein mag, weist der unmittelbar vorangehenden Äußerung, indem sie an diese anschließt, eine mehr oder weniger genau bestimmte Bedeutung zu. Der vorangehende Redebeitrag fungiert gleichsam als Einleitung oder Weiterführung einer Reihe[60], die vom nächsten Sprecher auf regelkonforme Weise fortgesetzt werden soll. In einer weiteren Äußerung kann der Sprecher der ersten Äußerung diese Bedeutungszuweisung bestätigen und damit die Reaktion des zweiten Sprechers als regelkonformen Anschluß bestätigen oder als Fehldeutung und abweichende Fortsetzung der Reihe markieren.[61]

Wird die Reaktion als abweichend markiert, kann ihr Autor an vierter Sequenzposition den Defekt reparieren. Er signalisiert damit zugleich seine Zustimmung zur Fehleranzeige des ersten Sprechers. Das folgende Beispiel zeigt eine solche Reparatur-Sequenz[62]:

Beispiel A

1 Mother: Do you know who's going to that meeting?
2 Russ: Who.
3 Mother: I don't kno:w.
4 Russ: Oh:: Prob'ly Missiz McOwen ('n detsa) en prob'ly Missiz Cadry and some of the teachers. ()

---

60 Mit Wittgenstein könnte man auch sagen: eines elementaren Sprachspiels.
61 Und dies unabhängig davon, ob die zugewiesene Bedeutung der ursprünglichen Bedeutungsintention (sofern eine vorhanden war) entspricht oder nicht; vgl. dazu Garfinkel/Sacks 1976, S. 171 f.
62 Wir entnehmen das folgende, von uns leicht gekürzte Beispiel aus Schegloff 1988, S. 57.

Die erste Äußerung kann als Frage, die sich nach dem Wissensstand des Hörers erkundigt, als Bitte um Information mit Blick auf die eingebettete Frage oder als Vorankündigung einer anschließenden Mitteilung (etwa im Sinne von: »Stell dir vor, wer zu dem Treffen kommt«) verstanden und damit als Erfüllung der Regel unterschiedlicher Sprechakte gedeutet werden. Die Reaktion von Russ weist der Eingangsäußerung die Bedeutung der Vorankündigung einer Mitteilung zu. Mit der an dritter Sequenzposition folgenden Bemerkung macht die Mutter deutlich, daß nicht die Voraussetzungen für die Vorankündigung einer Mitteilung, wohl aber die Einleitungsbedingungen[63] für eine Informationsfrage erfüllt sind und signalisiert damit, daß Russ sie falsch verstanden hat. Russ reagiert mit einem Ausdruck der Überraschung[64] und anschließender Beantwortung ihrer Äußerung als Informationsfrage. Er revidiert damit seine ursprüngliche Deutung von M's Eingangsäußerung in Übereinstimmung mit M's Korrektur.

Richten wir den Blick auf die Teilsequenz 2-3-4, so stellen wir fest, daß sie der von Habermas als konstitutiv für Regelbefolgung bezeichneten Sequenz ›Verhaltensereignis – Kritik als Regelabweichung – Akzeptierung der Kritik‹ entspricht.[65] Auf sparsamste

---

63 Einleitungsbedingungen bzw. -regeln im Sinne Searles (vgl. 1971, S. 88 ff., hier: S. 102).

64 Oder präziser: mit der Produktion eines Äußerungselementes (»Oh::«), das eine Veränderung des Wissensstandes beim Sprecher anzeigt; siehe dazu Heritage 1984, S. 286. Das einleitende »Oh::« signalisiert demnach, daß Russ vorher nicht wußte, daß seine Mutter nicht wußte, wer zu dem Meeting kommen würde, er dies aber jetzt weiß und er damit über die Voraussetzungen verfügt, die Äußerung der Mutter als Informationsfrage zu identifizieren.

65 Dabei unterläßt es die Mutter jedoch, die Reaktion von Russ explizit als fehlerhaft zu markieren. Es unterbleibt so die Zuschreibung des regelabweichenden Äußerungsereignisses als Handlung. Es bleibt Russ (in Übereinstimmung mit der in der Konversationsanalyse festgestellten »preference for self-correction«; vgl. dazu Schegloff, Jefferson, Sacks 1977) selbst überlassen, seine ursprüngliche Deutung zu revidieren und damit zugleich als Fehlschlag zu definieren, ohne dabei die Frage anzuschneiden, wer die Verantwortung für das Mißverständnis trägt. Das Risiko einer sich leicht entzündenden Debatte darüber, ob etwa die Mutter sich ›falsch ausgedrückt‹ oder Russ ›falsch verstanden‹ hat, kann so umschifft werden. Noch die ausdrückliche Etikettie-

Weise, ohne explizite Thematisierung des ›Fehlers‹, wird hier eine Äußerung als abweichend registriert, die Abweichung konsensuell validiert und korrigiert. Die Sequenz zeigt exemplarisch, wie minimalistisch und unspektakulär Reparaturen verlaufen und Bedeutungskonsens durch kontinuierliche Abweichungskontrolle in alltäglicher Kommunikation reproduziert werden kann.

Treten keine Abstimmungsprobleme auf, dann kommen wir zu einer Sequenz von dreizügiger Elementarform[66]:

Beispiel B

1 Mother: Do you know who's going to that meeting?
2 Russ: Prob'ly Missiz McOwen ('n detsa) en prob'ly Missiz Cadry and some of the teachers.
3 Mother: Then I'll go too.

Die Äußerung der Mutter und deren Bedeutungsmöglichkeiten sind identisch mit Beispiel A. Russ' Reaktion jedoch versteht die Äußerung der Mutter von vornherein als Erfüllung der Regel für den Vollzug einer Informationsfrage, indem sie eine dazu passende Antwort realisiert. Die anschließende Mitteilung der Mutter, daß sie ebenfalls zu dem Treffen gehen werde, weist sich explizit als Folgerung aus der gegebenen Antwort aus und beschreibt dadurch die Reaktion von Russ als *richtige* Fortsetzung der Handlungssequenz, die durch die Eingangsäußerung initiiert wurde. Die Bedeutungszuschreibungen der Äußerungen 2 und 3 an die Adresse der Äußerung 1 erscheinen deckungsgleich. Beide schließen an die Eingangsäußerung als Informationsfrage an, identifizieren sie so auf übereinstimmende Weise als soziale Handlung eines bestimmten Typs und produzieren sie damit als

> rung als Mißverständnis wird vermieden. Und auch dies kann ein Vorteil sein, wie der Autor einmal durch die Reaktion seines Gegenübers erfuhr, als er eine mißlungene Abstimmung in geringfügigen Angelegenheiten administrativer Art mit der Bemerkung zu erledigen versuchte, daß wohl ein Mißverständnis vorgelegen habe. Die Antwort lautete: »Nein, nein, ich habe Sie nicht mißverstanden.« Der explizit kommunizierte Versuch, die Fehlerzurechnung auf sich beruhen zu lassen, wurde hier offensichtlich bereits als Vorwurf aufgefaßt, gegen den man sich verteidigen muß.

66 Wir bedienen uns dazu einer freien Variation des vorangehenden Beispiels.

doppelperspektivisch konstituierte Einheit *in der Kommunikation*.

So wie in unseren beiden Beispielen wird grundsätzlich an jeder dritten Äußerung einer Sequenz für die Beteiligten sichtbar, ob die von ihnen produzierten Anschlüsse als kongruente Interpretationen des ersten Ereignisses verstanden werden können und eine durch *doppelte Beschreibung* kooperativ konstituierte Einheit zustande gekommen ist, die als Prämisse weiterer Anschlüsse zugrunde gelegt werden kann.[67] Ist Kongruenz erreicht, dann wird damit die Reaktion des Adressaten an zweiter Sequenzposition als korrekte Fortführung und das heißt *als richtige Befolgung der Bedeutungsregel* beschrieben, die durch das erste Äußerungsereignis der Sequenz aufgerufen wurde. Damit ist zugleich ein *elementarer Zyklus intersubjektiver Regelbefolgung* durchlaufen.[68] Uno actu bestätigt die Kommunikation die Intersubjektivität der in ihrem Ablauf prozessierten Bedeutungszuweisungen und der dabei erfüllten Regeln.[69] Inkongruenz der Bedeutungsattributionen bedeutet dementsprechend die kommunikative Anzeige gestörter Intersubjektivität, sowohl im Blick auf das problematische Einzelereignis wie auf die aktuell involvierten Regeln.[70] Gleichgültig aber, ob die dritte Sequenzposition Kongruenz oder

---

67 Bateson (1982, S. 163 ff.) weist dem Prinzip der doppelten Beschreibung auf unterschiedlichen Ebenen der Evolution grundlegende Bedeutungen für die Konstitution emergenter Phänomene zu (so zum Beispiel erzeugt das binokulare Sehen den optischen Raum). Als strukturelle Elementareinheit der Interaktion bestimmt Bateson eine dreizügige Sequenz von Reiz, Reaktion und Verstärkung (a.a.O., S. 167), bei der in Übereinstimmung mit dem Prinzip der doppelten Beschreibung Reaktion und Verstärkung als Beschreibungen der Reizbedeutung aufgefaßt werden können. Das dadurch konstituierte Emergenzniveau ist Sozialität als Ebene, die nur durch die Kooperation unterschiedlicher Bewußtseine möglich, aber nicht auf Bewußtseinsphänomene reduzierbar ist.
68 Vgl. ausführlicher dazu sowie zum folgenden Schneider 1994, Kapitel 4.
69 Entsprechend dazu Heritage 1984, S. 258: »Any ›third‹ action, therefore, which implements some ›normal‹ onward development or trajectory for a sequence, tacitly confirms the displayed understandings in the sequence so far.«
70 Siehe dazu erneut Schegloff 1992, dessen Titel der »repair after next turn« die Rolle der »last structurally provided defense of intersubjectivity in conversation« zuschreibt.

Inkongruenz registriert, in jedem Falle wird eine Seite der Unterscheidung ›richtig verstehen/falsch verstehen‹ bezeichnet und damit die Intersubjektivität der Bedeutungsselektionen und der Regelapplikation von erstem und zweitem Sprecher an dieser Stelle in die Kommunikation eingeführt.

Systemtheoretisch gesprochen, fungiert an der dritten Sequenzposition die Unterscheidung von Verstehen und Mißverstehen *in der Selbstbeobachtung der Kommunikation*.[71] Gleichgültig, was die Beteiligten sich dabei denken und was sonst noch geschieht, wird hier eine Seite dieser Unterscheidung durch den Verlauf der Kommunikation bezeichnet oder zumindest angezeigt, daß gegenwärtig eine solche Zuordnung noch nicht möglich ist.[72] In jedem Falle ist diese Unterscheidung aufgerufen, und jede an dritter Stelle positionierte Mitteilung gewinnt Bedeutung in dem dadurch definierten Beobachtungsbereich. Läuft die Kommunikation ohne ein Anzeichen von Verstehensproblemen über die dritte Position hinweg, dann wird damit die Kommunikation in der Kommunikation als in störungsfreiem Ablauf begriffen beschrieben.[73] Die *Kommunikation* attestiert, daß sie von hinreichend übereinstimmendem Verstehen getragen ist.

»*Intersubjektivität*« – und dies gilt es zu betonen – fungiert hier als Kategorie der *Selbstbeobachtung von Kommunikation*.[74] Es wäre deshalb auch zu kurz gegriffen, wenn man die Funktion der dritten Sequenzposition reduzieren wollte auf die Ermöglichung von Intersubjektivität zwischen den involvierten Psychen und auf die *mögliche* Überleitung hin zu reflexiver Kommunikation über Kommunikation, die nur dann in Betrieb genommen wird, wenn die intersubjektive Übereinstimmung der Bedeutungszuweisungen aus der psychischen Binnenperspektive des Sprechers an er-

---

71 Wem diese Formulierung zu sehr nach einer Hypostasierung von Kommunikation als Subjekt aussieht, der kann hier für ›Selbstbeobachtung‹ auch ›Beobachtung der Kommunikation in der Kommunikation‹ einsetzen.
72 So zum Beispiel durch Rückfragen, die signalisieren, daß noch kein hinreichend deutliches Verstehen erreicht wurde, um ›richtiges‹ von ›falschem‹ Verstehen unterscheiden zu können.
73 Siehe entsprechend Fuchs 1993, S. 50.
74 Nach einer solchen kommunikationstheoretischen Umwidmung sind die Konzepte Intersubjektivität und Kommunikation als Ausgangspunkte soziologischer Theoriebildung miteinander kompatibel.

ster Sequenzposition nicht erreicht ist. Wird die Möglichkeit der Metakommunikation an dieser Stelle nicht genutzt, so hat auch dies kommunikative Folgen. Die Möglichkeit der Metakommunikation ist dann in der Kommunikation gleichsam »offiziell abwesend«.[75] Man kann hier – um Watzlawick u. a. zu paraphrasieren – *nicht nicht metakommunizieren*, weil noch die Nicht-Nutzung der Möglichkeit zur metakommunikativen Korrektur besagt, daß eine solche Korrektur nicht nötig ist und das kommunikativ erreichte Verstehen als *richtiges* Verstehen im weiteren Ablauf zugrunde gelegt werden kann.[76] Wie die Reaktion Alters den Sinn des vorausgehenden Mitteilungsereignisses *kommunikativ* bestimmt, so konfirmiert oder diskonfirmiert Egos Anschlußverhalten *kommunikativ* die in der Reaktion enthaltene Sinnzuweisung und die darin präsupponierten Erwartungsstrukturen (alias Regeln) als korrekt oder inkorrekt.

Daraus folgt keine *Identität* der psychisch prozessierten Bedeutungsselektionen. Um es an unserem Beispiel zu illustrieren: Die Frage der Mutter kann auf unterschiedlichste Weise motiviert sein. Vielleicht will die Mutter mit einem der Lehrer über die schulischen Leistungen ihres Sohnes sprechen oder sie hofft, die eine oder andere Bekannte zu treffen; sie mag sich fragen, ob der Abend anregend oder langweilig wird, welche Themen zur Sprache kommen, wie lange das Treffen vermutlich dauert, ob sie es sich sozial leisten kann, zu ›fehlen‹ oder nicht, ob sie sich sportlich oder elegant kleiden soll usw. – und glaubt Rückschlüsse darauf ziehen zu können, wenn sie weiß, wer kommen wird. Diese und andere Gesichtspunkte können zum subjektiven Relevanzhintergrund der Frage gehören. In der Kommunikation taucht davon nichts auf. Sie verhält sich indifferent gegenüber dem »subjektiven Sinn« der gestellten Frage und dem spezifischen Sinn, den die Antwort vor diesem Hintergrund erhält. Russ kann die Frage beantworten, unabhängig davon, inwieweit er diesen Hintergrund antizipiert. Ob es der Mutter um die Eruierung der Möglichkeit geht, Bekannte zu treffen oder darum, den Klassenlehrer von

---

75 »Noticeably or ›officially‹ absent« – dieser Ausdruck stammt aus der Konversationsanalyse (vgl. Heritage 1984, S. 249) und bezeichnet dort den Ausfall einer erwarteten Möglichkeit (zum Beispiel den Ausfall der Antwort auf eine Frage, wenn der Adressat einfach schweigt), der vor dem Hintergrund der Erwartung zu einem positiven Ereignis wird.
76 Vgl. Schneider 1991 a, S. 8.

Russ zu sprechen, ob sie ihre Themenerwartungen oder ihre Kleidung danach einrichten will, wie die Antwort ausfällt – all dies sind Unterschiede, die in der Kommunikation so lange als indifferent behandelt werden können, wie es für deren Fortgang keinen relevanten Unterschied macht, ob sie berücksichtigt werden oder nicht. Retrospektiv kann sich herausstellen, daß diese Voraussetzung nicht erfüllt war: Nehmen wir an, die Mutter wollte tatsächlich den Klassenlehrer sprechen. Der aber hatte abgesagt, und Russ wußte dies. Als die Mutter erfährt, daß Russ über diese Information verfügte, hält sie ihm vor, ihre Frage nicht richtig beantwortet zu haben. Er hätte schließlich wissen können, daß sie nicht zum Vergnügen zu solchen Veranstaltungen gehe usw. – Durch den weiteren Verlauf der Ereignisse wird hier *nachträglich* einer der indifferentialisierten Unterschiede kommunikativ relevant. *Retrospektiv* erweist sich das in der vorausliegenden Frage-Antwort-Sequenz erreichte Verstehen als unzureichend. Unter normalen Umständen (der Klassenlehrer wäre wie üblich erschienen) hätten die ausgeblendeten Unterschiede keine Rolle spielen können. Das erreichte Verstehen und die darauf gründende Antwort von Russ wäre dann so präzise gewesen, wie aus der Perspektive der Mutter erforderlich.

Die Anforderungen an das Verstehen lassen sich, so unsere Folgerung, nicht beschränken auf korrektes Erkennen aktueller Bedeutungsintentionen und erfüllter Bedeutungskonventionen. Beide spielen vor einem kommunikativ unthematischen Hintergrund subjektiver Relevanzen, die so lange nicht mitverstanden werden müssen (und im Prinzip *nie vollständig* verstanden werden können), wie keine Ereignisse auftauchen, durch die es für die Kommunikation bedeutsam wird, ob Beiträge unter Berücksichtigung dieser Relevanzen konzipiert wurden oder nicht. Die Anforderungen an die Tiefenschärfe des Verstehens sind, je nach der Art der sozialen Beziehung, unterschiedlich. Sie liegen etwa in alltäglicher Interaktion niedriger als unter Bedingungen intimer oder psychotherapeutischer Kommunikation.[77] Absolute Bedeutungs-

---

77 »*Ein* Ideal der Genauigkeit ist nicht vorgesehen; wir wissen nicht, was wir uns darunter vorstellen sollen – es sei denn, du selbst setzt fest, was so genannt werden soll. Aber es wird dir schwer werden, so eine Festsetzung zu treffen; eine, die dich befriedigt«, notiert Wittgenstein, *PhU*, § 88 (Hervorhebung im Original).

identität ist dabei keine empirisch realisierbare Möglichkeit. Der »subjektiv gemeinte Sinn« ist vielmehr, wie Schütz feststellt, ein »Limesbegriff«, der approximiert, aber nie vollständig erreicht und daher auch nicht intersubjektiv geteilt werden kann.[78] Bedeutungskonsens verlangt immer die Ausblendung von Differenzen, die *aktuell* keinen Unterschied machen. Um *unendliche in endliche Koordinationslasten zu transformieren*, müssen ständig Unterschiede *indifferentialisiert* werden, im Vertrauen darauf, daß sie keine Rolle spielen.[79] Das damit verbundene Risiko, daß spätere Ereignisse die ausgeblendeten Unterschiede relevant machen, ist tragbar, weil die Möglichkeit fortbesteht, zunächst aus der Kommunikation ausgeschlossene Sinnmomente im Bedarfsfalle nachträglich durch metakommunikative Thematisierung einzuführen und darüber Bedeutungskonsens zu erzielen. Die von Habermas betonte Unterstellung der Möglichkeit zur aktuellen Herbeiführung eines Einverständnisses, die sich auch unter Bedingungen von Sinnverschiebungen bewähren soll, steht daher nicht als Gewähr der Herstellbarkeit von Bedeutungs*identität*, sondern im Gegenteil als *funktionales Äquivalent* dafür. Weil es *nicht* möglich ist, zeitfeste und kontextinvariante Bedeutungs*identität* in der Kommunikation herzustellen, muß die Möglichkeit fortwährender konsensueller Abweichungskontrolle als *Ersatzlösung* einspringen, die sicherstellt, daß die Bedeutungszuweisungen der Beteiligten kontinuierlich hinreichend synchronisiert werden können, um den (situativ variierenden) Verständigungsbedarf für die Fortsetzung der Kommunikation zu gewährleisten.

Mit unserer Analyse der kommunikativen Koordination von Bedeutungsselektionen haben wir den wesentlichen Schritt auf dem Wege zur systemtheoretischen Umwidmung des Konzepts intersubjektiver Regelbefolgung bereits getan. Um es fugenlos zu im-

---

78 Siehe Schütz 1960, S. 30 und S. 108. Nur als idealisierende Unterstellung des »natürlichen Bewußtseins«, die diese Ausblendung trägt, fungiert die »Generalthese reziproker Perspektiven« in der Kommunikation; siehe Schütz 1971, Bd. 1, S. 14.
79 Und insofern ist Shannon (1989, S. 47) zuzustimmen, wenn er feststellt: »What keeps communication possible is the fact that others behave as if they do not see what they see, as if they do not hear what they hear (...) each participant trusts that the other will ignore all information available to him except that within the constrained focal context of the situation.« Siehe dazu auch Luhmann 1990 b, S. 27.

plementieren, bleibt zu zeigen, wie es auf unterschiedlichen Ebenen der Kommunikation eingesetzt wird, welche verschiedenen Funktionen es dabei erfüllt und wie es mit den übrigen Komponenten des systemtheoretischen Kommunikationsbegriffs verknüpft ist. Dessen Charaktierisierung haben wir dazu zunächst nachzutragen.

v. Funktionsebenen des Regelschemas im Kontext der systemtheoretischen Kommunikationstheorie

Luhmann konzipiert Kommunikation als autonome Systembildungsebene. Eine elementare kommunikative Einheit ist dabei bestimmt als Synthese von drei Selektionen, von Mitteilung, Information und Verstehen, die in einer Sequenz von zwei Äußerungsereignissen realisiert wird.[80] Ein zweites Ereignis schließt an ein erstes an, deklariert es damit als seinen Vorläufer und präsentiert sich selbst als dessen Folgeereignis. Das zweite *versteht* das erste als *Mitteilung* einer *Information*. Ob das erste Ereignis als Beitrag zur Kommunikation intendiert war oder nicht, ist dabei ebenso sekundär wie die eventuelle Mitteilungsabsicht, die sein Autor damit verband. Jemand mag sich in einer Auktion gedankenverloren am Kopf kratzen oder einem gerade entdeckten Bekannten ein Zeichen geben wollen; indem der Auktionator auf diese Geste hin ihm den Zuschlag erteilt, erhält sie den kommunikativen Sinn eines Gebots. Der überraschte ›Bieter‹ muß dann entscheiden, ob er die ihm zugerechnete kommunikative Handlung als seine Handlung bestätigt oder versucht, das Ganze als Mißverständnis zu deklarieren. Ohne die Anschlußhandlung des Auktionators oder eines anderen Teilnehmers der Veranstaltung hätte die Geste, wie immer sie auch motiviert war, keine kommunikative Bedeutung erlangt. Die Kommunikation organisiert sich daher nicht von den psychisch repräsentierten Mitteilungsintentionen der Sprecher, sondern vom *kommunikativen Verstehen* her[81], wie es

80 Siehe Luhmann 1984, S. 191 ff.
81 Vom kommunikativen und nicht vom psychischen Verstehen her, weil der Produzent einer Anschlußäußerung etwas anderes verstehen kann als das, was als Verstehen in der Kommunikation erscheint. So etwa,

in Anschlußäußerungen anderer Sprecher zustande kommt. Die *Simultaneinheit* der Selektionstriade findet darin ihre Begründung. *Verstehen*, so können wir präzisieren, ist die für Kommunikation konstitutive *Beobachtungsoperation*, die darin besteht, *daß ein Ereignis durch ein Folgeereignis mit Hilfe der Unterscheidung von Mitteilung und Information beobachtet wird.*

Beobachtungsoperationen sind generell als Gebrauch einer Unterscheidung definiert, bei der eine Seite der verwendeten Unterscheidung bezeichnet wird. Die eine oder die andere Seite – das heißt im Kontext von Kommunikation die Seite der Mitteilung oder der Information: »Komm endlich!« – »Warum so verärgert?« – Die zweite Äußerung referiert hier auf das Mitteilungsverhalten des ersten Sprechers und qualifiziert es als Ausdruck einer bestimmten Affektlage. Angeschlossen wird daran, *wie* der Sprecher gesagt hat, was er gesagt hat, und nicht daran, *was* er gesagt hat. Anders ist dies, wenn die Antwort lautet »Nur noch fünf Minuten« – diese Reaktion schließt an das Thema an, über das die Mitteilung informiert. Der *beobachtenden* Verwendung der Unterscheidung von Mitteilungsverhalten und mitgeteilter Information liegt jedoch eine weitere Unterscheidung zugrunde, die in der Kommunikation nur *operativ*, das heißt einwertig fungiert[82]: Die Unterscheidung von Mitteilungen-von-Informationen und Nicht-Mitteilungen-von-Informationen oder kürzer, von Kommunikation und Nicht-Kommunikation. Jede Äußerung deklariert ihren Vorläufer, indem sie daran anschließt, als Kommunikation. An Nicht-Kommunikationen kann nicht angeschlossen, sie können nur zum Thema gemacht werden.[83] Weil ohne Anschlußäußerungen die Kommunikation zum Erliegen kommt, ist ihre

---

wenn sich jemand durch eine scharfe Bemerkung verletzt fühlt und ihrem Autor entsprechende Absichten unterstellt, darauf aber eine Reaktion zeigt, die diese Bemerkung als »Scherz« definiert.

82 Zum Verhältnis von Operation und Beobachtung siehe Luhmann 1990b, S. 76 ff. und 114 ff.; Esposito 1991, S. 42 ff.

83 »Ich nehme an, dein Schweigen besagt nichts« – macht das Schweigen des Angesprochenen zum Thema und kann deshalb offenhalten, ob es als Kommunikationsbeitrag zu verstehen ist oder nicht. »Warum antwortest du nicht?« – schließt hingegen direkt an, indem es das Schweigen als Schuldig-bleiben-einer-Antwort deutet und somit als kommunikative Handlung (in der Version einer *zurechenbaren* Unterlassung) definiert.

Fortsetzung nur dadurch möglich, daß die Unterscheidung Kommunikation/Nicht-Kommunikation einwertig mitläuft. Die Bezeichnung der anderen Seite ist ausgeschlossen. Solange kommuniziert wird, kann nicht nicht-kommuniziert werden. Jedes Ereignis, das an ein vorausgehendes als Fortsetzung einer Kommunikation anschließt, indem es sich primär an die Mitteilungs- oder die Informationsseite hält, ist somit Operation und Beobachtung zugleich.

Unsere Diskussion intersubjektiver Regelbefolgung führte zu dem Ergebnis, daß der *Regelbegriff als Beobachtungsschema* zu rekonstruieren ist, das in der Kommunikation auf spezifische Weise fungiert. Dieses Beobachtungsschema ist definiert durch die *binäre Unterscheidung von richtig und falsch*.[84] Durch die Bindung der präferierten Unterscheidungsseite (›richtig‹) an bestimmte Kriterien werden singuläre Regeln konstituiert. In Abhängigkeit von der Sequenzposition, an der das Regelschema ein-

---

84 Angemessen/unangemessen, befolgen/abweichen und ähnliches können im wesentlichen als synonyme Unterscheidungen betrachtet werden. Analog dazu nennt Luhmann (1984, S. 363) erfüllen/enttäuschen als Differenz, mit der *Erwartungen* die Umwelt abtasten. Wir gehen davon aus, daß der Begriff der generalisierten Erwartung und der Regelbegriff (in einer um die Annahme intersubjektiver Bedeutungs*identität* bereinigten Fassung) ineinander überführt werden können. Um diese Frage hier nicht mitbehandeln zu müssen sowie aus Gründen terminologischer Einheitlichkeit, behalten wir im Rahmen unserer Diskussion den Regelbegriff durchgängig bei. Vgl. dazu jedoch die folgende Bemerkung von Habermas (1971, S. 190f., Hervorhebungen von mir, W. L. S.), in der er seine Auffassung des Regelbegriffs aufs engste mit der Reflexivität des Erwartens verbindet, die Luhmann (1971, S. 63; 1984, S. 411) als Voraussetzung der Integration und Reproduktion sozialer Strukturen begreift: »Die Intersubjektivität der *Geltung einer Regel*, und damit Identität der Bedeutung, beruht auf einer wechselseitigen Kritisierbarkeit des regelorientierten Verhaltens, und diese wiederum verlangt nicht sowohl Reziprozität des Verhaltens, sondern der Verhaltens*erwartung* [diese Hervorhebung im Original]. A muß B's Erwartungen ebenso antizipieren und sich zu eigen machen können wie umgekehrt auch B die Erwartungen von A. Die *gegenseitige Reflexivität der Erwartungen* ist die Bedingung dafür, daß sich beide Partner in derselben Erwartung ›treffen‹, daß sie *die Erwartung, die mit der Regel objektiv gesetzt ist*, identifizieren, daß sie deren symbolische Bedeutung ›teilen‹ können.«

gesetzt wird, fungiert es monovalent und damit *operativ* oder als bivalente Unterscheidung im Rahmen der *Beobachtung erster Ordnung*.
Beide Funktionsebenen des Regelschemas sind in einer *triadischen Elementarsequenz* eng miteinander verknüpft. Schließt ein kommunikatives Ereignis als *zweites Ereignis* einer Sequenz an seinen Vorgänger an, dann fungieren Regeln zunächst *operativ*. Sie etablieren Einschränkungen für die Wahl von Verhaltensalternativen und liefern so die notwendigen Orientierungsgrundlagen für die Fortsetzung von Kommunikation. In der Lösung des Anschlußproblems fungieren Regeln einwertig. Jede Folgeäußerung versteht die vorangehende als (hier notwendig ›richtige‹) Realisierung einer zugrundeliegenden Bedeutungsregel, indem sie eine dazu passende Anschlußäußerung liefert. Die Regel stiftet die Verbindung zwischen beiden Ereignissen. Ohne sie bestünde kein Zusammenhang, könnte zwischen Fortsetzung und Nicht-Fortsetzung der Kommunikation nicht unterschieden werden.[85] Umgekehrt können Regeln nur durch eine Minimalsequenz zweier Ereignisse vitalisiert, verkörpert werden. Isolierte Ereignisse sind grundsätzlich regellos. Ihnen fehlt ein Relatum, zu dem sie in einem wie auch immer konditionierten Zusammenhang stehen könnten. Ein zweites Ereignis kann seinen Vorgänger als Eröffnung einer regulär konstituierten Reihe ansteuern und ihm damit einen spezifischen Platz in einer Sequenz anweisen, zu der es zugleich selbst gehört: Eine Antwort weist die vorausgegangene Äußerung als Frage aus, eine Rechtfertigung definiert sie als Vorwurf, ein Widerspruch als Behauptung etc. In der Konversationsanalyse gelten Äußerungspaare dieser Art, die als erstes und zweites Paarglied eines Paartyps geordnet und so in fester Sequenzfolge miteinander verbunden sind, als elementare Einheiten der Kommunikation.[86]

[85] »Erwartungsstrukturen sind zunächst ganz einfach Bedingung der Möglichkeit anschlußfähigen Handelns und insofern Bedingung der Möglichkeit der Selbstreproduktion der Elemente durch ihr eigenes Arrangement«, notiert dementsprechend Luhmann (1984, S.392), um dann zu generalisieren: »Der Strukturbegriff ist mithin ein Komplementärbegriff zur Ereignishaftigkeit der Elemente. Er bezeichnet eine Bedingung der Möglichkeit basaler Selbstreferenz und selbstreferentieller Reproduktion des Systems« (a.a.O., S.392 f.).
[86] Als Überblick dazu siehe Levinson 1990, S. 302 ff.

Erst an *dritter Sequenzposition* kann in der Kommunikation thematisch werden, ob das erste Ereignis durch seinen Nachfolger der richtigen Reihe zugewiesen wurde und ob dementsprechend das zweite Ereignis als korrekte Fortsetzung der Reihe gelten kann, die der Autor des ersten einleiten wollte, oder nicht. An dieser Stelle ist die für Regelbefolgung konstitutive Unterscheidung richtig/falsch in den sequentiellen Ablauf der Kommunikation eingebettet. Mit jedem Passieren einer dritten Sequenzposition wird sie aufgerufen und eine ihrer Seiten markiert. Das Regelschema fungiert hier auf der *Beobachtungsebene erster Ordnung* in der Selbstbeobachtung von Kommunikation.

Davon, welche Bezeichnungsseite die Kommunikation ansteuert, hängt der weitere Verlauf ab. In elementarer Ausprägung geht es darum, ob Reparaturen bzw. metakommunikative Schleifen nötig werden oder die Kommunikation störungsfrei über die dritte Sequenzposition hinweggleitet. Darüber hinaus aber ist hier der kommunikationsinterne Anlagerungspunkt für die Erzeugung spezifischer Erwartungen, die sich auf die beteiligten Prozessoren richten. Korrekt erscheinende Anschlüsse geben hier wenig her. Sie lassen den anderen als ›normal‹ erscheinen. Er verhält sich in Übereinstimmung mit Erwartungen, die als gültig unterstellt werden, bewegt sich also im Rahmen des allgemein als ›vernünftig‹ akzeptierten Verhaltens, das den Anforderungen der wahrgenommenen Situation Rechnung trägt und gerade deshalb nichts über Besonderheiten des Akteurs aussagt. Anders bei abweichendem (›falschem‹) Verhalten. Weil es den situativen Anforderungen anscheinend zuwiderläuft und die Standards allgemeiner Vernünftigkeit verletzt, müssen Erklärungsversuche sich an die beteiligten Personen halten.[87] Eine gute Illustration dazu bieten Garfinkels Krisenexperimente[88]:

---

87 So auch Heritage (1984, S. 116) mit der Bemerkung über »the participants' believe that breaches of norms are commonly more revealing about the attitudes, motives and circumstances of other people than is conformity«.

88 Vgl. Garfinkel 1967, Kapitel 2. Hier die vollständige Version des zitierten Beispiels (siehe a.a.O., S. 42 f., Case 2; »E« steht dabei für »Experimenter«, »S« für »Subject«):
   (S) Hi, Ray. How is your girl friend feeling?
   (E) What do you mean, ›How is she feeling?‹ Do you mean physical or mental?

Beispiel C
(S) Hi, Ray. How is your girl friend feeling?
(E) What do you mean, »How is she feeling?« Do you mean physical or mental?
(S) I mean how is she feeling? What's the matter with you?
(He looked peeved.)

S begrüßt E und erkundigt sich nach dem Befinden von E's Freundin. Er verwendet dazu eine Standardformulierung, die der Erfüllung konventioneller *Gepflogenheiten der Höflichkeit* entspricht und es dem Angesprochenen überläßt, wie ausführlich und spezifisch er darauf antwortet.[89] Im Gegensatz dazu definiert E's Reaktion die Äußerung von S als präzisierungsbedürftige *Informationsfrage*. Ihr wird damit eine Bedeutung zugeschrieben, die den sozial geltenden Bedeutungsregeln zuwider läuft. An dritter Sequenzposition weist S E's Forderung nach Präzisierung und damit zugleich die zugrundeliegende Bedeutungszuschreibung zurück. Darüber hinaus wird die Reaktion von E als Abweichung verbucht, die nur darin eine Erklärung finden kann, daß *irgend etwas mit E nicht in Ordnung ist*.

Dieser Verlauf ist charakteristisch für die von Garfinkel durchgeführten Experimente. Die Bedeutungsregel, der die Versuchsperson bei ihrer Äußerung folgt, bildet den als gültig unterstellten Maßstab, nach der das Verhalten des Gegenübers beurteilt wird. Die Beobachtung einer Abweichung von dieser Regel provoziert

(S) I mean how is she feeling? What's the matter with you?
(He looked peeved.)
(E) Nothing. Just explain a little clearer what do you mean?
(S) Skip it. How are your Med School applications coming?
(E) What do you mean, ›How are they?‹
(S) You know what I mean.
(E) I really don't.
(S) What's the matter with you? Are you sick?

[89] Als Besonderheit ist hier nur anzumerken, daß im Kontext von Begrüßungen an dieser Stelle typisch die Erkundigung nach dem Befinden des Begrüßten steht. Ist bekannt, daß nahe Angehörige oder sonstige enge Bezugspersonen erkrankt sind bzw. waren oder besondere Schwierigkeiten anderer Art durchzustehen hatten, dann entspricht es üblichen Gepflogenheiten, daß alternativ zum typischen Ablauf nach deren Befinden gefragt werden kann.

keinen Zweifel an ihrer aktuellen Geltung. Daß der andere das Wissen um die Regel teilt, wird unterstellt.[90] Seine Abweichung muß daher als zurechenbare Handlung verstanden werden. Sie stimuliert die Annahme, daß irgend etwas mit ihm los sein müsse, er besondere Gründe hat oder Absichten verfolgt. »What's the matter with you?«; »What came over you?«; »Are you sick?«; »Why are you asking me those questions?«; »Why are you asking me such silly questions?« – dies sind die typischen Reaktionen, über die Garfinkel berichtet. Ihnen allen ist gemeinsam, daß darin das Verhalten des Gesprächspartners als Regelverletzung markiert wird, für die kein vernünftiger Grund ersichtlich ist und die deshalb nur auf *Normalitätsabweichungen in der Person* des anderen zurückgeführt werden können. Dies bedeutet nicht, daß an dessen Zurechnungsfähigkeit gezweifelt wird, denn dann wäre es sinnlos, von ihm eine klare Auskunft über die (Hinter-) Gründe für sein Verhalten zu verlangen.[91] Pragmatisch haben diese Reaktionen vielmehr den Status einer *Aufforderung zur Rechtfertigung*. Sie implizieren die Zuschreibung der Regelabweichung *als zu verantwortendes Delikt*. Im Alltag wie im Strafrecht kann es dafür zwar Situationen des »rechtfertigenden Notstands« geben. Die Geltung der Regel wird durch solche Ausnahmebedingungen jedoch nicht tangiert. Im Kontext der Beobachtung erster Ordnung ist die Regel *unkorrigierbar*.[92] Sie bleibt als Beobachtungsinstruktion ohne Alternative uneingeschränkt in Kraft, weil sie die Feststellung von Abweichungen auslöst, die Suche nach Erklärungen anleitet und als Prämisse in diese Erklärungen eingeht. Die Unterscheidung richtig/falsch wird dabei nach dem Muster eines Präferenzcodes

---

90 »You know what I mean«, lautet die typische Reaktion auf die Frage »What do you mean...« Und so, wie die Experimente angelegt waren, konnten die Versuchspersonen auch kaum etwas anderes annehmen, waren doch andere Deutungsmöglichkeiten, die unter Bedingungen alltäglicher Mißverständnisse eine schnelle Normalisierung ermöglichen, systematisch blockiert.

91 Der oft mit dem Gestus der Empörung verbundene Ausruf »Du bist ja verrückt« hat in der Regel die pragmatische Funktion eines Vorwurfes, der sich darauf bezieht, daß alle vernünftigen Gründe gegen eine bestimmte Handlungsweise sprechen. Dementsprechend reagiert der so Angesprochene häufig mit Begründungen und Rechtfertigungen.

92 Siehe dazu Pollner 1976, der den Gebrauch unkorrigierbarer Prämissen als generelles Charakteristikum »mundanen« Denkens begreift.

eingesetzt. ›Falschheit‹ (Abweichung) fungiert hier als Reflexionswert richtigen Verhaltens[93], der nur als Negation der präferierten Unterscheidungsseite zählt und Reparaturprozeduren aufrufen oder Etikettierungen provozieren kann.

Die Beobachtung erster Ordnung gebraucht das Regelschema auf *autistische* Weise. Weil jede Abweichung von einer Regel durch die Anwendung dieser Regel in der Beobachtung eines Verhaltens erfaßt und verbucht werden kann, bestätigt sich die Regel in ihrem Gebrauch notwendig selbst. Grenzen ihres Geltungsbereichs können so nicht festgestellt werden. Ausschließlich so eingesetzt, würde die Fortsetzbarkeit von Kommunikation durch den Einsatz des Regelschemas gefährdet. Divergierende Kriterien für seine Verwendung würden schnell zum Konflikt und/oder zum Abbruch von Kommunikation mangels Verständigungsmöglichkeiten führen.[94] Die Beobachtung im Schema richtig/falsch kann aber ebensowenig aufgegeben werden, weil nur so zwischen richtigem und falschem Verstehen in der Kommunikation unterschieden und dadurch die Orientierungsvoraussetzungen für die Rekrutierung von Psychen für weitere Beteiligung gesichert werden können.

Um den Autismus des Regelschemas zu kompensieren, muß es auf die Ebene der *Beobachtung zweiter Ordnung* transponiert werden. Dies geschieht durch *re-entry* der Unterscheidung richtig/falsch.[95] Die Bezeichnung ihres Reflexionswertes stimuliert

---

93 Zur Rolle des Reflexionswertes in binären Codes vgl. Luhmann 1990 b,, S. 200 und S. 202 ff.
94 Drastisch illustriert dies der Verlauf von Garfinkels Fallbeispiel 6 (vgl. 1967, S. 44):
»The victim waved his hand cheerily.
(S) How are you?
(E) How am I in regard to what? My health, my finances, my school work, my peace of mind, my...?
(S) (Red in the face and suddenly out of control.) Look! I was just trying to be polite. Frankly, I don't give a damn how you are.«
E's Reaktion wird hier von S anscheinend als Delikt eines Schweregrades wahrgenommen, der sofortige Vergeltung verlangt.
95 Re-entry, das heißt der Eintritt einer Unterscheidung in das von ihr Unterschiedene, im Sinne von Spencer Brown 1979. Dieser Eintritt ist nur in die negative Seite, das heißt den Reflexionswert einer Unterscheidung möglich. (Der positive Wert der Unterscheidung symboli-

dann keine unmittelbare Zuschreibung von Delikten, sondern führt zu der Frage, durch welche abweichende Konditionierung der Unterscheidung von richtig und falsch das als falsch erkannte Verhalten geleitet sein könnte. Die Verwendung des Regelschemas im Modus der Beobachtung zweiter Ordnung ist durchaus nicht an kommunikative Ausnahmesituationen gebunden. Bereits das *psychische* Verstehen nichtstandardisierter Konversationsimplikaturen à la Grice ist nicht anders möglich[96]:

Beispiel D
A: Was in aller Welt ist mit dem Braten geschehen?
B: Der Hund schaut sehr glücklich aus.

A stellt hier eine Frage. Er produziert demnach das erste Paarglied eines »adjacency pair«, das an der nächsten möglichen Stelle nach seiner Vervollständigung durch ein zweites passendes Paarglied, das heißt nach einer Antwort (bzw. nach einer Äußerung, die als Vorbereitung dazu gedeutet werden kann) verlangt. Die Äußerung B's ist jedoch weder als direkte Antwort oder deren Vorbereitung noch als Erklärung dafür zu verstehen, warum B keine Antwort geben kann. Sie erscheint daher auf den ersten Blick als Abweichung von den regulär erwartbaren Anschlußmöglichkeiten. Auf der Beobachtungsebene erster Ordnung kann A diese Abweichung als Faktum unterstellen, um dann nach Erklärungen dafür zu suchen. Er könnte so zu dem Ergebnis kommen, daß B wahrscheinlich nicht zugehört bzw. ihn auf eine unerfindliche Weise mißverstanden hat oder aus bestimmten Gründen nicht antworten will.[97] Behandelt A die registrierte Abweichung nur als Zwischenergebnis, das ihn zur Suche nach ergänzenden Prämissen veranlaßt, die die Feststellung von B als korrekten Anschluß erkennbar werden lassen, schaltet er in den Beobachtungsmodus zweiter Ordnung. A muß dazu unterstellen, daß B »kooperiert«,

 siert die Anschlußfähigkeit für weitere Operationen.) Siehe dazu Luhmann 1990, S. 200 und S. 203.
96 Wir entnehmen das folgende Beispiel aus Levinson 1990, S. 129.
97 Dazu passende Anschlüsse wären dann etwa: »Ich habe gerade gesagt...«; »Nein, ich meinte gerade...«; »Hörst du mir eigentlich zu?«; »Dir scheint es wohl völlig egal zu sein, wo der Braten geblieben ist!«; »Du redest wohl nicht mehr mit mir. Bist du etwa immer noch beleidigt wegen...?«

das heißt seine Äußerung als relevante Reaktion auf A's Frage intendiert war und in diesem Sinne interpretierbar sein muß. Wenn A so verfährt und über den Zusammenhang zwischen verschwundenem Braten und Hundeglück grübelt, wird er schnell zu dem Ergebnis kommen, B habe sagen wollen (»konversationell impliziert«), daß möglicherweise der Hund den Braten gefressen hat. Er mag sich dann mit einem Aufschrei der Entrüstung an den Hund wenden und damit für alle Zuhörer zum Ausdruck bringen, wie er die Äußerung B's verstanden hat. Daß dieses *kommunikativ* realisierte Verstehen *psychisch* über die Prozessierung des Regelschemas im Beobachtungsmodus zweiter Ordnung erreicht wurde, *bleibt dabei unsichtbar*.

Möglich ist dies jedoch nur so lange, wie die kognitive Kapazität des beobachtenden Bewußtseins ausreicht, um Kriterien der Richtigkeit für das zunächst als abweichend beobachtete Ereignis zu errechnen. Gelingt dies nicht, kann sein Blick hier nichts entdecken, dann muß es in den Beobachtungsmodus erster Ordnung zurückschalten und die Abweichung auf den perzipierten Urheber projizieren, ihm dazu passende Absichten oder Zustände zuschreiben, ihn als strategisch motiviert, aktuell gestört, unzurechnungsfähig bzw. regelinkompetent typisieren (oder auch, bei hinreichender Geringfügigkeit, das Ganze als Bagatelle, Ausnahme, Zufall ignorieren). In ernsten Fällen werden dann Kommunikationsabbruch oder Weiterführung als Konflikt wahrscheinlich. Will ein Bewußtsein jedoch auch unter erschwerten Bedingungen sein Beobachten zweiter Ordnung fortsetzen, dann ist es auf den Weg der *metakommunikativen Thematisierung* verwiesen, um sich durch explizite Mitteilung darüber informieren zu lassen, welchen Korrektheitsstandards sein Gegenüber folgt. Das Lernen der Psychen ist hier an Kommunikation gebunden. Wenn solches Lernen zustande kommt, kann die Störung der Intersubjektivität beseitigt und der kommunikative Bedeutungskonsens wiederhergestellt werden.

Um das Regelschema auf der Beobachtungsstufe zweiter Ordnung in der Kommunikation einzusetzen, bedarf es jedoch nicht immer ausführlicher Metakommunikation. Ebensowenig geschieht dies nur, wenn ein Teilnehmer nicht in der Lage ist, seine Irritation über eine Abweichung durch psychische Beobachtung zweiter Ordnung zu kompensieren und er zugleich nicht bereit ist, sein Operieren auf dieser Beobachtungsebene einzustellen.

Das folgende Beispiel aus einer gruppentherapeutischen Sitzung mit Teenagern zeigt dies[98]:

Beispiel E

Dan: ... See Al tends, it seems, to pull in one or two individuals on his side (there). This is part of his power drive, see. He's gotta pull in, he can't quite do it on his own. Yet.
Al: W'l –
Roger: Well so do I.
Dan: Yeah. ₍I'm not criticizing, I mean we'll just uh=
Roger: Oh you wanna talk about him.
Dan: = look, let's just talk.
Roger: Alright.

Dan, der Therapeut, charkterisiert das Verhalten von Al, einem Mitglied der Gruppe, auf eine Weise, die Roger dazu veranlaßt, sich zum gleichen Verhaltensmuster zu bekennen und so mit Al zu solidarisieren (so die Deutung Schegloffs). Dan produziert daraufhin eine Klarstellung seiner Äußerungsabsicht. Er benennt und dementiert explizit diejenige Deutung, auf die ihm Rogers Reaktion zugeschnitten zu sein scheint. Er wolle Al nicht kritisieren, sondern nur über sein Verhalten reden. Dan markiert damit Rogers Reaktion auf indirekte Weise als *falschen Anschluß*, indem er *die darin unterstellte Richtigkeitsbedingung expliziert* (daß er mit seiner Äußerung Al kritisiert habe) und *als aktuell nicht erfüllt* deklariert. Rogers Anschluß an vierter Sequenzposition, der unmittelbar nach Dans »Yeah« einsetzt und sich als Revision der Interpretation ausweist, auf der Rogers ursprüngliche Reaktion gründete, ratifiziert diese Deutung zeitgleich.[99]

---

98 Das Beispiel ist entnommen aus Schegloff 1992, S. 1307.
99 Im Sinne der Konversationsanalyse haben wir es hier mit der parallelen Durchführung einer »third« und einer »fourth position repair« zu tun. Schegloff (1992, S. 1324 und S. 1325; Hervorhebungen von mir, W.L.S.) charakterisiert die kommunikativen Funktionen von Reparaturen an diesen beiden Sequenzpositionen wie folgt: »What third position repair is to the speaker of a trouble-source turn, fourth position repair is to its recipient's understanding of it. Third and fourth position are ›self's‹ and ›other's‹ (i. e., speaker's and recipient's) post-next-turn positions for dealing with problematic understandings of some turn

Die Stufe der Beobachtung zweiter Ordnung im Regelschema wird *in der Kommunikation* nur dann erreicht, wenn die alternativen Richtigkeitskriterien einer als abweichend etikettierten Anschlußäußerung *ausdrücklich genannt* werden. Zur Durchführung von Reparaturen ist eine solche Benennung jedoch nicht erforderlich und fehlt in vielen Fällen.[100] Dieser Umstand wirft die Frage nach ihrer *spezifisch kommunikativen Funktion* auf. Das zuletzt zitierte Beispiel enthält dafür einen wichtigen Hinweis. Das Mißverständnis, um dessen Aufklärung es darin ging, ist keineswegs zufällig. Es verweist vielmehr auf ein Strukturproblem gruppentherapeutischer Kommunikation. Spezialisiert auf die Bearbeitung von ›Persönlichkeitsdefiziten‹, müssen hier ständig Verhaltensweisen, individuelle Eigenheiten etc. thematisiert werden, die konventionell als abweichend typisiert sind. In alltäglicher Kommunikation gilt oft bereits die Thematisierung solcher Merkmale und Verhaltensweisen als Kritik bzw. Disqualifikation. Die Möglichkeit einer direkten und primär deskriptiven Bezugnahme ist dafür kaum vorgesehen.[101] Sie muß daher im Kontext gruppentherapeutischer Kommunikation eigens eingerichtet und gegen Interferenzen geschützt werden. Nur so können Schwächen offengelegt und negativ typisierte Eigenheiten angesprochen werden, ohne die Kommunikation in alternative Muster wie etwa Schuldbekenntnis-Vergebung (Beichte) oder Vorwurf-Verteidigung/Gegenvorwurf (Konflikt) abzudrängen. Vor diesem Hintergrund gewinnt die Reparatur des Therapeuten durch die explizite

(T1). This intimate, virtually mirror-image relationship of the two positions is evidenced in various ways ... these repair positions provide a *defense of intersubjectivity*. They are *the last structurally provided* positions because after these positions there is no systematic provision for catching divergent understandings. In general, after third position, such repair as gets initiated can at best be characterized as being initiated when the trouble source is ›next relevant‹. Of course, it may never again be relevant.«

100 Vgl. Schegloff 1992, S. 1307; Hervorhebungen im Original: »On other occasions, however, although the misunderstanding is overtly rejected, it is not named but is referred to by a pronoun – ›I don't mean *that*‹ or ›*That's* not what I meant‹.«

101 Maximen wie die, daß diejenigen unsere wahren Freunde seien, die uns die Wahrheit über uns sagen, bestätigen nur die Riskanz solcher Kommunikation, appellieren sie doch an den Adressaten unangenehmer Wahrheiten, darauf nicht feindselig zu reagieren.

Deklarierung seiner Eingangsäußerung als Nicht-Kritik den Status einer (vermutlich routinisierten) *Struktursicherungsoperation*.[102] Hier geht es nicht nur um Bedeutungskonsens im Hinblick auf ein einzelnes kommunikatives Ereignis. Dieses Ereignis steht vielmehr als Paradigma für die spezifische Struktur (gruppen-) therapeutischer Kommunikation. Als Kritik verbucht und ratifiziert, würde es aus dieser Struktur herauskippen und damit zugleich deren Reproduktion unterbrechen, die nur durch kontinuierliche Verkettung strukturkonformer Ereignisse möglich ist.[103] Worum es geht, ist die Negierung anderer Fortsetzungsmöglichkeiten, die – würden sie zugänglich – die Kommunikation in andere strukturelle Bahnen (hier wahrscheinlich: die eines Konflikts) lenken würden. Um diese strukturfremden Anschlußmöglichkeiten zu blockieren, genügt eine positive Reformulierung der ›eigentlich gemeinten‹ Bedeutung nicht, sondern muß die

102 Bemerkenswert ist, daß diese Operation arbeitsteilig durchgeführt wird: Der Therapeut sagt, was er *nicht* meinte, und – *überlappend damit* – produziert der Autor der Fehlinterpretation die revidierte Bedeutungszuweisung in *positiver* Fassung, die der Therapeut dann in der Fortführung seines Beitrages übernimmt. Das Mißverständnis erscheint dadurch als Vorfall, der von beiden Beteiligten erwartet werden konnte. Dies kann als Indiz für das Bestehen eines gemeinsamen Wissens um die Artifizialität einer Kommunikationsstruktur gelten, die gegen Abweichungen dieses Typs immer wieder neu durchgesetzt werden muß.
103 Wir behaupten selbstverständlich nicht, daß Kritik in therapeutischer Kommunikation nie vorkommen könnte bzw. immer als abweichendes Verhalten verbucht werden müßte, sondern nur, daß dies an besondere Voraussetzungen gebunden ist bzw. spezifische Anschlußroutinen aufruft, *die solche Vorkommnisse strukturkompatibel machen*. Kritik kann – als begrenzte Wiedereinführung des generell Ausgeschlossenen – zugelassen werden, etwa wenn jemand Mitgliedschaftsbedingungen mißachtet (zum Beispiel weil jemand immer zu spät zur Gruppentherapiesitzung kommt oder die Probleme der anderen zwar ausführlich kommentiert, aber nichts über sich selbst preisgibt); sie kann umgedeutet werden als notwendiges Element des Therapieprozesses (zum Beispiel weil es gerade als therapiebedürftiges Problem des Kritisierten definiert wird, daß er Kritik schlecht ertragen kann und deshalb ertragen lernen muß, ohne darauf aggressiv oder depressiv zu reagieren); sie kann schließlich als Symptomhandlung definiert werden, die nicht Sanktionen, sondern Interpretation verlangt (»Du attackierst in mir deine Mutter...«).

problematische Bedeutung explizit abgewiesen, das heißt als nicht-anschlußfähig deklariert und der *strukturbezogene Konsens*, der durch das Mißverständnis bedroht war, restituiert werden.[104] Strukturbezogener Konsens muß in Interaktionen von Ereignis zu Ereignis reproduziert werden. Dies gilt ebenso für systemkonstitutive wie für die Prozessierung kontingenter Strukturen, deren ordnender Einfluß über kurze Episoden nicht hinausreicht. Er wird durch Mißverständnisse bedroht, die zu *Bifurkationspunkten für die Selektion alternativer Strukturmuster* werden können. Die explizite Kennzeichnung und Negierung problematischer Deutungen ermöglicht die eindeutige Identifizierung und Kontrolle von *Bedeutungs*unterschieden, die *strukturelle* Unterschiede machen. Sie ist daher besonders geeignet, unerwünschte Bedeutungszuweisungen und die von ihnen her zugänglichen Anschlußmöglichkeiten zu blockieren.[105] Diese spezifische Form der *kommunikativen* Verwendung des Regelschemas im Modus der Beobachtung zweiter Ordnung – so die daraus ableitbare These – ist zugeschnitten auf die *Funktion des Strukturmanagements an potentiellen Verzweigungsstellen kommunikativer Strukturreproduktion*. Sie zielt auf die kommunikative Inhibierung psychisch verfügbarer Deutungs- und Anschlußmöglichkeiten. Deren Ausschluß ist die Bedingung der Möglichkeit eines eigenselektiven Strukturaufbaus von Kommunikation. Nur so ist *Kommunikation lernfähig*, können neue Typen der Kommunikation evoluieren und die Grenzen zwischen etablierten Kommunikationsformen im Prozeß ihrer autopoietischen Reproduktion gesichert werden.[106]

---

104 *Psychisch* mögen die abgewiesenen Bedeutungsmöglichkeiten weiter anschlußfähig bleiben (und müssen es in therapeutischen Kontexten vielleicht sogar, sofern Hospitalisierungseffekte vermieden, das heißt verhindert werden soll, daß sich Teilnehmer in diesem Kommunikationstyp häuslich einrichten und dadurch jede Motivation zur Beendigung einer Therapie verlieren).
105 Als weitere Beispiele dazu vgl. Schegloff 1992, S. 1306, Excerpt 7 und S. 1314, Excerpt 16.
106 Anknüpfungsmöglichkeiten für eine systemtheoretische Kommunikationstheorie, die sich – und dies auch empirisch – für die Differenzierung von Kommunikationsformen auch unterhalb der Ebene sozialer Funktionssysteme interessiert, bietet hier das aus der Ethnographie der Kommunikation geläufige Konzept der »kom-

VI. Resümee

Intersubjektivität – so lautete unsere Generalthese – kann nicht als Teilung *völlig identischer* Bedeutungen rekonstruiert werden, die durch gemeinsame Regeln *garantiert* sind. Weil Regeln ihre eigene Anwendung nicht determinieren können, sondern jeweils aus der Perspektive der Anwendungssituation interpretiert und auf sie hin konkretisiert werden müssen, besteht mit jeder neuen Situation die Möglichkeit divergierender Regelauslegung. Die Regeln der Sprache sind davon nicht ausgenommen. In der Kommunikation kann die Intersubjektivität von Bedeutungen daher nicht als sichere Grundlage vorausgesetzt und beansprucht werden, die durch eine gemeinsame Sprache gewährleistet ist. Bedeutungskonsens muß vielmehr in der Kommunikation durch kontinuierliche Abstimmung der je individuellen Bedeutungszuweisungen ständig miterzeugt werden. Das Regelkonzept fungiert dabei als Beobachtungsschema im Prozeß kommunikativer Abweichungskontrolle, das dafür sorgt, daß Differenzen der Bedeutungsattribution aufgedeckt und durch Reparaturen oder metakommunikative Verständigungsbemühungen soweit reduziert werden können, daß sie im Kontext der jeweiligen Kommunikation unsichtbar werden.

Wie wir sahen, fungiert das Regelkonzept auf verschiedenen Ebenen, an unterschiedlichen Sequenzpositionen und mit jeweils anderer Funktion in der Kommunikation. Auf *operativer* Ebene limitieren Regeln die Möglichkeiten der Fortsetzung und sichern damit die *Anschlußfähigkeit* von Äußerungsereignissen. Ohne diese Reduktionsleistung könnte kein *zweites* Ereignis sich als Fortsetzung eines ersten darstellen, das von ihm als Mitteilung einer Information identifiziert und auf spezifische Weise verstanden wird. Jeder Anschluß führt so die Autopoiesis der Kommunikation fort, versteht eine Vorläuferäußerung, ohne jedoch zwischen richtiger und falscher Fortsetzung, zwischen Verstehen und Mißverstehen unterscheiden zu können.

Um dies zu ermöglichen, bedarf es der Selbstbeobachtung von

munikativen Gattungen«. Als exemplarische Analyse einer solchen Gattung siehe Bergmann 1987; zur programmatischen Entfaltung des kommunikativen Gattungskonzepts siehe besonders Luckmann 1986 sowie Bergmann, a.a.O., S.35 ff.

Kommunikation. Das Binärschema richtig/falsch fungiert dabei im Modus der *Beobachtung erster Ordnung*. An jeder *dritten Sequenzstelle* ist die Unterscheidung von richtigem und falschem Verstehen aufgerufen, wird das an zweiter Sequenzposition erreichte Verstehen des ersten Ereignisses konfirmiert oder seine Korrekturbedürftigkeit angezeigt. Die so hergestellte Übereinstimmung besteht aktuell und lokal. Sie betrifft die *Koordination der Bedeutungsselektion* und die *Gemeinsamkeit der erfüllten Regeln bzw. Erwartungsstrukturen*. Mit jeder späteren Aktualisierung der Relevanz einer Äußerung durch eine darauf referierenden Anschlußäußerung wird diese Übereinstimmung erneut bestätigt, zugleich aber immer wieder aufs Spiel gesetzt. Sie gilt jedoch stets nur auf Widerruf und unter der Prämisse, daß die dazu als indifferent behandelten Unterschiede auch für die zukünftige Kommunikation keinen Unterschied machen. Auf diesem Wege, als ›working-consensus‹, dessen Anspruchsniveau zwischen verschiedenen Kontexten variieren kann, erzeugt Kommunikation den *Bedeutungs- und Regelkonsens* ständig neu, dessen sie zu ihrer Fortsetzung bedarf, ohne deshalb die uneinlösbare Unterstellung intersubjektiver *Identität* von Bedeutungen und Regelinterpretationen zu benötigen.

Um diese Funktion auch unter Bedingungen erfüllen zu können, in denen Kommunikationsteilnehmer aktuell *divergierenden Regeln* folgen und daher konkurrierende Kriterien der Richtigkeit zugrunde legen, muß das Regelschema auf die *Beobachtungsebene zweiter Ordnung* transponiert werden. Dies geschieht durch *reentry* des Binärschemas, indem ein zunächst als ›falsch‹ beobachtetes Verhalten daraufhin abgetastet wird, welchen eigenen Standards es folgt. Die Asymmetrie von richtig und falsch kann damit aufgehoben und das Falsche *sekundär normalisiert* werden. Es erscheint als Ausdruck *alternativer Richtigkeitskriterien*, die zu berücksichtigen sind, wenn man adäquat verstehen und urteilen will. Auf diese Weise wird der *widerlegungsimmune Autismus* des Regelschemas, der bei der Befolgung divergierender Regeln schnell zu Etikettierungen und Konflikten führen kann, mit Hilfe dieses Schemas selbst kompensiert. So – psychisch bzw. metakommunikativ – praktiziert, öffnet es den Blick für die Kontingenz der Kriterien, die seiner Anwendung zugrunde liegen und stattet es dadurch mit Lernmöglichkeiten aus, die der Selbstgefährdung von Kommunikation durch den Primärgebrauch der

Unterscheidung richtig/falsch entgegenarbeiten. *Kommunikation* lernt durch *selektive Blockierung* von Äußerungs- und Anschlußmöglichkeiten, die in anderen Kommunikationssituationen zugelassen oder gar gefordert sind.[106a] Die Grenzen möglichen Lernens sind definiert durch die Beobachtung im Regelschema. Die grundsätzliche Geltung der Unterscheidung von richtig und falsch wird bei der Identifizierung wie auch der Renormalisierung bzw. Reprimierung abweichender Anschlüsse vorausgesetzt. Sie kann nicht aufgegeben werden, solange es einem Beobachter darum geht, zu verstehen und dieses Verstehen als korrektes Verstehen von Mißverstehen zu unterscheiden. *Insofern* also behält Habermas recht – freilich *nicht gegen, sondern in Übereinstimmung* mit einer systemtheoretischen Konzeptualisierung von Intersubjektivität als Produkt kommunikativer Konstruktion.

Offen blieb die Frage, in welchem Umfang Kommunikation auf die begleitende Herstellung von Intersubjektivität als Möglichkeitsbedingung ihrer Selbstfortsetzung angewiesen ist. Diese Frage wird relevant, sobald wir die Ebene direkter Interaktion verlassen, in der Kommunikation und Intersubjektivitätsproduktion auf die von uns beschriebene Weise miteinander verschränkt sind. Unter den Bedingungen schriftlicher bzw. massenmedialer Kommunikation entfällt der mit jedem Passieren einer dritten Sequenzposition absolvierte Intersubjektivitätstest, dem die prozessierten Bedeutungszuweisungen und präsupponierten Erwartungsstrukturen in der Interaktion ausgesetzt sind.[107] Der Autor eines Textes oder der Politiker im Fernsehen haben keine Kontrolle darüber, wie das Publikum ihre Äußerungen versteht. Nicht erst die Akzeptierung von Geltungsansprüchen, sondern bereits die Übereinstimmung der Bedeutungszuweisungen wird dadurch

---

106a Evolutionär folgenreich geschieht dies insbesondere mit der sozialen Ausdifferenzierung funktionsspezifischer Kommunikationstypen.

107 Einschränkend ist hier hinzuzufügen, daß die Möglichkeit eines solchen Intersubjektivitätstests auch unter Bedingungen der *Face-to-face*-Interaktion blockiert sein kann. Dies ist der Fall, wenn die Organisation des *turn-taking* es nicht zuläßt, daß ein Sprecher nach einer Reaktion auf seine Äußerung erneut zu Wort kommt. Dies ist etwa der Fall in Pressekonferenzen oder auch bei wissenschaftlichen Tagungen, wenn zwar Fragen zugelassen sind, der Frager nach deren Beantwortung jedoch keine Möglichkeit zu einer Kommentierung oder Folgefrage hat. Vgl. dazu Schegloff 1987, S. 222 ff.

unwahrscheinlich. Symbolisch generalisierte Kommunikationsmedien springen hier ein, um die notwendigen Koordinationsleistungen und Annahmebereitschaften sicher zu stellen.[108] Dies ist nur möglich durch drastische Reduktion der Anforderungen an die Intersubjektivität des Verstehens. Aus der Perspektive einer Kommunikationstheorie als *Gesellschaftstheorie* verliert das Konzept der Intersubjektivität deshalb an Prominenz. In einer Negativversion – bei dem Versuch, mögliche Grenzwerte für die sozial integrierbare Heterogenität kommunikativer Strukturen und Verstehensweisen zu ermitteln (als Frage nach den Grenzen ihrer möglichen Ausdünnung also) – kommt Intersubjektivität freilich wieder ins Spiel als ein Problem, dessen gesellschaftstheoretische Virulenz auch die Systemtheorie nicht bestreitet.[109]

Literatur

Bateson, G. (1983), *Ökologie des Geistes*, Frankfurt am Main (Originalausgabe 1972).
– (1982), *Geist und Natur. Eine notwendige Einheit*, Frankfurt am Main (Originalausgabe 1979).
Bergmann, J. R. (1987), *Klatsch. Zur Sozialform der diskreten Indiskretion*, Frankfurt/New York.
Culler, J. C. (1988), *Dekonstruktion. Derrida und die poststrukturalistische Literaturtheorie*, Reinbek bei Hamburg (Originalausgabe 1982).
Davidson, D. (1986), *Wahrheit und Interpretation*, Frankfurt am Main (Originalausgabe 1984).
– (1990), »Eine hübsche Unordnung von Epitaphen«, in: E. Picardi und J. Schulte (Hg.), *Die Wahrheit der Interpretation. Beiträge zur Philosophie Donald Davidsons*, Frankfurt am Main, S. 203-227.
Derrida, J. (1988), »Signatur, Ereignis, Kontext«, in: ders., *Randgänge der Philosophie*, Wien, S. 291-314.
– (1977), »Limited Inc«, in: *Glyph 2, Johns Hopkins Textual Studies*, Baltimore und London, S. 162-254.
Esposito, E. (1991), »Paradoxien als Unterscheidungen von Unterscheidungen«, in: H. U. Gumbrecht und K. L. Pfeiffer (Hg.), *Paradoxien, Dissonanzen, Zusammenbrüche. Situationen offener Epistemologie*, Frankfurt am Main, S. 35-57.

---

108 Vgl. dazu Luhmann 1984, S. 220 ff.; Schneider 1992, S. 422 f.
109 Dort verbucht unter dem Titel der »Kompossibilität«; siehe dazu besonders Fuchs 1992, S. 89 ff.

Foerster, H. v. (1985), *Sicht und Einsicht. Versuche zu einer operativen Erkenntnistheorie*, Braunschweig.
Frank, M. (1983), *Was ist Neostrukturalismus?*, Frankfurt am Main.
– (1988), *Die Grenzen der Verständigung. Ein Geistergespräch zwischen Lyotard und Habermas*, Frankfurt am Main.
– (1990), *Das Sagbare und das Unsagbare. Studien zur deutsch-französischen Hermeneutik und Texttheorie*. Erweiterte Neuausgabe, Frankfurt am Main.
Fuchs, P. (1992), *Die Erreichbarkeit der Gesellschaft. Zur Konstruktion und Imagination gesellschaftlicher Einheit*, Frankfurt am Main.
– (1993), *Moderne Kommunikation. Zur Theorie des operativen Displacements*, Frankfurt am Main.
– (1994), »Der Mensch – Medium der Gesellschaft?«, in diesem Band.
Gadamer, H.-G. (1965), *Wahrheit und Methode*, 2. Aufl., Tübingen.
Garfinkel, H. (1967), *Studies in Ethnomethodology*, Englewood Cliffs, New Jersey.
Garfinkel, H. und H. Sacks (1976), »Über formale Strukturen praktischer Handlungen«, in: Weingarten/Sack/Schenkein (Hg.), S. 130-176.
Grice, H. P. (1979), »Logik und Konversation«, in: G. Meggle (Hg.), *Handlung, Kommunikation, Bedeutung*, Frankfurt am Main, S. 243-265.
Habermas, J. (1971), »Theorie der Gesellschaft oder Sozialtechnologie? Eine Auseinandersetzung mit Niklas Luhmann«, in: Habermas/Luhmann, S. 142-290.
– (1981), *Theorie des kommunikativen Handelns*, 2 Bde., Frankfurt am Main.
– (1984), *Vorstudien und Ergänzungen zur Theorie des kommunikativen Handelns*, Frankfurt am Main.
– (1985), *Der philosophische Diskurs der Moderne. Zwölf Vorlesungen*, Frankfurt am Main.
– (1988), *Nachmetaphysisches Denken. Philosophische Aufsätze*, Frankfurt am Main.
– (1992), *Faktizität und Geltung. Beiträge zur Diskurstheorie des Rechts und des demokratischen Rechtsstaats*, Frankfurt am Main.
Habermas, J. und N. Luhmann (1971), *Theorie der Gesellschaft oder Sozialtechnologie*, Frankfurt am Main.
Hassemer, W. (1968), *Tatbestand und Typus. Untersuchungen zur strafrechtlichen Hermeneutik*, Köln.
– (1986), »Juristische Hermeneutik«, in: *Archiv für Rechts- und Sozialphilosophie* 72, S. 195-212.
Hausendorf, H. (1992), »Das Gespräch als selbstreferentielles System. Ein Beitrag zum empirischen Konstruktivismus der Konversationsanalyse«, in: *Zeitschrift für Soziologie* 21, S. 83-95.
Heritage, J. (1984), *Garfinkel and Ethnomethodology*, Oxford.

Kant, I. (1981), *Kritik der reinen Vernunft* 1, *Werkausgabe* Bd. III, hg. von W. Weischedel, 5. Aufl., Frankfurt am Main.
Kriele, H. M. (1981), »Besonderheiten juristischer Hermeneutik«, in: M. Fuhrmann, H. R. Jauß und W. Pannenberg (Hg.), *Text und Applikation. Theologie, Jurisprudenz und Literaturwissenschaft im hermeneutischen Gespräch. Poetik und Hermeneutik*, Bd. IX, München, S. 409-412.
Kuhn, T. S. (1967), *Die Struktur wissenschaftlicher Revolutionen*, Frankfurt am Main.
– (1978), »Neue Überlegungen zum Begriff des Paradigmas«, in: ders., *Die Entstehung des Neuen. Studien zur Struktur der Wissenschaftsgeschichte*, Frankfurt am Main, S. 389-420.
Levinson, S. C. (1990), *Pragmatik*, Tübingen (Originalausgabe 1983).
Luckmann, Th. (1986), »Grundformen der gesellschaftlichen Vermittlung des Wissens: Kommunikative Gattungen«, in: F. Neidhart, M. R. Lepsius und J. Weiß (Hg.), *Kultur und Gesellschaft*. Sonderheft 27 der *Kölner Zeitschrift für Soziologie und Sozialpsychologie*, Opladen, S. 191-211.
Luhmann, N. (1971), »Sinn als Grundbegriff der Soziologie«, in: Habermas/Luhmann, S. 25-100.
– (1984), *Soziale Systeme. Grundriß einer allgemeinen Theorie*, Frankfurt am Main.
– (1986 a), »Systeme verstehen Systeme«, in: N. Luhmann und K. E. Schorr (Hg.), *Zwischen Intransparenz und Verstehen. Fragen an die Pädagogik*, Frankfurt am Main, S. 72-117.
– (1986 b), »Intersubjektivität oder Kommunikation: Unterschiedliche Ausgangspunkte soziologischer Theoriebildung«, in: *Archivio di Filosofia* LIV, S. 41-60.
– (1990 a), »Identität – was oder wie?«, in: ders., *Soziologische Aufklärung* 5. *Konstruktivistische Perspektiven*, Opladen, S. 14-30.
– (1990 b), *Die Wissenschaft der Gesellschaft*, Frankfurt am Main.
– (1994), »Die Tücke des Subjekts und die Frage nach dem Menschen«, in diesem Band.
Lyotard, J.-F. (1987), *Der Widerstreit*, München (Originalausgabe 1983).
Pedretti, A. und R. Glanville (1980), »The Domain of Language«, in: R. Trappl (Hg.), *Progress in Cybernetics and Systems Research*, Bd. 2, Washington, D. C., S. 235-242.
Pollner, M. (1976), »Mundanes Denken«, in: Weingarten/Sack/Schenkein (Hg.), S. 295-326.
Quine, W. V. O. (1960), *Word and Object*, Cambridge; deutsch: *Wort und Gegenstand*, Stuttgart 1972.
– (1969), *Ontological Relativity and other Essays*, New York und London.
Schegloff, E. A. (1987), »Between Micro and Macro: Contexts and Other Connections«, in: J. Alexander, B. Giesen, R. Münch und N. J. Smelser (Hg.), *The Micro-Macro Link*, Berkeley, S. 207-234.

- (1988), »Presequences and Indirection. Applying speech act theory to ordinary conversation«, in: *Journal of Pragmatics* 12, S. 55-67.
- (1992), »Repair after Next Turn: The Last Structurally Provided Defense of Intersubjectivity in Conversation«, in: *American Journal of Sociology* 97, 5, S. 1295-1345.
-, G. Jefferson und H. Sacks (1977), »The Preference for Self-correction in the Organization of Repair in Conversation«, in: *Language* 53, S. 361-382.

Schneider, W. L. (1991 a), »Objektive Hermeneutik und Systemtheorie: Theoretische und methodologische Konvergenzen«. Beitrag zum Kolloquium »Sachliche und methodische Konvergenzen in der interaktionsanalytischen Forschung«, Konstanz.
- (1991 b), *Objektives Verstehen. Rekonstruktion eines Paradigmas: Gadamer, Popper, Toulmin, Luhmann*, Opladen.
- (1992), »Hermeneutik sozialer Systeme. Konvergenzen zwischen Systemtheorie und philosophischer Hermeneutik«, in: *Zeitschrift für Soziologie* 21, S. 420-439.
- (1994), *Die Beobachtung von Kommunikation. Zur kommunikativen Konstruktion sozialen Handelns*, Opladen.

Schütz, A. (1960), *Der sinnhafte Aufbau der sozialen Welt*, 2. Aufl., Wien.
- (1971), *Gesammelte Aufsätze*. Bd. 1: *Das Problem der sozialen Wirklichkeit*, Den Haag.

Searle, J. R. (1971), *Sprechakte. Ein sprachphilosophischer Essay*, Frankfurt am Main (Originalausgabe 1969).

Shanon, B. (1988), »Metaphors for Language and Communication«, in: *Revue internationale de systémique* 3, S. 43-59.

Spencer Brown, G. (1979), *Laws of Form*, New York.

Weingarten, E., F. Sack und J. Schenkein (Hg.) (1976), *Ethnomethodologie. Beiträge zu einer Soziologie des Alltagshandelns*, Frankfurt am Main.

Wellmer, A. (1985), *Zur Dialektik von Moderne und Postmoderne. Vernunftkritik nach Adorno*, Frankfurt am Main.
- (1992), »Konsens als Telos der sprachlichen Kommunikation?«, in: H. J. Giegel (Hg.), *Kommunikation und Konsens in modernen Gesellschaften*, Frankfurt am Main, S. 18-30.

Winch, P. (1974), *Die Idee einer Sozialwissenschaft und ihr Verhältnis zur Philosophie*, Frankfurt am Main (Originalausgabe 1958).

Winograd, T. und F. Flores (1986), *Understanding Computers and Cognition. A new foundation for design*, Reading, Massachusetts.

Wittgenstein, L. (1977), *Philosophische Untersuchungen*, Frankfurt am Main.

Peter Fuchs, Dietrich Buhrow und Michael Krüger
Die Widerständigkeit der Behinderten

Zu Problemen der Inklusion/Exklusion von Behinderten in der ehemaligen DDR[1]

Vorbemerkung

Daß vor allem schwer geistig und mehrfach behinderte Kinder, Jugendliche und Erwachsene in der ehemaligen DDR implizit oder explizit unter den Gesichtspunkten einer Defektologie ›bearbeitet‹ wurden, scheint eine kaum geleugnete Tatsache.[2] Sie

---

1 Wir danken dem Fachbereich Sozialwesen der FH Neubrandenburg und seinem Dekan Prof. Dr. Joachim Burmeister für engagierte Unterstützung und Herrn Volker Keßling, dem Behindertenbeauftragten der Stadt Neubrandenburg, für eine Fülle von Hinweisen.
2 Die einschlägige DDR-Literatur spricht dann auch von ›Behandlung‹. Vgl. als ein Beispiel M. Neumärker und U. Pose, »Das geistig behinderte Kind – ein Mitglied der Gesellschaft«, in: *Zeitschrift für ärztliche Fortbildung* 69 (1975) 16, S. 855-860. Einige Zeit lang wurde im Sonderschulwesen diskutiert, grundsätzlich Begriffe wie defektiv, defektologisch, Defektologie oder gar Defektologe (aus der sowjetischen Terminologie) einzuführen. Referenzstelle für diese Defektologie ist L. S. Wygotski, etwa mit: »Zur Psychologie und Pädagogik der kindlichen Defektivität«, abgedruckt in: *Die Sonderschule* 20 (1975) 2, S. 65-72. (Die Defektologie Wygotskis ist, am Rande erwähnt, der Versuch, das Phänomen Behinderung sozial zu fassen; der Begriff selbst unterliegt einer bemerkenswerten Verschiebung.) Dagegen regte sich schon früh Widerstand. Siehe etwa G. Heese, »Wider die Bezeichnung ›defektiv‹«, in: *Die Sonderschule* 2 (1957) 1, S. 33-38. Heese schlägt dann vor, den Begriff ›infirm‹ zu wählen, also von »infirmen Kindern zu sprechen und damit die fatalen Assoziationen von ›Defekt‹ zu vermeiden« (S. 38). Vgl. auch K.-P. Becker und G. Lindner, »Konferenz über Defektologie in Prag«, in: *Die Sonderschule* 2 (1957) 5, S. 233-235. Vgl. aber auch U. Kleinpeter und C. Schubert, »Zur Früherfassung entwicklungsgestörter Kinder«, in: *Zeitschrift für ärztliche Fortbildung* 67 (1973) 7, S. 330-334, hier S. 331. Dort wird über Ergebnisse des Forschungsprojektes »Defektives Kind« berichtet, ein Projekt, das vom Ministerium

wurden weitgehend (zwecks Unterbringung, Versorgung und medizinischer Behandlung) in das Gesundheitssystem überwiesen und dem Erziehungssystem entzogen: als nicht schulisch pädagogisierbare *defekte* Exemplare der Gattung.[3] Der westliche Beobachter kann das aus pädagogischen Gründen oder auf Grund eingefleischter bürgerlicher Humanität beklagen und sich schaudernd abwenden; vielleicht aber kann er sich daran erinnern, daß man bis vor etwa dreißig Jahren ähnliche Zustände auch in westdeutschen Einrichtungen für Behinderte vorfinden konnte, ehe (etwa bedingt durch den Erfolg der »Lebenshilfe«) ein Umdenken, ein Umkommunizieren stattfand, das allmählich die Verhältnisse änderte.

Konzentriert man sich jedoch auf die Frage, ob das Wegsortieren jener Behinderten eine problemlose Angelegenheit war, stößt man auf eine Reihe von Belegen dafür, daß der Ausschluß schwer Behinderter aus dem Erziehungssystem nicht reibungsfrei ablief, daß es Gegenbewegungen informeller Natur gab, daß es Müttern gelang (und, je näher an der Wende, desto öfter und sicherer), ihre schwer behinderten Kinder umzudefinieren in förder- und bildungsfähige ›Einheiten‹ und sie dann doch ins Erziehungssystem

for Gesundheitswesen veranlaßt wurde. Im gleichen Text wird vorbehaltlos vom »defektiven« Kind gesprochen. Siehe für das Wirken dieser Arbeitsgruppe »Defektives Kind« auch D.-R. Schneider und W. Hotze, »Früherziehung geschädigter Kinder in Sondergruppen der Kinderkrippen«, in: *Heilberufe* 33 (1981) 6, S. 230-232.

3 Die gesetzliche Grundlage dafür ist die Verordnung über die Beschulung und Erziehung von Kindern und Jugendlichen mit wesentlichen physischen und psychischen Mängeln vom 5. Oktober 1951, *Gesetzblatt der DDR*, Nr. 122/1951, S. 915. Dieses Gesetz knüpft an das Reichsschulgesetz von 1938 (Allgemeine Anordnung über die Hilfsschulen in Preußen vom 27. April 1938) an, übernimmt also faschistische Bildungsideen. Siehe W. Decker und Th. Frühauf, »Zwischen Verdrängtwerden und Verdrängen. Zur Personalsituation in der Behindertenhilfe der neuen Bundesländer«, in: *Geistige Behinderung* 32 (1993), S. 51-65, S. 54; E. Klee, »Verschwunden in der totalen Institution«, in: *Die Zeit*, Nr. 44 vom 29.10.1993, S. 64. Im übrigen gab es Skandale; siehe in der Form dramatischer Berichterstattung E. Klee, *Irrsinn Ost, Irrsinn West. Psychiatrie in Deutschland*, Frankfurt am Main 1993. Vgl. ferner B. Frandsen, »Dirk lacht jetzt auch mal. Betreuung für Schwerstbehinderte in den neuen Bundesländern«, in: *Frankfurter Rundschau Magazin* vom 13.11.1993, S. 14.

einzuschleusen, daß schließlich auch in der einschlägigen Literatur (mitunter offen, häufig aber sehr verdeckt und versteckt) ein ›schleichender Paradigmawechsel‹ in seinen Ansätzen zu erkennen ist, ein Wechsel, der von der Defektologie, von der ontologisierenden Medizinorientiertheit wegführte zu Vorstellungen, die dann doch die Pädagogisierbarkeit schwer behinderter Kinder supponierten und – wie wir sagen werden – Inklusion ermöglichten, gewiß nicht im Vollumfang des Wortes, aber doch so, daß bei einem wendelosen Verlauf der Geschichte die Entwicklung der BRD sich in der DDR verzögert wiederholt hätte.[4] Ob das nun so gewesen wäre oder nicht, ist unentscheidbar. Von Interesse dürfte sein, daß der Oktroi des westdeutschen Erziehungssystems (insbesondere in seinen sonder- oder heilpädagogischen Subdifferenzierungen) auf das Behindertenwesen der ehemaligen DDR nicht unbedingt einen Neuanfang darstellt, sondern sich unter Umständen behutsamer auf Vorentwicklungen einlassen kann, als es bisher geschehen ist.[5]

Wir werden aber bei unseren Überlegungen nicht dieses Interesse befriedigen können. Das forschungsleitende Interesse, um das herum wir unser Belegmaterial organisieren werden, ist abstrakterer (vor allem nicht pädagogischer, sondern soziologischer) Art. Wir glauben, daß man am Sonderfall der Inklusion bzw. Exklusion schwer behinderter Kinder in bzw. aus dem Erziehungssystem der ehemaligen DDR das Fungieren dieses Schemas selbst und einiger der damit verbundenen Probleme vorführen kann. Es geht auch um die Tragfähigkeit der damit verbundenen Heuristik und um ihre Generalisierbarkeit auf andere Funktionssysteme, die wie das Erziehungssystem in die totalitäre Drift geraten sind.

---

4 Siehe in einem eher illustrativen Sinne G. Jun, *Kinder, die anders sind. Ein Elternreport*, 4. Aufl., Berlin 1989. Dieser Report hätte unter Abzug sozialistischer Sonderterminologien auch im Westen erscheinen können. Vgl. vor allem aber die modellhaften Versuche in Neubrandenburg, alle Behinderten (gleich unter welchen Bedingungen und unter dem Hauptgesichtspunkt der Integration) zu fördern, beschrieben in: V. Keßling, »Zur Kritik der rehabilitationspädagogischen Arbeit in Einrichtungen des Gesundheits- u. Sozialwesens«, Rehabilitationszentrum Neubrandenburg, Ms. 1987.

5 Wir müssen an dieser Stelle betonen, daß das Ziel unserer Arbeit nicht Rechtfertigung ist. Niemand kann rechtfertigen, was den Menschen, von denen hier die Rede sein wird, angetan wurde.

1. Inklusion/Exklusion
als theoretischer Ausgangspunkt

Wenn man davon ausgehen kann, daß die moderne Gesellschaft *funktional differenziert* ist, daß also ihre verschiedenen Funktionen von (im Blick auf die jeweilige Funktion) global ansetzenden Systemen wie Wirtschaft, Wissenschaft, Recht, Kunst, Religion, Politik oder Erziehung bedient werden, dann kann man sich die Frage stellen, wie Individuen Zugang zu diesen Funktionssystemen erhalten, wie sie *inkludiert* oder *exkludiert* werden.[6] Einerseits ist funktionale Differenzierung, wenn sie einmal etabliert ist, eine Inklusion erzwingende Struktur (niemand kann sich dem Recht, der Wirtschaft, der Kunst, der Religion, der Wirtschaft, dem Gesundheitssystem etc. entziehen); andererseits werden die Inklusionschancen der Individuen *funktionssystemspezifisch* reguliert.

Diese spezifische Regulierung bietet Ansatzpunkte für empirische Forschungen. Man kann ihr im Blick auf ein Funktionssystem nachgehen und prüfen, wie in ihm Bedingungen der Inklusion (und damit Bedingungen der Exklusion) formuliert und durchgehalten werden. Für den Fall der Inklusion läßt sich auch prüfen, wieweit sie dimensional verfaßt ist, wie etwa Handlungschancen im System mit Schichtung variieren, wie stark oder schwach also Inklusion vollzogen wird.[7]

---

[6] Der Theoriehintergrund hier ist erkennbar die Luhmannsche Systemtheorie. Siehe vor allem N. Luhmann, *Soziale Systeme. Grundriß einer allgemeinen Theorie*, Frankfurt am Main 1984. Siehe als ein Beispiel für eine Reihe ähnlicher Arbeiten, die einzelnen Funktionssystemen gewidmet sind, ders., *Das Recht der Gesellschaft*, Frankfurt am Main 1993. Vgl. zur Inklusions-/Exklusions-Problematik im weiteren Sinne R. Mayntz u. a., *Differenzierung und Verselbständigung*, Frankfurt am Main 1988.

[7] Vgl. Luhmann 1993, a.a.O., S. 115 f. Der mit ›kommunistischen‹ Unterscheidungen operierende Beobachter kann daraus folgern, daß es eine »klassenbedingte (...) Beschränkung des Bildungsrechtes« in der bürgerlich kapitalistischen Gesellschaft gebe. Im Gegenzug ist er aber dann genötigt zu registrieren, daß die »Aufhebung der sozialen Unterschiede« in der sozialistischen Gesellschaft die biologischen Unterschiede zwischen den Menschen sichtbarer werden läßt, eine Raffinesse, die zum Ansatzpunkt von Exklusion werden kann. Siehe G. Grossmann, »Aufgaben und Ergebnisse der sozialen Integration Geschädig-

Im Blick auf das Segment des Erziehungssystems, das sich in der alten BRD entwickelt hat, läßt sich zeigen, daß es auf Komplettinklusion hin angelegt ist.[8] Niemand kann sich zumindest der schulförmigen Erziehung entziehen, niemand entgeht dem Selektionscode, mit dessen Hilfe über die Allokation positiver und negativer Karrieren in der Gesellschaft mitentschieden wird.[9] Es gibt nicht die Möglichkeit der Exklusion, statt dessen eine postinklusive Differenzierung, die im Schulsystem verschiedene Typen der Inklusion erzeugt auf der Bandbreite von Sonderschule bis Gymnasium, flankiert von Beratungsmaßnahmen, die die Inklusion der Nicht-Inkludierbaren betreut und sozusagen trotzdem ermöglicht.[10]

Das ist nun auf eine frappierende Weise anders gewesen in der DDR. Auch dort existierte eine Semantik, die die Komplettinklusion aller Individuen in alle Funktionssysteme forderte[11], zugleich

ter«, in: H. Herbig (Hg.), *Beiträge zur kommunistischen Erziehung der Schüler*, Halle 1981, S. 35-44, S. 35.

8 Mit der Rede vom Segment vereinfachen wir uns an dieser Stelle Theorieprobleme und gehen davon aus, daß das Erziehungssystem segmentäre Ausprägungen hat, in der Schweiz, in Amerika, in Chile oder wo immer. Wir reden ja auch von Staaten, wenn wir segmentäre Subdifferenzierungen des Funktionssystems Politik meinen. Der Vorteil ist, daß man die abstrakte Analyse des Erziehungssystems als Bezugspunkt nimmt, auf den hin die segmentären Ausprägungen als Variationen beobachtet werden können.

9 Siehe umfangreicher N. Luhmann und K. E. Schorr, *Reflexionsprobleme im Erziehungssystem*, Stuttgart 1979.

10 Diese postinklusive Differenzierung ist es, die das ›systemtheoretische‹ Paradigma der Behinderung für Soziologen sehr plausibel macht. Vgl. zu den verschiedenen Modellen U. Bleidick, »Pädagogische Theorien der Behinderung und ihre Verknüpfung«, in: *Zeitschrift für Heilpädagogik* 28 (1977), S. 207-229; U. Bleidick und U. Hagemeister, *Einführung in die Behindertenpädagogik*, Bd. 1, Stuttgart 1977; K. Bundschuh, *Heilpädagogische Psychologie*, München und Basel 1992, S. 34 f.

11 Siehe Grossmann, a.a.O., S. 36. Jene Semantik ist aber schon selbst exkludierend gebaut und verschweigt die Opfer. »Aus der Gesellschaftsformation des Sozialismus kennen wir das Leistungsprinzip als grundlegende Bewertungsnorm individuellen Handelns, die sich je nach der Tätigkeitssphäre differenziert: Die Momente der Bewußtheit, Aktivität, Kollektivität und Parteilichkeit wurden zu Grundkategorien der Persönlichkeitsbewertung im Sozialismus, retrospektiv aber auch die Einschätzung des historischen Fortschritts, der durch Klassen und

aber eine Realität, die die Zugangsvoraussetzungen abhängig machte vom Votum mehr oder minder zentraler Instanzen, die die Linie der Inklusion, das Maß der Partizipationschancen vorgaben[12], Instanzen, die die Priorität des Politischen behaupteten und unter dieser Maßgabe funktionssystemübergreifend operierten. Diese im weitesten Sinne dirigistische Exklusion geschah weitgehend verdeckt. Sie nutzte sogar Instrumente der Kriminalisierung und Psychiatrisierung. Sie geschah jedoch, und das ist das eigentlich Instruktive daran, *offiziell, an Texten abgreifbar, in harte Strukturen hinein verdichtet,* bei schwer behinderten Kindern, denen Schulbildungsunfähigkeit attestiert worden war, und sie geschah durch Inklusion dieser Kinder nicht in das Erziehungs-, sondern in das Gesundheitssystem.[13]

> Individuen repräsentiert wurde« (H.-D. Schmidt, »Normativer Aspekt und Persönlichkeitsbegriff«, in: *Probleme und Erkenntnisse der Psychologie*, Heft 48 (1974), S. 5-20, S. 7). »Aus den dargestellten marxistisch-leninistischen Auffassungen über die allseitige Entwicklung sozialistischer Persönlichkeiten kann ein weiteres Grundprinzip sozialistischer Schulpolitik hergeleitet werden: der Kampf um die Überwindung der alten Bildungsprivilegien, um die Gleichheit der Bildungsmöglichkeiten, um eine einheitliche, sozialistische Allgemeinbildung für alle Gesellschaftsmitglieder«, formuliert G. Neuner, *Zur Theorie der sozialistischen Allgemeinbildung*, Berlin 1973, S. 16.
>
> 12 Wir formulieren etwas leichtsinnig so, als ob Inklusion und Partizipation begrifflich identisch wären. Das ist nicht so. Siehe zu einer ausgearbeiteten Partizipationstheorie J. Markowitz, *Verhalten im Systemkontext. Zum Begriff des sozialen Epigramms. Diskutiert am Beispiel des Schulunterrichts*, Frankfurt am Main 1986.
> 13 Genauer (der DDR-Begrifflichkeit folgend) in das Gesundheits- und Sozialsystem. Siehe als Beispiel: Ministerium für Gesundheitswesen/Akademie für ärztliche Fortbildung der Deutschen Demokratischen Republik (Hg.), *Schwerbeschädigtenbetreuung und Rehabilitation. Rechtliche Bestimmungen und Arbeitsmaterialien*, Berlin 1987, S. 103: »Die Förderung schulunbildungsfähiger förderungsfähiger Kinder ist in speziellen Einrichtungen des Gesundheits- und Sozialwesens möglich.« Es gab auch die Möglichkeit, völlige Bildungsunfähigkeit zu attestieren. Die davon betroffenen Kinder können nur noch gepflegt werden in eigens dafür geschaffenen Pflegeeinrichtungen. Vgl. dazu S. Eßbach, *Mein Kind kann keine Schule besuchen – Hat es überhaupt eine Entwicklungschance?*, Dresden 1974, S. 8. Allerdings gab es eine Diskussion, in der schon recht früh bezweifelt werden konnte, daß es förderungsunfähige Kinder gebe. Jedenfalls wurde auf einer

Diese eigenartige Exklusion aus dem Erziehungssystem (durch das Umlenken von Inklusionsmöglichkeiten auf ein anderes System) läßt erwarten, daß Turbulenzen auftreten. Globale Inklusion ist eine strukturelle Eigenschaft der funktional differenzierten Gesellschaft, zu der sich die (wie immer rechtlich, politisch und ideologisch legitimierte) *offiziöse* Exklusion von Individuen gegenläufig (oder ungleichzeitig) verhält.[14] Die DDR als Segment der Weltgesellschaft leistete sich eben dies: legale Exklusion, hier bezogen auf das Erziehungssystem. Sie negierte die schulische Pädagogisierbarkeit einiger Individuen und griff damit in die Autonomie des Erziehungssystems ein, das – um autonom zu sein – die Nichtpädagogisierbarkeit von irgend jemandem ausschließen muß.[15] Die These ist, daß sich hinter dem Rücken jener legalen oder offiziösen Exklusion Inklusion dennoch ereignete: als mühsamer, psychisch belastender und unentwegt gefährdeter, aber unvermeidbarer Prozeß.

Tagung in Kühlungsborn (1975) für Leiter von Förderungseinrichtungen hervorgehoben, daß die Verantwortung für die Exklusion Förderungsunfähiger sehr sorgsam wahrzunehmen sei. Vgl. J. Trogisch und U. Trogisch, »Sind Förderungsunfähige ›nur‹ Pflegefälle?«, in: *Zeitschrift für ärztliche Fortbildung* 71 (1977) 15, S. 720-722, S. 720. Sie rekurrieren dabei auf die Fälle der schulbildungsunfähigen förderungsunfähigen Pflegefälle, die medizinisch unter der Begrifflichkeit des Idiotischen, des Geistigschwerstbehinderten oder Geistigbehinderten 3. Grades geführt wurden, die dann noch von Pseudoförderungsunfähigen (sozialer Entwicklungsrückstand) zu unterscheiden seien. Vgl. a.a.O., S. 721.

14 Zumindest ist es so, daß die Exkludierten nicht verschwinden. Sie erscheinen auf dem Monitor anderer Funktionssysteme, in diesem Fall des Gesundheitssystems, das nun seinerseits (dokumentförmig) Förderung verlangt, also Erziehung der offiziell Unerziehbaren, wobei es aber faktisch die Exklusion aus dem Erziehungssystem durch Verschwindenlassen der Körper in Heimen, psychiatrischen Kliniken oder wo immer vervollständigt.

15 Das führt dann in eine Art systemexterner Reinklusion der Exkludierten, sehr schön am Begriff der Förderpflege abzulesen. Vgl. etwa Trogisch/Trogisch 1977, S. 722.

2. Die Konstruktion der schulbildungsunfähig Förderungsfähigen bzw. schulbildungsunfähig Förderungsunfähigen

Die auf Behinderungen spezialisierte rechtliche, pädagogische, medizinische, psychologische Literatur der DDR ist hinsichtlich der begrifflichen Einordnung von Behinderungstypen dem Schweregrad nach außerordentlich differenziert. Man findet klassische Unterscheidungen wie idiotisch, imbezill, debil, aber auch Unterscheidungen wie schwachsinnig, schwer schwachsinnig, schwerstschwachsinnig, schwerst behindert (geschädigt, beschädigt), förderungsfähig, förderungsunfähig, schulunfähig förderungsfähig bzw. förderungsunfähig und ähnliche mehr.[16] Dieser Reichtum an Differenzierungen spricht weniger für deutsche Gründlichkeit als dafür, daß das Einrangieren in eine der Kategorien erhebliche Folgen für die Betroffenen und deren Inklusion bzw. Exklusion hatte. Oder anders gesagt: Dieser Reichtum ist ein Symptom für ein Grenzbildungsproblem. Einerseits ist die staatlich verordnete Ausgrenzung von bestimmten Behindertengruppen aus dem Erziehungssystem gesetzförmig, mithin kollektiv bindend; andererseits bietet das behinderte Gattungsexemplar (je schwerer die Behinderung ist) kaum Anhaltspunkte für klare Entscheidungen darüber, ob es nun ganz oder teilweise der Population der nicht Pädagogisierbaren zuzurechnen ist.[17]

Die Exklusion aus dem schulförmig organisierten Erziehungssystem benutzte jedenfalls die Unterscheidung von schulfähig/schulunfähig. Beide Seiten der Unterscheidung werden dabei ge-

---

16 Siehe etwa zu Begriffen wie Demenz, Oligophrenie, Oligocephalie, Schwachsinn und den entsprechenden Klassifikationskriterien C. Wieck und B. Wartmann, »Demenz, Oligophrenie und Oligocephalie im Kindesalter«, in: *Psychiatrie, Neurologie und medizinische Psychologie* 23 (1971) 2, S. 72-78. Vgl. auch E. Ehrsam, »Bericht über eine Untersuchung von Berliner Hilfsschulkindern unter dem Aspekt der Ursachen und Erscheinungsweisen des Schwachsinns«, in: *Beiträge zum Sonderschulwesen*, Heft 2 (1954), S. 19-37.

17 In einer etwas anderen Wendung könnte man sagen, daß Behinderte schwer homogenisierbar sind; sie ›singularisieren‹ sich bei jedem wissenschaftlichen Zugriff, ein Problem, mit dem auch die westdeutsche Behindertenpädagogik unentwegt zu kämpfen hat.

trennt ausgearbeitet.[18] Schulfähigkeit erlaubt die Inklusion und die postinklusive Differenzierung, die die schulfähigen Behinderten (aus unserer Sicht überwiegend Lernbehinderte) in die Hilfsschulen führte, die intern noch einmal nach A-, B- und C-Zügen aufgeteilt waren[19]; die Exklusion wurde durch Attribution von Schulunfähigkeit vorgenommen. Diejenigen, denen Schulunfähigkeit zugeschrieben wurde, konnten dann ihrerseits noch einmal unterschieden werden nach förderungsfähigen und förderungsunfähigen Personen.[20]

18 Siehe für eine solche Ausarbeitung S. Eßbach, »Die Bildung und Erziehung schulbildungsunfähiger förderungsfähiger schwachsinniger Kinder und Jugendlicher zu relativ selbständigen Menschen – ein humanitäres Anliegen der sozialistischen Gesellschaft. Begründung der Entwicklung von Grundpositionen der sozialistischen Rehabilitationspädagogik der schulbildungsunfähigen förderungsfähigen Schwachsinnigen anhand von dreientwicklungsrelevanten Publikationen des Verfassers. Thesen zur Dissertation, vorgelegt dem Senat des Wissenschaftlichen Rates der Humboldt-Universität zu Berlin«, Berlin 1981 (nichtakzeptiert).
19 Siehe zur Konstruktion dieser C-Züge und den (systeminternen) Selektionskriterien S. Eßbach, »Schwer schwachsinnige Kinder in den C-Klassen der Hilfsschule«, in: *Die Sonderschule* 11 (1966) 5, S. 284-290. »Man kann in die Hilfsschule nicht Kinder nehmen, deren geistiges Niveau unter einer bestimmten Grenze liegt ... und das gilt genauso für die Grenze zwischen förderungsfähig und nicht mehr förderungsfähig für die schwerst geistig Geschädigten, die eben auch in der Förderungsgruppe nicht mehr tragbar sind.« Diese Exklusionskriterien formuliert W. Presber, »Formen und Ausprägungsgrade geschädigten Lebens in ihrer Bedeutung für die Beziehungen des Geschädigten zur Gesellschaft im Überblick«, in: Autorenkollektiv, *Sozialistischer Humanismus und Betreuung Geschädigter*, Jena 1981, S. 51. Vgl. auch K.-P. Becker und G. Grossmann, »Pädagogische Rehabilitation«, in: K. Renker und U. Renker, *Grundlagen der Rehabilitation*, Berlin 1988, S. 21-51, S. 43. Ab 1974/75 wurden die Hilfsschulen zweigliedrig. Die Abteilung I bezog sich auf die Kinder, die den Oberschulbesuch abbrechen mußten, Abteilung II auf diejenigen, die bei der Einschulung als hilfsschulbedürftig klassifiziert werden konnten.
20 Diese anschließende Unterscheidung wurde relativ spät eingeführt. Zunächst waren Schulunfähigkeit und Bildungsunfähigkeit identisch. Siehe noch einmal die »Verordnung über die Beschulung und Erziehung von Kindern und Jugendlichen mit wesentlichen physischen Mängeln« vom 5. Oktober 1951, Gbl. Nr. 122, 1951, S. 915. Vgl. dazu

Bei der Konstruktion der Bedingungen für diese Unterscheidungsmöglichkeiten stand offensichtlich die geistige Behinderung paradigmatisch im Zentrum, die »organisch begründete erhebliche Intelligenzminderung«, die ausschließt, daß »elementare Unterrichtsanforderungen« bewältigt werden können.[21] Vom schulisch organisierten Erziehungssystem aus beobachtet, handelt es sich bei ›Schwachsinnigen‹ um genau die Personen, die einer bestimmten Inklusionsbedingung nicht entsprechen: der Fähigkeit zur Durchführung ›höherer Denkprozesse‹ in einem geregelten sozialen Feld, dem Unterricht, Personen, die dann in einem genauen Sinne für eine sich von ›Bildung‹ und ›Kulturtechniken‹ her definierende Schulerziehung *schulbildungsunfähig* sind.[22]

auch S. Eßbach, »Schwer schwachsinniger Mensch und Gesellschaft«, in: *Die Heilberufe* 25 (1973) 7, S. 226-229. Man beachte, daß mit der Bezeichnung ›Förderungsfähigkeit‹ ein ›Freiraum‹ geschaffen wurde, in dem pädagogische Bemühungen, also Operationen des Erziehungssystems, stattfinden konnten: Decker/Frühauf 1993, S. 56.

21 Vgl. Grundsätze für die Gestaltung der Förderung schulbildungsunfähiger förderungsfähiger Kinder und Jugendlicher v. 31. 12. 1974 (VuM 1975, Nr. 3, S. 14), Absatz 2, in: Ministerium für Gesundheitswesen, a.a.O., S. 103. Der Absatz lautet komplett: »Schulbildungsunfähig förderungsfähig sind Kinder und Jugendliche, die wegen einer organisch begründeten erheblichen Intelligenzminderung und Störung der Gesamtpersönlichkeit nicht imstande sind, elementare Unterrichtsvoraussetzungen zu erfüllen. Sie verfügen jedoch noch über physische und psychische Voraussetzungen, unter systematischer Förderung elementares Umweltwissen zu erwerben sowie Fähigkeiten, Fertigkeiten, Gewohnheiten und soziale Verhaltensweisen auszubilden, die sie befähigen, bei ständiger Hilfe am Leben der sozialistischen Gesellschaft Anteil zu nehmen und unter den Bedingungen der geschützten Arbeit Tätigkeiten im gesellschaftlichen Arbeitsprozeß auszuüben.« Daß die geistige Behinderung paradigmatisch die Exklusion aus dem Erziehungssystem regulierte, schloß nicht aus, daß »normalbegabte, verhaltensschwierige Enzephalopathen« ebenfalls zu exkludieren seien. Siehe F. Anstock, »Heilpädagogische Erfahrungen bei psychisch geminderten Kindern mit sogenannter Bildungsunfähigkeit«, in: *Zeitschrift für ärztliche Fortbildung*, Heft 15 (1962), S. 811-820, S. 812.

22 Diese harte Exklusion speist sich (und es gab eine sehr verwandte Tradition in den alten Bundesländern) aus einer Tradition, die ein Menschenbild präferiert, an dem gemessen geistig Behinderte gleichsam entsetzliche Eigenschaften haben. Man kann dann reden von Phänomenen, »denen wir bei diesen Stiefkindern der Natur, den Geistes-

Diese Unfähigkeit selbst wird *medizinisch* definiert, also nach Kriterien, die dem Erziehungssystem extern sind: Der Defekt muß »Folge einer Hirnschädigung und damit irreparabel« sein. »Das festzustellen ist ausschließlich Aufgabe des Facharztes.«[23] Schulbildungsunfähigkeit (mitunter auch: Sonderschulunfähigkeit) kann unter diesen Voraussetzungen aber immer noch mit Förderungsfähigkeit, also mit Erziehbarkeit oder Pädagogisierbarkeit der defekten Exemplare verknüpft werden. Diese Aufgabe wurde erfüllt (oder sollte erfüllt werden) von noch zu schaffenden Institutionen des Gesundheitssystems.[24] Jene Unfähigkeit kann

schwachen, hinsichtlich des Umfangs ihres geistigen Horizonts begegnen können. In den schwersten Fällen stehen diese Unglücklichen tiefer, man möchte sagen, als das Tier, und erweisen sich schon von frühester Jugend an als unfähig, auch das Allereinfachste zu begreifen. Kaum vermögen sie oftmals die Sprache zu erlernen. Ihre Äußerungen sind nur blödes Stammeln, und es fehlt jede Fähigkeit der Bildung höherer Begriffe ... Unreinlich, eine Qual für die Ihrigen, vegetieren sie dahin ...« (Scholz 1950, S. 104). Im gleichen Absatz erwähnt Scholz, daß diese »Zerrbilder von Menschentum« bei entsprechender Pflege sogar zu Jahren kommen können. Auf S. 105 erläutert er dann, daß »jugendliche Idioten ..., wo immer es möglich ist, in besondere Anstalten« zu verbringen sind, und zeigt sich damit als Protagonist dessen, was die Exklusion dann tatsächlich in der DDR bewirkt hat. Instruktiv ist, daß dieses ältere Buch zu Beginn der DDR neu aufgelegt wurde. In Aufnahme einer älteren und fatalen Semantik spricht G. Ziese, »Bemerkungen zu den Erscheinungsformen des Schwachsinns«, in: *Beiträge zum Sonderschulwesen*, Heft 2 (1954), S. 7-18, S. 10, davon, daß Schwachsinn »eine Abartigkeit des Gesamts« darstelle. Diese Exklusionssemantik erhält sich. Vgl. etwa K. Renker (Hg.), *Grundlagen der Rehabilitation in der Deutschen Demokratischen Republik*, Berlin 1975, S. 206. Die Rede ist unter anderem von »tiefstehende(n) Imbezille(n)« und von »Unsauberkeit«. Der Exklusionshintergrund ist natürlich auch darin zu sehen, daß die DDR-Ideologie ein »hohes Bildungsniveau« aller Bürger im Rahmen der »objektiven Entwicklungsgesetze der sozialistischen Gesellschaft« vorsah. Siehe etwa Kleinpeter/Schubert, a.a.O., S. 130.

23 S. Eßbach, »Erfahrungen aus der Arbeit mit Eltern schulbildungsunfähiger förderungsfähiger geschädigter Kinder«, in: *Die Sonderschule* 14 (1969) 2, S. 78-82, S. 82. Zwar wird ein ›Sonderpädagoge‹ beratend tätig, aber den Ausschlag gibt nur das medizinische Gutachten.

24 Wir kommen darauf zurück. Kenner differentialistischer Theorien werden sehen, daß hier ein *re-entry* der seltsamen Art stattfindet: Die

aber auch mit Förderungsunfähigkeit kombiniert werden, woraus zwar ebenfalls die Inklusion ins Gesundheitssystem folgt, aber eine, die die betroffenen Exemplare verschwinden läßt: als irreparable (»ständig pflegebedürftige«) Einheiten.[25] Und: als Körper verschwinden läßt in psychiatrischen Anstalten, obskuren Heimen etc.[26] Die »Idioten« passen nicht nur nicht unter die Inklusionsraster des Erziehungssystems, sondern auch nicht unter die des Gesundheitssystems. Sie stehen (oder liegen) gleichsam in der Umwelt aller Funktionssysteme herum, allenfalls bearbeitbar unter diffus artikulierten, karitativen Interessen, die etwa an die FDJ oder an sozialistische Brigaden delegiert werden.[27]

Unterscheidung von Erziehungssystem/Gesundheitssystem tritt (extern zum Erziehungssystem) im Gesundheitssystem wieder auf. Erziehung ›parasitiert‹ dann unter dem Titel ›Förderung‹ an dem, was durch die Unterscheidung krank/gesund im Gesundheitssystem ausgeschlossen wird: als nicht medizinförmige Behandlung Behinderter. Dieser seltsame *re-entry* ist DDR-typisch, taucht (sozusagen verdeckt) überall dort auf, wo es um die Unterscheidung von krank/behindert geht. Siehe dazu, daß Förderung sehr genau als pädagogische Tätigkeit aufgefaßt und gegen Pflege oder Therapie abgegrenzt wird, Eßbach 1974, S. 62; L. Hammer, »Die Sonderpädagogik im einheitlichen sozialistischen Bildungssystem«, in: *Die Sonderschule* 9 (1964) 5, S. 264; E. Jüttner, »Probleme der Schaffung einer Tagesstätte für schulbildungsunfähige förderungsfähige geistig behinderte Kinder und ihre ersten Arbeitsergebnisse«, in: *Zeitschrift für die gesamte Hygiene und ihre Grenzgebiete* 18 (1972) 7, S. 550-555, S. 552. Hier dreht es sich schon um den Versuch zur oder um *preadaptive advances* von Re-Inklusion.

25 Die hier einschlägige Terminologie (die bekanntlich auch im Westen lange gebräuchlich war) spricht von »idiotischen Kindern«. Vgl. statt vieler Renker, a.a.O., S. 54. Presber, a.a.O., S. 51, hält fest, daß diese Grenzziehungen auch gegen den Protest der Eltern durchgehalten werden müssen, und signalisiert damit die Einsicht in das Artifizielle dieser Grenzen. Siehe auch zum Begriff der ›schulbildungsunfähig Förderungsunfähigen‹ Becker/Grossmann, a.a.O., S. 51. Dort findet sich auch die Vorstellung, daß die Inklusion aus dem schulförmigen Erziehungssystem und der Förderung im Rahmen des Gesundheitssystems in noch spezielleren Einrichtungen abgefangen werden soll. Jene Kinder seien, heißt es dann, »keineswegs bildungsunfähig«.

26 Zynisch kann man sagen, daß hier eine zivile Variante der Euthanasie (Eubiosie?) vorliegt.

27 Siehe etwa entsprechende Appelle in Jun, a.a.O., S. 151 f. Siehe dies., »Probleme geistig Behinderter im Kindesalter«, in: Autorenkollektiv,

Jene ›verschwindenden Körper‹, die schulbildungsunfähigen Förderungsunfähigen, kommen auch in der einschlägigen Literatur nur schattenhaft vor: als Momente in Statistiken, als Hilfe für definitorische Abgrenzungen ›nach unten‹, als Beispiele für ›Personen‹, die sich einem noch so weit gefaßten Begriff von »sozialistischer Persönlichkeit« entziehen.[28] Selbst die in der DDR vielgelesenen Bücher, die mit einem emanzipatorischen Anspruch auftreten und die Partizipation der Ausgeschlossenen an der Gesellschaft fordern, haben nicht (oder kaum) schwerst Mehrfachbehinderte im Blick.[29] Sie werden als Belastungen aufgefaßt. Diese vielfältigen (als plausibel behandelten) Belastungen der Schulen, der Familien, des Arbeitslebens etc. rechtfertigen den Totalausschluß.[30] Das Erscheinungsbild der betroffenen Personen macht die Inklusion ins Gesundheitssystem evident. Die ›Defekte‹ sind

Sozialistischer Humanismus und Betreuung Geschädigter, Jena 1981, S. 94 f. Wiederum läßt sich zeigen, daß die Appelle auf grundsätzliche Unsicherheiten reagieren im Blick auf die »gesellschaftliche Einordnung« und die Wertung »schwer defektiven Lebens«. Vgl. U. Körner u. a., »Sozialistischer Humanismus und geschädigtes Leben«, in: Autorenkollektiv, *Sozialistischer Humanismus und Betreuung Geschädigter*, Jena 1981, S. 17. Auf S. 28 findet sich die Einschätzung, daß »schwer geschädigte Bürger natürlich nur in einem begrenzten Sinne Persönlichkeiten« seien.

28 Weil jene Menschen überwiegend nur statistisch vorkommen, imponieren Trogisch/Trogisch, a.a.O., als Ausnahme. Die Konstitution des ›noch darunter‹ wird zum Trost der Eltern eingesetzt, etwa wenn Eßbach in seiner Broschüre *Mein Kind kann keine Schule besuchen*, a.a.O., die Eltern ›nur‹ schulbildungsunfähiger Kinder damit tröstet, daß es ›unterhalb‹ dieser Kategorie noch Kinder gebe, die lediglich gepflegt werden.

29 Vgl. Keßling, *René ist mein Bruder*, Berlin 1986; R. Geppert, *Die Last, die du nicht trägst*, 10. Aufl., Halle 1990.

30 Siehe E. Goldbach, »Können schwerer schwachsinnige Kinder in der Hilfsschule gefördert werden?«, in: *Die Sonderschule* 2 (1957) 4, S. 173-178, S. 174 f.; Keßling 1973, S. 766; zur Belastung der Familien siehe L.-L. Eichler, *Einführung in die heilpädagogische Arbeit mit geistig schwer und schwerst behinderten Kindern*, Berlin 1967, S. VIII; Becker/Grossmann, a.a.O.; Jüttner, a.a.O., S. 550; Renker, a.a.O., S. 65; vgl. zur Belastung des Arbeitslebens Ch. Fabian, »Die Berufseingliederung des geistig schwerbehinderten Jugendlichen unter besonderen Arbeitsbedingungen«, in: *Die Sonderschule* 12 (1967) 6, S. 349-353, S. 349, die den Schutzgedanken in den Mittelpunkt stellt.

so geartet, daß sich nur noch eine Art terminaler Medizin mit ihnen auseinandersetzen kann, eine ›Siechenpflege‹.[31]
Erst in den letzten Jahren der DDR finden sich unverschlüsselte Zahlenangaben über das Ausmaß der Abschiebungen in Einrichtungen des Gesundheitssystems. Ältere Publikationen beinhalten bestenfalls regionale Angaben, die, meist in anderen Kontexten angesiedelt, Rückschlüsse ermöglichen. Goldbach stellt 1957 im Stadtgebiet Dresden fest, »daß in den letzten fünf Jahren rund 50 Kinder wegen Bildungsunfähigkeit ausgeschult wurden ... Sie belasten daher nun für Jahre das Elternhaus sowie das Sozialwesen.«[32] Altdorff berichtet 1974 über 150 »intelligenzgeminderte Jugendliche« auf einer jugendpsychiatrischen Abteilung, deren Lebensalter zwischen 12 und 20 Jahren streute.[33]

31 »Solche *Patienten* (Hervorhebung durch uns) nehmen, wenn sie sich selbst überlassen bleiben, rasch unangenehme Gewohnheiten an, werden unsauber und chronisch bettlägrig. Hier gelingt es ..., eine Progredienz für oft erstaunlich lange Zeit aufzuhalten und die Patienten in Heimen oder Krankenhäusern gemeinschaftsfähig zu halten, besonders wenn parallel somatisch behandelt wird (Psychopharmaka)« (Renker, a.a.O., S. 206).
32 Goldbach, a.a.O., S. 174.
33 V. Altdorff, »Eine Studie über Anpassungs- und Leistungsfaktoren intelligenzgeminderter Jugendlicher in einer psychiatrischen Einrichtung«, in: *Probleme und Ergebnisse der Psychologie*, Heft 48 (1974), S. 43-54, S. 47; auch bei H. Wolff, »Untersuchungen zur Analyse von Entwicklungstests an Hand einer Stichprobe geistig schwer und schwerst behinderter Kinder«, in: F. Klix, W. Gutjahr und J. Mehl (Hg.), *Intelligenzdiagnostik*, Berlin 1967, S. 197-212. Renker 1975 a.a.O., S.60 macht folgende Angaben: »Mindestens 3-5 % aller Kinder sind im intellektuellen Bereich retardiert und in ihrer Persönlichkeitsentwicklung gestört. 75 % davon sind in der Lage, eine Sonderschule (Hilfsschule) zu besuchen. Die verbleibenden Kinder werden nicht einmal sonderschulfähig ... Nur ein kleiner Teil der hirngeschädigten Kinder bleibt im wesentlichen pflegebedürftig.« 1981 werden für 1978 folgende Zahlen genannt: Bei 223 152 lebend geborenen Kindern kommen 11 000 in Förderungseinrichtungen. 1000-1100 »absolut pflegebedürftige Kinder« werden pro Jahr geboren. Vgl. H. F. Späte und A. Thom, »Die Verantwortung der sozialistischen Gesellschaft für ihre geistig schwer behinderten Mitglieder«, in: *Grenzsituationen ärztlichen Handelns. Medizin und Gesellschaft* 13 (1981), S. 153-165, S. 153 f.; ähnlich auch G. Jun, »Probleme geistig Behinderter im Kindesalter«, in: *Medizin und Gesellschaft*, Heft 14 (1981), S. 84-101.

Daß hinter diesen ›Schatten‹ individuelle Schicksale stehen, ist eigentlich erst nach der Wende in aller Dramatik sichtbar geworden.[34] Für die Vorwende-Zeit lassen sich die konkreten Zustände in den entsprechenden Einrichtungen des Gesundheitssystems und das Maß der Exklusion aus der Erziehung nur erschließen, etwa anhand der Anforderungen, die an das zuständige Personal gerichtet wurden: Es handelt sich, wenn überhaupt, um medizinische Mitarbeiter(-innen), die pädagogisch unqualifiziert waren.[35] Selbst für die Fördereinrichtungen, die im Gesundheitssystem die schulbildungsunfähigen Förderungsfähigen zu erziehen hatten, wird als Qualifikation für die Leitung eine Krankenschwester (oder eine Kinderpflegerin, maximal eine Kindergärtnerin) vorgeschlagen.[36]

Soziologisch interessant, aber wir können das hier nur am Rande anmerken, ist es, daß die Totalexklusion der Förderunfähigen von einer Reduktion auf die somatische Basis, auf den Körper begleitet wird, die – mit dem steigenden Maß der Exklusion in der Begleitmetaphorik *animalisierende* Züge annimmt, auf jeden Fall in einer Weise depersonalisiert, daß die davon betroffenen Menschen schon deshalb nicht mehr auf dem Monitor des Erziehungs-

---

[34] Hier finden wir dann retrospektive Zahlenangaben, etwa im *Stern*, wo mit Verweis auf eine hohe Dunkelziffer von 20 000 Imbezillen und 600 »idiotischen« Kindern und Jugendlichen gesprochen wird. Siehe U. König und S. Sauer, »Gefangen, gequält, vergessen. Behinderte Kinder in der DDR«, in: *Stern*, Heft 24 vom 7. 6. 1990, S. 26-36. Einer, der es wissen muß, Jürgen Trogisch, im Augenblick Referatsleiter für Einrichtungen für geistig Behinderte beim sächsischen Sozialministerium, sagt rückblickend über die sogenannten Förderungsunfähigen: »Es waren Menschen, die nie im Leben eine Chance hatten. Sie wurden nur noch als Pflegefälle betrachtet. Ihnen blieben nur noch die Alten- und Pflegeheime oder die psychiatrischen Kliniken« (zit. nach S. Scheffler, »Hauptsache satt und sauber gilt nicht mehr. Die Situation geistig behinderter Menschen in den neuen Bundesländern«, in: *Sozialprisma. Zeitschrift der Arbeiterwohlfahrt*, Nr. 12 (1993), S. 6-7, S. 6).

[35] Altdorff 1974, a.a.O., S. 47.

[36] Renker 1975, a.a.O. (Bunge zitierend), S. 63. Siehe auch Kessling 1973, a.a.O., S. 766; Jüttner 1972, a.a.O., S. 552; A. Toedtmann, »Interview (Auf Fragen zur Durchführung sozialpolitischer Maßnahmen für geschädigte Kinder und Jugendliche antwortet: OMR. Dr. Anneliese Toedtmann, Stellvertreter des Ministers für Gesundheitswesen«, in: *Humanitas*, Heft 10 (1975), S. 3.

systems, das Personen benötigt, auftauchen können: Der Rest ist Dressur.[37]

3. Die Re-Inklusion

Wir sind davon ausgegangen, daß die Struktur der modernen Gesellschaft (die funktionale Differenzierung) den strukturell eingebauten Ausschluß ihrerseits ausschließt. Die Funktionssysteme totalisieren (mit ihren Codierungen) die Welt und reagieren idiosynkratisch, wenn ihre Geltungsbereiche eingeschränkt werden.[38] Die Wirtschaft (und ihr Geld) erfaßt jedes Individuum (das nur deshalb arm sein kann); die Wissenschaft läßt es nicht zu, daß in der Welt an anderen Stellen als in ihr über Wahrheit disponiert wird; die Kunst wehrt sich vehement gegen die Unterstellung, sie entfalte ihre Wichtigkeit nur für Wahrnehmungsspezialisten und eine kleine zahlende Elite; die Politik schließt aus, daß kollektiv bindende Entscheidungen nicht kollektiv binden; das Recht gilt für jeden, ob er will oder nicht, und die Religion generalisiert ihr Schema Immanenz/Transzendenz so, daß niemand sich der Unterscheidung zwischen Gläubigkeit und Atheismus entziehen kann. Wenn sich das so verhält, steht zu erwarten, daß der Versuch, den Totalzugriff eines Funktionssystems auf die Welt zu

37 Siehe als ein Beispiel für diese Metaphorik Scholz 1950, S. 104. Die Depersonalisierung zeigt sich auch in einer archaisierenden Höhlensemantik, die mit der animalisierenden Semantik verknüpft wird. Siehe etwa Ziese 1954, S. 15, der auf Schjelderup-Ebbe (1932) zurückgreift. Unter diesen Umständen kann es notwendig werden, die Unterscheidung von Mensch/Nicht-Mensch aufzugreifen. »Die Konferenz stand im Zeichen des Gedenkens an J. A. Komensky und hatte zur Losung dessen Ausspruch: ›Es stellt sich die Frage, ob also auch die Tauben, Blinden und mental Rückständigen ... zur Bildung zugezogen werden sollen. Ich antworte: Von der menschlichen Bildung kann man nichts als den Nichtmenschen fernhalten‹« (Becker/Lindner 1957, a.a.O., S. 233). Siehe zu dieser Menschlich/unmenschlich-Unterscheidung S. Eßbach und Autorenkollektiv, *Ein Kind kann keine Schule besuchen – hat es überhaupt eine Entwicklungschance?*, Berlin 1991, S. 38, S. 172.
38 Siehe zu theoretischen Hintergründen und Folgen dieser zugleich exklusiven und totalisierenden Weltzugriffe P. Fuchs, *Die Erreichbarkeit der Gesellschaft. Zur Konstruktion und Imagination gesellschaftlicher Einheit*, Frankfurt am Main 1992.

unterbinden, Turbulenzen erzeugt, Grenzdefinitionsprobleme, wie wir sie erwähnt haben, vor allem aber den Versuch, die Exklusion zu beheben, den Rand des betroffenen Systems gleichsam über die Weltbereiche zu schieben, in dem die Exkludierten (in unserem Fall: die nicht Pädagogisierbaren) verschwunden sind.[39]

Die entsprechenden Bemühungen zur Beseitigung dieses ›exklusiven‹ Mißstandes in der DDR, der Versuch der Re-Inklusion also, begann schon im Kontext der Exklusion selbst mit der Frage, wie es um die Förderungsfähigkeit von Schulbildungsunfähigen stehe. Interessant ist dabei, daß diese Diskussion im Effekt auf die Exklusion der Schulbildungsunfähigen hinausläuft[40], aber das Moment der Re-Inklusion schon mitbewegt, indem sie die sonderpädagogische Förderung der aus der Schule ausgeschlossenen

---

39 Zu Beginn der Geltung der oft zitierten und in ihrer Fassung von 1951 bis zum Ende der DDR wirksamen Sonderschulverordnung schienen jene Nichtpädagogisierbaren sogar physisch verschwunden zu sein. Es gab sie vielleicht auf Grund hoher Kindersterblichkeit (und der Euthanasie des Dritten Reiches) nicht mehr, befindet jedenfalls S. Eßbach, »Schwer schwachsinniger Mensch und Gesellschaft«, in: *Die Heilberufe* 25 (1973) 7, S. 226-229. Tatsächlich findet sich in der pädagogischen Literatur der frühen fünfziger Jahre kaum etwas über schwerer behinderte Kinder. Das mag zum Teil auch daran liegen, daß die Hilfsschulen grundsätzlich bereit waren, ›schwer schwachsinnige‹ Kinder aufzunehmen. Man kann das daran ablesen, daß es sie offenbar in Hilfsschulen gab. Siehe etwa E. Goldbach, »Können schwerer schwachsinnige Kinder in der Hilfsschule gefördert werden?«, in: *Die Sonderschule* 2 (1957) 4, S. 173-178; S. Eßbach, »Schwer schwachsinnige Kinder in den C-Klassen der Hilfsschulen«, in: *Die Sonderschule* 11 (1966) 5, S. 284-290. Siehe zu Reinklusionsbemühungen »von Pädagogen, Wissenschaftlern und Eltern im konfessionellen, aber auch im staatlichen Bereich«, die »trotz der gesetzlich verordneten Bildungsausgrenzung bzw. Bildungsverbots« Bildungsversuche einleiten, Decker/Frühauf 1993, a.a.O., S. 55. Sie weisen ausdrücklich darauf hin, daß solche Bildungsversuche im Gesundheitssystem ebenfalls stattfanden, das heilpädagogische System von Barczi benutzend.

40 Deswegen wird das Grenzproblem (das Kriterienproblem) so virulent. Siehe etwa die Debatte zwischen Müller, Prautzsch und Scholz-Ehrsam, in: *Die Sonderschule* 2 (1957) 2 und 4, eine leidenschaftliche Debatte, die sich an der Frage nach der Aufgabenstellung der Hilfsschule entzündet hatte.

Kinder fordert. Goldbach, der erhebliche Zweifel an der Beschulbarkeit schwerer schwachsinniger Kinder äußert, betont zugleich die Notwendigkeit der sonderpädagogischen Förderung dieser Kinder. Er begründet diese Notwendigkeit allerdings noch nicht mit der Idee eines genuinen Anspruchs aller Kinder auf Erziehung, sondern mit ökonomischen Faktoren: »Unsere Volkswirtschaft braucht in Zukunft jede Arbeitskraft. Viele einfache Arbeiten werden heute noch von normal veranlagten Menschen verrichtet. Bei entsprechender Beschulung könnten schwerer schwachsinnige Kinder zu vielen Arbeiten dieser Art später herangezogen werden.«[41]

Gravierender als diese Diskussion scheint aber der Umstand gewesen zu sein, daß die Einrichtungen des Gesundheitssystems erheblich durch die Zuweisung ›schwer schwachsinniger‹ Kinder (und die damit verknüpften sonderpädagogischen Aufgaben) strapaziert wurde, zumal die Diffusität der Kriterien im Blick auf die Frage, wer aus dem Schulsystem ausgesondert werden sollte, dahin führte, daß neben der Klientel der ›schwer schwachsinnigen Kinder‹ andere Gruppen von Kindern mit anders gearteten Problemen im Gesundheitssystem auftauchten.[42] Vielleicht kann man sagen, daß der einmal gefundene Mechanismus der Exklusion als

41 Goldbach, a.a.O., S. 178. Mit dieser Diskussion, die im Beginn der Exklusion schon Re-Inklusionstendenzen zeigt, läßt sich verbinden, daß die Pädagogik in den fünfziger Jahren den Versuch unternimmt, den traditionellen Kriterienkanon im Blick auf die Grade geistiger Behinderung aufzugeben oder zumindest zu verfeinern und sich aus der traditionellen Defektologie der ›Sowjetwissenschaften‹ begrifflich zu lösen. Siehe noch einmal Heese 1957. Bemerkenswert ist, daß ab 1978 die soziale Nützlichkeit von ›imbezillen Kindern‹ sich in Einrichtungen für Alterskranke zeigt. Siehe B. Reich und S. Oechel, »Imbezille Kinder besuchen Alterskranke. Eine Möglichkeit klinischer Soziotherapie«, in: *Psychiat. Neurol. med. Psychol.* (Leipzig) 30 (1978), S. 679-682.
42 So berichtet Anstock 1962, a.a.O., S. 812: »Wir haben auf unserer kinderpsychiatrischen Abteilung 105 bildungsunfähige Kinder. Diese Kinder wurden uns als bildungsunfähig bzw. untragbar aus Einrichtungen der Volksbildung oder aus der Familie überwiesen ... Die Aufnahmen erfolgen also nach extrem negativen Gesichtspunkten und bewegen sich auf einer variationenreichen Skala von der erethischen Idiotie bis zum normalbegabten, verhaltensschwierigen Enzephalopathen.«

Problemlösungsmechanismus erweiterbar war: als Mittel zum Wegsortieren problematischer (aber nicht geistig behinderter) Personen, deren Verhaltensauffälligkeiten schulische Erziehung so schwierig gestalteten, daß schulsystemintern keine Abhilfe geschaffen werden konnte. Instruktiv ist, daß jene Erweiterung in anderen sozialistischen Ländern ebenfalls praktiziert wurde.[43]
Es mag an dieser Überstrapazierung des Gesundheitssystems liegen, verknüpft mit den Inklusionsnotwendigkeiten des Erziehungssystems, daß in den sechziger Jahren vermehrt in der Literatur Referenzen auf die Förderungsunfähigen auftauchen. Dabei geht es zunächst um die Konstruktion der schulbildungsunfähig Förderungsfähigen und deren Abgrenzung gegen die Kinder mit »schwersten Schädigungen«.[44] Wenn man, einem Ordnungsbedürfnis folgend, die Konstruktion dieses Personenkreises in Phasen einteilt, könnte man den Zeitraum ab 1966 als Phase der Konsolidierung nach einer Phase »wilder Abschiebung« kennzeichnen. Die relative Klarheit über die Einweisung der Schulbildungsunfähigen in Sondereinrichtungen des Gesundheitssystems sensibilisiert für diejenigen, die auch dort nicht gefördert werden können, eine Sensibilisierung, die im Kontext der erörterten Grenzbildungsprobleme steht: Es stellt sich heraus, daß die Grenze zwischen förderungsfähig und förderungsunfähig fließend verläuft, daß sie sich nicht anders als in individuellen Deskriptionen von Fällen durchführen läßt, daß also entsprechende Analysen angesichts einer großen Zahl von Grenzfällen einerseits zeitaufwendig, andererseits schwer generalisierbar sind.[45] Man be-

---

43 Siehe für die CSSR J. Stanka, »Zur Arbeitserziehung bei Schwachsinnigen«, in: *Die Sonderschule* 9 (1964) 6, S. 344-351, S. 344. Im übrigen ist bekannt, daß der Mechanismus sich als anwendbar erwies für politisch Mißliebige, die quer durch die sozialistischen Staaten in der Psychiatrie verschwinden konnten, also durch Totalinklusion ins Gesundheitssystem einer Totalexklusion unterzogen wurden.
44 Hammer 1964, a.a.O., S. 276.
45 Vgl. F. Anstock, »Zur Problematik der Schwachsinnsuntergliederung«, in: *Ärztliche Jugendkunde* 58 (1967) 12, S. 23-32, S. 26. Siehe zu ›unguten Gefühlen‹ in diesem Prozeß und entsprechenden Warnungen: Jun, 6. Aufl. 1989, a.a.O. »Die Situation verschärfte sich, als Anfang der sechziger Jahre die Lehrinhalte an Hilfsschulen im Zuge der ›sozialistischen Persönlichkeitsentwicklung‹ leistungsorientiert ausgeweitet wurden und in der Folge unter administrativem Druck eine

merkt angesichts jener Deskriptionen die *Individualität* der Fälle, die Unmöglichkeit, Förderungsunfähigkeit an einer Person im Blick auf die Gesamtheit dieser Person (auf alle ihre Eigenschaften, Fähigkeiten, Möglichkeiten) festzuhalten.[46]
Strittig wird mehr und mehr die Defektologie, die sich aus dem medizinischen Paradigma speist.[47] Es wird sogar möglich, auf »angloamerikanisches Schrifttum« zu verweisen und sich mit dem Begriff der *mental retardation* zu befreunden, ein seltener Vorgang für DDR-Verhältnisse, überraschend schon deswegen, weil der Verweis in einem zustimmenden Kontext steht.[48] Entscheidend aber ist die in diesem Begriff angelegte Referenz auf Entwicklung und Verzögerung der Entwicklung, eine Referenz, die

> verstärkte Ausschulung von Kindern begann ... Viele geistig behinderte Kinder wurden so in psychiatrische Krankenhäuser oder Pflegeheime eingewiesen bzw. verblieben im Elternhaus – ohne Bildungschance« (Decker/Frühauf 1993, a.a.O., S.54 f.). Die Frage, ob ein schwachsinniges Kind in der Normalschule gefördert werden könne, »mußte 1969 für rund 65 000 Schüler, die den allgemein bildenden Teil der Hilfsschule besuchten, verneint werden. Bei ihnen handelt es sich um intellektuell geschädigte, um schwachsinnige junge Menschen ... Eine spürbare Reduzierung der Anzahl der schwachsinnigen Kinder ist erst zu erwarten, wenn durch weitere Fortschritte der medizinischen Forschung die störungsverursachenden Faktoren erkannt und beseitigt werden können« (Autorenkollektiv, *Welches Kind muß sonderpädagogisch betreut werden?*, Berlin 1973, S. 33).

46 Wolff 1967, S. 26 weist auf diese Definitionsprobleme und die damit einhergehende Irrtumsanfälligkeit der Konstruktion hin, tut aber die dann tatsächlich auftretenden Fehlurteile als ›Ausreißer‹ im statistischen Sinne ab. Vgl. zu einem vehementen Versuch, vom Behinderten als Einzelfall (als Individuum, als Mensch) auszugehen und den Begriff der Bildungsunfähigkeit zu verwerfen, V. Keßling, »Aus der Tagesstätte für förderungsunfähige Kinder und Jugendliche der Stadt Neubrandenburg – Pflegebedürftig, völlig bildungsunfähig, krank – Widersprüche und Fragen«, Ms., Neubrandenburg 1985.

47 H.-E. Müller, »Zum Begriff der Hilfsschulbedürftigkeit«, in: *Die Sonderschule* 12 (1967) 6, S. 361-366, S. 326 f., schlägt offen eine »mehrdimensionale Betrachtungsweise« vor und wird dafür von der Redaktion in der Fußnote gerügt: Eine solche Einschätzung orientiere sich an der bürgerlichen Psychopathologie. »Wir weisen auf die in der sowjetischen Defektologie mit offensichtlichem Erfolg benutzte Definition des Begriffes Oligophrenie hin. Die Redaktion.«

48 Anstock 1967, S. 24.

das Paradigma der Defektologie, der endgültigen »Schwachsinnsdiagnose« unterläuft durch den Einbau von Zeit.[49] Dieser in *retardation*, Verzögerung, Entwicklung implizierte Zeitbezug läßt sich im defektologischen Paradigma mit seiner Endgültigkeitstendenz nicht nutzen, wohl aber von einer Pädagogik, die beginnt, sich genau einer auf Zeit ausgelegten (bis dahin geschmähten) westlichen Begrifflichkeit zu bedienen.[50] Unter dieser Voraussetzung können die Totalexkludierten, die ›verschwundenen‹ Körper, wiederentdeckt werden und in die Diskussion unter dem Begriff der Förderpflege als tatsächlich pädagogisierbare Exemplare eingebracht werden.[51] Das geschieht appellativ, durch das Einfordern des Rechtes auf Leben auch des schwerst geistig behinderten Kindes, auf die Erhaltung dieses Lebens (wie bei ›hirngesunden‹ Kindern) durch entsprechende medizinische Behandlung, durch Rekurs letztlich auf den hippokratischen Eid. Offenbar muß gesagt werden, daß unterlassene Hilfeleistung aus medizinischer Sicht ethisch verwerflich ist, und erst dann – unter dieser stark herausgestellten Prämisse – wird Förderpflege möglich, die ihr Ziel in der »Beseitigung lernhemmender Faktoren« und nicht im Erreichen maximaler Körper- und Geisteszustände sieht.[52]

---

49 Ebd. Ein sehr schönes Beispiel dafür ist I. Apmann und G. Friedrich, »Erfahrungen bei der Förderung geistig und körperlich retardierter Kinder in einem Dauerheim für Säuglinge und Kleinkinder (aus der Abteilung Gesundheits- und Sozialwesen beim Rat des Kreises Klötze und dem Bezirksrehabilitationszentrum Magdeburg)«, in: *Die Heilberufe* 29 (1977) 4, S. 135-139. Dieser Text ist auch ein Beispiel für den Einbau pädagogischer Momente (wie immer zaghaft und dilettantisch) in eine vorwiegend noch medizinische Terminologie.
50 Zum Beispiel Neumärker/Pose 1975, a.a.O., S. 855.
51 Siehe dazu noch einmal den denkwürdigen Aufsatz von Trogisch/Trogisch 1977, a.a.O.
52 Siehe H. Todt, »Die Einstellung zum geistig behinderten Kind«, in: *Heilberufe* 34 (1982) 8, S. 305-305; Trogisch/Trogisch 1977, a.a.O.

4. Elementare Förderung

Bisher könnte der Eindruck entstehen, daß wir Inklusion, Exklusion und Re-Inklusion direkt auf die Institutionen beziehen, aus denen jemand ausgeschlossen oder in die er (wieder-)aufgenommen werden kann. Dieser Eindruck birgt die Gefahr, funktionale Differenzierung gleichsam räumlich mißzuverstehen, einer Metaphorik aufzusitzen, die die Systemgrenzen der Funktionssysteme wie die Mauern von Behörden, Kindergärten, weißen Häusern, Parlamentssitzen, Museen, Universitäten, Firmensitzen etc. auffaßt. Tatsächlich (im Rahmen der Theorie, die wir hier zugrunde legen) sind Systemgrenzen durch die Reichweite von Operationen (Kommunikationen) bestimmt, die vom Referenzsystem als je eigene Operationen im Kontext der je eigenen Operativität bearbeitet werden: Die Wirtschaft hat keine Häuser, in denen sie adressierbar beheimatet wäre; die Wissenschaft sitzt nicht in den Universitäten und Hochschulen; die Religion endet nicht auf den Stufen der Kirchen, und die Politik ist nicht an die Gebäude gebunden, in denen Parlamente arbeiten. Statt dessen könnte man von einer Permeabilität der Gesamtgesellschaft für funktionssystembezogene Operationen sprechen, womit dann ein »Immer dann, wenn...« impliziert wäre: Immer dann, wenn Kommunikationen laufen, die weitere Anschlüsse über Zahlung/Nichtzahlung ermitteln, ist die Wirtschaft ›eingeschaltet‹; immer dann, wenn Kommunikationen laufen, die weitere Anschlüsse über wahr/unwahr ermitteln, ist die Wissenschaft eingeschaltet, und so fort.[53]

Für unseren Zusammenhang heißt das, daß wir uns auf die Operationen des Gesundheitssystems und des Erziehungssystems beziehen müssen und *nicht vordringlich* auf die offizielle Zuordnung von behinderten Menschen auf die Institutionen, die sich selbst beschreiben als zugehörig zu dem einen oder anderen System. In sehr allgemeiner Form könnte man dann sagen, daß das Gesundheitssystem sich über Operationen betreibt, denen die Unterscheidung von gesund/krank als Referenz des Anschlusses weiterer Operationen dient, und daß das Erziehungssystem seine Operationen über einen Selektionscode (im weitesten Sinne: bes-

---

53 Die Referenz auf den Code ist dabei nur in Grenzfällen explizit. Im Normalfall werden die Anschlüsse über Programme errechnet.

ser/schlechter) aussteuert.[54] Beiden Operationstypen ist (darauf wollen wir uns konzentrieren) ein Zeitbezug inhärent, der geeignet ist, noch einmal zu verdeutlichen, wie Inklusion, Exklusion und Re-Inklusion in der ehemaligen DDR hinsichtlich behinderter Menschen gehandhabt wurden.

Wir haben gesehen, daß die dirigistische Exklusion Behinderter aus der Erziehung sich einer Semantik des Defektes bediente, sich auf diagnostizierbare (zum Beispiel hirnorganische) Ausfälle bezog, deren medizinische Prognose auf Inkurabilität hinausläuft, auf die Unmöglichkeit einer ›Heilung‹. Behinderung *als Krankheit* ist genau durch diese Unmöglichkeit gekennzeichnet und erscheint auf dem Monitor des Gesundheitssystems als Dauerdefizienz, im Blick auf die Linderungen der Symptome angebracht sein können, nicht aber die Rückkehr in den Zustand der Nichtkrankheit.[55] In diese Perspektive werden durch den Einbau von Zeit, die im Dienst der Veränderung des Menschen steht, Operationen des Erziehungssystems eingeklinkt, deren Minimalbedingung darin besteht, unter Einrechnung der Behinderung Behinderte dazu zu bringen, das tun zu können, was man mit dieser Behinderung noch tun kann und was man ohne Erziehung nie tun könnte, weil bestimmte Fähigkeiten und Lebensmöglichkeiten selbstläufig, auf dem Wege der Sozialisation, kaum zustande kämen.[56]

Unter diesen Voraussetzungen läßt sich der Gang unserer Diskussion noch einmal reformulieren. Die Exklusion (zunächst) schwer behinderter Kinder und Jugendlicher aus dem Erziehungssystem arbeitet mit der Unterscheidung schulfähig/schulunfähig. Dieje-

---

54 Siehe N. Luhmann und E. Schorr, *Reflexionsprobleme im Erziehungssystem*, Stuttgart 1979, im Blick auf Karrieren insbesondere S. 277 ff. Zum Gesundheitssystem vgl. N. Luhmann, »Der medizinische Code«, in ders., *Soziologische Aufklärung* 5, Opladen 1990, S. 183-195.
55 Damit tritt das Überlastungsproblem im Gesundheitssystem auf, von dem wir schon gesprochen haben. Es braucht nicht mehr die Zeit einzubauen und zu bewirtschaften, die zwischen Krankheit und Heilung besteht, sondern klebt gleichsam an der Krankheit. Jedenfalls kann man sehr oft beobachten, daß gerade dieses ›Kleben‹ zu Turbulenzen im Gesundheitssystem führt. Man braucht nur an die Schwierigkeiten mit terminaler Medizin zu denken, an die offen bekundete Schwierigkeit, mit unheilbar Kranken umzugehen.
56 Für diesen Hinweis danken wir Niklas Luhmann.

nigen, die unter die Rubrik Schulunfähigkeit fallen, können mit dem Attribut der Förderungsfähigkeit versehen werden, also vorgestellt werden als Personen, deren nicht eliminierbare Behinderung einen Spielraum für Möglichkeiten offen läßt, die noch erstrebbar und anerziehbar sind. Die darauf bezogenen Operationen sind Operationen des Erziehungssystems, für die gerade die Minimalbedingung zutrifft, daß sie Kommunikationen über und im Kontext offener Möglichkeiten der Erziehung (Förderung) sind, Operationen aber auch, die von der Programmebene her (von der Profession der erziehenden Personen, die in Code und Programmen des Gesundheitssystems zu Hause sind) dramatisch unterkomplex angelegt sind.[57] Gänzlich exkludiert werden die Förderungsunfähigen, die dann aber, wie wir zeigten, als weder therapierbare noch erziehungsfähige Körper in den Kulissen des Gesundheitssystems verschwinden. Sie bieten keine Anhaltspunkte für Operationen des einen oder anderen Systems.[58]

Die Re-Inklusion der total Exkludierten läuft dann (ansatzweise, Hoffnungen auslösend, aber in der ehemaligen DDR kaum noch realisiert) über jenen Einbau von Zeit, der für das Erziehungssystem unverzichtbar ist.[59] Das Gesundheitssystem entdeckt jene

---

57 Die Problematik zeigt sich unter anderem daran, daß Mischlösungen vorgeschlagen werden: Die Erziehung (Förderung) unterliegt besonderen (medizinischen) Kautelen. Siehe etwa Jüttner 1972, a.a.O., S. 552. Vgl. zu der Forderung, Therapie und Erziehung aufeinander abzustimmen, Neumärger/Pose 1975, a.a.O., S. 856. Siehe zu dem Versuch einer deutlichen Trennung Keßling 1973, a.a.O., S. 765 f., zu frühen Versuchen der Abgrenzung der Pädagogik von den Aufgaben des Gesundheitssystems Hammer 1964, a.a.O., S. 263 ff.
58 Interessant ist der hier nicht mehr auszuarbeitende Umstand, daß jene Körper auf dem Monitor anderer Systeme unter den Bedingungen einer anderen Operativität wieder auftauchen können, zum Beispiel im Kunstsystem. Siehe die beeindruckende Arbeit von F. Fühmann und D. Riemann, *Was für eine Insel in was für einem Meer. Leben mit geistig Behinderten*, Rostock 1985. Dieser Bildband bringt aber die Körper trotz ästhetischer (und religiöser) Absicht tatsächlich in Sicht und mit ihm die Kontexte der Sexualität, des Alters, des Todes.
59 In diesem Sinne kann man wirklich von elementaren Operationen reden, von *Elementarförderung*. Dieser Begriff schließt die bis dahin Förderungsunfähigen ein. Siehe für die Verteidigung elementarer Förderung und für ein ausgearbeitetes Programm P. Jahrmärker und

verschwundenen Exemplare im Zusammenhang ethischer Forderungen: Es kann sie nicht mehr ignorieren und kreiert dann den Begriff der Förderpflege, in dem auf instruktive Weise Erziehung und Pflege verknüpft werden, Pflege als das, was unter Gesichtspunkten einer terminalen Medizin berücksichtigt werden kann, und Förderung als das, was dem Erziehungssystem die Gelegenheit gibt, seine eigenen Operationen einzuschalten und die Bedingungen ihrer Möglichkeit und Notwendigkeit zu reflektieren.
Dazu ist es dann im Vollumfang einer Re-Inklusion nicht mehr gekommen, nicht einmal in einem Umfang, der zur Rechtfertigung derer hätte herangezogen werden können, die über Jahrzehnte hin jene total Exkludierten, jene gequälten, isolierten, entwürdigten Körper sahen, die sich jetzt als infernalischer Zug durch die Optik der öffentlichen Aufmerksamkeit bewegen und *immer noch* bewegen, weil die Re-Inklusion unter den Post-Wende-Bedingungen (wie immer rasant die Wende auch gestartet sein mag) aus vielen Gründen nur langsam und widerwillig ihre Adressaten erreicht.

V. Keßling, »Anleitungsmaterial zur Elementarförderung«, Ms. Neubrandenburg 1988.

Benno Wagner
Von Massen und Menschen
Zum Verhältnis von Medium und Form
in Musils *Mann ohne Eigenschaften*

1. Der Mensch als Medium der Gesellschaft

›Der Mensch‹ gilt schon seit geraumer Zeit nicht nur bei Kurzschlußkulturrevolutionären verschiedenster Labels, sondern auch in der von Niklas Luhmann ausgearbeiteten Theorie sozialer Systeme als theoretische *quantité négligeable*. Mehr noch, er gilt als Erkenntnishindernis (als *obstacle épistémologique*; vgl. Luhmann 1994, S. 56) für eine ihrem Differenzierungstyp angemessene Konzeption der modernen Gesellschaft. Mit der Wahl der Formel »Medium Mensch« als Leitkonzept für den vorliegenden Sammelband schaltet, so hat es den Anschein, die Systemtheorie nun auch in Sachen ›Mensch‹ vom bisher gepflegten normativen auf einen ihrer Selbstbeschreibung angemesseneren kognitiven Erwartungsstil um. »Kann man«, so lautet die programmatische Frage von Peter Fuchs, »als Soziologe systemtheoretischer Provenienz das Wort ›Mensch‹ nicht zur Würde des Begriffs erheben?«, und er beantwortet diese Frage mit der uns im folgenden beschäftigenden »Annahme, daß der Mensch ... das Medium der Gesellschaft sei« (1994, S. 16).

Was bedeutet dies in den Begriffen und im Kontext der Systemtheorie? Im Hinblick auf den ›Menschen‹ bedeutet es, daß dieser »Kompaktbegriff« für »psychophysische Systemarrangements« zwar auf eine für das Sozialsystem Gesellschaft externe Größe verweist, daß dieselben externen Arrangements aber auch »als Hintergrund für Formen fungieren, die systemintern Bewußtsein, Körper, Wahrnehmungen, Beziehungen etc. kommunikativ zur Bezeichnung freigeben, mit fortgeschrittener Evolution Subjekte, Personen, Individuen und wieder Körper, ohne jemals Bewußtsein, Körper, Wahrnehmung, Beziehung, Subjekt, Person, Individuum zu ›sein‹«. Als »Medium der Gesellschaft« stattet der Mensch mithin »das System [Gesellschaft] mit Zurechnungspotentialen aus, man könnte auch sagen: mit einem Schatten von

Materialität« (ebd., S. 29).[1] Wenn auch Foucault-Lesern die Metapher des »Schattens« als leichte Untertreibung ins Auge springt, so ist doch zu konstatieren, daß hier Systemtheorie sich selbst einen neuen und, für ihre Begriffe, womöglich neuartigen Gegenstand gewählt hat.

Ein Blick auf die Bedeutung der Ausgangsthese für das Sozialsystem Gesellschaft unterstützt diese Annahme. Im Trend der Entwicklung zur ›Risikogesellschaft‹ sind in den letzten zwei Jahrzehnten jene unsichtbaren Normalitäten, die bislang ein problemloses Anschließen kommunikativer Selektionen im »täglichen Leben« der Gesellschaft garantiert hatten, ihrerseits sichtbar und damit als kontingente Größen kontingent verfügbar geworden. Quasi als Korrekturversuch versucht sich nun auch das Sozialsystem Gesellschaft an der symbolischen Generalisierung seines Mediums, sucht es Möglichkeiten einer geld- und machtanalogen Formalisierung und Homogenisierung der Größe ›Mensch‹ in einer Weise, die etwa verschiedene Teilsysteme durchziehende Risikokomplexe mit teilsystemexternen Anschlußwahrscheinlichkeiten oder gar -sicherheiten ausstattet und sie auf diese Weise psychisch ertragbar und kommunikativ verhandelbar macht. Gerade dieser verstärkte und schärfere Bezug auf das Medium gefährdet nun einerseits die Funktion von Gesellschaft als »Supermedium« (Fuchs 1994, S. 30) für die Einzeichnung teilsystemischer Differenzen und birgt andererseits für ihr Medium, den Menschen, die Gefahr, »daß es den Mediencharakter überhaupt verliert und sich nur noch als Unberechenbarkeit im System rechnet, als nur bedingt kohäsionsfähig, als zu entropisch«. Aus dieser Sicht wäre nun der Mensch weniger Erkenntnishindernis als Erkenntnisgegenstand einer »Second-order-Anthropologie, die nicht den Durchgriff auf die Externität des Menschen versucht [noch sich mit der rekurrenten Bekundung der Unmöglichkeit eines solchen Zugriffs aufhält; B. W.], sondern [...] zugreift auf die Weisen der Konstruktion des Mediums und darauf, was damit jeweils auf dem Spiel steht« (ebd., S. 39).

Anhand von Robert Musils Roman *Der Mann ohne Eigenschaf-*

---

1 Und nachdem man dies einmal festgestellt hat, kann man die giftige Pflanze nun ohne Pinzette anfassen und im folgenden soweit als möglich auf die Anführungszeichen verzichten.

ten² möchte ich die hier skizzierten Überlegungen nun in drei Hinsichten perspektivieren und relativieren. Man wird erstens sehen, daß nicht nur die Diagnose einer tiefgreifenden Erschütterung, sondern bereits eine subtile Funktionsanalyse alltagskommunikativer Normalitätsannahmen zumindest literarisch bereits in den zwanziger Jahren dieses Jahrhunderts ausgearbeitet werden konnte. Zweitens wird man beobachten können, daß und wie die Literatur nicht nur ihr Medium, den Menschen, reifiziert, sondern daß sie als experimentierende, selbstreferentielle Literatur noch in dem Versuch, diese Reifizierungen als gesellschaftliche Konstruktionen aufzulösen, diese Konstruktionen ihrerseits reifiziert und reifizieren muß. Drittens schließlich soll die wechselseitige Beobachtung der Medium-Mensch-These und des *Mann ohne Eigenschaften* zur Unterscheidung zweier prinzipiell verschiedener, aber analytisch durchaus kombinierbarer Lektüren des Musilschen Romans verhelfen.

2. Die Unterscheidung von Medium und Form und die Semantik der Massen

Dem Roman werden im folgenden zwei verschiedene Folien unterlegt. Zum einen die Begrifflichkeit, in der die systemtheoretische Unterscheidung von Medium und Form ihre Fassung findet; zum anderen jene von Musil selbst gewählte Folie zeitgenössischer Massen-Semantik, in der die Unterscheidung von Medium und Form gewissermaßen ihre Fassung verliert.
Medium und Form in der Systemtheorie. Grundlage der systemtheoretisch konzipierten Medium-Mensch-These ist die Unterscheidung von Medium und Form. Ich resümiere zunächst die wichtigsten Implikationen dieser Unterscheidung. (1) Form ist nichts anderes als die Markierung der Differenz zwischen loser und fester Kopplung von Elementen innerhalb eines Mediums (Luhmann 1993 a, S. 355). (2) Die Einheit des Mediums resultiert aus der Gleichartigkeit und internen Austauschbarkeit seiner Ele-

---

[2] Zitiert wird im folgenden nach der von Adolf Frisé besorgten Ausgabe der *Gesammelten Werke*, Reinbek bei Hamburg 1981. Die Seitenangaben für Zitate und Zusammenfassungen erfolgen ohne weitere Kennzeichnung in Klammern.

mente, die daher, für sich genommen, wiederum Formen sind (Fuchs 1994, S. 22). (3) »Die Unterscheidung von loser und fester Kopplung ist eine Unterscheidung in der Zeit« (Luhmann 1993, S. 355), Medien also »garantieren Entropie [...]: Vergänglichkeit aller Formen [...]. Deshalb müssen Medien (und Formen) entweder reproduktionsfähig sein, oder sie fallen aus der Welt heraus« (Fuchs 1994, S. 23). (4) Eine Voraussetzung solcher Reproduktionsfähigkeit ist die »Hintergrundaktivität« von Medien. »Hintergrundaktive« Medien können Formen »›ausflocken‹«, spielen mithin den aktiven Part gegenüber der passiven Form (Fuchs 1994, S. 23). (5) Die Form ist sichtbar, das Medium unsichtbar: »Wenn die Form bezeichnet wird, invisibilisiert sich das Medium, aber ist so da, daß in ihm vielerlei geschieht, das sich im Moment nicht (nicht: simultan) sehen läßt« (ebd.). (6) Die Unterscheidung zwischen Medium und Form ist erstens chiastisch und zweitens rekursiv gebaut. Chiastisch: Je nach Bezugspunkt kann A als Medium für B als Form und B als Medium für A als Form fungieren. Rekursiv: Jedes Medium A und jede Form B setzen in sich selbst Medium/Form-Unterscheidungen voraus, für deren Seiten jeweils das gleiche gilt (vgl. die Abbildung bei Fuchs 1994, S. 22).

Das gezielt veranschaulichende Beispiel von Fuchs führt den hier interessierenden Begriff der Masse zunächst in seinem bildlich konkreten Sinne vor. Griesbrei ist ein Medium, insofern er unter bestimmten Bedingungen innerhalb seiner lose gekoppelten Elemente Komplexe festerer Kopplung (Klumpen) herausbildet, wobei diese Klumpen erstens substantiell Griesbrei bleiben (und nicht als etwas anderes emergieren) und zweitens sich auch strukturell wieder in den Zustand loser Kopplung auflösen können (die Form ist vergänglich). Analog dazu legt Niklas Luhmann im Anschluß an Fritz Heider (1926, S. 121 ff.) nahe, ermöglichen etwa die Buchstaben des Alphabets aufgrund ihrer gegen Null tendierenden Eigenwertigkeit (als Ausnahme wären allenfalls onomatopoetische Qualitätszuschreibungen zu nennen) beliebige Kombinierbarkeit und bieten mithin ein ideales Medium für eine Vielzahl einfacher und komplexer Formen (Chiffren, Wörter, Texte). In gleicher Weise mag ›der Mensch‹ gerade wegen seiner Externität im Verhältnis zu allen sozialen Systemen, gerade wegen seiner alleinigen Verfügbarkeit als Sammelname für eine Menge von Systemkonstrukten als Medium für die Form Gesellschaft dienen.

Dennoch sind dies bereits notwendige *Abstraktionen* im Vergleich zur eingangs gewählten Bezugsebene: um Wörter und Sätze zu bilden, benötigt man eben keine ›Buchstabensuppe‹. Das gleichnamige Kinderspiel dient lediglich pädagogischer Veranschaulichung und Konkretisierung. Und sogar fatale Folgen hat, wie Fuchs betont, die griesbreianaloge, aber nun unkontrollierte Reifizierung des Mediums Mensch als Gattung, als Population oder einfach als Masse.

Medium und Form in zeitgenössischen Masse-Diskursen. Dies demonstriert ein Blick auf den zeitgenössischen Referenzdiskurs, der dem Musilschen Unternehmen als Verfremdungs- und Kontrastfolie dient. Durch die einschlägigen Arbeiten vor allem von Gustave Le Bon (1895), Gabriel Tarde (1910) und Scipio Sighele (1897) wird die ›Masse‹ seit der Jahrhundertwende zum gleichermaßen verbindenden wie umstrittenen Gegenstand von Soziologie und Psychologie. Insbesondere in den zwanziger Jahren erreicht das Thema neue Aktualität, wobei die neuen Interventionen eher distanziert-differenzierend (Theodor Geiger 1926, Wilhelm Vleugels 1930) oder eher engagiert-reduktionistisch (insbesondere José Ortega y Gasset 1931) an die Massen-Konzepte der ersten Generation anschließen. Uns interessiert zunächst ganz allgemein, daß das Verhältnis von Mensch und Gesellschaft in diesen Texten unter dem Eindruck der schieren Menge von Individuen und ihrer raschen Ausdehnung imaginiert wird, wobei die auch für die systemtheoretische Fassung des Verhältnisses von ›Medium‹ und ›Form‹ konstitutiven Merkmale bereits auf der Ebene konkretisierender Symbolik rudimentär angelegt sind. Die diagnostizierte Grundbewegung ist der ›Seitenwechsel‹ des Menschen von der Form zum Medium. Die Folgen dieses ›Seitenwechsels‹, der zumeist als Statusverlust aufgefaßt wird, werden allerdings nicht durch eine neue Begrifflichkeit, sondern durch kollektivsymbolische Paradoxietechnik aufgefangen. So gelingt es dank der Visibilisierungsfunktion der modernen Kollektivsymbolik[3], die

---

3   Im Sinne von Link (1984): die Vereinigung eines im kollektiven Wissen verankerten sprachlichen Bildes (*pictura*) mit einer sekundären Bedeutung (*subscriptio*), wobei der entscheidende Aspekt die Bildung von synchronen Systemen durch Austauschbarkeit der Bedeutungen eines gegebenen Bildes und der Bilder für eine gegebene Bedeutung sowie die Etablierung von Äquivalenzreaktionen und Oppositionen auf der Ebene der Bilder ist.

entstandene Leerstelle auf der Form-Seite paradox durch die Medium-Form der Masse wiederzubesetzen. So kleidet etwa Ortega, der übrigens explizit beansprucht, Unsichtbares sichtbar zu machen (1931, S. 6), eine nackte »statistische Tatsache«, nämlich die von Werner Sombart konstatierte Beschleunigung demographischer Wachstumsraten in Europa seit 1800, in folgendes Bild: »In drei Generationen hat es [das 19. Jahrhundert] massenweise menschlichen Rohstoff hervorgebracht, der sich wie ein Gießbach auf das Feld der Geschichte ergoß« (S. 48). Dabei gilt generell, daß das neuartige Medium Mensch prekäre, wenn nicht katastrophale Folgen für etablierte Formen wie Traditionen, moralische Normen, historische Erfahrung und gesellschaftliche Differenzierungen zeitigt. So bewegt sich Ortega bereits auf systemtheoretischem Niveau, wenn er betont, daß das neue Medium nur seine eigenen, mithin ebenfalls neuen Formen bilden kann: »Der Geist der Tradition ist bis auf den letzten Rest entflohen. Vorbilder, Normen, feste Formen nützen uns nichts« (S. 33).

Auch die konstitutiven Eigenschaften der ›losen Kopplung‹ und die ›Gleichartigkeit‹ und mithin ›Austauschbarkeit‹ der Elemente sind in Ortegas Masse-Konzeption angelegt, wenn er die »soziale Masse« (im Unterschied zur bloßen »Menge«) wie folgt definiert:

»Masse ist der *Durchschnittsmensch*. So verwandelt sich, was vorher nur Anzahl war – die Menge –, in eine Beschaffenheit: die allen gemeine Beschaffenheit nämlich; das sozial Ungeprägte; der Mensch, insofern er sich nicht von anderen Menschen abhebt, sondern einen generellen Typus in sich wiederholt« (S. 8).

Diese Definition nennt auch den Namen des Masse-Elements. Der »Durchschnittsmensch«, den das 19. Jahrhundert als statistisches Konstrukt in die Welt gesetzt hatte, war Ende der zwanziger Jahre längst seinerseits reifiziert worden und konnte dergestalt, als Grieskorn unter Grieskörnern, die Elementar-Form für das Medium Mensch stellen.[4] Damit liegen, so scheint es zunächst, ideale Bedingungen für Formbildung vor. Doch erweist sich Ortega gerade in der entscheidenden Frage der Art und Weise des Übergangs zwischen Medium und Form als der – immerhin explizit kontrafaktisch auftretende – Alteuropäer, als den man ihn kennt.

---

4 Zur ›Erfindung‹ des ›Durchschnittsmenschen‹ durch Adolphe Quételet und der Reifizierungsgeschichte dieser statistischen Kategorie vgl. Jürgen Link 1990 b, S. 7 ff.

Für ihn ist das Medium zwar aktiv, aber selbst nicht formbildungsfähig, »die Massen [können] ihrem Wesen nach ihr eigenes Dasein nicht lenken« (S. 5). Die Form ›flockt‹ nicht ›aus‹, sondern sie muß dem Medium von außen zugefügt werden, wobei zu diesem Zwecke auch die Eigenschaft der ›losen‹ Konsistenz und damit die Voraussetzung der Hintergrundaktivität eingeschränkt werden muß: »Wer die hohe Aufgabe der Aristokratien fühlt, wird durch das Schauspiel der Masse gespornt und entflammt wie der Bildhauer von der Gegenwart jungfräulichen Marmors« (S. 16). Eben diese erlesenen Formgeber haben sich im neuen Jahrhundert einfach davongemacht und, in Umkehrung der totemischen Formung der Welt durch die mythischen Wesen etwa der »Traumzeit« der australischen Ureinwohner (S. 25), eine formlose Welt hinterlassen: »Kein Wunder, wenn die Welt heute leer von Plänen, Zielsetzungen und Idealen ist. Niemand befaßte sich damit, sie bereit zu halten. Das ist die Fahnenflucht der Eliten, die immer die Kehrseite zum Aufstand der Massen ist« (S. 44).

Wesentlich distanzierter und differenzierter hatte sich schon Mitte der zwanziger Jahre der Soziologe Theodor Geiger (1926) mit dem Phänomen befaßt. Geigers erster Gegenstand ist denn auch nicht die ›Masse selbst‹, sondern die für ihn problematische, weil unscharfe begriffliche Konstitution der einschlägigen Diskurse. Gerade wegen dieser analytischen, »sprachkritischen« (S. 1) Distanznahme kommt es zunächst darauf an, die Analogie des grundsätzliches Befundes zum synthetischen Diskurs Ortegas zu verdeutlichen. Als gemeinsamer Nenner eines ganzen Spektrums rekonstruierter Verwendungsweisen bleiben nämlich auch bei Geiger jene zwei Vorstellungen einer »grundsätzlich unbegrenzten Vielzahl als untereinander gleichartig betrachteter Elemente« und des »Ungeformtseins der Vielheit«, die der ›Masse‹ »nicht eine eigentlich quantitative Bestimmung, [...] sondern eine qualitative, dynamische« (ebd.) geben, eben die eines »hintergrundaktiven Mediums« im bisher mitgeführten Sinne. Wie Ortega spricht dabei auch Geiger – scheinbar widersprüchlich – hinsichtlich der Einzelelemente der Masse gelegentlich vom formbildungsunfähigen »Durchschnittsmenschen«.[5]

Andererseits deutet schon die parallele Verwendung der Typus-

---

[5] So etwa, wenn er konstatiert, »daß *zehn* kluge Durchschnittsmenschen nicht zu *einer* Genieleistung fähig sind« (S. 188).

Bezeichnung »Herdenmensch«⁶ den entscheidenden Unterschied zu Ortega an: trotz Diagnose einer »›autoritätslosen‹ Epoche« sieht der Soziologe letztlich doch mehr als die bloße Allpräsenz des Mediums. Er unterscheidet zwischen drei Typen der Medium/Form-Unterscheidung, denen drei säuberlich, nämlich symbolisch getrennte Prozeß-Typen (bzw. Dynamiken) zugrunde liegen. Am dynamischsten geht es in der »Masse im engeren Sinne« zu, die auch als ›revolutionäre‹, ›bewegte‹, ›aggressive‹, vor allem aber als *›explosive‹* Masse (S. 5) bezeichnet wird: »Der Führer [...] ersteht ihr von innen [...], nicht aufgrund einer physischen Gewalt, die er über sie hat« (S. 35); ganz anders also, als es etwa mit Ortegas Bildhauer-Aristokraten imaginiert wird. Von solchen spontanen Formbildungen, die Geiger richtig ins vulkanisch-chemische Symbolparadigma einträgt, unterscheidet er zudem in entsubstantialisierender Verwendung der Tönniesschen Unterscheidung von ›Gemeinschaft‹ und ›Gesellschaft‹ als dauerhaftere Formbildungstypen das *›organische‹* Ausleseverfahren der Kulturnation (Herausbildung der »Gebildeten«, der »Intelligenz«, der »Genies«) vom *›mechanischen‹* Ausleseverfahren der »Staatsnation« (formalisierte Auslese in Parlamenten, Ausschüssen etc.).⁷ Im Gegensatz zur ›aggressiven‹, ›explosiven‹ revolutionären Masse kommt der Masse im ›organischen‹ und mehr noch im ›mechanischen‹ Auslesemodell lediglich ein passiver Status zu:

»theoretisch betrachtet, kommt das Urteil, etwas sei Masse [...], auf folgende Weise zustande: der Betrachter betrachtet die Gesamtheit der von ihm ins Auge gefaßten Individuen auf das Vorhandensein bestimmter Qualitäten, Fähigkeiten und Eigenschaften. [...] Unter diesem Gesichtswinkel gesehen, ragen aus jeder beliebigen Vielzahl von Menschen einige heraus, die mehr oder weniger ›über dem Durchschnitt stehen‹; sie werden ausgesondert, und was dann übrig bleibt, das Durchschnittliche und Unterdurchschnittliche, ist ›die Masse‹: ein Ausleseüberbleibsel, gewogen und zu leicht befunden. Also ein negatives Werturteil!« – »›Sie gehören eigentlich in die Zoologie‹, belehrte den Verfasser ein ausgesprochener Individualist« (S. 4).

---

6 So in der Gegenüberstellung von »Machtmenschen« und »Herdenmenschen« (S. 185).
7 »Gemeinschaft und Gesellschaft«, setzt sich Geiger von Tönnies ab, »sind nicht Gruppengestalten, sondern Gestaltungsprinzipien von Gruppen« (S. 10).

Obwohl also Geiger auf der Beobachterabhängigkeit der Massen-Diagnostiken zu insistieren scheint[8], schließt er sich diesem Urteil umstandslos an und endet letztlich bei der gleichen elementaren Wertung wie Ortega, wenn er nach einer differenzierten Analyse von Typen städtischer Massen-Bildung resümiert: »Das typische Publikum des Auflaufs ist der Trotter und Lungerer, der Unbeschäftigte, das Klatschweib; Subjekte, die für jede Art der Ausfüllung ihrer unnützen Zeit dankbar sind« (S. 19).

3. Massen und Menschen bei Musil

Von und mit solchen Reifizierungen der Medium/Form-Unterscheidung handelt nun auch Musils *Mann ohne Eigenschaften*. Nun kann Musil zwar ähnlich wie die Systemtheorie die Reifizierungen als solche erkennen und ihre Funktionslogik beobachten; der Zugriff auf systematische Abstraktionen bleibt ihm jedoch aus genretechnischen Gründen verwehrt. Der Roman bewegt sich somit beinahe zwangsläufig im ›Zwischenraum‹ der Unterscheidung Reifizierung/Abstraktion. Er schließt gewissermaßen an das Distinktionszeichen (/) an und gewinnt dadurch, als Lohn selbstauferlegter Unschärfe, zusätzliche Beobachtungsperspektiven nicht zuletzt auf die *via distinctionis* ausgeblendeten diskurshistorischen *Verbindungen* zwischen den unterschiedenen Seiten.

Im Unterschied zu den Masse-Diskursen seiner Zeit, so die im folgenden zu belegende These, hat Musil, ohne jemals Fuchs gelesen zu haben, Chiasmus-Struktur und Rekursivität als entscheidende Funktionsprinzipien der Medium/Form-Unterscheidung erkannt. Die in ihrem historischen Kontext kulturrevolutionäre[9] Kombination der beiden Verkettungsprinzipien bewerkstelligt er mittels zweier Diskurstechniken, dem *Problematisieren* und dem *Experimentieren*.[10]

Problematisieren. Der problematisierende Diskurs entsteht aus der – idealiter simultanen – Doppelbewegung des Aufstellens und

---

8 Vgl. aber den ›Konstruktivismus‹-Vorwurf gegen Sombart auf S. 13.
9 Im Sinne von Link (1989, S. 31): die Etablierung eines qualitativ neuen Interdiskurses begünstigend.
10 Die Unterscheidung erfolgt in Anlehnung an Walter Moser (1990, S. 116), der vom ›problematisierenden‹ und vom ›essayistischen‹ ›diskursiven Gestus‹ spricht.

Zurücknehmens einer Aussage. Sein bevorzugtes Material sind die neurotischen Interdiskurs-Komplexe vom Idealismus über einen konservativ-revolutionären »heroischen Realismus«[11] bis zum Szientismus, deren friedliche Koexistenz den spezifischen Charme Kakaniens ausmacht, jener »heute längst versunkenen Epoche« der österreichisch-ungarischen Monarchie, in der der paradoxe Held Ulrich[12] als ›Mann ohne Eigenschaften‹ seine Lebensform-Experimente durchführt. So schließt Musil bei der Schilderung eines Verkehrsunfalls im ersten Kapitel an jene zoologisierende Symbolik an, deren sich außer Ortega etwa auch Oswald Spengler und Ernst Jünger zur Illustration des Absinkens des Menschen von der Form zum Medium bedienen, um gleich darauf wie in einem Zoom aus ›Bienen‹ hochzivilisierte Menschen mit ebenso komplexen wie prekären Gefühlslagen werden zu lassen:

»Wie die Bienen um das Flugloch hatten sich im Nu Menschen um einen kleinen Fleck angesetzt, den sie in ihrer Mitte freiließen« (S. 10). – »Die Dame fühlte etwas Unangenehmes in der Herz-Magengrube, das sie berechtigt war für Mitleid zu halten« (S. 11).

Der Effekt einer solchen Bewegung ist jeweils, daß beide zusammengeschalteten Positionen als unhaltbar erscheinen und aufgrund der unaufgelösten Ambivalenz zunächst noch ungerichtete Energien zur Auflösung der falschen Binäropposition (›Gesellschaft aus Bienen‹ vs. ›Gesellschaft aus Menschen‹) präsent gehalten werden.
Auf Hunderten von Seiten lockt Musil nun ebenso viele solcher obsoleten und gerade dadurch aktuellen Distinktionen aus ihrer neurotischen Selbstbezüglichkeit hervor. Mit Hilfe der Medium/Form-Unterscheidung erscheint es mir aber möglich, eine generelle Form anzugeben, in die sich jedenfalls ein Großteil dieser Distinktionen übersetzen läßt:

$$MF : GM \: / \: MM : GF.^{13}$$

11 Zu einem ausgezeichneten Überblick über diese zuletzt genannte Diskursposition mit für unseren Kontext einschlägigen Analysen siehe Louis Dupeux (1994).
12 Zur Paradoxie schon des Romantitels vgl. Moser 1990, S. 116.
13 Unterschieden wird mithin der Mensch als Form (MF) des Mediums Gesellschaft (GM) vom Menschen als Medium (MM) der Form Gesellschaft (GF). Dies ist eine freilich mehr als grobe Verkürzung, da zumal in den folgenden Beispielen ganz unterschiedliche Medien und

Sie bezeichnet die Unterscheidung der beiden elementaren Geschichten (im Sinne der Lyotardschen *récits*; vgl. Lyotard 1986, S. 96 ff.) vom Verhältnis zwischen Mensch und Gesellschaft, die im späten Kakanien gerade in einem Dominanzwechsel begriffen sind, bezeichnet also den Widerstreit zwischen der – immer reifizierenden – Geschichte des Menschen als Form und des Menschen als Medium, wie sie *grosso modo* dem feudalen und dem bürgerlichen Gesellschaftsmodell entsprechen. Dies läßt sich am besten an einigen Textbeispielen zeigen.

Im elften Kapitel beschreibt Musil den Dominanzwechsel vom vormodernen, vorwiegend mythisch konstituierten, zum modernen, naturwissenschaftlich-mathematisch konstituierten Wissen als den Übergang von einer menschförmigen zu einer technikförmigen Lebens- und Vorstellungswelt. Diese Darstellung verdichtet sich schließlich in einer faszinierenden symbolischen Transformationsnarration:

»Genauso ist es, wie wenn die alte untüchtige Menschheit auf einem Ameisenhügel eingeschlafen wäre, und als die neue erwachte, waren ihr die Ameisen ins Blut gekrochen, und sie mußte seither die gewaltigsten Bewegungen ausführen, ohne dieses lausige Gefühl von tierischer Arbeitsamkeit abschütteln zu können« (S. 39).

Die Menschheit wechselt hier über Nacht vom Form-Zustand (›Menschheit auf Hügel‹) in den Medium-Zustand, und zwar wiederum um den Preis der Enthumanisierung des Mediums (›Ameisen im Blut‹). Subtilerweise und im Unterschied zur üblichen Applikationsweise des Ameisen-Symbols bleibt sie dabei äußerlich anthropomorph. Doch ist die Form Mensch nur noch unproduktiver Überrest (›untüchtig‹) im Vergleich zu den Formprinzipien des neuen Ameisen-Daseins: Arbeit, Industrie, Technik. Diese Denkfigur wird verdeutlicht und weitergeführt in einem Gedankenexperiment des ›Mannes ohne Eigenschaften‹:

»Könnte man die Sprünge der Aufmerksamkeit messen, die Leistungen der Augenmuskeln, die Pendelbewegungen der Seele und alle die Anstrengungen, die ein Mensch vollbringen muß, um sich im Fluß einer Straße

> Formen (Natur, Technik, Geschichte, Welt) in Opposition zum Menschen stehen können. Die Vernachlässigung dieser Möglichkeiten am Gegenpol ist allein dadurch gerechtfertigt, daß es uns an dieser Stelle hauptsächlich um die Wechselbeziehungen zwischen dem Menschen als Form und dem Menschen als Medium gehen kann.

aufrecht zu halten, es käme vermutlich [...] eine Größe heraus, mit der verglichen die Kraft, die Atlas braucht, um die Welt zu stemmen, gering ist [...], und also setzen wohl auch die kleinen Alltagsleistungen in ihrer gesellschaftlichen Summe und durch *ihre Eignung für diese Summierung* viel mehr Energie in die Welt als die heroischen Taten; ja die heroische Leistung erscheint geradezu winzig, wie ein Sandkorn, das mit ungeheurer Illusion auf einen Berg gelegt wird. [...] Vielleicht ist es gerade der Spießbürger, der den Beginn eines neuen, kollektiven, ameisenhaften Heldentums vorausahnt?« (S. 12 f.)

Hier haben wir die streng mediumtheoretische Erklärung für die Überlegenheit der Medium-Menschheit über die Form-Menschheit. Sie resultiert aus der höheren Verrechenbarkeit (›Eignung für Summierung‹) ihrer Elemente, aus ihrer größeren Empfänglichkeit für Formen aller Art: Profilgewinn auf der Makro-Ebene durch Profilverzicht auf der Mikro-Ebene. Gleichzeitig aber fungiert die Massen-Symbolik im *Mann ohne Eigenschaften* als medium/formtheoretischer Trickster, der ein dauerndes Hin- und Herschalten zwischen den in der zeitgenössischen Diskursformation als antagonistisch auftretenden Relationen ›Mensch (Form) : Gesellschaft (Medium)‹ vs. ›Mensch (Medium) : Gesellschaft (Form)‹ ermöglicht. Durch dieses Hin und Her werden beide Seiten, der ›illusionäre‹, völlig dereferentialisierte Elitismus-Heroismus wie auch die ›schlechte Normalität‹ des wissenschaftlich-technisch-zivilisatorischen Ameisenheldentums, zunehmend ad absurdum geführt. An die Stelle des die zeitgenössischen intellektuellen Energien bündelnden Konfliktes zwischen ›Entzauberung‹ und ›Wiederverzauberung‹ der ›modernen Welt‹ tritt damit die Bewegung einer doppelten Abklärung. Aufgrund der dichten Rekurrenz dieser Problematisierungs-Operation wird die neurotische Struktur der ganzen Debatte im Laufe der Handlung zunehmend deutlich. Ihre Ausdeterminierung auf der narrativen Makro-Ebene findet diese Abklärungsbewegung in den Kapiteln 9 bis 11, in denen »drei Versuche, ein bedeutender Mann zu werden«, geschildert werden. Musil beginnt wieder mit ›Mensch (Form)‹ : ›Gesellschaft (Medium)‹ und schildert Ulrichs Lebenswunsch, ein ›bedeutender Mensch‹ zu werden, wenn schon nicht wie Napoleon als Tyrann (»aber solche Wünsche sind Jesuiten«!), so doch als hoher Offizier (S. 35). Als Fähnrich in einem Reiterregiment betrachtet er die Gesellschaft als passives Medium für seinen aktiven Formwillen:

»Er ritt Rennen, duellierte sich und unterschied nur drei Arten von Menschen: Offiziere, Frauen und Zivilisten; letztere eine körperlich unterentwickelte, verächtliche Klasse, der von den Offizieren die Frauen und Töchter abgejagt wurden. [...] es schien ihm, da der Soldatenberuf ein scharfes und glühendes Instrument ist, müsse man mit diesem Instrument die Welt zu ihrem Heil auch brennen und schneiden« (S. 36).

Doch die Medium/Form-Verhältnisse eingangs des 20. Jahrhunderts sehen die aktive Rolle nun einmal für das Medium vor. Ein ziviler Finanzier, dem Ulrich ›die Frau abjagen‹ wollte, macht seinen informellen Einfluß beim Kriegsminister geltend, woraufhin Ulrich eine ganz formelle Belehrung durch seinen Obersten entgegenzunehmen hat.

Ulrich sattelt daher um, und zwar vom Form-Pferd der Kavallerie aufs Medium-Pferd der Technik: »das neue Pferd hatte Stahlglieder und lief zehnmal so schnell« (S. 36). Medium-Mensch ist diesmal der Ingenieur, der dem Moralisten und dem »tausendjährigen Gerede darüber, was gut und böse sei«, mit dem Rechenschieber entgegentritt, jener Medium-Form, die alles in gleichartige, kontinuierliche Berechnungseinheiten auflöst und in vergleichbare Unterschiede übersetzt: »wenn man einen Rechenschieber besitzt, und jemand kommt mit großen Behauptungen oder großen Gefühlen, so sagt man: Bitte einen Augenblick, wir wollen vorerst die Fehlergrenzen und den wahrscheinlichsten Wert von alledem berechnen!« (S. 37) Doch stellt sich heraus, daß Ulrich noch immer nicht restlos von seinen Form-Menschen-Phantasien geheilt ist:

»Das war zweifellos eine kraftvolle Vorstellung vom Ingenieurwesen. Sie bildete den Rahmen eines reizvollen zukünftigen Selbstbildnisses, das einen Mann mit entschlossenen Zügen zeigte, der eine Shagpfeife zwischen den Zähnen hält, eine Sportmütze aufhat und in herrlichen Reitstiefeln zwischen Kapstadt und Kanada unterwegs ist, um gewaltige Entwürfe für sein Geschäftshaus zu entwickeln. Zwischendurch hat man immer noch Zeit, gelegentlich aus dem technischen Denken einen Ratschlag für die Einrichtung und Lenkung der Welt zu nehmen« (S. 37f.).

Erneut jedoch hilft der moderne, jeder emphatischen Selbstreferenz entfremdete Medium-Mensch Ulrich aus den Reitstiefeln:

»Es ist schwer zu sagen, warum Ingenieure nicht ganz so sind, wie es dem entsprechen würde. [...] Sie zeigten sich als Männer, die mit ihren Reißbrettern fest verbunden waren, ihren Beruf liebten und in ihm eine bewundernswerte Tüchtigkeit besaßen; aber den Vorschlag, die Kühnheit ihrer Gedanken statt auf ihre Maschinen auf sich selbst anzuwenden, würden sie ähnlich empfunden haben wie die Zumutung, von einem Hammer den widernatürlichen Gebrauch eines Mörders zu machen« (S. 38).

Wieder ist der komplette Abklärungs-Zyklus durchlaufen, der von der Position der Form-Menschen zu dessen Negation durch den Medium-Menschen und schließlich zur unwiderruflichen Infragestellung der gesamten Opposition führt.

Nicht zufällig wendet sich Ulrich in seinem dritten und »wichtigsten Versuch«, ein bedeutender Mann zu werden, jener wissenschaftlichen Disziplin zu, der Foucault (1981, S. 268) gegenüber allen anderen einen Sonderstatus zuweist, weil sich ihre Formierung jenseits der Einzeichnungen historisch wechselnder Diskurskonstellationen vollzieht: der Mathematik. Im Gegensatz zu den geschichtlichen Revolutionen, die, wie im doppelten Abklärungszyklus laufend vorgeführt, eben bloß »Umstürze« im irdischen Jammertal bleiben, führen die Revolutionen in der Mathematik »wie eine Himmelsleiter in die Höhe. Es geht in der Wissenschaft so stark und unbekümmert und herrlich zu wie in einem Märchen« (S. 40 f.).

Wie alle ›unmittelbar vorgefundene‹ Wirklichkeit entgeht auch ›die Mathematik‹ letztlich nicht der ironischen Indexierung (›wie im Märchen‹). Dennoch vollzieht sich gerade am mathematischen Wissen eine der grundlegenden figurenbautechnischen Unterscheidungen des Romans: die Distinktion zwischen Form-Menschen und Medium-Menschen. Diese Unterscheidung ist in eineindeutiger Zuordnung auf die Opposition zwischen Ulrich und seinem Jugendfreund Walter abbildbar. Walter, nach verschiedenen abgebrochenen Genie-Karrieren als Maler, Literat und Musiker zu guter Letzt von seinem Vater mit einer Beamtenstellung in »irgendeinem Kunstamt« versehen, ist Form-Mensch mit Leib und Seele. Und tatsächlich entwickelt Walter die Unterscheidung Mensch/Nicht-Mensch in weitreichender semantischer Analogie zur Form/Medium-Unterscheidung. Die Disqualifikation des Medium-Menschen als Erkenntnis-Objekt:

»Ein Mathematiker sieht nach gar nichts aus; das heißt, er wird so allgemein intelligent aussehen, daß es keinen bestimmten Inhalt hat! Mit Ausnahme der römisch-katholischen Geistlichen sieht heute überhaupt niemand mehr so aus, wie er sollte« (S. 64);

und als Erkenntnis-Subjekt:

»Nichts ist für ihn fest. Alles ist verwandlungsfähig, Teil in einem Ganzen, in unzähligen Ganzen, die vermutlich zu einem Überganzen gehören, das er aber nicht im geringsten kennt« (S. 65),

ebensowenig, möchte man Walter hier beispringen, wie das Breikorn die Konturen des Breis erahnt – diese doppelte epistemologische Disqualifikation des Medium-Menschen kulminiert also in der Formel: »So ein Mensch ist doch kein Mensch« (S. 65).
An diesen Kulminationspunkt der Problematisierungsbewegung läßt sich nun die beinahe explizite Version ihrer impliziten Botschaft anschließen. Der Form-Diskurs ist zu absurd, um sich auch nur davon zu unterscheiden. Denn wo endet man, wenn man sich vom Sensocommunismus[14] auf dessen Terrain locken läßt?

»Seine [des jungen Ulrich] Meinung war, man befinde sich in diesem Jahrhundert mit allem Menschlichen auf einer Expedition, der Stolz verlange, daß man allen unnützen Fragen ein ›Noch nicht‹ entgegensetzte [...]. Die Wahrheit ist, daß die Wissenschaft einen Begriff der harten, nüchternen geistigen Kraft entwickelt hat, der die alten, metaphysischen und moralischen Vorstellungen des Menschengeschlechtes einfach unerträglich macht, obgleich er an ihre Stelle nur die Hoffnung setzen kann, daß ein ferner Tag kommen wird, wo eine Rasse geistiger Eroberer in die Täler der seelischen Fruchtbarkeit niedersteigt« (S. 46).

Man endet in ihrerseits sensocommunistischen Gegenidentifikationen und steht letztlich vor einer jener Alternativen, deren beiden Pole jeweils die Logik des je anderen und damit sich selbst bestätigten. Und wieder wählt der Roman zwei genuin systemtheoretische Ansatzpunkte, nämlich die epistemologische Kreativität des Paradoxes und den Anstoß zu einer Theorie der Gegenwart, um mögliche Auswege aus dem selbstgenügsamen Zusammenspiel der Alternativen zu markieren:

14 Neologismus auf der Basis von *senso commune*, ital. »gesunder Menschenverstand«. Ich benutze die Wörter »sensocommunal« (dem gesunden Menschenverstand folgend), »Sensocommunist« (hartnäckiger Verfechter des gesunden Menschenverstandes) und »sensocommunistisch« (den gesunden Menschenverstand hartnäckig verfechtend) zur frühzeitigen begrifflichen Erfassung der gerade in den immer noch so genannten Geisteswissenschaften neuerdings wieder beunruhigend zunehmenden Verfechtern des gesunden Menschenverstandes und damit der für viele offenbar beruhigenden Hegemonie der Logik »unserer Dinge« über die zahllosen Logiken jener Dinge, die uns nicht ›gehören‹ (vgl. Bachelard 1993, weiter unten).

»Das geht aber nur so lange gut, wie man nicht gezwungen wird, den Blick aus seherischer Ferne auf gegenwärtige Nähe zu richten, und den Satz lesen muß, daß inzwischen das Rennpferd genial geworden ist« (S. 46).

Experimentieren. Musils andere Diskursgeste, das Experimentieren, sucht systematisch nach Auswegen aus jener Diskurslogik, deren innige, blödsinnig-katastrophische Einheit durch das später geprägte Label der »zwei Kulturen«[15] wiederum eher verdeckt als bezeichnet wird. Während die Bewegung des Problematisierens, als strukturelles Herausstellen der vulgarisierten, nur-chiastischen Applikation der Medium/Form-Unterscheidung, mehr oder weniger fest an den oben rekonstruierten Ablauf gebunden ist, konstituiert das Experimentieren als Suche nach Auswegen in der ›vertikalen‹ Dimension rekursiver Relativierungen einer jeden – eben nicht: ›gegebenen‹ – Medium/Form-Unterscheidung ein komplexeres, mehrdimensionales Feld. Ich muß die Darstellung daher stark verknappen und beschränke mich auf die grobe Unterscheidung von drei Dimensionen dieser Bewegung:

(1) *Reflexion.* Die Romanhandlung ist von einer Reihe von Passagen durchsetzt, in denen der Erzähler diese Handlung kontextualisiert, ohne sie deshalb präskriptiv zu codieren, und reflektiert, ohne sie deshalb erschöpfend zu erklären. Eine grundlegende Unterscheidung dieser Reflexion ist die zwischen ›Möglichkeitssinn‹ und ›Wirklichkeitssinn‹ und analog zwischen ›Möglichkeitsmenschen‹ und ›Wirklichkeitsmenschen‹. Zunächst läßt sich feststellen, daß Musil auch auf den Terrains des Experimentierens in dem zuvor problematisierten Medium/Form-Paradigma operiert, daß sich jedoch die Applikationslogik der Unterscheidung ändert. So wird der naheliegende Kurzschluß der Unterscheidungen nach der Formel

›Wirklichkeit‹ : ›Möglichkeit‹ / ›Form‹ : ›Medium‹

verworfen: »Möglichkeitsmenschen leben, wie man sagt, in einem feineren Gespinst, in einem Gespinst von Dunst, Einbildung, Träumerei und Konjunktiven [...]. Das Mögliche umfaßt jedoch nicht nur die Träume nervenschwacher Personen, sondern auch die noch nicht erwachten Absichten Gottes« (S. 16). Die erste medium/formtechnische Errungenschaft ist also die Temporalisierung der Unterscheidung, wobei allerdings weder die einseitig wertende Perspektive der Dekadenz-Diskurse (›alles ist Zerfall‹)

---

15 Zu diesem Topos vgl. grundlegend Charles Percy Snow 1967.

noch eine zweiseitig-indifferente Perspektive im Sinne der Systemtheorie (Vergehen und Entstehen von Formen als Reproduktionsbedingung des Medium/Form-Komplexes) gewählt wird. Vielmehr werden zukünftige Form-Möglichkeiten mit einem qualitativ-kairologischen Index (vgl. Anm. 16) versehen, indem man ihnen, als den »noch nicht erwachten Absichten Gottes«, »ein Feuer, einen Flug, einen Bauwillen und bewußten Utopismus, der die Wirklichkeit nicht scheut, sondern als Aufgabe und Erfindung behandelt«, implantiert (S. 16). Das Form-Prinzip wird damit aus dem Menschen (und schon gar aus der Gesellschaft) in dessen Umwelt aus Gegenständen und Möglichkeiten verlegt. Die Applikation der Medium/Form-Unterscheidung auf den Menschen ist damit nicht mehr abhängig von dessen ›Innen‹-Struktur (›Charakter‹, ›Mentalität‹), sondern von seiner Wahrnehmungsfähigkeit gegenüber dieser ›äußeren‹ Struktur.

Dies führt nun geradewegs zu einer Verkehrung der üblichen Applikationslogik: »Er [der Möglichkeitsmensch] will gleichsam den Wald, und der andere [der Wirklichkeitsmensch] die Bäume; und Wald ist etwas schwer Ausdrückbares, wogegen Bäume soundsoviel Festmeter bestimmter Qualität bedeuten« (S. 17). Unter Bedingungen der Quantifizierbarkeit und Verrechenbarkeit aller Wirklichkeit werden die unmittelbar auffindbaren Formen qualitativ indifferent und wird somit der Wirklichkeitsmensch unweigerlich vom Form-Menschen zum Medium-Menschen im negativen, mechanischen Sinne. Form-Mensch kann allein noch der Medium-Mensch im positiven, experimentellen Sinne sein, weil nur er die qualitative Seite medialer Formbildung anzuerkennen und folglich zu erkennen in der Lage ist. Die Fähigkeit zur Wahrnehmung einer durch eine externe und entzogene Form-Instanz (›Absichten Gottes‹) in der ›Außen‹-Welt angelegten Gestalt ist also das erste Kennzeichen des Form-Menschen im positiven Sinne des Musilschen Experiments.

Nun wäre es mit Musils Medium/Form-Experiment nicht weit her, wenn am Ende nur das Plädoyer für die Entwicklung gestaltpsychologischer Kreativitätspotentiale stände. Statt dessen aber vollzieht auch das Experiment jene setzend-widerrufende Doppelbewegung, die man bereits unter dem Titel des Problematisierens kennengelernt hat. Vor die Beglückung durch neue Wahrnehmungspotentiale setzt Musil die Anwendung wissenschaftlicher Knappheit und Verknappung auf die menschlichen

Angelegenheiten. So heißt es im Kapitel über die »Utopie des exakten Lebens«:

»Der Gedanke liegt nahe, daß wir unser menschliches Geschäft äußerst unrationell betreiben, wenn wir es nicht nach der Art der Wissenschaften anfassen [...]. Es würde ein nützlicher Versuch sein, wenn man den Verbrauch an Moral [...] einmal auf das äußerste einschränken und sich damit begnügen wollte, moralisch nur in den Ausnahmefällen zu sein, wo es dafür steht, aber in allen anderen über sein Tun nicht anders zu denken wie über die notwendige Normung von Bleistiften und Schrauben« (S. 245 f.).

Nach solcher Askese an ungewohnter Stelle allerdings dürfen die Menschen mit ganz neuen (vielleicht auch: ganz alten) Energieressourcen rechnen: »Mit einem Wort, es würde von jedem Zentner Moral ein Milligramm einer Essenz übrigbleiben, die noch in einem Millionstelgramm beglückend wäre« (S. 246). Und auch diese mit durchaus profanen Mitteln gewonnene reine Qualität fände ihren letzten Zweck nicht ›im Menschen‹, etwa als Stimulans mystischer Versenkung, sondern sie wäre zu reinvestieren in den aktuellen Konflikt zweier grundlegender interdiskursiver Figuren. Die erste wird am Beispiel der Psychiatrie eingeführt:

»Die Psychiatrie [...] hat erkennen lassen, daß alle großen Steigerungen, die der Keuschheit wie der Sinnlichkeit, der Gewissenhaftigkeit wie des Leichtsinns, der Grausamkeit wie des Mitleidens ins Krankhafte münden« (S. 252).

Diese Figur wird nicht erst durch den Roman, sondern schon in der elementaren Literatur des Interdiskurses durch folgenden Gegenentwurf kritisiert:

»Wie wenig würde da noch das gesunde Leben bedeuten, wenn es nur einen mittleren Zustand zwischen zwei Übertreibungen zum Ziel hätte. Wie dürftig wäre es schon, wenn sein Ideal wirklich nichts als die Leugnung der Übertreibung seiner Ideale wäre!? Solche Erkenntnisse führten also dazu, in der moralischen Norm nicht länger die Ruhe starrer Satzungen zu sehen, sondern ein bewegliches Gleichgewicht, das in jedem Augenblick Leistungen seiner Erneuerung fordert« (S. 252).

Die Reflexion des Erzählers schließt hier an einen grundlegenden epistemologischen Konflikt an, dessen Fronten sich seit dem ersten Drittel des 19. Jahrhunderts im Schnittfeld zwischen den Biowissenschaften und der entstehenden Soziologie herausgebildet haben. Gemeinsamer Bezugspunkt beider Positionen ist die berühmte Definition des französischen Physiologen François-

Joseph-Victor Broussais, dem zufolge zwischen normalen und pathologischen Zuständen (zwischen ›Gesundheit‹ und ›Krankheit‹) keine qualitative Differenz, kein Konflikt zweier wesenhaft verschiedener Zustände der Natur bestehe, sondern nur eine quantitative Differenz der Intensität. Dieses kontinuistische Modell des Verhältnisses von Normalität und Abweichung wird allerdings im Verlaufe seiner Übertragung auf den Bereich der Gesellschaft wieder diskontinuiert und, auf abstrakterer Ebene, reontologisiert. Denn während Comte das methodische Prinzip der meßbaren Kontinuität zwischen ›normalen‹ und ›pathologischen‹ Zuständen übernahm, ließ er hingegen das philosophische Prinzip ihrer qualitativen Homogeneität fallen. Sein Interesse für die Idee der sozialen Kontrolle und seine Überzeugung von der organischen Konvergenz der sozialen Normen (vgl. Lepenies 1981, S. 244) führte ihn zur Implantierung jenes von Broussais-Gegner Xavier Bichat aufgestellten vitalistischen Axioms, dem zufolge »das Leben die Summe aller Funktionen ist, die dem Tode widerstehen« (Canguilhem 1981, S. 224). Infolge dieser Transformation werden die verschiedenen Felder der Human- und Sozialwissenschaft erneut mit einer Serie von ›Gesundheit‹-›Krankheit‹-Oppositionen durchzogen, wobei diese neuerdings konstituierte Opposition im Verhältnis zu ihrer naturgeschichtlichen Vorgängerin aufgrund der Kopplung von meßtechnischer Kontinuität und normativer Diskontinuität eine ungleich größere Gestaltungsmacht für soziale Verhältnisse aller Art bedeutete. Subdominant zu dieser Entwicklung läuft nun die von Broussais formulierte, radikal kontinuistische Position weiter mit. Von ihr aus ist die begrenzende Identifikation des ›gesunden Lebens‹ mit einem ›mittleren Zustand zwischen zwei Übertreibungen‹, mithin mit einer fixen, ex ante definierten Normalität, zu verwerfen. Statt dessen wird von einer Vielzahl flexibler Normalitäten (›beweglicher Gleichgewichte‹) ausgegangen, die ein System in sehr verschiedenen Zuständen ex post herstellt (›Erneuerung von Augenblick zu Augenblick‹). Von dieser Position aus ist »man« bereits in der Lage, Form-Elemente des Menschen wie ›Charakter‹ und ›Ich‹ als nachträglich reifizierte Konstrukte zu erkennen und auf ihre Konstruktionsgesetze und -techniken hin zu untersuchen:

»Man beginnt, es immer mehr als beschränkt zu empfinden, unwillkürlich erworbene Wiederholungsdispositionen einem Menschen als Charakter zuzuschreiben und dann seinen Charakter für die Wiederholungen verantwörtlich zu machen. Man lernt das Wechselspiel zwischen Innen und Außen erkennen, und gerade durch das Verständnis für das Unpersönliche am Menschen ist man dem Persönlichen auf neue Spuren gekommen, auf gewisse, einfache Grundverhaltensweisen, einen Ichbautrieb, der wie der Nestbautrieb der Vögel aus vieler Art Stoff nach ein paar Verfahren sein Ich aufrichtet« (S. 252).

Diese Entwicklung wäre nun ganz in Sinne des reflektierenden Erzählers, wenn sie nicht geradewegs zur Ersetzung der vitalistisch fixierten Normalität der ›gesunden Mitte‹ durch eine viel schrecklichere, weil normalisierungsmächtigere Normalität führte:

»Man ist bereits so nahe daran, durch bestimmte Einflüsse allerhand entartete Zustände verbauen zu können wie einen Wildbach, daß es beinahe nur noch auf eine soziale Fahrlässigkeit hinausläuft oder auf einen Rest von Ungeschicklichkeit, wenn man aus Verbrechern nicht rechtzeitig Erzengel macht« (S. 252).

In Linkscher Terminologie lassen sich die im *Mann ohne Eigenschaften* durchgespielten Medium/Form-Experimente als Versuch lesen, den friktions- und chancenreichen Übergang von einer präskriptiven »Protonormalität« zu einer postskriptiven »Floating-Normalität« zum nicht vorgesehenen Ausstieg aus der Normalitätskultur überhaupt zu nutzen (vgl. Link 1992, S. 62 f.). Und wie Link setzen Musil, der Erzähler und Ulrich in dieser Situation auf kairologisches Denken[16]:

»Nach Ulrichs Überzeugung fehlte dazu eigentlich nur noch die Formel: jener Ausdruck, den das Ziel einer Bewegung, noch ehe es erreicht ist, in irgend einem glücklichen Augenblick finden muß, damit das letzte Stück des Weges zurückgelegt werden kann« (S. 252).

(2) *Medium/Form: Die vertikale Dimension.* Die Haltung des Kairologen zeichnet sich durch Offenheit für Ereignisse aus, für Verschiebungen und Friktionen im regelmäßigen Gang der Reproduktionszyklen. Man hat gesehen, wie im ersten Drittel des 20. Jahrhunderts die ausschließlich ›horizontale‹ Lektüre der Me-

---

[16] Wobei Link im Unterschied zur Begriffstradition den *kairos* ›wertfrei‹, also ohne Rekurs auf transzendentale Qualitäten oder Energien als radikal gegenwärtige und daher notwendig – in Analogie zur militärischen Verwendungsweise eben ›objektiv‹ – ›engagierte‹ Beobachtungs- und Handlungsperspektive auffaßt (vgl. ausführlich 1990, S. 81).

dium/Form-Formel zur relativ stabilen Reproduktion jenes Interdiskurs-Sektors beiträgt, den man auch als die (nicht funktionssystemisch codierte) Selbstbeschreibung der Gesellschaft bezeichnen mag. Über die Chiasmus-Frage, ob der Mensch die Form des Mediums Gesellschaft sei oder umgekehrt, läßt sich, wie gezeigt, trefflich und mit Ausdauer streiten, solange nicht ganz unerwartet ein moderner Vernichtungskrieg dazwischenkommt. Auf andere Weise wird das Gleichgewicht dieser informell regulierten Polemik gestört, wenn man einen Achsensprung von der ›horizontalen‹ Logik der elementaren Literatur zur ›vertikalen‹, ebenenrekursiven Logik der modernen Epistemologie vornimmt. Dann kommt, mit den schon bekannten Vereinfachungen und Verbildlichungen, jene idealiter nach oben und unten offene Gleithierarchie in den Blick, die ich eingangs als wichtigen Aspekt des systemtheoretischen Medium/Form-Modells hervorgehoben hatte. Denn so referiert Clarisse ihrem Gatten Walter, dem Form-Menschen, die Weltsicht ihres gemeinsamen Jugendfreundes Ulrich:

»Wenn man das Wesen von tausend Menschen zerlegt, so stößt man auf zwei Dutzend Eigenschaften, Empfindungen, Ablaufarten, Aufbauformen und so weiter, aus denen sie alle bestehn. Und wenn man unseren Leib zerlegt, so findet man nur Wasser und einige Dutzend Stoffhäufchen, die darauf herumschwimmen. Das Wasser steigt in uns genauso wie in die Bäume, und es bildet die Tierleiber, wie es die Wolken bildet« (S. 66).

Zunächst ist festzustellen, daß der Achsensprung das Umschalten von Makro-Massen auf Mikro-Massen impliziert. Damit befindet man sich bereits jenseits der Alternative von ›Charaktermensch‹ und ›Durchschnittsmensch‹. Der Mensch ist zwar nicht die Form der Gesellschaft, sondern ihr Medium, aber gerade in dieser Funktion ist er seinerseits Form eines gänzlich vormenschlichen Mediums. Schlimmer noch, er ist Bastard-Form zweier ganz verschiedener Medien-Sorten: zum einen des anthropologischen Mediums, welches offenbar die Letztelemente des Menschen als soziales Konstrukt zur Verfügung stellt, und zum anderen des biochemischen Mediums, welches den ›Leib‹ des Menschen ausformt. Letzteres Medium wiederum führt gar zur Nivellierung der Diskontinuität der Stellung des Menschen in der Natur, dient es doch gleichermaßen der Ausformung von Menschen wie der von Bäumen, Tierleibern und Wolken. Und obgleich nun die ›horizontale‹ Anordnung der beiden Medien des Menschen, obwohl die noch beibehaltene Unterscheidung einer anthropologischen und einer biochemischen Materialität durchaus als residuale – und wegen der dem Roman vorgegebenen dominanten Systemreferenz Mensch notwendige – *hommage* an den Menschen gelesen werden könnte, wird Walter hier noch einmal zum Verteidiger der vertrauten Formen-Welt gegen jenes neue Wissen, welches 1931 der Epistemologe Gaston Bachelard den Philosophen »unserer Dinge« als »Nachrichten aus einer unbekannten Welt« ankündigte, die »in ›Hieroglyphen‹ abgefaßt sind« (Bachelard 1993, S. 18):

»Aber Menschen [...] starren den Himmel an, spüren die Erdwärme und zerlegen das so wenig wie man seine Mutter zerlegt. [...] Erst werden aus den vier Elementen einige Dutzend, und zum Schluß schwimmen wir bloß noch auf Beziehungen, auf Vorgängen, auf einem Spülicht von Vorgängen und Formeln, auf irgendetwas, wovon man weder weiß, ob es ein Ding, ein Vorgang, ein Gedankengespenst oder ein Ebengottweißwas ist! [...] Was dir Uldo erzählt, ist alles unmenschlich« (S. 66f.).

(3) *Medium-Form-Figuren*. Statt nun den scheinbaren Widerspruch zwischen der ›horizontalen‹ und der ›vertikalen‹ Lesart der Medium/Form-Unterscheidung wiederum im regulierten Konflikt zwischen den ›zwei Kulturen‹ zu reterritorialisieren, fragt Musils Roman systematisch nach ihrer Verschaltungslogik und damit nach der Kofunktionalität des chiastischen und des rekursiven Funktionsprinzips. Welche Art der medialen Konstitution des Menschen führt zu welchen Funktionsmöglichkeiten, sei es als Medium, sei als Form der Gesellschaft? Wie wäre eine Kopplung zu denken, die aus dem Feld der Normalitäten irreversibel hinausführte? In der Tat könnte man von dieser Frage aus zu einer weitreichenden und exakten Typologisierung der Roman-Figuren gelangen. Dies sei abschließend zumindest exemplarisch angedeutet.

Moosbrugger. Am Sexualmörder Christian Moosbrugger, der diskursanalytisch wichtigsten Figur des Romans, wird die pathologische Variante solcher medium/form-technischen Denormalisierungsbewegungen vorgeführt. Etwas laienhaft lassen sich drei pathologische Befunde unterscheiden:

(1) *Unbegrenzte Proliferation und Nivellierung des Mediums* auf allen Abstraktionsebenen. Moosbrugger fügt aufgrund einer schrecklichen Verwechslung dem reifizierten Menschen das zu,

was die moderne Gesellschaft seiner Abstraktion zufügt: Er versetzt ihn in den Zustand loser Kopplung, macht ihn zum Medium. Was die italienischen Futuristen imaginär konkretisieren[17], konkretisiert er real. Und es ist gerade die hier zugrundeliegende Verwechslung, die das hyänenartige Interesse der Expertin für die legale Verwurstung des Menschen in abstracto, der Journaille, erklärt:

»Denn Moosbrugger hatte eine Frauensperson, eine Prostituierte niedersten Ranges, in grauenerregender Weise getötet. Die Berichterstatter hatten genau eine vom Kehlkopf bis zum Genick reichende Halswunde, ebenso die zwei Stichwunden in der Brust, welche das Herz durchbohrten, die zwei in der linken Seite des Rückens und das Abschneiden der Brüste beschrieben, die man fast abheben konnte; sie hatten ihren Abscheu davor ausgedrückt, aber sie hörten nicht auf, bevor sie fünfunddreißig Stiche im Bauch gezählt und die fast vom Nabel bis zum Kreuzbein reichende Schnittwunde erklärt hatten, die sich in einer Unzahl kleinerer den Rücken hinauf fortsetzte, während der Hals Würgespuren trug« (S. 68).

Auch in Moosbrugger selbst wohnt kein Vernunft-Subjekt, welches Form im Medium der möglichen menschlichen Eigenschaften wäre, sondern sein Verstand »mag eben wie ein kleines Licht in einem riesigen wandelnden Leuchtturm brennen, der voll zerstampfter Regenwürmer oder Heuschrecken ist, aber alles Persönliche ist darin zerquetscht, und es wandelt nur die gärende organische Substanz« (S. 70). Und wenn er etwa für die Psychiater vierzehn und vierzehn zusammenrechnen soll, so heißt die Antwort:

»›So ungefähr achtundzwanzig bis vierzig‹. [...] Denn es ist ganz einfach; er weiß auch, daß man bei achtundzwanzig anlangt, wenn man von der Vierzehn um vierzehn weitergeht, aber wer sagt denn, daß man dort stehen bleiben muß?« (S. 240)

(2) *Sprache: Das Auseinanderfallen von Form und Medium.* Sprechen (*parole*) ist Formbildung im Medium Sprache (*langue*). Dabei wird der prozessuale Aspekt des Medium/Form-Verhältnisses im Entstehen und Vergehen der Formen besonders deutlich. Bei Moosbrugger ist dieses Verhältnis zerschnitten. Die Sprache ist für ihn entweder erstarrte und daher funktionsgestörte Form, und

---

17 Zu den einschlägigen literarischen Medialisierungsszenarien und ihren diskurshistorischen und diskursstrategischen Kontexten vgl. den anregenden Aufsatz von Ulrich Schulz-Buschhaus 1992.

zwar zumeist in der Situation des Verhörs: »ihm klebten die Worte [...] wie Gummi am Gaumen fest, und es verging dann manchmal eine unermeßliche Weile, ehe er eine Silbe losriß und wieder vorwärtskam« (S. 238), oder sie ist reines, konturloses Medium, sei es, wenn er halluziniert, sei es, wenn er reflektiert:

»Denn diese Zeiten waren ganz Sinn! [...] so hörte er dann Stimmen oder Musik oder ein Wehen und Summen, auch Sausen und Rasseln oder Schießen, Donnern, Lachen, Rufen, Sprechen und Flüstern. Das kam von überall her [...]« (S. 239). »Die Worte, die er hatte, waren: Hmhm, soso« (S. 395).

(3) *Unfähigkeit zur Formbildung: Ich, Persönlichkeit, Charakter.* Die Moosbrugger-Handlung formuliert beinahe im begrifflichen Klartext die Funktionsweise normalistischer, postskriptiver Medium-Form-Verhältnisse in Sachen Mensch. Obwohl er bei weitem nicht zu den dümmsten unter den Figuren gehört, die den Roman bevölkern, verzweifelt Moosbrugger im Verlaufe seiner Gerichtsverhandlung an der paranoischen Akribie, mit der der Richter alle jene Einzelheiten und Zufälle, die sich im raumzeitlichen Umfeld seiner Greueltat auffinden lassen, zu Schuld gebündelt auf die gestörte Persönlichkeit eines Mörders zurückführt:

»Dieser Richter faßte alles in eins zusammen, ausgehend von den Polizeiberichten und der Landstreicherei, und gab es als Schuld Moosbrugger; für den aber bestand es aus lauter einzelnen Vorfällen, die nichts miteinander zu tun hatten und jeder eine andere Ursache besaßen, die außerhalb Moosbruggers und irgendwo im Ganzen der Welt lag. In den Augen des Richters gingen seine Taten von ihm aus, in den seinen waren sie auf ihn zugekommen wie Vögel, die herbeifliegen. [...] Es waren zwei Taktiken, die miteinander kämpften, zwei Einheiten und zwei Folgerichtigkeiten; [...] während alle anderen Leben hundertfach bestehen in der gleichen Weise gesehn von denen, die sie führen, wie von allen anderen, die sie bestätigen, war sein wahres Leben nur für ihn vorhanden. Es war ein Hauch, der sich immerfort deformiert und die Gestalt wechselt« (S. 75 f.).

Arnheim. Der Großfinanzier Paul Arnheim ist Moosbruggers medium/formtheoretisches Gegenstück. Wo Moosbrugger am eigenen Reden wie am Reden anderer verzweifelt, ist Arnheim, der zuerst auch dem aristokratischen Form-Menschen durch die Opposition ›traditionsgebundener feudaler Reichtum‹ vs. ›das Überschäumende frei aufgehäufter Geldberge‹ (S. 96) eindrucksvoll gegenübergestellt wird, ein »Mann, der mit jedem [der unterschiedlichen Gäste in Diotimas Salon] in seiner eigenen Sprache reden kann« (S. 188). Während Moosbrugger es angesichts der unstrukturierten Flut von Vorfällen in der Welt nicht einmal zu einer eigenen, persönlichen Persönlichkeit bringt, schwimmt Arnheim von Geburt an in einer ganz anderen Flut, nämlich in der durch die massenmediale Subjekt- und Biographiemaschine medialisierten Form-Menschen-Suppe, und statt zu ertrinken, ersteht er aus ihr nicht nur als persönliche, sondern sogar als nationale Persönlichkeit:

»Die Welt des Schreibens und Schreibenmüssens ist voll von großen Worten und Begriffen, die ihre Gegenstände verloren haben. Die Attribute großer Männer und Begeisterungen leben länger als ihre Anlässe, und darum bleiben eine Menge Attribute übrig. Sie sind irgendeinmal für einen anderen bedeutenden Mann geprägt worden, aber diese Männer sind längst tot, und die überlebenden Begriffe müssen angewendet werden. Deshalb wird immer zu den Beiwörtern der Mann gesucht. [...] Und ein solcher Mann war Arnheim; [...] als Erbe seines Vaters war er schon als Ereignis geboren« (S. 326 f.).

Und wie für Moosbrugger das einzige Formbildungserlebnis die Akkumulation seiner Taten ist, die ›wie Vögel auf ihn zukommen‹, so gilt auch für Arnheim das Sprichwort: »Wo Tauben sind, fliegen Tauben zu«, nur mit dem Unterschied, daß es sich diesmal um die Einzahlungen der »Essayisten, Biographen und Schnellhistoriker« handelt, die sie nach dem Prinzip der mechanischen Nachahmung in Arnheim als »Sparkasse des nationalen Geisteswohlstands« investieren (S. 236 f.).

Ulrich. Der (Anti-) Held des Romans entzieht sich insofern der knappen Typisierung, als er in und mit dem komplexen Interferenzfeld der anderen Figuren experimentiert. Dennoch lassen sich zumindest drei Anhaltspunkte angeben. Ulrichs – durchaus ambivalentes – Interesse an Moosbrugger ist vor allem dadurch motiviert, daß er den Delinquenten als Beweis für die Möglichkeit einer nicht normalitätsgerichteten Kontinuität zwischen ›normal‹ und ›pathologisch‹ betrachtet:

»Ulrich saß atemlos. Das war deutlich Irrsinn, und ebenso deutlich ein bloß verzerrter Zusammenhang unsrer eigenen Elemente des Seins. Zerstückt und durchdunkelt war es; aber Ulrich fiel irgendwie ein: wenn die Menschheit als Ganzes träumen könnte, müßte Moosbrugger entstehn« (S. 76).

Steht Moosbrugger für die – freilich nicht lebbare, weil durch pathologische Unfähigkeit zur Form bedingte – Vermehrung von Möglichkeiten, so steht Arnheim, der Sinn-Vermehrer durch normalistische Durchschnittsbildung, für ihre Verknappung. Er wird daher Ulrichs »Feind« (S. 750), und als Ulrich in einer jener absurden Flauten der Parallelaktion die Gründung eines »Erdensekretariats für Genauigkeit und Seele« zur Abhilfe vorschlägt, läßt der ihm wohlgesinnte Musil Arnheim sich durch eine wiederum selbst redende kollektivsymbolische Oppositionsbildung selbst entlarven: »Der menschliche Geist [...] hat leider die Beschränkung, daß sich seine Lebensformen nicht wie Versuchsmäuse im Laboratorium züchten lassen, sondern daß ein großer Kornboden höchstens ausreicht, um ein paar Mausfamilien zu tragen« (S. 597).

Gerade der faktische Erfolg jener von Arnheim verkörperten Mischung aus Belesenheit, Intuition und Dummheit läßt Ulrich mit zunehmender Dauer des Geschehens zweifeln, ob experimentierendes Anschließen innerhalb des Medium/Form-Schemas anders als der sprichwörtliche Hase jemals imstande wäre, dem Igel (den Igeln!) des neuen Geistes einer flexiblen Normalität davonzulaufen. In der Tat scheinen sowohl der Gedanke eines neuen Form-Menschen-Typs aus paradoxaler Selbstmedialisierung als auch der einer Entidentifizierung von der lähmenden Gegenidentifikation ›Form-Mensch‹ vs. ›Medium-Mensch‹ als auch schließlich der des ›kairologischen‹, das heißt hier vor allem ›ausscherenden‹ Anschließens an die laufenden Übergänge nach dem Schema Form › Medium › Form' › Medium' etc. bereits zu den täglichen Übungen etwa einer mit allen Wassern des Kunstmarkts gewaschenen Avantgarde[18] zu gehören. Deshalb stellt sich Ulrich letztlich doch die unausweichliche Frage, ob man nicht »den heiligen Weg [mystischer Verschmelzung von Ich und Welt, Geist und Seele usw.] auch mit einem Kraftwagen« befahren könne. Und so gilt auch hier Ulrichs Wunsch-Formel der Verbindung von Genauigkeit und Seele: »Es ist ewig schade, daß keine exakten Forscher Gesichte haben. [...] Ich weiß nicht, vielleicht könnte es mir geschehen« (S. 754 f.).

---

18 Mit Blick auf den italienischen Futurismus und insbesondere Marinetti: vgl. Schulz-Buschhaus 1992, S. 141.

4. Medium Mensch
und Normalisierungsgesellschaft

Man weiß nicht, ob in einem solchen Falle die medium/formtheoretische Unmöglichkeit der *Wahrnehmung des reinen Mediums* Möglichkeit würde. Deshalb möchte ich hier auch nicht weiter spekulieren, sondern eine bisher noch nicht gestellte Frage stellen.

Es wurde eingangs festgestellt, daß gerade die *Abstraktionsform* des Menschen (als Systemkonstrukt) seine Funktion als homogenes, lose gekoppeltes Medium für die Gesellschaft ermöglicht. Als Systemkonstrukte sind alle Mensch-Figuren prinzipiell gleich disponibel und also gleichwertig; ›sperrig‹ werden sie erst, wenn es, wie in apokalyptischen Ängsten, zu jenen unseligen Reifizierungen kommt. Nun hat man gesehen, daß Musils Roman zu komplexen Reflexionen und Experimenten in den Kategorien, wenn nicht gar in den Begriffen des Medium/Form-Paradigmas fähig ist, *obwohl* er letztlich an einer reifizierten Konzeption des Menschen festhält. Es drängt sich also auf, Ortegas Frage nach der »Entstehung der Massen« (S. 53) durch die *Frage nach der Entstehung der konkreten, am externen Systemarrangement Mensch vorgenommenen Homogenisierungsleistungen* zu ergänzen, die das Auftreten jener realen wie symbolisch imaginierten Massen erst ermöglicht haben. Gefragt wird also nach ebenjenen Massen, die dann ihrerseits als interdiskursiv verfügbares Medium für die Form Mensch wie für die Form Gesellschaft fungieren, die also die Formierung jenes Sektors der modernen Kollektivsymbolik ausgelöst haben, der dann seinerseits als Roh-*episteme* für eine Reihe wissenschaftlicher Formalisierungen gedient hat, an deren Ende die hochabstrakte, aber dennoch weitgehend analog funktionierende Medium-Form-Distinktion der Systemtheorie steht.

Ich kann die Antwort auf diese Frage, wie ihre Konsequenzen, nur noch andeuten. Eine beinahe komplette Fertigungsanleitung des *Massenmenschen*, also jener Elementarform der homogenen Massen, findet man in Michel Foucaults historischen Untersuchungen über die Verfahren der *Normalisierung* der Individuen. In seinen Arbeiten über Psychiatrie, Gefängnis und Sexualität beschreibt Foucault die Verfügbarmachung der empirischen Menschen jenseits der Distinktion von ›Systemkonstrukt‹ und ›systemexternem Arrangement«. Gerade die zunächst diskursive Konstruktion von homogenen Bezugsfeldern, die das Verhalten von Individuen (Häftlingen, Militärkadetten) in Leistung übersetzbar und mithin meßbar, vergleichbar und im Falle signifikanter Abweichungen vom Durchschnitt sanktionierbar (normalisierbar) macht (vgl. Foucault 1977, S. 229 ff.), wirkt unmittelbar auf die außerdiskursive Realität der erfaßten Individuen, die sich jenseits der Interpenetrationsverhältnisse dessen vollziehen, was man systemtheoretisch als soziale und psychische Systeme differenzieren wird. Die von Foucault beschriebenen Normalitätsdispositive durchkreuzen die Grenzen zwischen sozialen Systemen und ihren Umwelten und erlauben gerade dadurch die Historisierung und Konkretisierung des Mediums Mensch jenseits der Analyse bloßer ›Semantik‹. ›Masse‹ ist folglich bei Foucault Medium weder für ›große Individuen‹ (Helden, Charaktermenschen, Aristokraten) noch für die moderne Industriegesellschaft, sondern allein für den

»Regierungsstaat, der nicht mehr so sehr durch seine Territorialität [das heißt feste, ›impermeable‹ Form im Sinne etwa eines Form-Denkers wie Carl Schmitt] definiert ist, sondern durch eine Masse: die Masse der Bevölkerung mit ihrem Volumen, ihrer Dichte und, natürlich, mit dem Territorium, das aber gewissermaßen nur noch ein Bestandteil der Masse ist. Und dieser Regierungsstaat, der sich im wesentlichen auf die Bevölkerung stützt, [...] entspräche einer durch Sicherheitsdispositive kontrollierten Gesellschaft« (Foucault 1989).

Damit ist zugegebenermaßen das *systemtheoretische* Medium/Form-Paradigma, soweit es den Menschen betrifft, nicht nur historisiert, sondern auch deformiert. Nun kann es hier auch kaum darum gehen, doch noch jene Foucault-Luhmann-Debatte zu eröffnen, deren geradezu mythisches Ausbleiben wohl allein der Entropie-Resistenz der jetzt ins dritte Jahrzehnt gehenden Habermas-Luhmann-Debatte geschuldet ist. Vielmehr geht es um einen wie immer abrupten Perspektivwechsel, der uns einige Schlußfolgerungen aus der rekonstruierten Beziehung zwischen systemtheoretischen und romanhaften Medium/Form-Analysen ermöglichen soll.

Man kann zunächst die Unterscheidung zwischen sichtbarer, aktiver, revolutionärer Masse und unsichtbarer, passiver Masse durch die Feststellung spezifizieren, daß erstere genau dort auftritt, wo die Folgen der demographischen Revolution (sprunghaftes Anwachsen der Bevölkerungszahl und -dichte) nicht beziehungsweise nicht ›hinreichend‹ durch die von Foucault beschriebenen Normalisierungsdispositive ›aufgefangen‹ werden können. In diesem Falle einer gewissermaßen ›*vermassten Masse*‹ mit einem nicht-disponiblen Typ von Homogenisierung ist das Medium, jedenfalls aus der Sicht der Normalisierungsgesellschaft, verdorben. Wo der Brei klumpt, wird es unappetitlich. In Begriffen von Deleuze und Guattari könnte man auch von einer molaren Molarität sprechen, der die molekulare Molarität der ›*vermessenen Masse*‹ gegenübersteht:

»je stärker die molare Organisation ist, desto mehr ruft sie selber eine Molekularisierung ihrer Elemente, ihrer Beziehungen und elementaren Apparate hervor. [...] Nach einer Formulierung von Gorz hat der Weltkapitalismus als Arbeitselement nur noch ein molekulares oder molekularisiertes Individuum« (Deleuze/Guattari 1992, S. 294).

Von hier aus lassen sich nun für den *Mann ohne Eigenschaften* zwei mögliche Lektüreweisen unterscheiden. Zum einen jene medium/formtheoretische, die ich oben in Ansätzen versucht habe. Man kann dann formulieren, daß Musil in erster Linie die Entstehung und Funktionsweise der disponiblen ›vermessenen Masse‹ problematisiert (Symbolik: ›Ameisen-‹, ›Bienenstaat‹), wo andere Autoren allein die dynamischen, ›vermassten Massen‹ je nach Geschmack ängstlich oder freudig herbeisehnen. Für Musil hingegen erscheint weder aristokratische Ent-Massung noch klassenrevolutionäre Ver-Massung als gangbarer Ausweg. Sein Interesse gilt vielmehr dem Experiment mit Mikro-Massen (sozialen, biographischen, anthropologischen, biologischen Medium-Elementen), deren Mensch-Formen gerade nicht als ›gleichartige‹, ›lose gekoppelte‹ Medium-Elemente für die Form einer Normalisierungsgesellschaft, einer wissenschaftlich-technischen Zivilisation oder ähnliches disponibel sind. Und es ist genau das Festhalten an einem reifizierten Mensch-Konzept, die Orientierung an konkreten Lebensformen, die sowohl das theoretische Scheitern des Projekts wie die erweiterte Wahrnehmungsperspektive gegenüber einer systemtheoretisch bereinigten Suche nach »Schatten von Materialität« (Fuchs) begründet.

Während sich diese erste Lektüreweise auf die *narrative* Logik des Romans richtet, hätte die zweite dessen *generative* Logik in den Blick zu nehmen. Was aus der ersten Perspektive *negativ* als Unabschließbarkeit der Handlung erscheint, erschiene von hier aus *positiv* als »aktive Fluchtlinie«[19] aus dem Territorium des Romans als literarisches Genre. Die Unmöglichkeit menschbezogener Formbildung wird nicht nur erzählt, sondern uno actu praktiziert. Zugleich aber werden neue Terrains der Literaturproduktion eröffnet, wenn Musil etwa durch Aufrufe die Vollendung seines Werkes zur öffentlichen Angelegenheit erklärt. Die Virulenz dieser zweiten Lektüreweise wird gerade durch die später öffentliche ›Anerkennung‹ des Textes als Werk (und des Schreibers als Autor) und durch die subsequenten literaturwissenschaftlichen Normalisierungsversuche (Kanonisierung, Zuordnung) bestätigt, auf die ich allerdings hier nicht weiter eingehen kann.

Was schließlich die historische Datierung der Entdeckung des Menschen als Medium der Gesellschaft angeht, so läßt sich nun eine Differenzierung riskieren. Operativ findet diese Medialisierung seit dem Ende des achtzehnten und Beginn des neunzehnten Jahrhunderts durch die zunehmende Installierung und Vernetzung gesellschaftlicher Normalisierungsfunktionen (Disziplinen, Konkurrenzen, später auch interdiskursiv-symbolische Normalitäts- und Abweichungsraster) statt. Dem entspricht auf der Ebene der alltagskommunikativen Anschlußhorizonte eine Umstellung von form-menschlichen *Normen* auf jene medium-menschlichen *Normalitäten*, die Fuchs implizit bis in die siebziger Jahre dieses Jahrhunderts als tragfähig ansieht (vgl. Fuchs 1994, Anm. 47). Diese Einschätzung wäre nach allem nun doppelt und scheinbar widersprüchlich zu relativieren. Einerseits konnte gezeigt werden, daß die Problematisierung der Medium-Funktion des Menschen, ihre Visibilisierung, jedenfalls im Interdiskurs-Sektor der Kunstliteratur mindestens seit der Zwischenkriegszeit ausgearbeitet ist – einschließlich der Reflexion der von Fuchs beschriebenen Konsequenzen. Will man nun die Diskontinuität zwischen Kunstliteratur und Alltagskommunikation nicht überstrapazieren, dann erlaubt andererseits gerade dieser historische Befund Zweifel an der bei Fuchs mindestens implizierten Annahme, daß die Normalisierungsleistungen der modernen Gesellschaft allein aufgrund von Selbstreferentialisierung, Visibilisierung usw. auf Dauer zu Denormalisierungen neigen, daß die operative Kontin-

---

19 Im Sinne von Deleuze/Guattari 1977, S. 15, eine Linie, die *selbst flieht*, die also das Territorium nicht verläßt, sondern verändernd mitführt.

genz der Anschlußselektionen tatsächlich »wild« wird. Nicht nur der Kapitalismus, wie Peter Glotz beim Auftauchen der ökologisch-apokalyptischen Protestbewegungen in den westdeutschen Parlamenten am Ende der siebziger Jahre beruhigend verlautbarte, »hat einen verzinkten Magen« (vgl. Glotz 1979, S. 258), sondern auch die Normalisierungsgesellschaft. Normalitätsannahmen sind nur kurzfristig paradoxieempfindlich, und sie müssen dies sein, weil sie sich gerade dadurch *auf immer neuen Niveaus der Verfügbarmachung und der Vernichtung von Systemumwelten aller Art (einschließlich des Menschen) etablieren können.*[20] Wie immer man aber zu dieser Einschätzung stehen mag, ist es jedenfalls zu begrüßen, wenn die Verschiebung der Normalitätsniveaus dennoch hier und da neue Beobachtungsperspektiven provoziert, wie sie auf unterschiedliche Weise bei Musil und in der Konzeption dieses Bandes vorliegen.

Literatur

Bachelard, Gaston (1993), *Epistemologie*. Mit einem Nachwort zur Neuausgabe von Friedrich Balke, Frankfurt am Main.

Canguilhem, Georges (1981), »Auguste Comtes Philosophie der Biologie und ihr Einfluß im Frankreich des 19. Jahrhunderts«, in: Wolf Lepenies (Hg.), *Geschichte der Soziologie. Studien zur kognitiven, sozialen und historischen Identität einer Disziplin*, Bd. 3, Frankfurt am Main, S. 209-226.

Deleuze, Gilles und Félix Guattari (1977), *Rhizom*, Berlin.

Deleuze, Gilles und Félix Guattari (1992), *Tausend Plateaus*, Berlin.

Dupeux, Louis (1994), »Kulturpessimismus, konservative Revolution und Modernität«, in: Manfred Gangl und Gérard Raulet (Hg.), *Aspekte einer Gemengelage. Intellektuellendiskurse der Weimarer Republik*, Frankfurt am Main.

Foucault, Michel (1973), *Archäologie des Wissens*, Frankfurt am Main.

– (1977), *Überwachen und Strafen. Die Geburt des Gefängnisses*, Frankfurt am Main.

20 »Wie soll es [nämlich Rußlands ›Einstieg‹ in die Marktwirtschaft] weitergehen?«, fragte jüngst der *Spiegel* (Heft 17, 1993, S. 172) die von der Anglistikdozentin zur Bettlerin avancierte Moskauerin Galina Koschnoi, nachdem sie auf der Suche nach nützlichen Dingen eine kopflose Leiche im Müll gefunden hatte. Koschnoi: »Normalno.«

- (1989), »Regieren – eine späte Erfindung«, in: *die tageszeitung* vom 11.10.1989, S. 17-19.
Fuchs, Peter (1994), »Der Mensch – das Medium der Gesellschaft?«, in diesem Band, S. 15-39.
Geiger, Theodor (1926), *Die Masse und ihre Aktion*, Stuttgart 1987.
Glotz, Peter (1979), *Die Innenausstattung der Macht. Politisches Tagebuch 1976-1978*, München.
Heider, Fritz (1926), »Ding und Medium«, in: *Symposion*, Heft 2, S. 113-157.
Le Bon, Gustave (1895), *La psychologie des foules*, Paris.
Lepenies, Wolf (1981), »Normalität und Anormalität. Wechselwirkungen zwischen den Wissenschaften vom Leben und den Sozialwissenschaften des 19. Jahrhunderts«, in: ders. (Hg.), *Geschichte der Soziologie. Studien zur kognitiven, sozialen und historischen Identität einer Disziplin*, Bd. 3, Frankfurt am Main, S. 227-251.
Link, Jürgen (1984), »Über ein Modell synchroner Systeme von Kollektivsymbolen sowie seine Rolle bei der Diskurs-Konstitution«, in: ders. und Wulf Wülfing (Hg.), *Bewegung und Stillstand in Metaphern und Mythen*, Stuttgart, S. 63-92.
- (1989), »Kulturrevolutionäre Strategien und Taktiken – damals und heute«, in: *KultuRRevolution. zeitschrift für angewandte diskurstheorie*, S. 30-35.
- (1990 a), »ereignis, zyklologie, kairologie. überlegungen nach foucault«, in: *Spuren*, Heft 34/35, S. 78-85.
- (1990 b), »Zahlen Kurven Symbole. Zum Anteil der Kollektivsymbolik an normalisierenden Zahlenspielen«, in *KultuRRevolution*, S. 3-9.
- (1992), »Normalismus – Konturen eines Konzepts«, in: *KultuRRevolution*, S. 50-70.
Luhmann, Niklas (1993), »Die Form der Schrift«, in: Hans Ulrich Gumbrecht und K. Ludwig Pfeiffer (Hg.), *Schrift*, München, S. 349-366.
- (1994), »Die Tücke des Subjekts und die Frage nach dem Menschen«, in diesem Band, S. 40-56.
Lyotard, Jean-François (1986), *Das postmoderne Wissen*, Wien.
Moser, Walter (1990), »Zur Erforschung des modernen Menschen. Zur wissenschaftlichen Figuration der Moderne in Musils *Der Mann ohne Eigenschaften*«, in: Thomas Steinfeld und Heidrun Suhr (Hg.), *In der großen Stadt. Die Metropole als kulturtheoretische Kategorie*, Frankfurt am Main, S. 109-132.
Ortega y Gasset, José (1931), *Der Aufstand der Massen*, Stuttgart 1989.
Sighele, Scipio (1897), *Psychologie des Aufstands und der Massenverbrechen*, Dresden.
Schulz-Buschhaus, Ulrich (1992), »Die Geburt der Avantgarde aus der Apotheose des Kriegs. Zu Marinettis Poetik der ›parole in libertà‹«, in: *Romanische Forschungen* 104, Heft 1/2, S. 132-151.

Snow, Charles Percy (1967), *Die zwei Kulturen*, Stuttgart.
Tarde, Gabriel (1910), *L'opinion et la foule*, Paris.
Vleugels, Wilhelm (1930), *Die Masse. Ein Beitrag zur Lehre von den sozialen Gebilden*, München/Leipzig.

Manfred Schneider
Der Mensch als Quelle

»Ich bin kein Mensch«
Franz Kafka an Felice Bauer

Wetten

Ein gutes Jahrhundert lang, zwischen 1660 und 1781, wurde auf Gott gewettet. Die Frage nach seiner Existenz hörte allmählich auf, als Unterfrage die Frage nach der Stabilität der staatlichen Macht zu bearbeiten: Der Beweis für Gottes Existenz erledigte sich nämlich lange Zeit durch den Hinweis auf die Notwendigkeit, dem Gesetz Autorität zu verschaffen. Freilich verschafften nur Gesetze dem Gesetz eine solche Kraft. Daher regelte das alte römische Recht des Kaisers Justinian per Gesetz die Existenz Gottes und wie an ihn zu glauben sei von allem Anfang an: Der § 1 im Ersten Abschnitt des ersten Titels im ersten Buch des *Codex Iustinianus* legte fest:

»Diejenigen, welche diesem Gesetze folgen, sollen den Namen *katholischer Christen* führen, die übrigen aber, welche Wir für thöricht und aberwitzig erklären, als Abtrünnige vom Glauben, mit Ehrlosigkeit bestraft und zunächst mit dem Zorne Gottes, dann aber [...] mit anderer Strafe heimgesucht werden.«[1]

Das ist ein abendländisches Grundmotiv: Das Gesetz zieht nicht nur die Grenze zwischen Rechtlichkeit und Verbrechen, sondern auch die Trennlinie zwischen Vernunft und Wahnsinn. Das Echo dieser kaiserlichen Institution ertönt noch in den Sozialwissenschaften unserer Tage. Was das Gesetz Justinians erst einmal dekretierte, sollte später als pragmatische Staats-Doktrin von Machiavelli oder Hobbes oder Kant in Theorie überführt werden: Nur mit Hilfe Gottes (seiner gesetzlich verbrieften Existenz) ver-

---

1 *Das Corpus Iuris Civilis (Romani)*. Ins Deutsche übersetzt von einem Verein Rechtsgelehrter und herausgegeben von Karl Otto, Bruno Schilling, Karl Friedrich Freiherr von Sintenis, Bd. 5: *Codex Iustinianus*, Buch 1-6, Neudruck der Ausgabe Leipzig 1832, Aalen 1984, S. 13.

mag sich das Gesetz Autorität zu verschaffen. Machiavelli in den *Discorsi*: »Es gab nie einen außergewöhnlichen Gesetzgeber in einem Volk, der sich nicht auf Gott berufen hätte, weil seine Gesetze sonst nicht angenommen worden wären.«[2] Und Hobbes im *Leviathan*: Alle Untertanen sind verpflichtet, »[...] den Vorschriften zu gehorchen, die die staatlichen Gesetze zum göttlichen Gesetz erklären«.[3] Schließlich Kant in der *Metaphysik der Sitten*: »Wir können uns nämlich Verpflichtung [...] nicht wohl anschaulich machen, ohne einen *Anderen* und dessen Willen [...], nämlich Gott dabei zu denken.«[4]

Im 17. Jahrhundert geht die Theorie von der Darstellung, daß die gesetzliche Instaurierung Gottes für die Sicherheit des Staates unbedingt notwendig sei, allmählich dazu über, seine Existenz einer neuen Rationalitätsform, der Wahrscheinlichkeit, anheimzustellen. Eine Spur für das Aufkommen einer Theorie, die Gott im 17. Jahrhundert auf der Krümmung zwischen dem Wahrscheinlichen und dem Unwahrscheinlichen lokalisiert, findet sich bereits in der völkerrechtlichen Abhandlung *De jure belli ac pacis* von Hugo Grotius aus dem Jahre 1625. Dort geht es zwar nicht um den Staat, aber doch um die naturrechtliche Begründung des Rechts überhaupt, die in den staatstheoretischen Abhandlungen ganz analog geführt wird. Grotius erklärt dann über die Erweiterungen des Naturrechts durch die Grundsätze der Billigkeit das Folgende:

»Diese hier dargelegten Bestimmungen würden auch Platz greifen, selbst wenn man annähme, was freilich ohne die größte Sünde nicht geschehen könnte, daß es Gott nicht gibt [...]«.[5]

2 Vgl. Nicolò Machiavelli, *Discorsi. Gedanken über Politik und Staatsführung*. Übersetzt, eingeleitet und erläutert von Dr. Rudolf Zorn, 2. verbesserte Auflage, Stuttgart 1977, S. 45.
3 Thomas Hobbes, *Leviathan oder Stoff, Form und Gewalt eines kirchlichen und bürgerlichen Staates*, herausgegeben und eingeleitet von Iring Fetscher, übersetzt von Walter Euchner, 4. Auflage, Frankfurt am Main 1991, S. 220.
4 Immanuel Kant, *Die Metaphysik der Sitten*, in: *Kant's gesammelte Schriften*, herausgegeben von der Preußischen Akademie der Wissenschaften, Berlin 1910 ff., Bd. VI, S. 487.
5 Hugo Grotius, *De jure belli ac pacis. Libri tres. Drei Bücher vom Recht des Krieges und des Friedens*, Paris 1625. Nebst einer Vorrede von Christian Thomasius zur ersten deutschen Ausgabe des Grotius vom Jahre

Das (Un-) Wahrscheinlichwerden Gottes verlockt dazu, auf seine Existenz Wetten abzuschließen. Aber auch solche Wetten auf Gott veranstalten zunächst Beamte im staatlichen Machtmonopol. Pascal entwarf das Design, indem er die neue Frage stellte: Was kann ich gewinnen, was kann ich verlieren, wenn ich an die Existenz Gottes glaube? Der Sinn seiner Wette läßt sich nur an den Prämien ermessen. Was steht eigentlich auf dem Spiel? Auf dem Spiel steht die Alternative, ob man sich auf das Gesetz (Gottes/des Staates) einläßt oder nicht:

»Welchen Nachteil wählen Sie mit dieser Entscheidung? Sie werden treu sein, anständig, demütig, dankbar, wohltätig, aufrichtig in der Freundschaft, wahrhaftig. Tatsächlich stecken Sie dann nicht mehr in den verdorbenen Freuden, in der Ruhmsucht, in den Vergnügungen.«[6]

Indem ich auf Gott setze, gewinne ich die Moralität. Es ist also nichts prinzipiell Neues, was diese Rationalität der (Un-) Wahrscheinlichkeit bietet, sondern lediglich ein reformuliertes Prinzip der Steuerung. Nicht die Macht des Anderen diktiert mir den Verzicht auf Wahnsinn und Verbrechen; vielmehr treibt mich mein eigenes vernünftiges Kalkül, das die Wahrscheinlichkeit eines strengen Richtergottes auf 50% schätzt. Dieses Kalkül Pascals findet dann Eingang in die berühmte *Logik von Port-Royal* aus der Feder Antoine Arnaulds:

»[...] unendliche Dinge, wie die Ewigkeit und das Heil, lassen sich durch keinen zeitlichen Vorteil aufwiegen, und deshalb darf man sie niemals mit irgendeiner Sache dieser Welt vergleichen.«[7]

Den einstweiligen Endpunkt dieser Debatten und Wetten um Gott setzt Kant. Die *Kritik der reinen Vernunft* unternimmt nämlich auch keinen Versuch mehr, die Existenz Gottes zu beweisen; vielmehr spricht sie Gott gleich beide rationalen Seinsweisen zu: die der Notwendigkeit und die der Wahrscheinlichkeit. Die Vernunft muß Gott einmal als regulative Idee anerkennen, weil der Verstand sonst nicht mit den evidenten Rationalitäten dieser Welt zurechtkommt. Es muß einfach eine Art von Zentrale aller dieser

---

1707. Neuer deutscher Text und Einleitung von Dr. Walter Schätzel. Tübingen 1950, S. 33, Vorrede 11.
6 Blaise Pascal, *Pensées et opuscules*, publiés avec une introduction, des notices et des notes par M. Léon Brunschvicg, Paris 1959, S. 441.
7 [Antoine Arnauld], *Die Logik oder die Kunst des Denkens*, übersetzt von Christos Axelos, Darmstadt 1972, S. 349.

Zweckmäßigkeiten geben. Daneben stößt die Frage nach der Existenz Gottes auf die Antwort zahlloser subjektiver Überzeugungen. Die Gewißheit von der Existenz Gottes rückt die *Kritik der reinen Vernunft* daher ins Reich des »doktrinalen Glaubens«. Doch welcher Wahrheitswert kommt solchem subjektiven Meinen zu? Um ein Maß für den »doktrinalen Glauben« zu gewinnen, läßt Kant als »Probirstein« die *Wette* zu. Bis zu diesem Punkt behandelt das Kapitel »Vom Meinen, Wissen, Glauben« in der *Kritik der reinen Vernunft* die Lehre vom Dasein Gottes. Da es jetzt aber gilt, eine Probe für diesen Test auf die Überzeugung zu geben, schließt Kant die Wette nicht auf die Existenz Gottes ab, sondern auf eine andere (Un-) Wahrscheinlichkeit: auf die Existenz von Menschen auf anderen Planeten:

»[...] so möchte ich wohl alles das Meinige darauf verwetten, daß es wenigstens in irgendeinem von den Planeten, die wir sehen, Einwohner gebe.«[8]

Die Wette gilt. Sie gilt aber nicht nur für die Gotteswetten, sondern, wie sich an der Umbuchung dieser doktrinalen Frage von Gott auf den Menschen ablesen läßt, auch für den Menschen. Diese Verbindung zwischen der Wahrscheinlichkeit Gottes und der Wahrscheinlichkeit von Menschen auf anderen Planeten findet sich bei Kant allenthalben. Der Nachlaß enthält hierzu die folgende Variante:

»Wenn wir sagen wollten: es ist höchst wahrscheinlich, daß ein Gott sey, so wäre dieses ein Urtheil, welches [...] auch, wenn man es zuließe, viel zu wenig sagen würde. Denn wahrscheinlichkeit kan nur in einer Art von Verknüpfungen gedacht werden, deren Möglichkeit übrigens gewiß ist, z. E. daß Planeten auch bewohnt seyn.«[9]

Was in der Argumentation der *Kritik der reinen Vernunft* als Pietät oder Halbherzigkeit erscheint: daß die Gotteswette nicht explizit abgeschlossen wird, erweist sich bei näherem Hinsehen als historische Notwendigkeit. Gott wird eben zunehmend (un-) wahrscheinlich. Niemand kann ihn aber einfach entbehren. Doch während den Gläubigen die Wette auf ein höchstes Wesen empfohlen wird, fällt der Blick auf diejenigen, die dieses Spiel spielen

---

8 Kant, *Gesammelte Schriften* (Anm. 4), Bd. 3, S. 534 f.
9 Kant, *Gesammelte Schriften* (Anm. 4), Bd. 18, S. 456 f. – Das Zitat bewahrt die Orthographie des Manuskriptes.

sollen: Wie steht es mit der Wahrscheinlichkeit *des* Menschen? Gibt es ihn außer auf einem sichtbaren Planeten auch auf Erden? Bereits Thomas Morus hatte um 1520 in seinem Bericht von der Insel Utopia das Zeugnis niedergelegt, daß die Bewohner dort nicht einmal den »sogenannten Menschen im allgemeinen« angetroffen hätten.[10] Das Zeugnis erging in satirischer Absicht. Utopia konnte sein bekanntes Glück so leicht bewahren, weil die einsame Insel niemals von den Allgemeinheiten der scholastischen Wissenschaft heimgesucht worden ist. Wie wahrscheinlich ist dann aber *der* Mensch (auf Erden und auf dem Mond)? Auch ihn hat Kant in der Tiefe des Weltraums verschwinden lassen. Eine weitere Bemerkung aus dem Nachlaß raubte ihm seine einmalige Stellung im Kosmos:

»Die neue Entdekungen in der Astronomie erweitern nicht allein, sondern verändern auch etwas in der physikotheologie. Denn wenn das Menschen-Geschlecht die ganze Gattung vernünftiger Wesen und die einzige ist, so kan man nicht wohl begreifen, wie es mit der Weisheit und Güte Gottes zusammenstimme, da man allerdings etwas vollkommeneres erdenken kan. Sind aber Millionen andere Welten, so ist dieses eine Stufe der vernünftigen Geschöpfe, die zusammt ihren Mängeln nicht fehlen durfte.«[11]

Die Menschen auf Erden sind in ihrer Unvollkommenheit und in ihrer Zufälligkeit die Exponenten der Wahrscheinlichkeit, daß es noch vollkommenere denkende Wesen in der Weite des Weltraums gibt. Dies ist allerdings ein Gedanke, den Kant nie publiziert hat. Die eigentlich harmlose Szene aus der *Kritik der reinen Vernunft*, in der Kant die Menschen statt auf Gott (um den es ja geht) auf *den* Menschen wetten läßt, erobert bald die Bühnen der Welt. Goethe gibt im Vorspiel auf dem Theater seines *Faust*-Dramas jenem Gott, der doch allmählich im Halbschatten der Wahrscheinlichkeit zu versinken beginnt, eine letzte Chance, um zur Frage nach *dem* Menschen Stellung zu nehmen. Auf dem Theater also ereignet sich die merkwürdige Umkehrung der alten Wette Pascals: jetzt wettet Gott mit dem Teufel auf *den* Menschen:

---

10 *The Complete Works of St. Thomas More*. Volume 4: *Utopia*, edited by Edward Surtz, S. J. and J. H. Hexter, New Haven and London 1979, S. 159. Deutsch: Thomas Morus, *Utopia*, übersetzt von Gerhard Ritter, Nachwort von Eberhard Jäckel, Stuttgart 1990, S. 87 f.
11 Kant, *Gesammelte Schriften* (Anm. 4), Bd. 18, S. 213.

> »Zieh diesen Geist von seinem Urquell ab,
> [...]
> Und steh beschämt, wenn du bekennen mußt:
> Ein guter Mensch in seinem dunklen Drange
> Ist sich des rechten Weges wohl bewußt.«[12]

Der »Urquell« ist noch nicht die Quelle, von der zu reden sein wird; doch bezeichnet der Term in Gottes Mund den kritischen Punkt, wo sich die Transformation auch dieser Frage abzeichnet: Wie wahrscheinlich ist es, daß *der* Mensch existiert? Der Mensch, auf dessen Verhalten eine Prognose abgegeben werden kann? Die Hypothese des Goetheschen Gottes lautet ja: Selbst wenn man den Menschen aus seiner platonischen Heimat in die Zufälle des Realen wirft, ergibt sich nichts Neues: Er wird seine unerschütterlich gute Natur auch dort unter Beweis stellen. Doch die poetische Version und der Sieg Gottes in der Wette machen für sich nicht klar, was das für neue Bedingungen waren, auf die sich die Wettenden eingelassen haben.

Daß die beiden Fragen nach den Wahrscheinlichkeiten Gottes und *des* Menschen zusammengehören, läßt sich allenthalben zeigen. Julien Offray de La Mettrie erklärt in seinem berüchtigten Traktat *L'Homme Machine* aus dem Jahre 1748:

»Nicht daß ich die Existenz eines höchsten Wesens in Zweifel stellen wollte; mir scheint im Gegenteil, daß der höchste Grad von Wahrscheinlichkeit für sie spricht [...]. Wer weiß überhaupt, ob der Zweck der menschlichen Existenz nicht in dieser Existenz des Menschen selbst liegt? möglicherweise wurde er durch Zufall auf irgendeinen Punkt der Erdoberfläche geworfen [...].«[13]

Wahrscheinlich gibt es Gott, sagt die Aufklärung, um die Staatsmänner zu beruhigen; doch meint sie: Er ist gänzlich unwahr-

---

12 *Goethes Werke*, Hamburger Ausgabe in 14 Bänden, siebte Auflage, Hamburg 1964, Bd. 3: *Dramatische Dichtungen*, erster Band, textkritisch durchgesehen und mit Anmerkungen versehen von Erich Trunz, S. 18.

13 »Ce n'est pas que je révoque en doute l'existence d'un être suprême; il me semble au contraire que le plus grand degré de probabilité est pour elle. [...] Qui sait d'ailleurs si la raison de l'existence de l'homme, ne serait pas dans son existence même? peut-être a-t-il été jeté au hasard sur un point de la surface de la terre...« Julien Offray le la Mettrie, *L'Homme Machine*, in: J. O. d. l. M., *Œuvres Philosophiques*, 2 Bde., Berlin 1774, Neudruck Hildesheim, New York 1970, Bd. 1, S. 324.

scheinlich. Aber wie steht es mit *dem* Menschen? Wenn man sein Urbild im platonischen Jenseits der Sterne von der Wand nimmt, dann gibt man seinen Ursprung dem Zufall anheim, und es bleibt allenfalls die Wahrscheinlichkeit, daß in der Tiefe des Kosmos vollkommenere Brüder und Schwestern auf seinen Gruß warten. Die Folgen einer neuen Sicht der Dinge, die den Menschen der Weltkontingenz und der Unwahrscheinlichkeit anheimgibt, lassen sich pointieren: Ohne platonischen Urquell (ohne Gott) ist *der* Mensch nur noch eine Quelle von Daten. Aber mit einiger Kunst läßt sich Gott durch Ankopplung an diese Quellen wiederbeleben. Mathematiker des 17. Jahrhunderts entwickelten bereits Methoden, um die vom Zufall ausgestreute hominide Datenmasse zugunsten einer neuen Wahrscheinlichkeit Gottes zu kalkulieren. Eine solche Möglichkeit zeichnete sich bereits zur Zeit der Pascalschen Wette ab. In einer der großen, maßgebenden Abhandlungen über Wahrscheinlichkeitstheorie, in Jakob Bernouillis Ars conjectandi, erhält Gottes Weisheit dann den Namen der höchsten Wahrscheinlichkeit. Es ist sein letztes, aber auch sein vornehmstes Ressort:

»Wenn nämlich die wie auch immer gearteten zukünftigen Ereignisse nicht sicher eintreten würden, so bleibt unklar, wie dem höchsten Schöpfer der uneingeschränkte Ruhm der Allwissenheit und Allmacht zugebilligt werden kann.«[14]

Die Wahrscheinlichkeit, die Bernouilli auch die *moralische Gewißheit* nennt, ist die mathematisch zugängliche Offenbarung Gottes: Seine mathematisch neugefaßte Trinität umfaßt die Wahrscheinlichkeit, das Grenzwerttheorem und das Gesetz der großen Zahlen. Diese Lehre wurde auch noch im 19. Jahrhundert beispielsweise von Antoine-Augustin Cournot vorgetragen. Zu Beginn des 18. Jahrhunderts tauchte indessen nicht nur die Wahrscheinlichkeit als neue Rationalitätsform im theologischen, mathematischen, juristischen Diskurs auf, sondern als Element der Bevölkerungsstatistik selbst. Wenige Jahre vor La Mettrie vollbrachte ein deutscher Theologe das Kunststück, eine höchst konfuse Datenmasse aus kirchlichen und kommunalen Registern und Verzeichnissen über Geburten und Todesfälle unter Menschen zu

---

14 Jakob Bernouilli, *Ars conjectandi*, Basel 1713. Zitiert nach Ivo Schneider (Hg.), *Die Entwicklung der Wahrscheinlichkeitstheorie von den Anfängen bis 1933. Einführungen und Texte*, Darmstadt 1988, S. 62 f.

einem Gottesbeweis hochzurechnen. Johann Peter Süßmilch legte 1741 im Anschluß an die britische »Political Arithmetic« von Graunt und Petty die deutsche Version eines bevölkerungsstatistischen Zahlenwerkes vor. Aus den wiederkehrenden Ordnungen in der Tiefe zufälliger Daten wie Geburt und Tod winkte die lenkende Hand Gottes herauf. Das Argument für eine göttliche Vorsehung, die sich in der regelmäßigen Verteilung von Zufallsdaten offenbart, hatte allerdings vor Süßmilch nicht nur Bernouilli, sondern unter anderen auch der Engländer John Arbuthnot vorgetragen.[15] In der Vorrede zu seinem Werk über die *Göttliche Vorsehung*, das er selbstverständlich dem preußischen König Friedrich II. widmete, erklärte Süßmilch daher:

»Die Menschen sterben in Ansehung des Alters dem ersten Anblick nach gantz unordentlich untereinander/ bey genauerer Wahrnehmung aber gleichfalls nach einer bestimmten Verhältniß. Da nun zu dem allen der Mensch wenig oder nichts beyträget/ und ein ohngefehrer Zufall ein verlachungs=würdiges Unding ist: so werden wir dadurch in dieser Wahrheit bevestiget, daß GOtt für das menschliche Geschlecht Sorge trage.«[16]

Die Theorie der Aufklärung muß mit zwei Versionen des Zufälligen fertig werden. Die eine (La Mettrie steht dafür) sieht die Menschen zufällig über die Erde oder gar in den Kosmos verstreut und setzt auf eine Anthropologie, die durch erfolgreiche Beobachtungen an paradigmatischen (seltenen) Menschen, an Genies, Verbrechern und Wahnsinnigen, wieder ein System von Gesetzmäßigkeiten über die vernünftigen Tiere zu werfen versucht. Die andere Bewältigungsform von Weltkontingenz (für sie stehen neben Süßmilch Theoretiker wie de Moivre und Arbuthnot) vertraut auf die

---

15 Johan Arbuthnot, »An Argument for Divine Providence, taken from the constant Regularity observ'd in the British Births of both sexes«, in: *Philosophical Transactions* 27 (1710), S. 66. Vgl. hierzu Ivo Schneider, »Mathematisierung des Wahrscheinlichen und Anwendung auf Massenphänomene im 17. und 18. Jahrhundert«, in: Mohammed Rassem und Justin Stagl (Hg.), *Statistik und Staatsbeschreibung in der Neuzeit, vornehmlich im 16.-18. Jahrhundert*, Paderborn, München, Wien, Zürich 1980 (Quellen und Abhandlungen zur Geschichte der Staatsbeschreibung und Statistik, Bd. 1), S. 53-74.

16 Johann Peter Süßmilch, *Die göttliche Ordnung in den Veränderungen des menschlichen Geschlechts, aus Geburt, Tod, und Fortpflanzung desselben*, nebst einer Vorrede Herrn Christian Wolffens, Berlin 1741, Vorrede, S. 21 f.

Rückkehr der Rationalität über ein statistisch zu erringendes Gleichmaß von Daten und Mengen. Beide Versionen, die nebeneinander koexistieren und zuletzt versuchsweise wieder integriert werden, erfordern einen Beobachter, der den himmlischen Meister der Zahlen und des Zählens ersetzt.[17] Wie kommt es zum Einsatz der Zähler/Computer?

Rufen

Systemtheoretiker beobachten Systeme; Diskursanalytiker Diskurse. Gemeinsam gehört ihnen der Glaube, daß (Selbst-) Regulierungen über Kommunikationen laufen und Kommunikationen (Selbst-) Regulierungen dienen. Wegen ihrer verschwindend kleinen Zahl können Diskursanalytiker ebensowenig wie Systemtheoretiker alle Kommunikationen beobachten. Um aber einen möglichst aufschlußreichen Standpunkt einzunehmen, richtet sich die Aufmerksamkeit der Diskursanalytiker auf die Kommunikation zwischen dem Staat und einigen seiner Untertanen. Immer schon wollte der Staat gerne wissen, auf wie viele Subjekte er zählen kann, denn er benötigt Steuern und Soldaten. Dies ist eine alte Geschichte. Man darf ja nicht vergessen, daß der abendländische religiöse Mythos mit einer Volkszählung (*descriptio* nach *Luk*. 2, 1 ff.) im Imperium des Kaisers Augustus begann. Vor die Erlösung hatte die Vorsehung den Zensus gesetzt. Es sieht aus wie eine Systemnotwendigkeit, daß die römischen Censoren zwei Funktionen ausübten: den Zensus zu verwalten und über die Sitten zu wachen. Die christliche Verwaltung trennte diese beiden Ämter, ehe sie in der Moderne wieder zusammengeführt wurden. Aber was bietet die Moderne an Modernität in der Verwaltung von Steuern und Sitten? Michel Foucault hat mit großem Nachdruck darauf verwiesen, daß die sogenannte sexuelle Befreiung der Menschen im 19. und 20. Jahrhundert lediglich als Nebeneffekt einer Rationalisierung im Verfahren staatlicher Kontrolle aufgefaßt werden kann.[18] Der direkte Zugriff auf das Individuum

17 Das Wort von Gott als dem »wonderfull numberer« stammt aus John Beadle, *The Journall or Diary of a Thankful Christian*, presented in some Meditations upon Numr. 33, 2, London 1656, unpaginiertes Vorwort.
18 Michel Foucault, *Sexualität und Wahrheit*. Erster Band: *Der Wille*

durch vielfältige moralische Kontrollen entfällt zugunsten einer »biopolitique«, die den einzelnen nur noch als Element von Stichproben zählt, weil sie die Gesamtheit der Bevölkerung im Auge hat. Diese neue, auf Wissen gestützte »biopolitique« ist eine machttechnische Innovation, die auf der Seite der Subjekte eine Euphorie über frisch errungene sexuelle Freiheiten aufkommen läßt.[19] Einen literarischen Niederschlag dieser neugewonnenen illusionären Freiheit findet der Leser in August Strindbergs Erzählung *Ein Puppenheim*. Ein Kapitän kuriert die Freundin des Hauses, die seine ehedem fröhliche und sinnliche Frau auf platonische Abwege geführt hat, von ihrem doktrinalen Glauben an die Notwendigkeit der Tugend. Mit Hilfe der »moral statistic« und der Wahrscheinlichkeitsrechnung überzeugt er sie davon, daß es völlig sinnlos und überflüssig ist, die eigenen Wünsche durch Tugendhaftigkeit zu bannen, weil die Zahl der gefallenen Frauen in der nächsten Saison bereits feststeht.[20] Zählen, das darf hier bereits vorweggenommen werden, ist eine neue Machttechnik. Und *der* Mensch als fiktives, aber lebendiges Doppel wie Heinrich Faust, um den sich Gott und der Teufel kümmern, verschwindet im Abgrund des Grenzwerttheorems. Humanes Korrelat der neuen Machttechnik ist eine vollendete Fiktion, die sich nur noch durch eine Paradoxie – die repräsentative Seltenheit – darstellen läßt.
Der Mensch erscheint im 17. Jahrhundert auf der Bildfläche der Theorie, weil die Philosophen einem Staat zuarbeiten müssen, der seine Autorität und seine Gesetze nicht mehr mit voller Sicherheit

zum Wissen, übersetzt von Ulrich Raulff und Walter Seitter, Frankfurt am Main 1977.

19 »(...) attraverso i suoi effetti di procreazione, la sessualità s'iscrive e acquista efficacia all'interno di ampi processi biologici che non riguardano più il corpo dell'individuo, ma riguardano quell'elemento, quell'unità molteplice costituita dalla popolazione.« Michel Foucault, »Difendere la società. Dalla guerra delle razze al razzismo di stato. Testo stabilito e tradotto da Mauro Bertani e Alessandro Fontana«, in: Michel Foucault, *Lezioni al Collège de France*, a cura di Mauro Bertani, Gilbert Burlet, Alessandro Fontana, Valerio Marchetti, libro VI, 1975-1976, Firenze 1990, S. 163.

20 August Strindberg, *Ein Puppenheim und andere Erzählungen*, aus dem Schwedischen von Klaus Möllmann, mit Illustrationen von Barbara Gutjahr und einem Nachwort von Leopold Magon, Frankfurt am Main 1981, S. 28 f.

auf die imaginäre Macht Gottes stützen kann. Die Erforschung des Menschen und die Zentrierung der Theorie auf *den* Menschen erfolgt zunächst im Zeichen der machttechnischen Reform des Staates. Alle einschlägigen Traktate der Zeit – sowohl die staatstheoretischen Abhandlungen als auch die wachsende Zahl von Diskursen über *den* Menschen und die statistische Theorie – verschweigen diese Ausrichtung ihres Interesses keineswegs. Drei Beispiele: In seiner Untersuchung über den »künstlichen Menschen«, den Leviathan-Staat, setzt Thomas Hobbes damit an, den »Werkstoff« und »Konstrukteur« des Staates zu beschreiben: *den* Menschen. Eine Theorie der Staatsmacht setzt ausreichendes Wissen über das Objekt der Macht voraus.[21] Und das Ergebnis besagt:

»Die Menschen, die von Natur aus Freiheit und Herrschaft über andere lieben, führen die Selbstbeschränkung, unter der sie, wie wir wissen, in Staaten leben, letztlich allein mit dem Ziel und der Absicht ein, dadurch für ihre Selbsterhaltung zu sorgen.«[22]

Gut einhundert Jahre später konzipieren die republikanischen Staatsmänner ihre revolutionäre Anthropologie. Jean-Jacques Rousseau schickt im Jahre 1754 seine Abhandlung *Über den Ursprung und die Grundlage der Ungleichheit unter den Menschen* an die Stadtväter von Genf und gibt ihnen zu verstehen, daß sie keine Ahnung haben von den Wesen, die sie regieren:

»Diese Unwissenheit über die Natur des Menschen macht die wahre Definition des natürlichen Rechts dunkel und ungewiß.«[23]

Nur kurze Zeit vor seinem Tode 1771 verfaßte der Enzyklopädist Claude Adrien Helvétius die postum erschienene Abhandlung *De l'homme*. Darin legte er klar, daß die Wissenschaft vom Menschen ein »Teil der Staatskunst« ist. Die alte Allianz wird neu begründet: Philosophen und Minister müssen kooperieren.[24]

Daß die Staatskunst der Menschenwissenschaft aufruhe, ist also

---

21 Hobbes, *Leviathan* (Anm. 3), S. 11 ff.
22 Hobbes, *Leviathan* (Anm. 3), S. 131.
23 Jean-Jacques Rousseau, *Abhandlung über den Ursprung und die Grundlage der Ungleichheit unter den Menschen*, in: ders., *Schriften*, hg. von Henning Ritter, 2 Bde., Frankfurt am Main 1988, Bd. 1, S. 165-302, S. 183.
24 Claude Adrien Helvétius, *Vom Menschen, seinen geistigen Fähigkeiten und seiner Erziehung*, herausgegeben, übersetzt und mit einer Einleitung von Günther Mensching, Frankfurt am Main 1972, S. 37.

Theoriestand seit Mitte des 17. Jahrhunderts. Aber erst zu Beginn des 18. Jahrhunderts vernimmt die erstaunte Welt die Forderung, daß endlich der Mensch sich selbst studieren müsse. Unzählig sind die Repetitionen, die Alexander Popes Diktum erfährt, daß es keinen Sinn habe, Gott zu erforschen; vielmehr sei der Mensch das passende Objekt der Wissenschaft.²⁵ Das Diktum durchmißt eine Klimax der Besorgnis. Seit Mitte des 18. Jahrhunderts geht durch die Institutionen der Menschenwissenschaften der Verzweiflungsruf, daß der Mensch vergessen worden sei. Man vernimmt den Ruf in Rousseaus Vorrede zur *Abhandlung über den Ursprung und die Grundlage der Ungleichheit*: »Die Kenntnis des Menschen [...] scheint mir noch am wenigsten ausgearbeitet.«²⁶ Dramatischer noch klingt der Alarm im Prospekt des *Magazins zur Erfahrungsseelenkunde* von Karl Philipp Moritz: »Unter allen übrigen Dingen hat der Mensch sich selber seiner eignen Aufmerksamkeit vielleicht noch am allerwenigsten werth gehalten.«²⁷ Das Erschrecken über dieses Vergessen setzt unzählige Schreibfedern in Bewegung. Doch beginnt sich zur gleichen Zeit das Interesse der Staatswissenschaften *dem* Menschen gegenüber zu verlagern. Die Zeit der großen Theorien ist schon vorbei. Statt dessen geht es um Zahlen und Abweichungen. Das Motto dieser Veränderung spricht Denis Diderot in dem von ihm verfaßten Artikel über den Menschen in der *Encyclopédie* aus:

»Wertvoll ist *der* Mensch durch die Zahl. Je größer an Zahl eine Gesellschaft ist, desto mächtiger ist sie im Frieden und desto mehr ist sie in Kriegszeiten zu fürchten. Ein Herrscher soll sich also um die Vermehrung seiner Untertanen ernstlich kümmern.«²⁸

---

25 Alexander Pope, *Essay on Man*, in: ders., *Collected Poems*, edited with an Introduction by Bonamy Dobrée, London 1963, S. 189.
26 Rousseau, *Schriften* (Anm. 23), Bd. 1, S. 181.
27 Karl Philipp Moritz, »Vorschlag zu einem Magazin einer Erfahrungsseelenkunde«, in: *Gnothi seauton oder Magazin zur Erfahrungsseelenkunde als ein Lesebuch für Gelehrte und Ungelehrte*, herausgegeben von Carl Philipp Moritz, Berlin 1783-1793, Nachdruck Lindau 1978, Bd. 1, S. 1.
28 Denis Diderot, *Enzyklopädie. Philosophische und politische Texte aus der »Encyclopédie« sowie Prospekt und Ankündigung der letzten Bände*, mit einem Vorwort von Ralph-Rainer Wuthenow, München 1969, S. 233.

Die ältere Staatstheorie erörterte gerade nur zwei Zustände des Staates: Krieg und Frieden. Beide Zustände managte ein staatswissenschaftliches Kalkül, das die Menge der Bevölkerung und ihren Output an Werten kontrollierte. Der Friedenszustand wird aber im 18. Jahrhundert allmählich durchsichtig für das, was später der *Konflikt* heißen wird. Für Verbrechen, Wahnsinn, Armut, Seuchen und andere interne Krisenzustände der Gesellschaft benötigt der Staat nicht einfach nur eine große Zahl, sondern ein datenbasiertes Wissen; dieses Wissen wird nun mit dem gleichen Ruf aus dem Schlaf gerissen, der auch am Anfang von Karl Philipp Moritz' psychologischem *Magazin zur Erfahrungsseelenkunde* steht:

»Tausend Verbrecher sahen wir hinrichten, ohne den moralischen Schaden dieser von dem Körper der menschlichen Gesellschaft abgesonderten Glieder unserer Untersuchung werth zu halten.«[29]

Nicht nur Verbrecher, die ihm schadeten, hat der Staat vernichtet, sondern auch Mengen lebendiger Datenbanken, die ihm nützten. Die schönsten sozialwissenschaftlichen und psychologischen Quellen verendeten unter den Händen des Scharfrichters. Die Verbrecher und Wahnsinnigen, die der *Codex Iustinianus* ins Jenseits des Staates bannte, treten jetzt aus der Verworfenheit ans Licht und beginnen verwaltungserhebliche Diskurse zu produzieren. Alle Gerechten sind daher aufgefordert, diese Quellen für die neue anthropologische Datenerhebung des Staates zum Sprechen zu bringen:

»Könnten nicht der Schulmann, der Prediger, der Offizier, der Jurist zu einem solchen Werke wichtige Beiträge liefern? Schon die Geschichte der Missethäter und der Selbstmörder, was für einen reichen Stof bietet sie dar? Die Geschichte wohlhabender in den Bettelstand gerathener Leute, und solcher, die sich aus einem niedern Stand empor geschwungen haben. Die lezten Stunden grosser Männer [...] das, was Leisewitz von Lessings Tode schreibt. [...] Die Geschichte der Wahnwizigen und Schwärmer.«[30]

Während sich bereits im Geiste der Statistiker der neue platonische Phänotypus des »Durchschnittsmenschen« aufrichtete, ging die erste empirische Sozialwissenschaft am Rande der Gesellschaft auf die Suche nach frischen Datenquellen. Auch Jean-Paul Marat hob in seinem Traktat *De l'homme* hervor, welch vorzügliche

---

29 Moritz, *Magazin* (Anm. 27), S. 2.
30 Moritz, *Magazin* (Anm. 27), S. 2 f.

Quellen des Wissens Verbrecher und Wahnsinnige sind.[31] Schiller lobte eine deutsche Ausgabe der Pitalvalschen *Causes célèbres* in den höchsten Tönen als »wichtigen Gewinn für Menschenkenntnis und Menschenbehandlung«.[32] Auch die Klassik wünschte, daß sich die Philosophen und Minister die Hände reichen. Die Untersuchungen und Befragungen der Wahnwitzigen und Verbrecher, der Perversen und Genies, der Künstler und Abenteurer formieren das neue System der paradigmatischen Menschen. Nicht lange dauert es, und die Verbrecher setzen sich selbst hin und bringen ihre Lebensgeschichte zu Papier. Pierre François Lacenaire, ein Dieb, Wechselfälscher, Mörder, vor allem jedoch ein gebildeter Poet, gehorchte dem Wunsch der von ihm hoch geschätzten Pioniere der Menschenwissenschaft Rousseau, Helvétius, Diderot, d'Alembert und erzählte die Geschichte seines Lebens, ehe er sein Haupt unter die Guillotine neigte.[33] Die paradigmatischen Menschen ersetzen tendenziell alte positive und negative soziale Leitfiguren wie Helden, Heilige, Märtyrer, Ungläubige und Ketzer, deren Leistung sich in Einzelereignissen zusammenzog. Der neue paradigmatische Mensch besteht aus Ereignisserien, die aufgezählt oder erzählt werden müssen. Das Gute läßt sich nämlich nicht zählen. Auch hierfür hat Kant die Theorie geliefert: Das alte Problem der Theodizee löste er auf elegante Art, indem er das Gute bei Gott ressortieren ließ und das Böse der menschlichen Freiheit zuschanzte: »Das Gute kommt nach der Ordnung der Natur von Gott, das Böse von der Freyheit.«[34] Auf diese Weise konnten sich auf der Seite der Freiheit mit dem Zufall auch das Böse und die Zahlen in der Welt einnisten. Gut ist die Existenz der Gattung, schlecht die aus der Ursünde resultierende Fortpflanzung. Denn aus Gottes Sicht ist die Welt ein Gestüt:

---

31 Jean-Paul Marat, *Über den Menschen oder über die Prinzipien und Gesetze des Einflusses der Seele auf den Körper und des Körpers auf die Seele*, herausgegeben von G. Matthias Tripp, übersetzt von Joachim Wilke, Weinheim 1992, S. 169 ff.
32 Friedrich Schiller, *Sämtliche Werke*, auf Grund der Originaldrucke herausgegeben von Gerhard Fricke und Herbert G. Göpfert, 4. Auflage, München 1967, Bd. 5, S. 866.
33 Pierre François Lacenaire, *Memoiren eines Spitzbuben*, aus dem Französischen von Rudolf Wittkopf, Berlin 1982.
34 Kant, *Gesammelte Schriften* (Anm. 4), Bd. 18, S. 474.

»Jedes Geschöpf steht unter der allgemeinen und besonderen göttlichen Vorsorge, aber es wiederfahrt ihm nicht jede Begebenheit durch besondere direction, sondern hier herrscht oft der Zufall. Nemlich die Vorsorge ist potentiale direction oder die Aufsicht, in welcher alle Zwecke in Betracht gezogen werden. aber Gott hat des Menschen schiksale nicht durch einzelne Absichten determiniert, sondern sie der Ordnung der Natur überlassen. e. g. Ich habe ein fein Gestüte: ich verfüge nicht jede Begattung, sondern lasse sie so, wie ich weiß, daß sie nach allgemeiner Ordnung sich paaren werden. Denn ist hiebey allgemeine Vorsorge, aber nicht besondere direction. Denn dadurch wird der Mensch allein in den stand gesetzt, nach allgemeinen Gesetzen seine Schiksale selbst zu lenken.«[35]

Gottes Sache (und das Gute) ist also stets das Ganze, die Gattung, das Allgemeine; hingegen gehören den Menschen die Einzelereignisse (Begebnisse), das Zufällige und das Böse. Es ist also nicht übertrieben, Kant selbst die Einsicht zuzusprechen, daß das Zählen und die Berechnung der moralischen Welt die Verwaltung des Zufalls und des Bösen darstellt. Eine weitere Nachlaßbemerkung gibt dies zu erkennen:

»Das Bose entspringt dadurch, daß wir nur auf einen theil der Welt und nicht aufs Ganze des Weltlaufs sehen, und ist auch nur die unvollkommenheit, die dem theile anhängt. Es beruht darauf, daß der Mensch nur in jeder Generation einen theil vom Gantzen geschlecht ausmacht.«[36]

Das Gute, das alte platonische Urbild, erscheint nur noch in jenen seltenen Prototypen, die wegen ihrer Gottähnlichkeit *Genies* heißen. Die Buchhaltung vermag aber bekanntlich aus den Genies keine Einzeldaten zu schöpfen. Das Genie lebt in der Erzählung. Ehe unsere Wissenschaften im Zuge einer Totalisierung der Weltdaten (»alles ist wichtig«) die Erforschung des Alltags aufs Programm setzten, galt die Ausnahme, der biographische Sonderfall als informativ. So propagierte das 18. Jahrhundert allenthalben die Notwendigkeit, daß das Leben der Großen, der Staatsmänner, Genies und Künstler, beschrieben werden müsse. Anthologien von Nekrologen, Sammlungen »merkwürdiger Fälle«, biographische Bibliotheken, Reihen von Künstler- und Gelehrtenviten sorgen für den neuen Bedarf an mythischen Leitfiguren, um die Stabilität des Vaterlandes und der Gesellschaft zu gewährleisten. 1795 schreibt Herder in einer Rezension über eine Sammmlung auto-

---

35 Kant, *Gesammelte Schriften* (Anm. 4), Bd. 17, S. 517.
36 Kant, *Gesammelte Schriften* (Anm. 4), Bd. 18, S. 455.

biographischer Dokumente, die er unbedingt fortgeführt wissen will:

»Wünschen Sie nicht, daß unserm Autor viele, auch ungedruckte *Bekenntnisse merkwürdiger Männer* zukommen mögen? Wenn in unserm Vaterlande der moralische Gemeingeist [...] noch nicht ganz ausgestorben ist, so sollte dieser ihm solche in sein Sacrarium treuer Bekenntnisse zuführen.«[37]

Den heiligen Ort (»Sacrarium«), wo einst Gott seinen Geist wohnen ließ, besiedeln nun die Lebensgeschichten merkwürdiger Männer. Allenthalben tauschen der paradigmatische Mensch und Gott ihre Plätze. Die geringere Unwahrscheinlichkeit tritt an die Stelle der größeren. Alle rufen nach dem Genie als wahrscheinlichem Doppel des Herrn. Die Wirkung solcher Appelle läßt sich auch allenthalben dokumentieren. Johann Caspar Lavater nimmt es 1773 hin, daß seine Tagebücher ohne sein Wissen gedruckt werden, weil er sich davon eine Verbesserung der sozialen Kommunikation verspricht:

»[...] wenn ich etwas dazu beytragen kann, die so sehr unmenschliche Unvertraulichkeit zwischen Menschen und Menschen; das fremde Wesen, daß sie wechselweise annehmen, auch nur einigermaßen verächtlich, und brüderliches, vertrauliches, aufrichtige Mittheilen seiner selbst [...] ein wenig gemeiner zu machen.«[38]

Und bereits der neunzehnjährige Ludwig Börne glaubte: »Menschen wie ich sollten es sich zur heiligsten Pflicht machen, ihre Biographie bekannt zu machen, ich werde es auch thun.«[39] Das 19. Jahrhundert wird daraufhin alle Bibliotheksspeicher mit solchen Lebensgeschichten »aus heiligster Pflicht« auffüllen.[40]

37 Johann Gottfried Herder, *Briefe zur Beförderung der Humanität*, in: ders., *Sämtliche Werke*, herausgegeben von Bernhard Suphan, Berlin 1877-1913, Neudruck Hildesheim 1967, Bd. XVII, S. 268.
38 Johann Kaspar Lavater, *Unveränderte Fragmente aus dem Tagebuche eines Beobachters seiner Selbst*, bearbeitet von Christoph Siegrist, Bern und Stuttgart 1978 (Schweizer Texte, herausgegeben im Auftrag der Akademischen Gesellschaft Schweizerischer Germanisten von Alois M. Haas, Karl Pestalozzi und Werner Stauffacher, Bd. 3), S. XXIV.
39 Ludwig Börne, *Sämtliche Schriften*, neu bearbeitet und herausgegeben von Inge und Peter Rippmann, Bd. 1-3 Düsseldorf 1964, Bd. 4-5 Darmstadt 1968, Bd. 4, S. 122.
40 Vgl. hierzu meinen Aufsatz, »Das Geschenk der Lebensgeschichte: die Norm. Der autobiographische Test/Text um Neunzehnhundert«, in:

Jeder Mensch ist eine Quelle, und der Staat kann sie zunächst auch alle gebrauchen. Im Anschluß an die Notrufe der Philosophen und Menschenfreunde, daß der Mensch vergessen worden sei, baut sich ein Regelkreis neuer anthropologischer Datenverarbeitung auf, in dem Autoren ihre Bekenntnisse den Philosophen präsentieren, und die Anthropologen die Lebensgeschichten als Quelle hochleben lassen.[41] Doch kann man es wenden, wie man will: Es ist Wissen für den Staat, der indessen längst damit begonnen hat, die biographischen Datenmassen, die »unendliche Menge von Kleinigkeiten«, die ihm Autoren wie Karl Philipp Moritz zutragen[42], nicht mehr in Archiven zu sammeln, sondern sie durch Sozialstatistiker hochrechnen zu lassen. Von diesem Zeitpunkt an beginnt auch die Zentrierung des Wissens auf *den* Menschen, wie sie noch Diderot in der *Encyclopédie* propagierte, obsolet zu werden.[43]

Zählen

Daß die Theorie heute, etwa zweihundert Jahre, nachdem die staatlichen Verwaltungen vorangeschritten waren, selbst von *dem* Menschen Abschied genommen hat, ist Zeichen einmal ihrer Rückständigkeit, zum anderen der Tatsache, daß sie zu lange platonische oder statistische Fiktionen und zu wenig *den* Staat beobachtet hat. Doch ist die Theorie längst nicht immer so naiv gewesen. Kant beispielsweise, der alle voreinander zu retten un-

Michael Wetzel und Jean-Michel Rabaté (Hg.), *Ethik der Gabe. Denken nach Jacques Derrida*, Berlin 1993, S. 247-263.
41 Letzteres zum Beispiel Kant in seinen anthropologischen Vorlesungen, in: Immanuel Kant, *Werke in zwölf Bänden*, herausgegeben von Wilhelm Weischedel (Theorie-Werkausgabe), Frankfurt am Main 1964, Bd. XII, S. 401.
42 Karl Philipp Moritz, *Anton Reiser. Ein psychologischer Roman*, mit Textvarianten, Erläuterungen und einem Nachwort von Wolfgang Martens, Stuttgart 1972, S. 122.
43 Aus dem Prospekt der *Encyclopédie* von 1750: »Warum sollten wir in unser Werk nicht den Menschen einführen? Warum sollten wir nicht ihn zum gemeinsamen Mittelpunkt machen? Gibt es im unendlichen Raum einen vorteilhafteren Punkt, von dem wir jene unendlichen Linien ausgehen lassen könnten, die wir zu allen anderen Punkten ziehen lassen wollen?«

ternahm: Gott vor den Leugnern, *den* Menschen vor dem Unwissen, die Gestüte von der Vorsehung, die Überzeugung vor den Zahlen[44], rettete zuletzt auch die Theoretiker vor der Blindheit gegenüber den neuen Tatsachen, die Daten heißen. In der *Kritik der Urteilskraft* arbeitete er an der Substitution der platonischen Urbilder und Urquellen, indem er für die mentale Prozedur der Begriffsbildung eine psychologische Erklärung gab: Danach reproduziert die Einbildungskraft

»[...] das Bild und die Gestalt des Gegenstandes *aus* einer unaussprechlichen Zahl von Gegenständen verschiedener Arten, oder auch ein und derselben Art [...]. Jemand hat tausend erwachsene Mannspersonen gesehen. Will er nun über die vergleichungsweise zu schätzende Normalgröße urteilen, so läßt (meiner Meinung nach) die Einbildungskraft eine große Zahl der Bilder (vielleicht alle jene tausend) auf einander fallen; und wenn es mir erlaubt ist, hiebei die Analogie der optischen Darstellung anzuwenden, *in dem* Raum, wo die meisten sich vereinigen, und innerhalb dem Umrisse, wo der Platz mit der am stärksten aufgetragenen Farbe illuminiert ist, da wird die *mittlere Größe* kenntlich [...]. Und dies ist die Statur für einen schönen Mann.«[45]

Diese Theorie des Schönen ist vermutlich mehr als zweihundert Jahre vergessen worden. Daß die alten platonischen Behörden des Menschengeistes, die für die Allgemeinbegriffe und für das Schöne zuständig waren, mit Mittelwerten arbeiten, war Kants einsame Idee. Er war zur Zeit der *Kritik der Urteilskraft*, die 1790 zum erstenmal erschien, nur noch nicht in der Lage, den Grad der Wahrscheinlichkeit des schönen Mannes zu errechnen, obgleich gut einhundert Jahre zuvor zum ersten Mal ein mathematisch begabter Mann dazu angesetzt hatte. Alles begann damit, daß John Graunt die toten Datenmassen aus den Londoner Verzeichnissen der Taufen und Beerdigungen, die seit 1603 geführt worden waren, wieder zum Leben erweckte. Graunt trug zunächst der Royal Society die Ergebnisse seiner dann 1662 veröffentlichten Studie *Natural and political observations upon the bills of mortality [...]* vor.[46] In England war der Staat von Anfang an dabei, Urquellen in Quellen zu verwandeln. Sicher war es angenehm zu hören, daß

---

44 Beleg vgl. unten, Anm. 50.
45 Kant, *Werke* (Anm. 41), Bd. x, S. 316.
46 *Natural and political observations upon the bills of mortality, chiefly with reference to the government, religion, trade, growth, air, diseases etc. of the city of London* by Captain John Graunt, London 1662.

das statistische Verhältnis der Geschlechter laut Graunt 14/13 bzw. 15/14 betrug. Das numerische Übergewicht der Männer bei der Geburt las sich einmal als Wink der Vorsehung für die Notwendigkeit von Kriegen, zum anderen für die Gottgewolltheit der Monogamie. Was Graunt dem Staat sonst zur Verfügung stellte, war der erste methodische Versuch, bevölkerungspolitische Daten mit Lebensverhältnissen (Stadt und Land) zu korrelieren und ihre evidente Regelmäßigkeit zu interpretieren. Zwar erwiesen sich später Graunts Sterbetafeln, wonach jährlich ein gleicher Prozentanteil jedes Jahrgangs der höheren Vernunft des Lebens zum Opfer fällt, als falsch; aber die Grundlage für die methodische Erörterung des Bevölkerungswachstums und später der Lebensversicherungen war gelegt. Was Graunt und nach ihm William Petty aus rein praktischen Erwägungen taten, nämlich Stichproben einzelner Stadtbezirke auf globale Bewegungen hochzurechnen, wurde später von Jacques Bernouilli mathematisch begründet. In seiner Untersuchung *Ars conjectandi* formulierte er als erster das Prinzip des später so genannten Gesetzes der großen Zahl, wonach geschätzte Verhältniszahlen dem Bruch ihrer Wahrscheinlichkeit um so näher kommen, je größer die Zahl der Versuche ist.[47] Daß auch die Bevölkerungsstatistik dem Staate zuarbeitet, zeigt das berühmte Gutachten des holländischen Ratspensionärs Jan de Witt. Er war 1671 von der niederländischen Republik mit einer Expertise beauftragt worden und sollte errechnen, auf welche Weise eine Söldnerarmee am günstigsten finanziert werden könnte. De Witts Gutachten gab den Ausschlag für ein Finanzierungsmodell durch Leibrenten, das die Gewinnerwartung des Staates höher berechnete als durch den Verkauf von festverzinslichen Papieren.[48] De Witts Ergebnisse beruhten auf Vorarbeiten und Berechnungen der Mathematiker Christiaan Huygens und Niklaus Bernouilli.

Kants großartige Idee der Mittelwerte aus dem § 17 der *Kritik der*

47 Darstellung hier nach Ian Hacking, *The Emergence of Probability. A Philosophical Study of Early Ideas about Probability, Induction and Statistical Interference*, London, New York 1975, S. 154 ff. Vgl. auch O. B. Sheynin, »On the Early History of the Law of Large Numbers«, in: E. S. Pearson und M. G. Kendall (Hg.), *Studies in the History of Statistics and Probability*, Bd. 1, London 1970, S. 231-240.
48 Vgl. hierzu Schneider (Hg.), *Wahrscheinlichkeitstheorie* (Anm. 14), S. 182.

Urteilskraft besagt in diesem Zusammenhang, daß die Einbildungskraft sämtliche empirischen Daten in ungeheurer Schnelligkeit abruft und miteinander vergleicht, um den Durchschnitt zu finden; hingegen erlaubt das Grenzwert-Theorem nach Bernouilli eine Art Schätzung a priori, deren Wahrscheinlichkeit sich bereits durch eine viel kleinere Zahl von Versuchen erhärten läßt. Noch viel einfacher jedoch ist die Sache, wenn es um die Schönheit geht. Bereits Säuglinge, so haben Tests ergeben, die noch keine zwei oder drei Männer gesehen haben, zeigen intensivere Lächel-Reaktionen bei solchen Gesichtern, die auch von einer statistisch signifikanten Erwachsenen-Gruppe als »schön« bezeichnet werden.[49]

Auf diese Weise läßt sich tatsächlich die Theorie einer ästhetischen Intuition formulieren. Kant ist freilich so weit gegangen, den Menschen dieser Intuition halber ein Spiel zuzutrauen, wo sie ihr Leben zwar niemals auf die Wahrheit mathematischer Sätze, wohl aber auf die Gewißheit einer höheren moralischen Welt wetten würden.[50] Aber im Kern formuliert der Philosoph der *Kritik der Urteilskraft* die früheste Version jener Theorien, die im 19. Jahrhundert dann Durchschnittswerte auf dem Wege der Berechnung oder auch der technischen Vervielfältigung[51] produzieren wird. Der Mensch wird in dem Maße wahrscheinlich, wie sich seine Existenz in Zahlen formulieren läßt. Menschen als Individuen kommen im 19. Jahrhundert nur noch in zwei Zuständen vor: als literarisierbare Paradigmen und als Quellen für Zahlen. Aber in einem Atemzug mit dem Ruf nach mehr Autobiographien zugunsten des Vaterlandes, nach einer reichen Kollektion von Lebensdaten »merkwürdiger Männer« für das gemeinsame Gedächtnis, überträgt auch Herder das biographische Schicksal der paradigmatischen Menschen in Wahrscheinlichkeitstheorie:

»Was weiß ein Sterblicher, wer oder wozu er da sei? zu welchen Zwecken ihn die Vorsehung in ihrem großen Plan brauchen werde? [...] Denn

49 Vgl. hierzu Verf., *Liebe und Betrug. Die Sprachen des Verlangens*, München, Wien 1992, S. 185 ff.
50 Darstellung hier nach Dieter Henrich, *Der Grund im Bewußtsein. Untersuchungen zu Hölderlins Denken (1794-1795)*, Stuttgart 1992, S. 765.
51 Zu denken ist hier an die Technik der Mischphotographie Francis Galtons. Vgl. Francis Galton, *Inquiries into Human Faculty and its Development*, London 1907, Reprint London, New York 1973, S. 221 ff.

seiner Schwächen, seiner mühsamen, oft eitlen Bestrebungen, seinen Kampfes mit sich und mit andern demüthig bewußt, *zählet* er sich kaum, und kann und darf nicht rechnen, was seine Ziffer zum großen *Nenner* der Welt bedeute oder bedeuten werde.«[52]

Der Mensch vermag nicht zu rechnen wie eine höchste Intelligenz, die, wie sich der französische Mathematiker Pierre Simon Laplace ausdrückte, alle Beziehungen zwischen den Elementen erfaßt, welche den Zustand des Universums zu einem gegebenen Zeitpunkt ausmachen. Aber Herders Formulierung schließt genau an die Analyse des Zufalls an, die der zeitweilige Innenminister Napoleons Laplace 1773 formuliert hatte: »Die Wahrscheinlichkeit für die Existenz eines Ereignisses [...] kann also dargestellt werden durch einen Bruch, dessen Zähler die Anzahl der günstigen Fälle und dessen Nenner die aller möglichen Fälle [beziffert].«[53]

Die Statistik gibt den paradigmatischen Menschen, den Genies, den Helden, Künstlern, Sport-Champions und Verbrechern allerdings nur einen bescheidenen Platz am Rande der Verteilungskurven, die der belgische Mathematiker und Astronom Alphonse Quetelet als erster in Zahlen und Diagrammen dargestellt hat. 1835 erschien Quetelets bahnbrechende Untersuchung *Sur l'homme*, die die platonischen Urbilder jenseits der Sterne in irdische Verteilungskurven übersetzte.[54] Quetelet hatte als Astronom genügend Erfahrung mit Beobachtungen und Beobachtungsfehlern gemacht; als Schüler von Laplace hatte er eine Schrift über Wahrscheinlichkeitsrechnung verfaßt; und da er eine Zeitlang sogar den Wunsch verfolgte, Künstler zu werden[55], war er in drei-

---

52 Herder, *Briefe* (Anm. 37), S. 265.
53 Pierre Simon Laplace, *Recherches sur l'intégration des équitations différentielles aux différences finies et leur usage dans la théorie des hasards* (1773), zitiert nach Schneider (Hg.), *Wahrscheinlichkeitstheorie* (Anm. 14), S. 69.
54 Lambert Adolphe Jacques Quetelet, *Sur l'homme et le développement de ses facultés, ou essai de physique sociale*, 2 Bde., Paris 1835.
55 Biographisches zu Quetelet vgl. Viktor John, *Geschichte der Statistik. Ein quellenmäßiges Handbuch für den akademischen Gebrauch wie für den Selbstunterricht*. Erster Teil: *Von dem Ursprung der Statistik bis auf Quetelet (1835)*, Stuttgart 1884, Neudruck Wiesbaden 1968, S. 332 ff.– Gavin Kennedy, *Einladung zur Statistik*, aus dem Engli-

facher Hinsicht dafür gerüstet, die alten platonischen und narrativen Anthropologien in Zahlen aufzulösen. Sein Theorem des »Durchschnittsmenschen« erfaßt kurioserweise nicht nur einen bedeutenden Satz an Körperdaten, Größe, Gewicht, Kraft, Puls, Geschwindigkeit, sondern auch die Wahrscheinlichkeit krimineller Handlungen. Diese Merkwürdigkeit findet ihre Erklärung allein in der abendländischen Tradition der justinianischen Definition, die die Norm von Verbrechen/Wahnsinn trennt. Quetelet arbeitete zwar als statistischer Theoretiker und genauer Beobachter; Ziel seiner Untersuchung war jedoch eine physikalische Gesellschaftstheorie. Klar brachte er zum Ausdruck, daß es ein Gleichgewicht im sozialen System nur durch Mittelwerte geben könne. Weit seiner Zeit voraus lief er auch mit der Vorstellung, daß ein soziales System als eine schwingende Einheit aufzufassen sei:

»Der Mensch, den ich hier ins Auge fasse, ist in der Gesellschaft die Entsprechung zum Schwerpunkt eines Körpers; er bildet das Mittel, um das herum die Elemente des sozialen Systems oszillieren: Es wird sich sozusagen um ein fiktives Wesen handeln, für das sich alle Dinge in voller Übereinstimmung mit den Durchschnittswerten abspielen werden, die für die Gesellschaft als gültig erkannt worden sind.«[56]

Quetelet krönte seine Untersuchungen zum *homme moyen* durch einen Rettungsversuch ausgerechnet an jenem Typus, der in seinen schönen Verteilungskurven nur im Feld des asymptotischen Verschwindens vegetiert: Der »große Mann«, dem er dort huldigt, gewinnt seine Existenzberechtigung als soziale Leitgröße daraus, daß dieser die Allgemeinheit, die ein numerisches Phantom ist, lebendig repräsentiert. Die Paradoxie ist vollkommen, und sie verhängt nur darum so erfolgreich Blindheit über ihren Erfinder, weil dieser unbedingt einen Versöhnungsversuch zwischen der alten platonischen Theorie und ihrer statistischen Reformulierung unternehmen will. Allerdings ist diese Versöhnung im Paradox auch die Reintegration der beiden Theorien des Zufälligen, mit denen die Philosophen – es wurden La Mettrie und Süßmilch genannt – im 18. Jahrhundert auf die Entdeckung der Weltkontingenz reagierten. Daher ist Quetelet auch ein Jahrhundert später

---

    schen von Jürgen und Claudia Ritsert, Frankfurt am Main/New York 1985 (Campus Studium, Bd. 562).
56 Quetelet, *Sur l'homme* (Anm. 54), Bd. 1, S. 341.

nicht allein. In seinem Spätwerk *Physique sociale* zitiert er zustimmend den platonischen Kollegen Victor Cousin:

»Der große Mann ist die harmonische Vereinigung der Besonderheit und der Allgemeinheit; nur um diesen Preis ist er großer Mann, unter dieser doppelten Bedingung, den allgemeinen Geist seines Volkes zu repräsentieren; und eben in seiner Beziehung zu dieser Allgemeinheit liegt seine Größe; und zu gleicher Zeit diese Allgemeinheit, die ihm seine Größe verleiht, in seiner Person, in einer realen Form, d. h. in einer begrenzten, positiven, wahrnehmbaren, bestimmten Form zu repräsentieren [...]; daß die Besonderheit und die Allgemeinheit, das Unbegrenzte und das Begrenzte in jenem Maße sich vereinigen, welches die wahre menschliche Größe ist. Dieses Maß, welches die wahre Größe ausmacht, macht auch die wahre Schönheit aus usw.«[57]

Die Wahrscheinlichkeitsrechnung der *Physique sociale* schenkt jedem Individuum jeweils auch ein kleines Potential an Verbrechen und Wahnsinn. Jakob Bernouilli, der bereits 1713 in seiner *Ars conjectandi* die Weltweisheit der Philosophen und Politiker in Stochastik überführte, erklärte an gleicher Stelle, daß allen Dingen eine »gewisse Notwendigkeit« innewohnte.[58] Und damit mischt sich auch ins Wesen aller Menschen eine kleine Dosis Wahnsinn und eine kleine Dosis Verbrechen. Bereits Graunt hatte errechnet, daß die Wahrscheinlichkeit, wahnsinnig zu werden, in London Mitte des 17. Jahrhunderts 1:1500 betrug. Ob die Aussichten heute gestiegen sind, wird auch jemand errechnet haben. Allerdings sind die Chancen wohl noch klein genug, um unseren weniger sprachmächtigen Mitmenschen, die besondere (Glücks-) Ereignisse wie Lottogewinne oder Wiedervereinigungen mit dem Index »wahnsinnig« versehen, diese Vokabel nicht durch Häufigkeit zu vergällen. Für das statistische Kalkül Quetelets schlummern in jedem Individuum, verteilt auf die verschiedenen Lebensalter, schwankende homöopathische Dosen von Verbrechen, Wahnsinn, Krankheit, Unfall. Im Frankreich des 19. Jahrhunderts betrug die Wahrscheinlichkeit, vor einen Strafrichter gestellt zu

---

57 Ad[olphe] Quetelet, *Soziale Physik oder Abhandlung über die Entwicklung der Fähigkeiten des Menschen*, nach der Ausgabe letzter Hand (1869) übersetzt von Valentine Dorn und eingeleitet von Heinrich Waentig, Jena 1921 (Sammlung sozialwissenschaftlicher Meister, Bd. 20), Bd. 2, S. 409 f.
58 Bernouilli, *Ars conjectandi* (Anm. 14), S. 63, 124.

werden, etwa 4:1000.⁵⁹ Das also ist, mit Herder zu sprechen, die Ziffer des einzelnen zum Nenner der Welt des Verbrechens. Jeder Hans und jede Grete können so winzige Mengen an Genie oder Größe in ihren von der Vorsehung verteilten Dotationen errechnen. Warum aber trägt die Größe, die doch so selten ist, die Last der Repräsentation? Warum ist die Größe geeigneter für die Repräsentation des Häufigen? Warum repräsentiert das Seltene das Regelmäßige? Warum ist das Seltene der Größe auch regelmäßig schön?

Diese Paradoxien bilden die Bastion der Menschenliebe und des Verlangens, das in dem Ruf laut wird, *den* Menschen doch nicht zu vergessen. Informativ, nämlich repräsentativ oder auch signifikant ist nur das, was selten ist; doch was sich repräsentieren läßt, kann nicht ebenso selten sein wie das, was repräsentiert. Der paradigmatische Mensch sitzt auf den Schultern von Normalmenschen, aber er ist ihr Anderer. Seine Seltenheit, sein tendenzielles Verschwinden (aus der Statistik, nicht aus dem Gedächtnis) rükken ihn in die Nähe und Verwandtschaft jenes anderen Anderen, den die Wahrscheinlichkeit zuletzt doch beinahe aufgezehrt hat: Gott. Denn Gott, dem Kant alle Regelmäßigkeit und Rationalität, die Verwaltung der statistischen Häufigkeiten, auf die Schultern lud, ist phänomenologisch der Hüter des Seltenen, des Ereignisses, der Katastrophe, des Glücks (des »Wahnsinnigen«) und Unglücks. Selbst die hartnäckigsten Gottesleugner geben dem alten Herrn dann wieder die Ehre, wenn sie sich – was gottlob selten bleibt – mit dem Hammer auf den Daumen schlagen und dem Ereignis durch einen Fluch den Index des Besonderen verleihen. Fast ein jeder kommuniziert heimlich mit Gott, wenn es ihm an den Kragen geht. Von Kants moralisierender Formel, daß wir uns keine Verpflichtung anschaulich machen können, ohne an einen Anderen, ohne an Gott zu denken, bleibt nach zweihundertjähriger Sklerose nur die Tatsache, daß wir uns kein *Unglück* anschaulich machen können, ohne Gottes Namen zu rufen. Merkwürdigerweise hat Gott die Umstellung von den platonischen Universalien auf das Kontingente, von der Weisheit auf Stochastik ausgezeichnet verkraftet. Er ist der heimliche Held der profanen Feiern des Unglücks im Reality-TV unserer Tage. Gott ist der Anruf, der es erlaubt, mit dem Unwahrscheinlichen zu kom-

---

59 Quetelet, *Soziale Physik* (Anm. 57), Bd. 2, S. 325 ff.

munizieren. Darum auch schränkt die Präambel des Grundgesetzes die Gewalt des Deutschen Volkes durch die Verantwortung »vor Gott und den Menschen« ein. Dennoch ist Gott inzwischen zu unwahrscheinlich, und der Mensch ist zu wahrscheinlich, als daß sich über beide etwas *Merkwürdiges* sagen ließe.

Wählen

Was die Theorie unserer Tage mühsam und widerwillig vollzieht, den Übergang von Anthropologie zur statistischen Analyse, erledigten (amerikanische) Staatsmänner zwischen 1776 und 1789 mit leichter Hand. Die *Declaration by the Representatives of the United States of America, in General Congress Assembled* vom 5. Juli 1776 setzt noch mit einer Reihe anthropologischer Evidenzen ein. Offenbar benötigt die Macht auf dem Wege zur Staatlichkeit noch Stichworte aus Philosophenmund:

»Wir halten folgende Wahrheiten für unabweisbar: daß alle Menschen gleich geboren sind, daß sie von ihrem Schöpfer mit gewissen unveräußerlichen Rechten ausgestattet sind; zu denen das Recht auf Leben, die Freiheit und das Streben nach Glück gehören.«[60]

Doch verstummen die Philosophen im staatlichen Plan, wenn es um Verwaltung geht. So enthält Absatz 3 der Sektion 2 im ersten Artikel der Amerikanischen Verfassung von 1789 die folgende Bestimmung:

»Representatives and direct Taxes shall be apportioned among the several States which may be included within this Union, according to their respective Numbers, which shall be determined by adding to the whole Number of free Persons, including those bound to Service for a Term of Years, and excluding Indians not taxed, three fiths of all other Persons. The actual Enumeration shall be made within three Years after the first Meeting of the Congress of the United States, and within every subsequent Term of ten Years, in such Manner as they shall by Law direct. The Number of Representatives shall not exeed one for every thirty Thousand, but each State shall have at Least one Representative; and until such enumeration shall be made, the State of New Hampshire shall be entitled to chuse three [...].«[61]

60 Text nach: *American Constitutional Law*. Second Edition by Laurence H. Tribe, Mineola, New York 1988, Abb. 23.
61 *American Constitutional Law* (Anm. 6), S. XXXI.

Keine unveräußerlichen Rechte, keine Freiheit für jedermann, kein Streben nach Glück, sondern Verteilung der Steuern und der Abgeordneten nach Bevölkerungszahlen. Aber nicht jeder Mensch ist eine Person, wie vielleicht Philosophen glauben mögen; vielmehr gelten Indianer als Personen nur, sofern sie Steuern zahlen, und Sklaven sind Menschen nur zu drei Fünfteln. Welcher Denker könnte und dürfte so rechnen?

Der Staat arbeitet nicht mit anthropologischen Substanzen, sondern mit Personen und Steuern. Das ist seine harte Wahrheit, aber auch sein Funktionsgesetz. Menschen sind Medien für den Staat und für die Verwaltung. Erheblich wird ihre Individualität nur für das Gedächtnis (das Gute) und für das Gefängnis (das Böse). Die Theorie kann sich der Welt der Ereignisse oder auch der Welt des Gedächtnisses widmen. Die Frage ist, wo es etwas zu wissen gibt.

Wolfgang Schäffner
»Es hat sich so ereignet.
Aber es hat sich auch nicht so ereignet.«
Zu einer statistischen Poetologie
des Wissens um 1920[1]

»Überblicke ich das Ganze«, schreibt Alfred Döblin im Epilog zum Fall *Die beiden Freundinnen und ihr Giftmord* (1924), der ein Jahr zuvor am Berliner Landgericht verhandelt wurde,

»so ist es wie in der Erzählung: ›da kam der Wind und riß den Baum um‹. Ich weiß nicht, was das für ein Wind war und woher er kam. Das Ganze ist ein Teppich, der aus vielen einzelnen Fetzen besteht [...]. Dennoch ist alles lückenlos und trägt den Stempel der Wahrheit. Es ist in unsere Denk- und Fühlformen geworden. Es hat sich so ereignet: auch die Akteure glauben es. Aber es hat sich auch nicht so ereignet.«[2]

Ein Mord, eine Erzählung und ein meteorologisches Ereignis: drei Effekte diskursiver Erzeugung von Wahrscheinlichkeit, die als Versuche auftreten, möglichst exakte Bestimmungen von scheinbar zufälligen Vorgängen zu liefern. Ein Mord ist kein Sachverhalt, sondern ein diskursives Ereignis; eine Erzählung wie Alfred Döblins *Die beiden Freundinnen und ihr Giftmord* ist so wahrscheinlich wie die Erzählung vom Wetter. Kriminalistik, Literatur und Meteorologie unternehmen es, Regelmäßigkeiten wie Straftaten, Sinngebilde oder Wetterlagen so zu erzeugen, daß der Satz wahrscheinlich wird: »Es hat sich so ereignet.«

Diese Trias ist demnach alles andere als eine poetische Verknüpfung. Die statistische Erzeugung humanwissenschaftlichen Wissens, die im 19. Jahrhundert an allen verwaltungstechnischen Positionen einsetzt, von denen aus der Zugang zu Menschenmassen möglich wird, hat neue Ordnungen und Verschaltungen hervorgebracht. Bei einem der ersten Anwender der statistischen Me-

---

[1] Der vorliegende Text wurde als Vortrag im Graduiertenkolleg *Kommunikationsformen als Lebensform* an der Universität GHS Siegen 1993 gehalten.

[2] Alfred Döblin, *Die beiden Freundinnen und ihr Giftmord*, Reinbek 1982, S. 87.

thode in den Humanwissenschaften, bei Poisson heißt es 1835: »Die Wahrscheinlichkeit eines ungewissen Ereignisses ist der Grund, welchen wir haben, zu glauben, dass es stattfinden wird, oder stattgefunden hat.«[3] Dies gilt von nun an sowohl für Zufallsexperimente als auch für humanwissenschaftliche Beobachtungen oder historische Ereignisse. »So sind z. B.«, schreibt der Medizinstatistiker Jules Gavarret 1840,

»die Ermordung Cäsars im römischen Senate, die Schlacht bei Arbelles, Thatsachen, welche eine gewisse Wahrscheinlichkeit, das heißt eine gewisse Anzahl von Gründen haben, die uns zum Glauben bestimmen. Das Herausfinden einer weißen Kugel aus einer Urne, welche eine bestimmte Anzahl weißer und schwarzer Kugeln enthält, hat eine gewisse Wahrscheinlichkeit. Die Wiedergenesung eines Kranken, der irgend einer Behandlung unterstellt wird, ist ein Ereignis, das einen gewissen Grad von Wahrscheinlichkeit besitzt, der nach der Natur und Intensität der Krankheit, nach der angewandten Therapie und nach den Verhältnissen des Individuums wechselt.«[4]

Vor allem Mediziner und Juristen haben als wesentliche Normierungstechniken neue Formen der Erfassung und Archivierung von Daten entwickelt. Gerade die Internierungsräume Irrenanstalt und Gefängnis liefern der humanwissenschaftlichen Forschung das Material, auf deren Datenbasis der Mensch erzeugt wird. Denn die statistischen Erhebungen von Verbrechern, Irren, von Moral und Kriminalität ermöglichen die Bestimmung von Regelmäßigkeiten in der Form von Verbrechertypen, Krankheitseinheiten, psychopathischen Persönlichkeitstypen, die als Abweichungen und Extremformen zugleich den Mittelwert und Idealtypus formulierbar machen, der den Namen Mensch tragen wird.[5]

Diese Verfeinerungen und Ausdifferenzierungen der Disziplinierungstechniken werden von dem Ideal eines effizienten Internierungsmodells, wie es die Psychiatrie vorgibt, und dem einer prophylaktischen Wirksamkeit geleitet. In der statistischen Wis-

---

3 Siméon Denis Poisson, *Lehrbuch der Wahrscheinlichkeitsrechnung und deren wichtigste Anwendungen*, Braunschweig 1841, S. 1.

4 Jules Gavarret, *Principes généraux de statistique médicale, ou Développement des régles qui doivent présider à son emploi*, Paris 1840, Erlangen 1844, S. 19 f.

5 Zum weiteren Kontext dieses Normierungswissens vgl. meine Dissertation *Norm & Abweichung. Zur Poetologie psychiatrischen Wissens bei Alfred Döblin*, München 1995.

sensproduktion der Humanwissenschaften ergibt sich vor allem ab 1900 das Problem, mit den allgemeinen Daten auch individuelle Krankheitsbilder und Verbrecher bestimmen zu können, denn »bis zur Untersuchung der Einzelfälle kann die Statistik nicht zurückgehen«.[6] Wie sich Literatur als spezifische Wissensproduktion in diese statistische Erzeugung von Wahrscheinlichkeit einfügt und sich für diese statistischen Aporien anbietet, will ich an Verbrechererzählungen um 1920 im folgenden vorführen.

I

»Man versuche es nicht mit Normalpsychologie«, fordert der Schriftsteller und Psychiater Döblin 1908 in seiner Besprechung des Falles der »Witwe Steinheil«, einer »Degenerativen«[7], die ihren Mann umgebracht und sich selbst gefesselt hat, um beides als Überfall durch Dritte auszugeben. Die ganze Mordgeschichte, die ihre paranoische »Pseudologia phantastica«[8] erfindet, ist zwar verwickelt, wird aber von Döblin leichthändig entschlüsselt, denn schließlich kennt er als Psychiater die Vorgehensweise der »vorliegenden Type« genau:

»Man soll nicht glauben, daß, wo Krankhaftigkeit anfängt, die Wege zur Erkenntnis der Taten ungangbar sind: im Gegenteil vereinfacht sich hier alles, wird typisch; das Gesunde ist individuell und schwierig.«[9]

Da es bei einem derartigen Fall für Döblin klar ist, was hier das »Wahrscheinlichste« ist, was »diesem Typus am besten liegt«[10], geht es also nur noch darum, diesen Typ als solchen zu erkennen. Während die Pariser Polizei nur durch Zufall auf die Täterschaft des vermeintlichen Opfers stößt, empfiehlt sich der Psychiater Döblin stellvertretend für sein Metier als unfehlbarer Kriminalist, denn schließlich vollzieht die Steinheil lediglich einen längst bekannten psychopathischen Typus:

6 Wilhelm Lexis, *Abhandlungen zur Theorie der Bevölkerungs- und Moralstatistik*, Jena 1903, S. 241.
7 Alfred Döblin, »Die Witwe Steinheil«, in: ders., *Kleine Schriften* I, Olten 1985, S. 59.
8 Ebd., S. 58.
9 Ebd., S. 61 und 60.
10 Ebd., S. 61.

»Wenn ein Dienstmädchen auf der Treppe beinahe vergewaltigt und um fünfzig Mark beraubt wird – Überfälle in der Eisenbahn, die niemand gesehen hat – Attaquen in der Narkose – Fesselungen, die man sich selbst anlegt, nachdem man sich kleine Schnittwunden beigebracht hat –, so ist das alles Schwindel und läßt auf einen degenerativen, phantastischen Lügner als Urheber schließen.«[11]

Dieses Wissen jedoch ist selbst ein Effekt langer Beobachtungs- und Versuchsreihen, die den Psychiatern wie sonst niemandem möglich sind. Psychopathen sollen nämlich Abweichungen von einem Normaltypus sein, den es selber gar nicht gibt, denn »pathologisch sind sie«, so schreibt der Berliner Psychiater Carl Birnbaum 1909,

»nur und erst im Hinblick auf jenen in Wirklichkeit gar nicht existierenden Idealtypus der vollentwickelten Durchschnittspersönlichkeit, der hier zur schärferen Charakterisierung der psychopathischen als Vergleichsbild immer vorschwebte«.[12]

Diese psychopathische Persönlichkeit zeichnet sich durch den »Mangel an Ebenmass und Gleichgewicht unter den Einzelbestandteilen des Individuums«[13] aus, durch Abweichungen von der Konstanz und Kontinuität eines ebenso statistischen wie moralischen Mittelmaßes, das zugleich den Normaltypus von Persönlichkeit vorgibt.[14] Damit formuliert sich der Übergang vom Normalen zum Pathologischen als Bewegung in einem Variationsfeld von Persönlichkeitsmerkmalen, in dem signifikante Abweichungen bestimmbar werden. Die normale Persönlichkeit ist demnach ebenso wie die psychopathische ein Effekt der Massenbeobachtung und Statistik von internierten Abnormitäten. Diese humanwissenschaftliche Erzeugung einer Persönlichkeit ist damit zugleich ein ideales »Instrument einer politischen Anatomie«[15], indem sie von der psychiatrisch-juristischen Praxis des späten 19. Jahrhunderts als Normalitätstypus eingesetzt wird, um jedem Individuum seinen Mangel, seine Fehler als Abweichung nach-

---

11 Ebd., S. 58.
12 Carl Birnbaum, *Über psychopathische Persönlichkeiten*, Wiesbaden 1909, S. 86 f.
13 Ebd., S. 41.
14 Vgl. dazu auch Julius Ludwig August Koch, *Die psychopathischen Minderwertigkeiten*, 3 Bde., Ravensburg 1891-1893.
15 Michel Foucault, *Die Geburt des Gefängnisses*, Frankfurt am Main 1977, S. 42.

weisen zu können, die selber wieder personalen Charakter hat und als geborener Verbrecher oder psychopathische Persönlichkeit erkenn- und verstehbar werden kann: Persönlichkeiten oder Seelen existieren also als Anknüpfungspunkte der Macht, aber auch nur dort.[16]

Der Internierungsraum der Klinik und des Gefängnisses ermöglicht der humanwissenschaftlichen Forschung des 19. Jahrhunderts die permanente Beobachtung einer Masse von Verbrechern und Irren. Diese Masse gleichartiger Objekte ist zugleich, wie der italienische Kriminalsoziologe Enrico Ferri 1892 schreibt, notwendige Voraussetzung für eines der »wirksamsten Hilfsmittel der Beobachtung«, für die Statistik.[17]

Analog zur Gesetzmäßigkeit der Himmelsmechanik, wie sie Newton formuliert, suchen die Geistes- und Gesellschaftswissenschaften, wie Adolphe Quetelet 1848 schreibt, »l'autre Newton qui imposera les lois de cette autre mécanique céleste«.[18] Quetelet unternimmt in *Sur l'homme et le développement de ses facultés ou Essai de physique sociale* (1835) den Versuch, die geistigen und körperlichen Handlungen des Menschen als so regelmäßig wie Naturabläufe zu beschreiben. Dazu

»müssen wir vom einzelnen Menschen abstrahieren, wir dürfen ihn nur als einen Bruchteil der ganzen Gattung betrachten. Indem wir ihn seiner Individualität entkleiden, beseitigen wir Alles, was zufällig ist; die individuellen Besonderheiten, die wenig oder gar keinen Einfluss auf die Masse haben, verschwinden von selbst und lassen uns zu allgemeinen Ergebnissen gelangen.«[19]

Diese »physique sociale« ist aber zunächst ebensosehr ein Phantasma wie ein empirisches Programm. Denn 1835 kann sich Quetelet nur auf sehr unvollständiges statistisches Material berufen.

---

16 Die Persönlichkeit bzw. Seele »existiert, sie hat eine Wirklichkeit«, wie Foucault schreibt. Ebd., S. 41.
17 Enrico Ferri, *Das Verbrechen als sociale Erscheinung*, Leipzig 1896, S. 111.
18 Adolphe Quetelet, *Du système social et des lois qui le régissent*, Paris 1848, S. 301.
19 Adolphe Quetelet, *Sur l'homme et le développement de ses facultés ou essai de physique sociale*, Paris 1835, zitiert nach der deutschen Übersetzung von V. A. Riecke: *Ueber den Menschen und die Entwicklung seiner Fähigkeiten oder Versuch einer Physik der Gesellschaft*, Stuttgart 1838, S. 3.

»Könnte man«, so erträumt er sich schon die idealen Beobachtungsmöglichkeiten, wie sie sich die Psychiater verschaffen werden, »diese Untersuchung zu fördern, alle Handlungen des Menschen aufzeichnen«![20] Für den Bereich der Kriminalität sieht dies so aus:

»Bei den Verbrechern kehren in allen Beziehungen dieselben Zahlen mit einer solchen Beständigkeit wieder, dass man diese unmöglich verkennen könnte, selbst bei solchen Verbrechen, die, wie es scheint, am meisten ausser dem Bereich jeder menschlichen Vorausberechnung liegen sollten, wie die Tödtungen, da sie in der Regel in Folge von Streitigkeiten statt finden, welche ohne Vorbedacht und unter anscheinend ganz zufälligen Umständen entstehen.«[21]

Die Anfänge der Kriminal- und Moralstatistik sind geprägt von der Faszination von der Möglichkeit, daß alle scheinbaren Unregelmäßigkeiten in den menschlichen Handlungsformen sich auf Regelmäßigkeiten und entsprechende Gesetze zurückführen lassen: Geburten, Todesfälle und Verbrechen sind Quetelets Untersuchungsgegenstände. »Jeder gesellschaftliche Verband bedingt also eine gewisse Zahl und eine gewisse Ordnung von Verbrechen, welche fast wie eine notwendige Folge aus seiner Organisation entspringen.«[22]

Anthropologische, psychologische und soziologische Daten werden in Massenuntersuchungen an Gefängnisinsassen gewonnen und ausgewertet, denn schließlich genügen die »wenigen vereinzelten Geschichten«[23] einer traditionellen Kasuistik einem Kriminologen wie Cesare Lombroso nicht mehr, das »positive« Ergebnis des *delinquente nato* zu erzeugen. Doch diese neue Datenfülle läßt sich nicht mehr in der seriellen Auflistung von Einzelfällen darstellen. So veranlaßt »die grosse Zahl der untersuchten Individuen, die von 55 auf 383 [Verbrecherschädel] bis jetzt angewachsen ist, sowie die Rücksicht auf den Leser« Lombroso, »die Er-

---

20 Ebd., S. 5.
21 Ebd., S. 5. Daß für Quetelet die bloße Zählbarkeit von Verbrechen geradezu die Regelmäßigkeit der jährlichen Zahlen ersetzt, zeigt die Tabelle (S. 6), die zum Teil erhebliche Schwankungen aufweist. Diesen Aspekt werden seine Gegner immer wieder aufgreifen.
22 Ebd., S. 7.
23 Cesare Lombroso, *Der Verbrecher in anthropologischer, ärztlicher und juristischer Beziehung*, Erster Band, Hamburg 1894, S. 124.

gebnisse summarisch wiederzugeben«.[24] Indem Lombroso also abwechselt zwischen der Kurzdarstellung von Einzelfällen und Zahlenreihen, die die Verteilung von Merkmalen bei einer größeren Anzahl von Individuen angeben, kann er auf knapp 1000 Seiten die Auswertung von 52 000 untersuchten Individuen unterbringen. Der Atlas-Band von *Der Verbrecher* zeigt dagegen noch die völlig unstatistische Auflistung von individuellen Verbrecherphotos, die lediglich in ihrer seriellen Aufreihung typisierende Effekte erzeugen. Die fundamentale Unsicherheit, ob nun möglichst allgemeine Kriterien, die auf eine große Gruppe zutreffen, oder aber möglichst individuelle, die Einzelpersonen identifizierbar machen, verfolgt werden sollen, kennzeichnet von nun an die Art der Datenerhebung und Speicherung. Denn exakt identifizierbar sind nur solche Verbrecher, von denen schon exakte Daten vorliegen; für die Erkennung aller anderen jedoch sollen allgemeine Charakteristika dienen.

Mit der »Registratur der Signalemente«[25], wie sie Alphonse Bertillon vorschreibt, verbinden sich beide Typen der Datenerhebung. Diese individuelle Erfassung von Delinquenten verläuft nach einer sich immer spezifischer ausdifferenzierenden Ordnung, an deren Enden dann kleinere Gruppen von gleichen Signalementen stehen: Nach der Trennung der Geschlechter werden drei Abteilungen gebildet aus kleinen, mittleren und großen Kopflängen, jede dieser Abteilungen wird wieder in drei weitere aus Kopfbreiten geteilt, jede dieser in drei weitere aus Mittelfingerlängen, dann in weitere aus Fußlängen, aus Vorderarmlängen, Körpergrößen, Kleinfingerlängen, Augenfarben und schließlich aus Ohrenlängen. Dieses Vermessungs- und Zerteilungsschema erlaubt gegenüber der Photographie sowohl die Errichtung einer präzisen Ordnung aus völlig individuellen Personen als auch das rasche Auffinden bei Identifizierungsversuchen.[26] Da Photographien oft die »Identität der Person trotz der bedeutenden Unähnlichkeit des Bildes« oder umgekehrt die »Nicht-Identität der Per-

24 Ebd., S. 136.
25 Alphonse Bertillon, *Das anthropometrische Signalement*, Bern und Leipzig 1895, S. XXVI ff.
26 »Während der letzten zehn Jahre hat die Pariser Polizei über 100 000 Photographien gesammelt. Wie sollte es nun möglich sein, jedes einzelne dieser 100 000 Bilder mit jeder einzelnen der 100 Personen zu vergleichen, die täglich in Paris festgenommen werden.« Ebd., S. XX.

sonen trotz der Aehnlichkeit der Bilder«[27] vortäuschen, wird das Ähnlichkeitsprinzip durch Teilvermessungen ersetzt. Die Identifizierung einer Person verlagert sich damit von der Ähnlichkeit auf statistische Fehlerrechnung. Denn ein sehr grober Meßfehler, der die erlaubte »Fehlergrenze« überschreitet, ist derjenige, »über den hinaus man berechtigt ist auf Nichtidentität zu schließen«.[28]
Von nun an können Gesichtsbeschreibungen von Ermittlungsbeamten so genau wie von Dichtern und so normiert, daß sie jeder versteht, ausgeführt werden.

Statistische Identifikation von Einzelpersonen und Erzeugung von Typen entsprechen sich wie die Eliminierung von Meßfehlern und die statistische Mittelwertbildung. Genau dies führt im Falle der erkennungsdienstlichen Photographie Francis Galton vor. Seine »composite portraiture« erzeugt mit der Übereinanderblendung individueller Verbrecher- oder Krankenphotographien statistisch wahrscheinliche Abbildungen. »The effect of composite portraiture«, so schreibt Galton 1883, »is to bring into evidence all the traits in which there is agreement, and to leave but a ghost of a trace of individual peculiarities.«[29] Galton hat also die technischen Möglichkeiten, den optischen Beweis der alten »Normalidee« des schönen Menschen zu erbringen, den Kant noch mittels der Einbildungskraft versuchte:

»Jemand hat tausend erwachsene Mannspersonen gesehen. Will er nun über die vergleichsweise zu schätzende Normalgröße urteilen, so läßt (meiner Meinung nach) die Einbildungskraft eine große Zahl der Bilder (vielleicht alle jene tausend) auf einander fallen; und, wenn es mir erlaubt ist, hierbei die Analogie der optischen Darstellung anzuwenden, in dem Raum, wo die meisten sich vereinigen, und innerhalb dem Umrisse, wo der Platz mit der am stärksten aufgetragenen Farbe illuminiert ist, da wird die mittlere Größe kenntlich, die sowohl der Höhe als Breite nach von den äußersten Grenzen der größten und kleinsten Staturen gleich weit entfernt ist: und dies ist die Statur für einen schönen Mann. (Man könnte ebendasselbe mechanisch herausbekommen, wenn man alle tausend mäße, ihre Höhen unter sich und Breiten (und Dicken) für sich zusammen addierte, und die Summe durch tausend dividierte. Allein die Einbildungskraft tut eben

---

27 Vgl. dazu die Tafeln 59(a) und (b), 60(a) und (b) in: Alphonse Bertillon, *Das anthropometrische Signalement. Album*, Bern und Leipzig 1895.
28 Bertillon, *Das anthropometrische Signalement*, S. XXXI.
29 Francis Galton, *Inquiries into Human Faculty and its Development*, London 1907, S. 7.

dieses durch einen dynamischen Effekt, der aus der vielfältigen Auffassung solcher Gestalten auf das Organ des innern Sinnes entspringt.)«[30]

Die anthropometrische Forschung des 19. Jahrhunderts jedoch formalisiert nicht nur die Einbildungskraft, sondern überträgt die ästhetische Idee des goldenen Durch-Schnitts in die Bereiche pathologischer Abweichung.[31]

Die nun geforderten Verbrechertypen jedoch sollen ebenso individuell wie allgemein sein, um den Einzelfall exakt einordnen und seinen typischen Verlauf vorhersehen zu können. Es handelt sich also um die möglichst exakte Erzeugung des hermeneutischen Ideals eines Individuell-Allgemeinen, das statistisches Wissen und humanwissenschaftliche Erkennungsmethoden am Einzelfall effizient verbindet. Zunächst jedoch intensiviert die kriminalistische und strafrechtliche Forschung die Erzeugung dieses »mittleren Menschen«[32], der den störenden »Factor des individuellen Charakters«[33] eliminieren soll.

Die Verbrecher werden nicht mehr als Geschichten merkwürdiger Rechtsfälle verwertet, sondern als Meßwerte sowohl zur Präzisierung der Statistik herangezogen als auch als Datum auf der Verteilungskurve bestimmbar. Beides ist zunächst nicht erzählbar, sondern wird nur in Zahlenkolonnen angeschrieben. Neben den körperlichen und psychischen Faktoren werden vor allem soziale Faktoren der Kriminalität statistisch ermittelt.

Damit sollen die Anzahl, die saisonale Häufung und das sonstige periodische Auftreten von Verbrechen wie auch die physischen und psychischen Merkmale von Individuen berechenbar werden, die mögliche oder reale Täter sind. Die Statistik macht aus den merkwürdigen Rechtsfällen Daten, deren wesentliche Verwertbarkeit weniger darin liegt, daß sie wirklich waren, als daß sie wahrscheinlich sind. Denn damit werden Verbrechen so vorher-

---

30 Immanuel Kant, *Kritik der Urteilskraft*, Theorie-Werkausgabe, Band X, Frankfurt am Main 1978, S. 152.
31 So können psychiatrische Schriften wie Friedrich Wilhelm Hagens *Der goldene Schnitt in seiner Anwendung auf Kopf- und Gehirnbau, Psychologie und Pathologie* (1857) zustande kommen.
32 Diese Übersetzung von Quetelets *homme moyen* ist seit dem 19. Jahrhundert allgemein üblich. Vgl. dazu auch Wilhelm Emil Wahlberg, *Das Maass und der mittlere Mensch im Strafrecht*, Wien 1878.
33 Wilhelm Emil Wahlberg, *Das Prinzip der Individualisierung in der Strafrechtspflege*, Wien 1869, S. 103.

sagbar wie das Wetter, das ebenfalls zu Beginn des 19. Jahrhunderts die statistische Ordnung seiner regellosen Bewegungen erfährt. Nicht zufällig ist deshalb für die Anwendung der Statistik in der Kriminalistik wie der Psychiatrie der analoge meteorologische Gegenstandsbereich derart bestimmend, daß Geisteskrankheiten und Verbrechen auch in ihrer »Abhängigkeit von dem jährlichen Temperaturwechsel«[34] untersucht werden und damit in meteorologische Zusammenhänge geraten.

II

Robert Musils *Mann ohne Eigenschaften* beginnt nicht zufällig mit einem Wetterbericht, in dem das Wetter eines Augusttages 1913 kein singuläres Ereignis mehr beschreibt, sondern als wahrscheinliche und damit geradezu notwendige Folge einer meteorologischen Statistik erscheint, als Bestätigung einer Vorhersage und damit als »ein gesetzliches und ordnungsgemäßes Ereignis«[35] wie ein Verbrechen, das Hervortreten einer Geisteskrankheit oder ein Verkehrsunfall, dessen Eintreten die Statistiken längst schon vorgeschrieben haben.[36] Und ebenso kann Musil die Eigentümlichkeit Tonkas meteorologisch bestimmen: »Eine mitten an einem Sommertag allein niederfallende Schneeflocke war sie.«[37] Die geringe Wahrscheinlichkeit sagt jedoch nichts gegen die Wirklichkeit von Tonkas Existenz aus, sondern wird geradezu ein Charakterzug. Doch Gefühlslagen geraten, wenn sie nicht mehr auf Gefühlsgewißheit, sondern auf statistischer Grundlage beruhen, leicht in Verwirrung. Als nämlich die geschwängerte Tonka erkrankt, wird die Vaterschaft des Chemikers mehr noch, als die

34 Vgl. Enrico Ferri, »Das Verbrechen in seiner Abhängigkeit von dem jährlichen Temperaturwechsel«, in: *Zeitschrift für die gesamte Strafrechtswissenschaft* 2, Berlin 1882, S. 11-49.
35 Robert Musil, *Der Mann ohne Eigenschaften*, Reinbek 1981, S. 11.
36 Vgl. den Verkehrsunfall: »Man ging fast mit dem berechtigten Eindruck davon, daß sich ein gesetzliches und ordnungsmäßiges Ereignis vollzogen habe. ›Nach den amerikanischen Statistiken‹, so bemerkte der Herr, ›werden dort jährlich durch Autos 190 000 Personen getötet und 450 000 verletzt.« Ebd., S. 11.
37 Robert Musil, »Tonka«, in: ders., *Gesammelte Werke*, Band 6: *Prosa und Stücke*, Reinbek 1981, S. 304.

allgemeine Regel – pater semper incertus est – besagt, zum unwahrscheinlichen Ereignis:

»Es war eine Krankheit, die entweder vom Kind ins Blut der Mutter getragen wird oder ohne diesen Umweg vom Vater: es war eine entsetzliche, schwere, schleichende Krankheit, aber ob sie den näheren oder weiteren Weg genommen hatte, das Merkwürdige war: die erforderliche Zeit stimmte in beiden Fällen nicht genau. Auch war er ja nach menschlichem Ermessen nicht krank und es verstrickte ihn also entweder ein mystischer Vorgang mit Tonka oder sie hatte gemeine irdische Schuld auf sich geladen. Es gab freilich auch andere natürliche Möglichkeiten – theoretische, platonische, wie man sagt –, aber praktisch war ihre Wahrscheinlichkeit so gut wie Null; praktisch war die Wahrscheinlichkeit, daß er weder der Vater von Tonkas Kind noch der Urheber ihrer Krankheit war, gleich der Gewißheit.«[38]

Da sich aber Vaterschaft und Tonka in ihrem Wahrscheinlichkeitsgrad entsprechen, wird die Grundlage ihrer Beziehung Stochastik.

»Verblüffend sind die Statistiken«, schreibt Döblin im Epilog zu *Die beiden Freundinnen*:

»Die Welle der Selbstmorde bewegt sich jedes Jahr gleichmäßig auf und ab. Es gibt da einige große Regeln. In den Regeln tritt hervor eine Kraft, eine Wesenheit; der einzelne merkt die Kraft, die Regel nicht, aber er führt sie aus. [...] Man könnte keinen Menschen verstehen, wenn nicht einer wie der andere wäre, das heißt: keiner wie er selbst.«[39]

Und dies wiederum heißt, daß Verstehen immer schon das voraussetzt, was verstanden wird, es also vorhersagbar macht. Um 1800 ist die verstehende Gemeinschaft der Geister ein Produkt der Teilhabe an der einen allgemeinen Vernunft. Nur durch diese Vernunft, die um 1800 ebenso individuell wie allgemein zu sein hat, ist gewährleistet, daß ein Mensch den anderen versteht. Die neue Erscheinungsweise des Willens um 1900, der das Mögliche wahrscheinlich und schließlich wirklich machen soll, ist die statistische Berechenbarkeit einer Persönlichkeit, die deren Handlungen vorhersagbar macht. Das Verstehen »entkleidet« ebenso von allem Individuellen wie die statistische Massenbeobachtung und kann nur um den Preis dieses Verlustes, daß »keiner wie er selbst« ist, gelingen. Döblins ›Hermeneutik‹ ist längst kompatibel geworden

---

38 Ebd., S. 288.
39 Alfred Döblin, *Die beiden Freundinnen und ihr Giftmord*, S. 89.

mit der völlig unhermeneutischen statistischen Erzeugung von regelmäßigem und damit übertragbarem Wissen vom Menschen. Das produktive Subjekt als Zentrum einer Verstehbarkeit menschlichen Handelns wird ersetzt durch statistische Regeln. Folglich wundert sich nicht einmal der Theologe und Moralstatistiker Alexander von Oettingen 1882,

»wenn man auf Grund innerer Selbstbeobachtung oder in Folge erfahrungsmässiger Kenntnis Anderer zu der Ueberzeugung kommt, dass ein sittlicher Charakter nur dort vorhanden ist, wo die Möglichkeit einer gewissen Vorhersagung, einer Berechnung für die zukünftige Handlungsweise des Menschen vorliegt. Die unbeobachtbare oder die unberechenbare Freiheit wäre pure Willkür. [...] Die tief begründete Gesetzmässigkeit in der Freiheit oder die Macht der Sitte in der persönlichen Willensbewegung des Menschen zu beobachten, dafür ist die Moralstatistik ein sehr geeignetes, fruchtbares Mittel.«[40]

Damit ist im gesellschaftswissenschaftlichen und juristisch-psychiatrischen Bereich zugleich eine Wissensordnung formuliert, die ohne freie Subjekte auskommt, da sie diese schon vor ihrem Eintreten und vor aller Willensregung verfügbar macht. Auf dieser Basis von statistischen Massenuntersuchungen wird eine völlig neuartige Verschaltung von Wissensbereichen möglich. Paradigmatisch dafür kann der Titel von Adolph Wagners Untersuchung *Die Gesetzmässigkeit in den scheinbar willkürlichen menschlichen Handlungen vom Standpunkte der Statistik* (1864) gelten. Von diesem Standpunkt aus eröffnet sich dem Nationalökonomen Wagner für sein Thema ein weites homogenes Feld humanwissenschaftlicher Forschung, »denn es gehört ebenso sehr in das Gebiet der Physiologie und Psychiatrie, wie in dasjenige der Statistik und Nationalökonomie. [...] Es bildet gewissermaßen die Brücke von den historischen und politischen zu den eigentlichen Naturwissenschaften.«[41]

Erst auf der Grundlage der statistischen Neuordnung des Wissens können aus den kasuistischen Verbrecherdarstellungen Regeln ih-

---

40 Alexander von Oettingen, *Die Moralstatistik in ihrer Bedeutung für eine Socialethik*, Erlangen 1882, S. 16.
41 Adolph Wagner, *Die Gesetzmässsigkeit in den scheinbar willkürlichen menschlichen Handlungen vom Standpunkte der Statistik*, Hamburg 1864, S. VI. Gegen diese »Brücke« versuchen Dilthey, Windelband und Rickert die gegenseitigen Grenzen von Natur- und Geisteswissenschaften festzulegen.

res Vorkommens abgeleitet werden und all die präventiven Maßnahmen möglich werden, von denen die Juristen und Psychiater seit dem Ende des 19. Jahrhunderts in Form einer allgemeinen Hygiene träumen. Doch zu solchen exakten Vorhersagen sind die Humanwissenschaften noch nicht fähig. Deshalb können so detaillierte zukünftige Lebensläufe wie der folgende eines Berliner Jungen vorläufig nur in Romanen oder bei Hellsehern vorkommen:

»Der Junge, Max Rüst, wird später Klempner werden, Vater von 7 weiteren Rüst, wird sich an einer Firma Hallis und Co., Installation, Dacharbeiten bei Grünau, beteiligen, mit 52 Jahren wird er ein Viertel-Los in der Preußischen Klassenlotterie gewinnen, darauf sich zur Ruhe setzen und während eines Abfindungsprozesses mit der Firma Hallis und Co. mit 55 Jahren sterben. Seine Todesanzeige wird lauten: [...]«[42]

Zu solchen Vorhersagen, die selbst Gewinne im Glücksspiel einbegreifen, fehlen vorerst aber noch die empirischen Daten. Auf diesen Mangel weist der Strafrechtler Franz von Liszt auf dem 26. Deutschen Juristentag 1902 in Berlin die Kriminologen hin:

»Wir müssen für möglichst kleine, örtlich abgegrenzte Gebiete die sämtlichen Faktoren untersuchen, die auf die Gestaltung der Kriminalität bestimmenden Einfluß ausüben. Diese kleinen Gebiete sind uns gegeben in den preußischen Kreisen und den entsprechenden Bezirken der übrigen Gliedstaaten des deutschen Reichs [...]. Die Nachforschungen müssen unbedingt an Ort und Stelle selbst angestellt werden, am besten durch jemanden, der das Gebiet aus eigener Erfahrung kennt und ausgebreitete persönliche Beziehungen besitzt oder anzuknüpfen versteht. Amtsrichter und Landrat, Fabrikbesitzer und Arbeiter, Pastoren und Lehrer müssen um Auskünfte, um Zahlen, um Meinungen und Ratschläge angegangen werden.«[43]

Das Kleinstaatenreich gibt damit die Raster für die Fahndung nach neuen statistischen Faktoren und Daten vor, die dann, wenn sie vorliegen, auch registriert werden müssen. Folglich gibt es um 1900 unzählige statistische Büros, eine endlose Reihe kriminal- und sozialstatistischer Zeitschriften oder mehrbändiger Handbücher der Hygiene[44], die das Wissen vom Menschen in statistischen

---

42 Alfred Döblin, *Berlin Alexanderplatz*, Olten 1961, S. 54.
43 Franz von Liszt, »Zur Vorbereitung des Strafgesetzentwurfs« (1902), in: ders., *Strafrechtliche Aufsätze und Vorträge*. Zweiter Band, Berlin 1905, S. 420-421.
44 Vgl. etwa Max von Pettenkofer (Hg.), *Handbuch der Hygiene*, 2

Tabellen für präventive Zugriffe aufbereitet. Als Ärzte, Psychologen oder Juristen sitzen daher Literaten an den Quellen, an denen die neuen Datenbanken vom Menschen erstellt werden.

III

Wenn um 1920 im psychiatrischen Diskurs im Umkreis von Karl Jaspers die verstehbare Persönlichkeit als Gegenstand auftaucht und ein Massenmörder wie Ernst Wagner als Paradigma dafür herhält, wenn sich Kriminalpsychologen und Gerichtspsychiater nach einer langen Phase statistischer Erzeugung von Verbrecherdaten und -typen wieder für die individuelle Psyche der Mörder und deren Geschichte interessieren und die Juristen an einer täterorientierten Strafrechtsreform arbeiten, so zeigt dies eine Konstellation an, in der das Erzählen von Biographien im Wahrscheinlichkeitsdispositiv der Humanwissenschaften auftaucht. Die Grundlage dafür und für die Kriminalerzählungen, die daraus entstehen können, liefern Psychiater und Juristen selber. Von Franz Kafkas Joseph K. über die verschiedenen »Pitaval«-Verbrecher der zwanziger Jahre bis hin zu Alfred Döblins Franz Biberkopf oder Robert Musils Moosbrugger führt die Reihe der Figuren, die zeigen, wie sehr sich literarische, psychiatrische und strafrechtliche Narration überlagern, wenn es um Verbrecher geht. Denn all die kriminalstatistischen Daten sind wertlos, solange nicht an Einzelfällen ihre Relevanz überprüft wird. Die statistisch erstellten Verbrechertypen müssen also in ihren realen individuellen Erscheinungsweisen, »und zwar durch die Beobachtung und exakte Beschreibung einzelner Kriminalfälle«, wie der Jurist Richard Passow 1904 fordert[45], auf ihre Tauglichkeit getestet werden. Für diese neue Aufgabe jedoch formuliert er das ebenso einfache wie effektive Programm:

> Bände, Leipzig 1882; Theodor Weyl (Hg.), *Handbuch der Hygiene*, 10 Bände und 4 Suppl., Jena 1893-1904; Alfred Grotjahn (Hg.), *Zeitschrift für soziale Medizin, Medizinalstatistik, Arbeiterversicherung, soziale Hygiene und Grenzfragen der Medizin und Volkswirtschaft*, Leipzig 1906 ff.
>
> 45 Richard Passow, »Die Notwendigkeit kriminologischer Einzelbeobachtungen«, in: *Archiv für Kriminalanthropologie und Kriminalistik* 15 (1904), S. 161.

»Außer durch ihren inneren Wert empfehlen sich solche Einzelbeobachtungen auch durch den großen praktischen Vorteil, daß diese Untersuchungen eigentlich gar nicht angestellt, daß sie nur niedergeschrieben zu werden brauchen.
Die Gerichtsverhandlung hat ja die Aufgabe, alle Fragen, die für die Erforschung des Delikts, seiner Motive usw. Bedeutung haben können, aufzuhellen, und so kommt es eigentlich nur darauf an, das im Laufe der Verhandlung Ermittelte zusammenzufassen und darzustellen.«[46]

Eine derartige Wissensproduktion ist aber nur deshalb möglich, weil Strafprozesse gemäß Liszts Forderung von 1883 »fachmännische psychiatrisch-anthropologische Untersuchungen des Verbrechers«[47] werden. Die Heidelberger Psychiater-Schule setzt seit 1910 genau dieses Vorhaben in konkreten Analysen um.[48] Albrecht Wetzels Studie *Über Massenmörder* will daher weder das »leblose Mosaik« eines Durchschnittstypus noch ein bloß singuläres Individuum als »lebendiges, schaffendes Ganzes« verfolgen:

»Die kasuistischen Einzelfälle, welche der Bearbeitung zugrunde liegen, sollen als Masse zur Aufdeckung allgemeiner für den Durchschnitt der Massenmorddelikte oder einzelner Gruppen wesentlicher innerer und äußerer Ursachen verhelfen. Als Einzelfälle sollen sie, soweit sie dazu geeignet sind, der Aufhellung psychologischer und psychopathologischer Zusammenhänge beim Zustandekommen des Deliktes dienen, und sie sollen dabei dartun, ob und wie die statistisch erfaßten Ursachen in diesem Getriebe wirksam werden.«[49]

Dieses statistische Dispositiv, das alle Details einer Verbrecherpersönlichkeit ausbreitet, ist zugleich eine poetologische Anweisung. Schriftsteller müssen sich demnach nur noch in den Gerichtssaal setzen oder sich die Prozeßakten verschaffen, dann entsteht nach diesem kriminologischen Programm Literatur. Und genau dies tun die Schriftsteller, die Rudolf Leonhard für seine Verbrecherserie *Außenseiter der Gesellschaft* beauftragt, um ihre literarischen Texte zu produzieren: Theodor Lessing als Prozeß-

---

46 Ebd., S. 162.
47 Franz von Liszt, *Der Zweckgedanke im Strafrecht*, S. 26.
48 Hans W. Gruhle, Albrecht Wetzel, »Zur Einführung«, in: dies. (Hg.), *Verbrechertypen*. 1. Heft. *Geliebtenmörder* von Albrecht Wetzel und Karl Wilmanns, Berlin 1913, S. 3.
49 Albrecht Wetzel, *Über Massenmörder. Ein Beitrag zu den persönlichen Verbrechensursachen und zu den Methoden ihrer Erforschung*, Berlin 1920, S. 7.

beobachter mit dem Fall des Massenmörders Haarmann, der Schriftsteller Ernst Weiß mit dem Fall der Wiener Giftmischerin Milica Vukobrankovic und Alfred Döblin mit dem Fall der beiden Berliner Giftmörderinnen Elli Klein und Grete Nebbe. Alles »Versuche«, wie der Berliner Verwaltungsgerichtsrat Heinrich Lindenau die *Außenseiter*-Reihe exakt beschreibt, »die künstlerische Intuition in den Dienst der kriminalpsychologischen Forschung zu stellen«[50]: Alfred Döblin liest für seinen Versuch Prozeßakten und inspiziert das Terrain:

»Ich hatte, als ich über die drei, vier Menschen dieser Affäre nachdachte, das Verlangen, die Straßen zu gehen, die sie gewöhnlich gingen. Ich habe auch in der Kneipe gesessen, in der die beiden Frauen sich kennenlernten, habe die Wohnung der einen betreten, sie selbst gesprochen, Beteiligte gesprochen und beobachtet. Ich war nicht auf billige Milieustudien aus. Mir war nur klar: das Leben oder der Lebensabschnitt eines einzelnen Menschen ist für sich nicht zu verstehen. Die Menschen stehen mit anderen und auch mit anderen Wesen in Symbiose. Berühren sich, nähern sich, wachsen aneinander. Dies ist schon eine Realität: die Symbiose mit den anderen und auch mit den Wohnungen, Häusern, Straßen, Plätzen.«[51]

Döblins Vorgehen zur Erzeugung seines literarischen Textes hält sich also an die Vorgaben, die die statistische Neuordnung des humanwissenschaftlichen Wissens und dessen kriminalpolitische Verwertung liefern. Dabei verdankt sich individuelles Handeln auch keiner freien Willkür mehr. Der Unterschied zwischen Normalen und Geisteskranken läßt sich daher nicht an der freien Verfügbarkeit des Willens festmachen. Der Psychiater Eugen Bleuler klärt dies 1896 in seiner Schrift *Der geborene Verbrecher* eindeutig:

»Der freie Wille ist ein sehr unsicherer Begriff. Nach der kriminalistischen Auffassung hat der Gesunde seinen freien Willen, der Geisteskranke nicht. Diese Unterscheidung ist natürlich psychologisch unhaltbar.[...] Der Melancholische, der sein Kind tötet, weil es seiner Meinung nach sonst noch viel Schlimmeres auszuhalten hätte, handelt genau so, wie er handeln will; ebenso der Idiot, der ein Haus anzündet, weil man ihm einen Apfel nicht gegeben, den er sich gewünscht. In Bezug auf den sogenannten Willen [...] sind die Geisteskranken also in genau gleicher Weise frei, wie die Gesunden. Wenn gegen den Determinismus eingewendet wird, die menschlichen Handlungen seien unberechenbar, so stimmt das gerade am

50 Heinrich Lindenau, »Außenseiter der Gesellschaft«, in: *Deutsche Juristen-Zeitung* 31 (1926), S. 1656.
51 Alfred Döblin, *Die beiden Freundinnen und ihr Giftmord*, S. 88.

wenigsten auf die Gesunden, deren einzelne Handlungen sich mit mindestens der Wahrscheinlichkeit voraussagen lassen, mit der der Meteorologe seine Wetterprognosen stellt.«[52]

Kriminologen und Psychiater haben um 1920 deshalb das Verbrechen zur »sozialpathologischen Erscheinung«[53] oder »sozialen Krankheit«[54] erklärt. Nur wenn man Verbrechen als »Krankheit des Gesellschaftskörpers« auffaßt, ist es nach Kraepelin möglich,

»auch hier die Erscheinung auf gesetzmäßige Ursachen zurückzuführen und dann aus diesen wieder die Mittel zur Bekämpfung des Übels abzuleiten. [...] Dagegen müßte dieser Versuch notwendig mißlingen, wenn die verbrecherischen Handlungen nichts anderes darstellten als die unberechenbaren Äußerungen frei schaltender Willkür.«[55]

Die allgemeinen Lebensverhältnisse und persönlichen Eigenschaften sind die beiden Parameter in der Rechnung der Juristen und Psychiater, der Verbrecher damit ein Instrument der Umstände oder ein geborener Typus. Beide Parameter bestimmen als soziologische und anthropologische Richtung die Kriminalistik und sollen eine vollständige Bestimmung des Verbrechens ermöglichen. Einerseits können dabei nur allgemeine soziale Bedingungen bestimmter Gruppen beschrieben werden; andererseits ist jedoch auch für die ergänzende Untersuchung der inneren Bedingungen die Einzelperson nur insofern begreiflich, als sie anderen gleicht, das heißt bestimmte typische Merkmale aufweist. Deshalb ist für Kriminologen »jede Persönlichkeit in dem, was sie von anderen Personen unterscheidet, unbegreiflich«.[56]

52 Eugen Bleuler, *Der geborene Verbrecher*, München 1896, S. 50 (die Passage ab »Wenn gegen den Determinismus...« ist bei Bleuler in eine Anmerkung verbannt).
53 Vgl. Franz von Liszt, »Das Verbrechen als sozial-pathologische Erscheinung« (1898), in: ders., *Strafrechtliche Aufsätze und Vorträge. Zweiter Band*, S. 230-250.
54 Vgl. Emil Kraepelin, »Das Verbrechen als soziale Krankheit«, in: *Monatsschrift für Kriminalanthropologie und Strafrechtsreform* 3, Heidelberg 1907, S. 257 ff.
55 Ebd., S. 258.
56 Heinrich Rickert, zit. von Rudolf Wassermann, *Begriff und Grenzen der Kriminalstatistik*, Leipzig 1909, S. 93. »Begreiflich ist ja das allein, das man mit etwas anderem vergleichen kann und nur soweit ist es begreiflich, als es anderem gleicht.« Vgl. Heinrich Rickert, *Grenzen der naturwissenschaftlichen Begriffsbildung*, Tübingen 1902, S. 295.

Für die ›harten‹ Statistiker und Soziologen werden seit Quetelet diese individuellen Momente durch sozialstatistisch erzeugte Wahrscheinlichkeit des Handelns ersetzt. Nur wenn es keinen freien Willen gibt, sondern das Handeln nach inneren und äußeren Bedingungen in seiner Regelmäßigkeit beschreibbar und damit vorhersagbar wird, lassen sich die Disziplinierungs- und Kontrolltechniken so wirksam einsetzen, wie es das Normalisierungsmodell einer sozialen Hygiene verlangt.

Das forensische Dispositiv ersetzt somit den Willen als Handlungsantrieb durch eine möglichst vollständige Auflistung äußerer und innerer Bedingungen, von denen man die wahrscheinlichen Handlungen einfach ablesen kann. Genau dieses Programm inszeniert Döblins Berliner Giftmordfall. »Fast ein Jahr«, schreibt Döblin,

»hatte die Voruntersuchung gedauert. Weit hatte man in das Vorleben der Angeklagten hineingeleuchtet. Eine kleine Schar geschulter Männer hatte die körperliche und seelische Verfassung der Frauen beobachtet und versucht, sich ein Bild zu machen auf Grund ausgedehnter Erfahrung. [...] Bei alldem drehte es sich aber nicht um die Tat, um den nackten Giftmord, sondern beinahe um das Gegenteil einer Tat: nämlich wie dieses Ereignis zustande kam, *wie es möglich wurde*. Ja man ging darauf aus, zu zeigen, *wie das Ereignis unvermeidlich wurde*«.[57]

Folglich wird es den Geschworenen unmöglich, einen präzisen Schuldbegriff aus dieser Aufnahme der Tatumstände abzuleiten, es sei denn, sie wollten »einen Uterus, einen Eierstock schuldig [...] sprechen, weil er so und nicht so gewachsen war«.[58]

Die Logik des gerichtlichen Urteils verlangt somit die »Inkonsequenz, ihnen erst die Skala zu zeigen und sie dann zu veranlassen, sie nicht zu beachten«.[59] Diese Diskursverknappung in dem kurzen Urteil »schuldig« oder »nicht schuldig« wird von Döblin gemäß der kriminologischen Direktive dadurch wieder rückgängig gemacht, daß die ganze »Skala der Vorgänge«[60] notiert wird. Das Ergebnis ist in Döblins Fall der Text *Die beiden Freundinnen und ihr Giftmord* und heißt Literatur.

---

57 Alfred Döblin, *Die beiden Freundinnen und ihr Giftmord*, S. 77; Hervorhebungen von mir.
58 Ebd., S. 78.
59 Ebd., S. 78 f.
60 Ebd., S. 78.

Erst die Rekonstruktion, das heißt vor allem Erzählung aller Umstände erzeugt die Wahrscheinlichkeit und damit die relativ sichere Vorhersage, daß die Tat »unvermeidlich« eingetreten sein wird. In dem Sinne, in dem Literatur als Erzählung eines ebenso individuellen wie allgemeinen Geschehens gilt, findet sie in der statistischen Wahrscheinlichkeit ihre vielleicht genaueste theoretische Entsprechung. Fiktion, Wahrscheinlichkeit des Geschehens, *vraisemblance* als Verhältnis der Literatur zu einem historisch spezifischen Regelkanon, der über Wahrscheinlichkeit und Unwahrscheinlichkeit von Geschichten entscheidet, bezeichnen das, was die Statistiker für das Ergebnis ihrer Auswertung realer Daten halten. Wenn Döblins Erzeugung einer bestimmten Wahrscheinlichkeit und Notwendigkeit eines Handlungsablaufes wie des Giftmordes der Elli Klein Literatur heißt, dann werden Sätze wie: »Link von Elli chemisch vergiftet, erliegt zugleich einer seelischen Selbstvergiftung«[61] nicht deshalb möglich, weil sie literarisch erfunden wären, sondern weil deren Wahrscheinlichkeit den Grund dazu abgibt, wie es Poisson formulierte, »zu glauben, dass es stattfinden wird, oder stattgefunden hat«.[62]

»Seelische Selbstvergiftung« als literarische Metapher ist jedoch ebenso wahrscheinlich wie ein Lehrsatz einer psychiatrischen Abhandlung. Denn die psychiatrische Poetologie hat längst für Dementia praecox wie auch Epilepsie – Link hat angeblich »Zeichen epileptischer Entartung«[63] – die Begründung einer »Selbstvergiftung« erfunden.[64] Bei vorbestimmten und berechenbaren Abläufen ist es demnach wie beim Schicksal, das immer eintritt.

---

61 »Räumliche Darstellung der Seelenveränderung«, Phase 15, in: Alfred Döblin, *Die beiden Freundinnen und ihr Giftmord*, a. a. O. Als einzige definitive Abkehr von der »Wirklichkeit« verändert Döblin die Namen Klein in Link, und Nebbe in Bende.
62 Siméon Denis Poisson, *Lehrbuch der Wahrscheinlichkeitsrechnung und deren wichtigste Anwendungen*, S. 1.
63 Alfred Döblin, *Die beiden Freundinnen und ihr Giftmord*, S. 38.
64 Vgl. dazu Emil Kraepelin, *Psychiatrie*, 8. Auflage, Band 3: *Klinische Psychiatrie*, 2. Teil, Leipzig 1913, S. 931 und 1128; außerdem: Otto Binswanger, *Die Epilepsie*, 2. Auflage, Wien 1913, S. 9.

IV

Zur Rekonstruktion von Täterpsychen haben die Psychiater auch endlich eine literarisch-hermeneutische Persönlichkeitstheorie zur Verfügung. Denn seitdem die Paranoia-Frage mit den psychopathischen Persönlichkeiten beantwortet ist, findet in der Psychiatrie wieder »Einfühlung«, »Verstehen« statt. Nicht zufällig geschieht dies auch in der Heidelberger Schule, wo Karl Jaspers aus dem Zusammenhang seiner kriminalpsychologischen und gerichtspsychiatrischen Arbeiten beginnt, hermeneutische Verfahren einzusetzen. Schon in seiner Dissertation (1909) geht es Jaspers darum, bei bestimmten Verbrechen psychopathischer Jugendlicher Heimweh als bestimmenden Faktor nachzuweisen, um so »das bis dahin absolut Unerklärliche dem Verständnis näher zu bringen«.[65] Dazu will er nicht nur die üblichen psychiatrischen kasuistischen Kurzdarstellungen referieren, sondern auch richtig »erzählen«: Er fertigt aus Gutachten, Zeugenaussagen und Beobachtungen ausführliche »Geschichtserzählungen« an, um »bei diesen Heimwehzuständen das Typische vom Individuellen unterscheiden zu können«.[66] Dafür wird das »begriffslose Versenken des mitfühlenden Psychiaters« eingeübt, das er drei Jahre später als »phänomenologische Forschungsrichtung«[67] bezeichnen wird. Insbesondere die psychopathischen Persönlichkeiten sind Vorbild und Gegenstand der neuen psychiatrischen Hermeneutik psychischer Vorgänge,

> »sofern sie über sich hinaus auf einen individuellen und durchgehend verständlichen Zusammenhang hinweisen, der von einem Individuum mit dem Bewußtsein seines besonderen Selbst erlebt wird«.[68]

Da die Psychiater nicht mit der bloßen biographischen Erfassung von Einzelindividuen auskommen, müssen sie auch »auf das Ty-

---

65 Karl Jaspers, »Heimweh und Verbrechen«, in: *Archiv für Kriminal-Anthropologie und Kriminalistik* 35 (1909), S. 112.
66 Ebd., S. 45 und 54.
67 Karl Jaspers, »Die phänomenologische Forschungsrichtung in der Psychopathologie«, in: *Zeitschrift für die gesamte Neurologie und Psychiatrie*, Originalarbeiten, 9 (1912), S. 394.
68 Karl Jaspers, *Allgemeine Psychopathologie. Für Studierende, Ärzte und Psychologen*, 2. Auflage, Berlin 1920, S. 307.

pische, auf das allgemein Formulierbare«[69] achten und »Gesamtbilder abnormer Persönlichkeiten«[70] auf charakterologischer Grundlage erstellen. Genau dieser Mittel bedienen sich die Literaten bei den Kriminalfällen. Ernst Weiß etwa weiß bei seiner Darstellung des Giftmischer-Falles der Milica Vukobrankovic einfach, daß sie eine typische Giftmörderin ist, und dies ohne daß sie jemals einen Mord begangen hätte: »sicher ist nur, daß die V. eine Giftmischerin war und daß sie alle typischen Züge der großen Giftmörderinnen trägt. Sie hat wohl kein einziges Todesopfer. Aber das beweist für die teuflische Absicht kaum etwas.«[71] Deshalb lautet die zentrale Frage: »Wie schützt man diese M. V. [...] vor sich selber?«[72] Ernst Weiß' literarischer Text gibt die Antwort, die sich Psychiater und Strafrechtsreformer von Literatur erwarten:

»Da es sich um einen Trieb handelt, der meiner Ansicht nach mit dem Feuerlegetrieb und mit dem unwiderstehlichen Wandertrieb Ähnlichkeit hat, ist eine Besserung nicht zu erwarten, man kann auch derartige Taten nicht vorher verhüten, da das Gewebe zu dicht ist, als daß man den giftigen Faden rechtzeitig erkennen könnte. Ist man aber einem solchen Menschen auf die Spur gekommen, und dazu wird es nicht immer einer so großen Anzahl solcher Giftversuche bedürfen, wenn der Psychiater, der Arzt überhaupt und das Publikum von der Existenz solcher Anomalien unterrichtet sind, dann gehört ein solcher Mensch in lebenslängliche Absperrung, es müssen Abteilungen für diese und ähnliche Menschen, etwa für die mit moral insanity behafteten, den Irrenanstalten angeschlossen werden.«[73]

Literatur wird also im Normalisierungsdiskurs als exakte Charakterstudie einsetzbar, indem sie die differenzierten Internierungsmaßnahmen für jeden einfühlbar und verständlich macht. Die juristische Diskursivierung der Täter bewegt sich damit weg von dem exakten Nachweis der Tat und hin zu einer Geschichte von Tätern, die nicht einmal eine Tat begangen haben müssen. Genau dies passiert einem gewissen Joseph K.: »Jemand mußte Joseph K. verleumdet haben, denn ohne daß er etwas Böses getan hätte,

---

69 Ebd., S. 309.
70 Ebd., S. 312.
71 Ernst Weiß, *Der Fall Vukobrankovic*, Frankfurt am Main 1982, S. 101.
72 Ebd., S. 83.
73 Ebd., S. 110.

wurde er eines Morgens verhaftet.«[74] Kafkas Roman *Der Prozeß* (1925) inszeniert damit das, was Juristen und Psychiater als Ideal vor Augen haben: die Wahrscheinlichkeit einer Täterschaft, die nie fehlgeht, wenn gilt: »jeder Mensch ist ein verhüllter Verbrecher«.[75] Wenn es in diesem Wissens-Dispositiv nämlich gelingt, die Geschichte von verbrecherischen oder psychopathischen Persönlichkeiten zu rekonstruieren, das heißt einfühlbar zu erzählen und damit als wahrscheinliches Ereignis sichtbar zu machen, um auch noch Typen wie Giftmörderinnen daraus abzuleiten, dann lassen sich Täter erkennen, bevor sie tätig werden.

Milica Vukobrankovic ist also keine Giftmörderin, aber zugleich wird sie milder bestraft, weil sie eine ist, als psychopathischer verbrecherischer und nicht zuletzt literarischer Typus. Giftmörderinnen sind nämlich für Kriminalpsychologen als literarische Figuren in doppeltem Sinne wahrscheinlich: Einerseits basiert ihre Typologie der Giftmörderin wesentlich auf literarischen Vorbildern, von Medea bis hin zur Marquise von Brinvilliers. Der Hang zur narrativen Gestaltung ihrer Taten ist andererseits ein wesentliches Merkmal des Typus Giftmörderin. Vor allem am Fall der Gesche Margarete Gottfried wird für den Juristen Erich Wulffen der Zusammenhang von Text und Tat als theatralisches Modell deutlich: »Vielleicht hätte sie eine gute Schauspielerin werden können«, schreibt er 1923. »Der Giftmord kann Ersatzwert eines zur Auslösung, eines zur Darstellung drängenden mimischen Talents sein.«[76] Dieser theatralische Charakter bestimmt den Giftmord als regelrechte Inszenierung: das Schauspiel als Modell, in dem Worte das Verhalten normierend vorschreiben.

Milica Vukobrankovic verkörpert die diskursive Erfindung des Giftmörderinnentypus in paradigmatischer Weise: Als Leserin von Erich Wulffens *Psychologie des Giftmords* wird sie dem Gericht besonders verdächtig. Diese Verstrickung in den Wiener Giftmordfall scheint den Autor Wulffen dazu zu bewegen, die verbrecherische Leserin seines Lehrwerkes selber darzustellen.[77] Daß Milica Vukobrankovic schließlich im Gefängnis selber zur

---

74 Franz Kafka, *Der Prozeß*, Frankfurt am Main 1983, S. 7.
75 Erich Wulffen, *Das Weib als Sexualverbrecherin*, Berlin 1923, S. 9.
76 Ebd., S. 201 f.
77 Vgl. Erich Wulffen, »Milica Vukobrankovic«, in: ders., *Irrwege des Eros*, Hellerau bei Dresden 1929, S. 157-171.

Feder greift und *Weiberzelle 321* schreibt[78], bestätigt dem Juristen wiederum den Zusammenfall von literarischem und verbrecherischem Talent.

Mit dem Text des 500fachen Briefwechsels der beiden Freundinnen liegt in Döblins Fall ein präziser Spieltext für das Mord-Drama vor. Der Mord wird erzählt, dann als Handlung inszeniert, und diese Brief-Erzählung liefert vor Gericht »den Beweis der Schuld ohne weiteres«[79] dadurch, daß sie bloß verlesen wird. Die Briefe machen eine kriminalpsychologische Rekonstruktion der Täter überflüssig, denn die Lektüre des Briefdramas erlaubt Einfühlung in die verbrecherische Persönlichkeit, wie es bei der Lektüre von Literatur eben sein soll: »Wir empfinden es förmlich nach«, so der Gutachter Juliusburger, »welcher Rausch der Liebe und des Hasses insbesondere die Angeklagte Link durchtobt hat«.[80]

Wenn um 1920 Menschen zu erzählen beginnen, ihr Schauspiel aufführen und nur in der juristisch-psychiatrischen Erzählung als Täter erzeugt werden, als einfühlbare und beurteilbare Persönlichkeiten, dann erst wird aus einer Tat ein wahrscheinlicher Zusammenhang hergestellt, der den Täter sowohl in die statistische Typologie einreiht als auch als individuellen Täter zur Erscheinung bringt. Aus den regellosen und unübersichtlichen Handlungsabläufen eines Tathergangs wird erst dadurch der Zusammenhang hergestellt, den man Täter nennt. Daß dafür der literarische Diskurs eine effektive Poetologie des Wissens bereitstellt, erzeugt die Austauschbarkeit von literarischen und nichtliterarischen Texten im Kontext dieser forensisch-psychiatrischen Wissensproduktion. Statistische Typologie und individuelle Persönlichkeit finden im Modell der Literatur eine Wissensform, die beide zugleich erzeugt: indem die Person nicht dadurch erfunden wird, daß sie als wirklich gilt, sondern dadurch, daß sie ebenso individuell wie allgemein den Typus in einem wahrscheinlichen Einzelfall konkretisiert.

---

78 Milica Vukobrankovic, *Weiberzelle 321*, Wien 1924.
79 Friedrich Leppmann, *Der Giftmordprozeß K. und Gen.*, S. 133.
80 Alfred Döblin, *Die beiden Freundinnen und ihr Giftmord*, S. 73.

V

Vor allem die »Undurchsichtigkeit ihrer Persönlichkeiten«[81] macht Massenmörder zu Objekten, denen das psychologische Verstehen mit wenig »Verständnisbereitschaft«[82] gegenübertritt. »Vor uns steht«, heißt es in Theodor Lessings Massenmördergeschichte *Haarmann. Die Geschichte eines Werwolfs* (1925), »eine keineswegs unsympathische Erscheinung äußerlich betrachtet: ein schlichter Mann aus dem Volke. Freundlich blickend und gefällig, zuvorkommend; auffallend gepflegt, sauber und ›tipptopp‹«.[83] Seine als Bertillonsches Signalement ausgegebene Beschreibung des Massenmörders aber lenkt Lessing auf Details, die den Mann aus dem Volke zum Tier werden lassen und geschlechtliche Ordnungsprinzipien irritieren:

»Der Mund ist klein, frech dicklippig. Die Zunge, in der Erregung vorschnellend und die Lippen netzend, ist auffallend fleischig; die Zähne sind weiß, stark und gesund; das Kinn tritt energisch vor.[...] Auch sein Rumpf ist gut entwickelt; der Nacken ist stark und gemein; Brust und Rücken zeigen wie das Gesäß rundliche weibische Fettpolster. Der Leib ist zwar derb; aber hat etwas vom Weibe. Das Geschlechtsglied ist stark, die Schambehaarung verläuft nicht im spitzen Winkel zum Nabel, sondern im flachen Bogen oberhalb des Schambeines. Die plumpen Füße haben flache Sohlen. Die Stimme, breiig, schleimig und nah am Diskant, erinnert an das Organ alter Frauen. Der ganze Habitus ist ›androgyn‹. Man möchte sagen: nicht männlich, nicht weiblich, nicht kindlich. Aber männisch, weibisch und kindisch zugleich.«[84]

Lessings Problem nämlich ist, das Unwahrscheinliche eines homosexuellen Lustmörders verständlich zu machen. Da Männlichkeit und Lustmord geradezu identisch zu sein scheinen, so daß »der ins Weibliche übersetzte Lustmord« für den Juristen Wulffen »psychologisch nur auf homosexueller Basis denkbar und möglich ist«[85], weil nur so die Lustmörderin zum Mann werden kann, stellt Haarmann genau das umgekehrte Problem. Als androgyner Typus scheint der homosexuelle Haarmann einerseits der Männ-

81 Albrecht Wetzel, *Über Massenmörder*, S. 10.
82 Ebd., S. 8.
83 Theodor Lessing, *Haarmann. Die Geschichte eines Werwolfs*, Frankfurt am Main 1989, S. 58.
84 Ebd., S. 58 f.
85 Erich Wulffen, *Das Weib als Sexualverbrecherin*, S. 391.

lichkeit des Lustmörders zu widersprechen; andererseits ist seine Männlichkeit die Voraussetzung für die homosexuellen Morde an jungen Männern. Verbotene homosexuelle Lust und Massenmord aber potenzieren sich in Lessings Persönlichkeitshermeneutik und sollen in der Signalement-Beschreibung, die bruchlos in den Werwolf-Mythos übergeht, einen visuellen Beweis erhalten. In der Kombination von kriminalstatistischer, literarischer und mythischer Typenbildung legt Lessings Text das diskursive Ereignis bloß, das die Rekonstruktion von Verbrecherpsychen verkörpert. Zugleich will der Text gerade damit für alle einfühlbar machen, was der Justizkritiker für Werwölfe wie Haarmann als »das Sittlichste oder das Natürlichste« vorschlägt: »Selbstmord (als Selbstrichtertum eines Sühnewilligen, der an menschlicher Gemeinschaft Ungeheuerliches frevelte) oder – schnelle Lynchjustiz von seiten des beleidigten Lebens.«[86]

Döblins Giftmörderinnen-Text variiert dieses Narrationsmodell an entscheidender Stelle: Produktive Subjekte, denen nach Kretschmer alle äußeren Umstände »zu Gesetzmäßigkeiten werden, sobald sie als Erlebnis [...] aufgenommen sind«[87], gibt es in diesem Text nicht. Döblins Rekonstruktion des Umfeldes und der spezifischen Entwicklung der Gefühle konstruiert keine personalen Einheiten. Vielmehr verschwimmen die Konturen der Personen in sich verselbständigenden Gefühlsmomenten, die ein topographisches und energetisches Modell bilden: eher Diskontinuitäten als die Kontinuität einer Entwicklung, eher Brüche, Einschnitte, Wechsel und Transformationen als Einheit, Charakter oder Geschichte. Das topographische Modell schreibt Döblin konsequent in einer »Räumlichen Darstellung der Seelenveränderungen« an. Solche Veränderungen jedoch sind keine kontinuierlichen Bewegungen, sondern 17 Phasen, das heißt 15 Einschnitte und Konstellationswechsel: Einzelne Gefühlsbereiche wie »Sexualität«, »Elternliebe«, »Aktivität«, »Kindlichkeit«, »Grundverstimmung«, »Perversion«, »Homosexualität« werden als verschiedenfarbige Kreise dargestellt, die wie Mengen-Graphen Schnitt- und Vereinigungsmengen bilden und auch den Grundkreis, der

---

86 Theodor Lessing, *Haarmann*, S. 116.
87 Ernst Kretschmer, *Der sensitive Beziehungswahn. Ein Beitrag zur Paranoiafrage und zur psychiatrischen Charakterlehre*, Berlin 1918, S. 52.

die personale Bündelung andeutet, übertreten können. In diesem Modell markieren die einzelnen Phasen Verschiebungen der Proportionen als »Wachsen«, »Aufschießen« oder »Atrophie«, Lageveränderungen von Innen an die Peripherie, die »Abspaltung« neuer Einheiten, die in Richtung der anderen Person »wandern«.[87a] Es sind regelrechte zelluläre Stadien, biochemische Verbindungen, Anlagerungen und Abspaltungen. Döblins molekulares Modell verfolgt solche Bewegungen, die Teilbereiche betreffen oder die wie von außen erfahren werden: mehrmals gibt es »einen förmlichen Ruck in ihnen; eine Umstellung vollzog sich in ihm«, Elli erlebt »Entladungen«, »Haß faßte sie an«, ein »Gefühl für die Freundin entwickelte sich in der Tiefe weiter und zog wie ein Polyp andere an sich«.[88] Einzelne Kräfte treffen also aufeinander, nähern sich an, stoßen sich ab und bestimmen so den Verlauf der verschiedenen Phasen.

»Zuerst war die Haßsphäre in ihr, die er erzeugt hatte, etwas in ihr, das die stärksten Kräfte ihrer Seele an sich zog: das dehnte sich selbständig aus, wuchs, suchte Objekte. [...] Sie war in einer inneren Gleichgewichtslage gewesen, die sich nicht leicht hergestellt hatte. Aus dieser Gleichgewichtslage war sie geraten durch den Haß. Das feine Spiel der statischen Kräfte war gestört, der Mechanismus mühte sich wieder, sich einzustellen, verlangte Rückkehr zum alten sicheren Zustand. Sie mußte die übergewichtige neue Last von sich abstoßen, einer gleichmäßigen Verteilung der inneren Kräfte zustreben.«[89]

Döblins Erzählung ist keine Fortführung der narrativen Erzeugung von Wahrscheinlichkeit durch eine hermeneutische Rekonstruktion des Täters, sondern durch einen Chemismus der Persönlichkeit. Dieser Chemismus wird um 1900 auch eine psychiatrische Methode, die zwar noch nicht am forensischen Dispositiv teilhat, sondern in den Labors an Menschen und Tieren betrieben wird. Mit den Stoffwechselvorgängen erhält Kraepelins psychiatrische Erfindung der Selbstvergiftung bei Dementia praecox und Epilepsie ein konkretes Modell. Dies hat weitreichende Konsequenzen für den psychiatrischen Diskurs, die am deutlichsten Arthur Münzer 1913 formuliert:

87a Die graphischen Darstellungen finden sich nur in der ersten Ausgabe von 1924.
88 Alfred Döblin, *Die beiden Freundinnen und ihr Giftmord*, S. 12, 27, 25.
89 Ebd., S. 43.

»Von diesem Standpunkt aus erscheint uns das Gehirn nicht mehr als das allbeherrschende Centralorgan, als welches wir es seit langem anzusehen gewohnt waren, sondern als ein den übrigen Teilen des Körpers nebengeordnetes Organ.«[90]

Eine derartige »›Decentralisation‹ psychischer Erscheinungen« besagt damit zugleich, daß die Rekonstruktion einer Persönlichkeit immer mehr den Bereich des Denkens verläßt und sich auf biochemische Prozesse verlegt. Die Macht der Hormone treibt die Psychiater nach der psychologischen Laborarbeit von neuem in die Labors zu biochemischen Untersuchungen. Mit dabei ist auch der Psychiater Alfred Döblin: Seine biochemischen Arbeiten (1909-13) liefern exakt die Modelle, bei denen experimentell Stoffwechsel-Regulierungen gestört werden und dadurch Funktionszusammenhänge aus dem Gleichgewicht geraten oder Gift-Injektionen durch körpereigene Entgiftungsprozesse abgebaut werden.[91] Daß dieser Chemismus nur eine Kehrseite der Erzeugung von Wahrscheinlichkeit auf persönlichkeitshermeneutischer Basis ist, zeigt ein anderer Arzt und Dichter 1930: »um es zusammenzufassen«, schreibt Gottfried Benn in dem Essay »Der Aufbau der Persönlichkeit«,

»man sah nun nicht mehr das zerebrale, sondern das körperliche Gepräge der Persönlichkeit, man sah sie als eine über den ganzen Körper verteilte komplexe Einheit vor sich, als eine nur vom gesamten Organismus zusammenfaßbare und dirigierbare Totalität, aus den gegensätzlichsten körperlichen Systemen aufgebaut, von peripheren Strömungen belebt und in jedem einzelnen des vollen Ausdrucks fähig«.[92]

Daß die psychiatrisch-juristische Persönlichkeitslehre »in immer tiefere Tiefen der Biologie wie der Geisteswissenschaften hinein-

---

90 Arthur Münzer, »Ueber ›Decentralisation‹ psychischer Krankheitserscheinungen«, in: *Berliner klinische Wochenzeitschrift* 50 (1913) 2, S. 2385. Vgl. auch Walter Cimbal, »Die Bedeutung der endokrinen Vorgänge für die Psychosen und Neurosen«, in: Max Hirsch (Hg.), *Handbuch der inneren Sekretion*, Band 3: *Klinische Pathologie und Therapie der endokrinen Drüsen*, 2. Hälfte, Leipzig 1933, S. 1183-1284.
91 Alfred Döblin und P. Fleischmann, »Zum Mechanismus der Atropinentgiftung durch Blut und klinische Beobachtungen über das Vorkommen der Entgiftung«, in: *Zeitschrift für klinische Medizin* 77 (1913).
92 Gottfried Benn, »Der Aufbau der Persönlichkeit«, in: ders., *Gesammelte Werke*, Bd. 3: *Essays und Aufsätze*, München 1975, S. 655.

führt«[93], führt schon 1921 Ernst Kretschmers Buch *Körperbau und Charakter* vor, das genau die Nahtstelle markiert, an der die psychiatrische Einfühlungshermeneutik in Chemie übergeht. Kretschmer legt nämlich die Erweiterung des neuen Persönlichkeitsbegriffes in die »inneren Drüsen« oder den »gesamten Blutchemismus« nahe.[94] Diese neue Psychiatrie »als weiter Vorstoß aus der Psychiatrie in die Normalpsychologie«[95], wie Döblin 1922 in einer Besprechung von *Körperbau und Charakter* schreibt, ist auch der Hintergrund, vor dem Döblin seine Giftmord-Erzählung reflektiert: »Was an ihren Stoffen«, schreibt er im »Epilog« über Opfer und Täter,

»an bestimmten einzelnen oder an ihrem Gesamtorganismus verlangt zum anderen, und was ist bei der Verbindung erreicht und wie weit geht die Verbindung? Die allgemeine Chemie macht sich sehr konkrete Vorstellungen über die Art und den Grad der Wirkung von Stoffen aufeinander. Es gibt das Gesetz der Massenwirkungen, eine Affinitätslehre, spezifische Affinitätskoeffizienten. Reaktionen verlaufen mit sehr verschiedener Geschwindigkeit, die genau festgestellt wird; die Stoffe werden unter bestimmten Bedingungen aktiv: genau studierte Gleichgewichte stellen sich her. Hier sind sauber Stoffe und ihre Verhaltungsweise zueinander studiert: alle Einflüsse werden festgestellt. Diese Methode ist gut. [...] Um unsere Dinge zu zergliedern, muß man auch hier hin gehen, zu den nicht organisierten Stoffen und den allgemeinen Kräften. Denn wir unterliegen ihnen auch und es sind dieselben, die sich in der Natur, im Reagenzglas, im Versuchskolben und in uns auswirken, die wir sind.«[96]

In noch viel radikalerem Maße mündet also Döblins literarische Verbrecheranalyse in ein statistisches Modell, als es die Krimina-

---

93 Ernst Kretschmer, *Körperbau und Charakter*, Berlin 1921, S. 192.
94 Ebd., S. 184-188. Von seiner Schrift *Der sensitive Beziehungswahn* (1918) über *Körperbau und Charakter* (1921) und dessen unzählige Auflagen (vgl. 21. und 22. Auflage, Berlin 1955 mit der Auswertung der biologischen Dimension der Konstitutionsforschung) hin zu den chemischen Versuchen mit Geisteskranken (vgl. Ernst Kretschmer, »Chemische Wege der Konstitutionsforschung und ihre klinischen Auswirkungen«, in: ders. und Gerhard Mall (Hg.), *Fermentchemische Studien zur klinischen und konstitutionellen Korrelationsforschung speziell zur psychiatrischen Endocrinologie*, Berlin 1941) zieht sich Kretschmers Konzept seiner Persönlichkeitstypen.
95 Alfred Döblin, »Metapsychologie und Biologie«, in: ders., *Kleine Schriften* II, Olten 1988, S. 188.
96 Alfred Döblin, *Die beiden Freundinnen und ihr Giftmord*, S. 89 f.

listen und Psychiater des 19. Jahrhunderts in der statistischen Erzeugung des Menschen verfolgten. Die Präzisierung der kriminalistischen Untersuchungen durch exakte individuelle Studien, wie sie Ernst Weiß, Theodor Lessing oder Alfred Döblin paradigmatisch für das forensische Dispositiv um 1920 vorlegen, führt zugleich auf einen thermodynamischen Mechanismus, in dem Verbrecher, Opfer und Gift eine chemische Reaktion bilden, die nur mehr statistisch beschreibbar ist, denn Massenwirkungsgesetz, Affinitätskoeffizienten und Reaktionsgeschwindigkeiten von chemischen Elementen sind ein Feld, in dem weder Individuen noch Persönlichkeiten vorkommen. Gerade deshalb wird die Wahrscheinlichkeit von Ereignissen bestimmbar und die Vorhersagbarkeit von Reaktionen möglich. Oder: »Es hat sich so ereignet; auch die Akteure glauben es. Aber es hat sich auch nicht so ereignet.« Während James Clerk Maxwell um 1860 Quetelets »physique sociale« auf die Thermodynamik der Gas-Teilchen überträgt[97], scheint im forensischen Dispositiv um 1920 der Augenblick gekommen, an dem die physikalisch-chemische Statistik der Gase mit Humanwissenschaften in umgekehrter Weise vereinbar wird, wenn Chemie und Persönlichkeitshermeneutik im Zeichen einer statistischen Poetologie des Wissens ineinander übergehen können. Biochemie ist seither ein neuer Schauplatz von Biopolitik.

---

[97] Vgl. dazu Theodor M. Porter, »A Statistical Survey of Gases: Maxwell's Social Physics«, in: *Historical Studies in the Physical Sciences* 8 (1981), S. 77-116.

Jochen Hörisch
Etcetera-Typen

Der Mensch im Lichte
der Literatur/Wissenschaft*

Der Mensch.

Empfangen und genähret
  Vom Weibe wunderbar
Kömmt er und sieht und höret,
  Und nimmt des Trugs nicht wahr;
Gelüstet und begehret,
  Und bringt sein Thränlein dar;
Verachtet, und verehret;
  Hat Freude, und Gefahr;
Glaubt, zweifelt, wähnt und lehret,
  Hält Nichts, und Alles wahr;
Erbauet, und zerstöret;
  Und quält sich immerdar;
Schläft, wachet, wächst, und zehret;
  Trägt braun und graues Haar etc.
Und alles dieses währet,
  Wenn's hoch kommt, achtzig Jahr.
Denn legt er sich zu seinen Vätern nieder,
  Und er kömmt nimmer wieder.

Das berühmte Gedicht von Matthias Claudius[1] fehlt in kaum einer Anthologie deutscher Lyrik. Es erschien erstmals 1783: in Frakturschrift, in jener Schrift also, »deren graphisches Bild alle-

---

* Ein Vorabdruck dieses Beitrags erschien im *Merkur* 10/1994.
1 Es wurde hier nach dem Erstdruck wiedergegeben. Auch die als einigermaßen zuverlässig geltende Ausgabe der *Sämtlichen Werke*, hg. von J. Perfahl, R. Siebke, H. Plantschek, 7. Auflage, München 1989 weicht vom Erstdruck erheblich ab. So fehlt der Punkt nach der Überschrift; die beiden letzten Zeilen sind nicht linksbündig hervorstehend gesetzt; »Nichts« und »Alles« in Vers 10 sind kleingeschrieben; »Thränlein« in Vers 6 ist ohne »h« gesetzt – und das bei den Versen eines Autors, der Hamanns *Neue Apologie des Buchstaben H.* rezensierte.

gorische Züge bewahrt«.[2] Und dieser Schrifttypus ist seit etwa hundert Jahren zugunsten der neuen Standard-Schrifttypen Antiqua, die Adorno wie »bloße säkularisierte Nachbilder«[3] der Fraktur erschienen, aus den Büchern weitgehend verschwunden. Mit den Schrifttypen aber ändert sich auch das Bild vom Menschen. Die nicht sehr freundliche, aber umgangssprachlich verbreitete Etikettierung eines Individuums als »diese Type« oder »dieser Typ« mag so etwas wie ein unbewußtes Wissen davon bekunden, daß Menschen Fassungen brauchen, die sie prägen.[4] Typos: das griechische Wort für ›Schlag, Gepräge, Form, Muster‹ bezeichnet einen Menschenschlag ebenso wie den Schlag einer Letter.[5] Mit welchem für den Menschenschlag typischen Schicksal Menschen geschlagen sind, welchen Schickungen und welchen Typisierungen sie, die menschlichen Sub-jekte, unterliegen, ist die Leitfrage des um seiner lakonischen Qualitäten willen faszinierenden Gedichts von Matthias Claudius.

Anthologien, die diese wundersamen Zeilen in Antiqua wiedergaben, standen regelmäßig vor dem Typen-Problem, wie denn das so ganz unpoetische Abkürzungszeichen in der vierzehnten Zeile, das sich in der Erstpublikation findet, aber nur in Fraktur üblich ist, zu transkribieren sei: nämlich das »etc« (das hier aus drucktechnischen Gründen nicht in seiner Originalgestalt faksimilierbar ist und das der geneigte Leser deshalb bitte selbst nachschlagen möge). Die vordere Hälfte dieses Zeichens ist eine sogenannte Tironische Note[6]; sie steht für das lateinische »et«; bei der ergän-

---

2 Th. W. Adorno, »Satzzeichen«, in: ders., *Noten zur Literatur, Gesammelte Schriften*, Bd. 11, Frankfurt am Main 1974, S. 107.
3 Ibid.
4 Cf. W. Seitter, *Menschenfassungen – Studien zur Erkenntnispolitikwissenschaft*, München 1985.
5 Cf. dazu G. Oesterle, »Arabeske, Schrift und Poesie in E. T. A. Hoffmanns Kunstmärchen ›Der goldene Topf‹«, in: *Athenäum. Jahrbuch für Romantik* 1991, und P. Fuchs, »Die Form romantischer Kommunikation«, in: *Athenäum* 1993.
6 Cf. C. Faulmann, *Das Buch der Schrift, enthaltend die Schriftzeichen und Alphabete aller Zeiten und aller Völker des Erdkreises*, Wien 1880, Reprint Nördlingen 1985, S. 194: »Die tironischen Noten wurden von Marcus Tullius Cicero, einem Freigelassenen des Cicero, erfunden, um dessen Reden aufzuzeichnen. Die von Tiro aufgestellten Abkürzungen der Begriffswörter, der Präfixe und Suffixe wurden später von anderen vermehrt.«

zenden Hälfte handelt es sich um den Frakturbuchstaben »c«. Macht zusammen »etc«.[7] Dieses Zeichen aber war vielen Anthologie- und auch Werkherausgebern entweder nicht bekannt oder nicht geheuer. Sie ließen es deshalb in ihrer Edition einfach weg oder transkribierten es gar mit »usw.«[8] Eine barbarische oder aber eine humane Philologie? Barbarisch ist zweifellos die Umschrift mit »usw.«; sie mag eine semantisch untadelige funktionale Äquivalenz zum lateinischen »etcetera« sein, doch sie stört banausisch den Reimzauber, den das Gedicht so suggestiv entfacht. Es mögen ja auch die Begriffe »Vögelein« und »Piepmätzchen« von gleicher Extension sein; aber kein Anthologieherausgeber würde es wagen, Goethes Nachtliedzeile mit »die Piepmätzchen schweigen im Walde« wiederzugeben.

Die barbarische usw.-Version ist also zu verwerfen. Aber auch die, die das abkürzende Zeichen für Iteratives schlicht verschwinden läßt? Ist die humane Absicht hinter dieser Philologie nicht unübersehbar? Ist das editorisch korrekte »etc.« nicht von einer unmenschlichen und antiindividuellen Nüchternheit und Kälte, die allen empfindsamen Tendenzen des Gedichts widerspricht? Liegt nicht eine tiefere humanistische Wahrheit in der philologischen Unkorrektheit, das kaufmännische Kürzel einfach auszulassen? Heißt Humanismus nicht auch, den Menschen wichtiger zu nehmen als die Signifikanten und die Abkürzungszeichen zumal? Das »etc.« will sich auf DEN Menschen nicht so recht reimen. »Etc.« – das heißt: alles geht weiterhin in einer Weise seinen absehbaren Gang, die nicht eigens buchenswert ist. Sollten die, wenn es hochkommt, achtzig Jahre eines und jeden Menschenlebens in 18 dichten Zeilen, deren Lektüre nicht einmal eine

---

7 Matthias Claudius hat es auffallend gerne und häufig verwendet.
8 Cf. die Übersicht bei H. Kraft, *Editionsphilologie*, Darmstadt 1990, S. 97: »In den Ausgaben von Urban Roedl und Jost Perfahl sowie in der Anthologie von Edgar Hederer, in der ›Frankfurter Anthologie‹, in den Anthologien von Dietrich Bode und Klaus Bohnen steht dafür ›etc.‹; in den Ausgaben von Hannsludwig Geiger und Hans Jürgen Schultz aber ›...‹; in den Anthologien von Echtermeyer/von Wiese, Ernst Bender, Karl Otto Conrady und Karl Krolow ist die Abkürzung gar weggelassen; in den Ausgaben von Georg Behrmann, Gustav Graeber, Hermann Hesse und Günter Albrecht, in denen zwar die Frakturschrift beibehalten, aber die Orthographie modernisiert wurde, ist schließlich ›usw.‹ zu lesen.«

Minute erfordert, hinreichend beobachtet, beschrieben, verdichtet, gedichtet sein?

Das individuelle, unverwechselbare, einmalige Leben eines Menschen, das/der nimmer wiederkommt und das/der kein Double hat, ist der Struktur des Menschenschlags überhaupt verpflichtet und ihr so eingeschrieben, daß ein »etc.« gerechtfertigt ist. Zu Beginn einer geistesgeschichtlich wirkungsmächtigen Epoche humanistischen Denkens erfüllt *und* unterläuft das (strukturalistische[9]) Gedicht das Pathos des Humanismus. Es wechselt (zwischen Individuellem und Allgemeinem, zwischen Erfüllung und Enttäuschung, zwischen Freude und Trauer, zwischen Lust und Qual) so verläßlich die Ebene der Zurechnung der Ereignisse und Erlebnisse, die ein Menschenleben ausmachen, wie den Reim. Verläßlich, ja fast schon berechenbar ist die Rhetorik und die poetische Struktur der achtzehn Verse, deren erste acht Paare mit nur zwei Reimklängen auskommen, allemal. In äußerst regelmäßigen Jamben breiten die acht ersten Reimpaare ein (sieben-sechssilbiges) Wechselspiel aus, das von der Alternanz zwischen weiblichem und männlichem Versende getragen wird (»genähret, höret, begehret« etc. vs. »wunderbar, wahr, dar etc.«). Alliterationen (»vom Weibe wunderbar«) und Asyndeta (»glaubt, zweifelt, wähnt und lehret« sowie »schläft, wachet, wächst, und zehret«) sorgen für eine Intensivierung und Verdichtung, die nur deshalb nicht die Grenze zur Sentimentalität überschreitet, weil die kaufmännisch sachlichen Summenbegriffe »etc.« und »alles dieses« einer solchen Tendenz widerstreiten.

Und so ergäbe sich mit der Alternanz der a-b-Reime, der sieben und sechs Verssilben sowie der unbetonten und der betonten jambischen Silben der Eindruck einer ewigen Wiederkehr des Immergleichen (»etc.«), wenn dem Gang des Gedichts und dem Lauf des Menschenlebens nicht eine doppelte Irreversibilität unabdingbar wäre. Die erste ist so schlicht wie offensichtlich: es ist die der Zeit. Das kurze Gedicht beginnt und hört auf – so wie das (auch wenn es hochkommt) kurze Menschenleben. Die vita brevis ist ein Spannungsbogen zwischen Natalität und Mortalität, zwischen

---

9 Strukturalistisch darf es genannt werden, weil es ganz offensichtlich an den elementaren Strukturen von menschlichem Dasein überhaupt interessiert ist. Begriffsgeschichtlich auffallend ist übrigens, daß Heideggers daseinsanalytisches Hauptwerk *Sein und Zeit* so intensiven philosophischen Gebrauch vom Begriff ›Struktur‹ macht.

dem Ereignis, »vom Weibe wunderbar« empfangen, und dem, »zu den Vätern« verabschiedet zu werden. Scharf akzentuiert ist diese Irreversibilität sowohl formal als auch semantisch: ein neues Reimpaar (»nieder/wieder«) macht erstmals und nun auch schon abschließend dem siebenfach eingespielten Reimpaar ein Ende. Und die Wendung »und er kömmt nimmer wieder« läßt in all ihrer Lakonie keinen Zweifel daran entstehen, daß von Unendlichkeit und ewiger Wiederkehr keine Rede sein kann.

Die zweite Irreversibilität ist subtiler. Die Versfüße und der Lebensweg führen »vom Weibe« (im zweiten Vers) »zu den Vätern« (symmetrisch im vorletzten Vers). Das ist eine bemerkenswerte Wendung. Denn sie knüpft an einen alten Spruch an und antizipiert[10] zugleich eine Form der Theoriebildung, die sich im endenden 19. Jahrhundert auszuprägen beginnt. Auf den alten Spruch »pater semper incertus« hat Claudius häufig angespielt; ja dieser Spruch speist durchweg seine so ausgeprägte Mädchen- und Mond-Metaphysik, die Mädchen und Frauen ein innigeres, ein intimeres Verhältnis zu Sein, Zeit und Gestirnen zuspricht als Jungen und Männern. Der Mensch (und der männliche Mensch zumal), der »wunderbar« vom Weibe empfangen und genährt wird und sich nach seiner Geburt vorrangig in Kontexten sinnlicher Erfahrungen (sehen, hören, gelüsten, begehren) durch sein junges Leben schlägt, ist mit zunehmendem Alter zusehends auf die Abstraktionen und Symbolisierungen angewiesen, die als spezifisch paternal gelten dürfen. Aufgrund der Prämaturität seiner Geburt (Lacan) mit symbolischen Orientierungen geschlagen, wird er zum instinktentbundenen Mängelwesen (um lieblos mit Gehlens Anthropologie zu formulieren), das ein abstraktes Weltverhältnis ausbilden muß.

10 Literaturwissenschaft macht gerne darauf aufmerksam, daß schöne Literatur theoretische Einsichten und Hypothesen mit einiger Regelmäßigkeit vorwegzunehmen pflegt. Wenn sie es nicht besser weiß als spezifische Disziplinen, so ahnt sie »es« doch früher. Man kann gar Theorien überhaupt danach ordnen, ob sie (wie etwa Systemtheorie, Kritische Theorie, Daseinsanalyse, Psychoanalyse oder Dekonstruktion) schöner Literatur einen relevanten Erkenntniswert zuspricht oder nicht (wie u. a. die analytische Philosophie, die nicht mehr Kritische Theorie des späten Habermas oder der logische Empirismus). Und natürlich kommt man, wenn man Theorien nach dieser Unterscheidung beobachtet, zur Beobachtung seltsamer Allianzen.

Denn Vaterschaft beruht, wie Bachofen in seinem monumentalen Werk *Das Mutterrecht* (1861) darlegte, anders als Mutterschaft nicht auf sinnlicher Gewißheit, sondern auf »logischen« Postulaten und Überzeugungen. Zwischen Zeugung und Geburt, zwischen Ereignissen also, die in der Regel neun Monate auseinanderliegen, überhaupt einen Zusammenhang zu vermuten, setzt jene Abstraktionskraft, Theoriefreudigkeit und experimentelle Beobachtungslust voraus, die Frühgeschichte von Geschichte unterscheiden dürfte. Diese philogenetische Lösung des Prokreationsproblems, das Bachofen für den Sturz matriarchalischer Frühkulturen verantwortlich macht, wiederholt sich ontogenetisch unter dem vieldeutigen Titel ›Aufklärung‹. Sexuell und generell aufgeklärt ist, wer es gelernt hat oder sich gesagt sein läßt, daß sinnlichen Gewißheiten und suggestiven Erzählungen zu mißtrauen ist, wer »zweifelt, wähnt und lehret«, wer »Nichts, und Alles wahr hält«. Wohl wissend (aber eben nicht sinnlich beobachtend!), daß zur Geburt eines Kindes sowohl eine Mutter als auch ein Vater notwendig sind, rubriziert das Gedicht den Gewinn und Verlust dieser aufklärenden Verschiebung von den Sinnen zur Abstraktion doch in buchenswerter Weise: die Geburt gehört dem mütterlichen Gravitationskreis, der Tod aber dem väterlichen zu.

Daß einer Mutter und einer sinnlichen Gewißheit (»vom Weibe«) viele Väter und viele Lehren (»zu den Vätern«) gegenüberstehen, macht das Gedicht nicht weniger tiefsinnig. Vielheit und Unentscheidbarkeit aber haben in den schönen Zeilen nicht das letzte Wort. Das letzte Wort hat vielmehr eine andere Gewißheit als die der Leben schenkenden Mutterschaft. Denn gewiß wie die Mutterschaft ist auch der Tod. Und so verfängt sich das Gedicht in einem eigentümlichen Chiasmus[11], der das Kreuz bezeichnet, das ein Menschenleben zu tragen hat: gewiß ist, daß ein Menschenleben aus der mütterlichen Sphäre sinnlicher Gewißheit in eine Welt der Ungewißheit und Unsicherheit exiliert wird, in der es keine verläßlichen Grenzen zwischen Erkennen und Verkennen, zwischen Fürwahrhalten und Wähnen, zwischen Wahrheit und Trug gibt. Gewiß ist die Ungewißheit (des Lebens), ungewiß aber ist

---

11 Die Tironische Note konfiguriert zusammen mit dem folgenden *c* übrigens zu einer Druckgestalt, die dem griechischen Buchstaben *chi* entspricht.

alle Gewißheit mitsamt der des Todes, über den wir, da er kein Ereignis des Lebens ist, nichts wissen können.

Nun mag man diese Thesen in sachlicher Hinsicht für angemessen, für immerhin diskussionswürdig oder für unsinnig halten. Das Voranstehende entstammt nun aber dem PC eines (glücklichen) Literaturwissenschaftlers, der aus dieser Berufsperspektive zu einem soziologischen Sammelband über das Thema ›Der Mensch‹ beizutragen aufgefordert wurde. Glücklich ist er, der doch das Fach Literatur*wissenschaft* vertritt, von der Pflicht entbunden, in Hinsicht auf Sachprobleme wahre Sätze formulieren zu müssen. Als *Literatur*wissenschaftler ist er vielmehr gehalten, zutreffende Sätze über Literatur zu produzieren. Und die Haltbarkeit literaturwissenschaftlicher Aussagen bemißt sich nicht an ihrer sachlichen Richtigkeit, sondern einzig und allein daran, ob diese an »Primärliteratur« zu belegen sind.

Literaturwissenschaftliche Sätze werden nicht durch logische Ableitungen, Beweise, empirisches Datenmaterial etc., sondern durch philologisch korrekte Zitate aus und Verweise auf Primärliteratur »belegt«. Über die Angemessenheit der vorgetragenen Interpretation entscheidet also nicht, ob das Ausgeführte anthropologisch, kulturhistorisch, soziologisch, psychologisch etc. haltbar ist, sondern ob es philologisch zu belegen ist. Wer die vorgetragene Interpretation bestreiten will, muß also zum Beispiel bestreiten, daß sich dort die Wendung »vom Weibe« und »zu den Vätern« findet (ein Verweis darauf, daß Bachofens These von der *scientific community* nicht allgemein anerkannt wird, stürzt nicht schon die Deutung des Claudius-Gedichts), muß in Abrede stellen, daß die Formulierung »und er kömmt nimmer wieder« Irreversibilität ausdrückt, muß darlegen, daß die Reim- und Metrumsanalyse unzutreffend ist, muß belegen, daß die textkritischen und druckhistorischen Ausführungen falsch sind etc.

Literaturwissenschaft darf nicht nur, sie muß vielmehr, wenn sie denn Wissenschaft sein will, davon absehen, ob ihre Aussagen (mit der exklusiven Ausnahme ihrer Aussagen über Texte) sachlich stimmen. Was der Mensch sei, wird sie deshalb nicht sagen können. Was in Versen eines Dichters in einer bestimmten historischen und diskursiven Formation über DEN Menschen gesagt wurde, kann sie hingegen angeben. Dabei muß sie zur Kenntnis nehmen, daß sich die Bilder vom Menschen mit den Drucktypen und den diskursiven Formationen elementar ändern. So läßt sich literaturhistorisch beobachten, daß dem Bekanntheitsgrad des Gedichts ›Der Mensch‹ von Matthias Claudius heute bloß noch der der zahlreichen Gedichte von Eugen Roth entspricht, die nicht mit dem bestimmten, sondern mit dem unbestimmen Artikel beginnen: »Ein Mensch«. Und diese Gedichte klingen dann bei aller thematischen Affinität zu den Versen von Claudius ganz anders als diese – zum Beispiel so:

Mensch und Zeit

Ein Mensch west, vorerst nur ein Traum,
Im All, noch ohne Zeit und Raum.
Doch sieh, schon drängt's ihn in die Furt
Des Stroms ans Ufer der Geburt,
Und eh er noch ein Erdengast,
Hat ihn die *Zeit* bereits erfaßt.
Der erste Blick, der erste Schrei –
Schon ist ein Quentchen Zeit vorbei,
Und was von nun an kommt, das ist
Nur Ablauf mehr der Lebensfrist,
Von deren Dauer er nichts weiß:
Ob er als Kind stirbt, ob als Greis,
Geboren ist er jedenfalls,
Entrückt der Ewigkeit des Alls.
Geburtsjahr, Tag und Stunde wird
Vom Standesamte registriert;
Der Mensch, merkt er's auch erst nur wenig,
Er ist der Zeit jetzt untertänig.[12]

Das wundersame Pathos in der poetischen Rede von DEM Menschen verstummt spätestens im 20. Jahrhundert weitgehend. Gedichte wie die von Eugen Roth (er veröffentlichte 1935 in Weimar seine berühmte Sammlung *Ein Mensch*, die inzwischen eine nach Millionen zählende Auflage erreicht hat) oder auch Christian Morgensterns schwindelerregender lyrischer Einhorn-Mensch-Vergleich beerben mit ihrer tiefsinnigen Ästhetik der Oberfläche die metaphorische Metaphysik der Lyrik vor und um 1800.

---

12 Zit. nach: *Das Eugen Roth-Buch*, 11. Auflage, München 1993, S. 11.

Das Einhorn

Das Einhorn lebt von Ort zu Ort
nur noch als Wirtschaft fort.

Man geht hinein zur Abendstund
und sitzt den Stammtisch rund.

Wer weiß! Nach Jahr und Tag sind wir
auch ganz wie jenes Tier

Hotels nur noch, darin man speist –
(so völlig wurden wir zu Geist)

Im ›Goldnen Menschen‹ sitzt man dann
und sagt sein Solo an ...[13]

Angesichts solcher Zeilen ist es einigermaßen leicht plausibel zu machen, daß zumindest die Vertreter(-innen) einer Literaturwissenschaft, die vor der »Wut des Verstehens«[14] noch die gleichschwebend aufmerksame Lektüre pflegen, vergleichsweise (also im Vergleich mit Philosophen, Soziologen, Psychologen, Pädagogen etc.) wenig Vorbehalte gegen Diskursanalyse und Systemtheorie haben. Denn sie sind wie die Igel immer schon da. Wer Claudius und Morgenstern gelesen hat, wird für Sätze wie den folgenden ein offenes Ohr haben und ihn erst einmal hochplausibel finden: »Sieht man den Menschen als Teil der Umwelt der Gesellschaft an (statt als Teil der Gesellschaft selbst), ändert das die Prämissen aller Fragestellungen der Tradition, also auch die Prämissen des klassischen Humanismus.«[15] Und er, der Spezialist für Paradoxien, Ironien, Chiasmen und Metaphern, die im poetischen Diskurs eher akzeptiert werden als im wissenschaftlichen, wird für das Problem der ethischen Paradoxien mensch-zentrierter Theorie sensibel sein: »Wen solche Lehren nicht erfreuen, verdienet nicht, ein Mensch zu sein«, erklingt es in Mozarts *Zauberflöte*. Luhmann zitiert diese geflügelten Worte und schließt nüch-

---

13 Zit. in J. Hörisch (Hg.), *Das Tier, das es nicht gibt – Eine Text- & Bild-Collage über das Einhorn*, Nördlingen 1986, S. 117.
14 So die Wendung des frühen vorhermeneutischen Schleiermacher; cf. J. Hörisch, *Die Wut des Verstehens. Zur Kritik der Hermeneutik*, Frankfurt am Main 1988.
15 N. Luhmann, *Soziale Systeme*, Frankfurt am Main 1984, S. 288.

tern an: »Dann bleibt aber die Frage: was machen wir mit ihm?«[16]
Und so ist es wohl auch kein Zufall, daß die französische Diskursanalyse in Deutschland zuerst und vergleichsweise vorbehaltlos von Literaturwissenschaftlern rezipiert wurde. Die ansonsten schon fast hysterische Reaktion auf den Schlußsatz von Foucaults *Les mots et les choses*, der ja trotz seiner Vieldeutigkeit in seinem sachlichen Gehalt nicht ernsthaft zu bestreiten ist: »daß der Mensch verschwindet wie am Meeresufer ein Gesicht im Sand«, werden historisch orientierte Philologen nicht unbedingt teilen. Die schlichteste Lesart dieses Satzes[17], der zufolge es in der Evolutionsgeschichte den Menschen nicht immer gegeben hat und nicht immer geben wird, mag die Gattung narzißtisch kränken. Ihr fast schon trivialer Sachgehalt aber wird von keiner ernst zu nehmenden Seite in Frage gestellt. Und auch die sicherlich angemessenere und anspruchsvollere Lesart, danach das humanistische Konzept des Menschen als eines in jeder Weise zentralen, konstitutiven und unhintergehbaren (transzendentalen) Wesens einen diskursanalytisch und -historisch präzise angebbaren Ort hat, ist nicht ernsthaft zu bestreiten. Man hat über den Menschen nicht immer so gedacht wie Kant, Fichte und Humboldt.
Literaturgeschichtsschreibung *kann*[18] solche auffallenden stilistisch-rhetorisch-thematischen Verschiebungen (wie die zwischen Claudius und Morgenstern) beobachten und für weitere Theoriebildung anschlußfähig machen. Und sie kann, eben weil sie nicht an Sachverhalten, sondern an Texten (sowie an deren Reimen, Metren, Motiven, Stilen und spezifischen Stimmigkeiten) interessiert ist, dabei beobachten, was der Aufmerksamkeit anderer Disziplinen entgeht, weil diese andere Unterscheidungen als die von stimmig/unstimmig resp. ästhetisch geglückt/mißglückt ziehen und kennen.

16 N. Luhmann, *Gesellschaftsstruktur und Semantik*, Bd. 3, Frankfurt am Main 1989, S. 380.
17 Die Ironie seines unmittelbaren Kontextes wird selten vermerkt: »man kann wohl wetten, daß der Mensch verschwindet«. Wer kann, wer soll, wer wird diese Wette gewinnen?
18 Sie meidet freilich auffallend häufig die Möglichkeit zu problemzentrierter und aggregierender Stoff- und Motivanalyse und reagiert einigermaßen undankbar darauf, wenn zum Beispiel Wissenssoziologen sie darauf hinweisen.

Nun ist dieses gerne verdrängte[19] Paradox (daß der Wahrheitsanspruch von Literaturwissenschaft erfüllt ist, wenn sie darauf verzichtet, wahre/richtige Sätze über Sachverhalte zu formulieren) nur möglich, weil Literatur (und dies eben nicht erst in modernen ausdifferenzierten Gesellschaften, sondern »seit jeher«, präziser: seit Hesiod und Platon[20]) weiß und sich sagen lassen muß, daß sie lügt. Der Code der Dichtung ist eben nicht wahr/unwahr oder richtig/falsch und auch kaum schön/häßlich oder gut/böse; der poetische Code ist stimmig/unstimmig. Gute Dichtung gibt für einen stimmigen Effekt (zum Beispiel für einen unerhörten Reim, eine geglückte Metapher, eine abgründig ironische Wendung oder eine besonders dramatische Szene) gerne und bereitwillig Ansprüche auf richtige Aussagen auf.[21] Was sie zu sagen hat, ist denn auch häufig genug unerhört: nämlich irrelevant, abweichend, verrückt, allzu idiosynkratisch, um »sachlich« ernstgenommen zu werden. Gerade deshalb aber ist es der Analyse wert, daß sich der semantische Überfluß von schöner Literatur so hartnäckig hält. Offenbar ist es (nicht nur für funktional ausdifferenzierte Gesellschaften) so überflüssig nicht, sich den semantischen Überfluß discurrierender Diskurse und damit alternative Versionen der (scheinbar) vertrauten Realität zu (er)halten.

Gerade wegen dieses zumutungsreichen Verzichts auf Richtigkeit resp. Wahrheit kann sich Literatur ungewöhnliche Beobachtungen erlauben, die von der Literaturwissenschaft dann ihrerseits beobachtet werden können. So kann Literaturwissenschaft es für buchenswert halten (und ein literaturwissenschaftlicher Beitrag sich dadurch erinnerungsrelevant von anderen Beiträgen zu diesem Sammelband unterscheiden), daß es auf das deutsche Wort ›Mensch‹ kein stimmiges Reimwort gibt[22] – auf das englische *man*

19 Die Literaturwissenschaft war traditionell gerade dann für Irrationalismen anfällig, wenn sie dieses Paradox beseitigen und Literatur zum genuinen Wahrheitsmedium machen wollte – zum Beispiel indem sie Dichtern die Fähigkeit zur »Wesensschau« zusprach oder sie als »Führer« durch unübersichtliches Gelände begriff.
20 Cf. H. Schlaffer, *Poesie und Wissen. Die Entstehung des ästhetischen Bewußtseins und der philologischen Erkenntnis*, Frankfurt am Main 1990.
21 Cf. J. Hörisch, »Die verdutzte Kommunikation. Literaturgeschichte als Problemgeschichte«, in: *Merkur* 513, Dezember 1991.
22 Es sei denn den geistreichen, den Rühmkorf ge- bzw. erfunden hat:

oder das französische *homme* kann man sich hingegen vielfache Reime machen (auch so schöne Binnenreime wie den von Jacques Offenbach, der – lange vor Mandelbrot – Paris als chaotischen »homme de la pomme« charakterisiert). Ob dergleichen mentalitätsgeschichtliche Folgen hat? Ob die spezifisch deutsche Hochschätzung DES Menschen und des Subjekts *auch* damit zusammenhängt?
Wie dem auch sei: lohnend ist's und gut, daß es schöne Literatur (und menschliches Leben) gibt. Welche Verdienste und Funktionen Literatur darüber hinaus auch immer haben mag – sie hat gewiß auch diese: systematisch und systemtheoretisch überholte Menschen, auf die man sich keinen rechten Reim machen kann, von dem Anspruch zu entlasten, theoretisch partout à la hauteur sein zu müssen, zu terminologischer Schärfe verpflichtet zu sein, spezifische Vagheiten meiden zu müssen und auf (humanistische) Anachronismen allergisch reagieren zu sollen. Man (genauer: ein Mensch) kann, Gedichte, Aphorismen, Romananekdoten zitierend, dem Anspruch gewachsen bleiben, geistreich zu sein, und man kann im selben Atemzug alle avantgardistischen Theorieeinsichten unterbieten (incl. den der Systemtheorie). Beschäftigung mit und Beobachtung von schöner Literatur ermöglicht es einigermaßen blamagefrei, unter seinem und anderer Leute Niveau bleiben zu dürfen. Denn niemand verlangt ernsthaft von einem Gedicht, einem Drama, einem Roman, so konsistent und komplex zu sein wie *Soziale Systeme*.
Kurzum: schöne Literatur ist der mediale Anachronismus, der der Antiquiertheit des Menschen entspricht. Schöne Literatur ermöglicht und legitimiert (wenn ästhetische Stimmigkeiten denn Legitimationen sind: aber sie werden häufig so behandelt) Zuschreibungen und Zurechnungen unterhalb der Theorieebene. Sie rechtfertigt suggestiv das systematische Recht, unter sein theoretisches Niveau zu gehen. Auch unterhalb der Ebene elaborierter Hoch-

»Die schönsten Gedichte der Menschen – / Nun finden Sie mal einen Reim! – / Sind die Gottfried Bennschen: / Hirn, lernäischer Leim / Sinkende Euphratthrone, / Rosen auf Rinde und Stamm – / Gleite Epigone / Ins süße Benn-Engramm.« Daß man sich auf das Wort ›Geld‹ anders auf als Mensch im Deutschen einen vielfachen Reim machen kann (Welt, Himmelszelt, weites Feld etc.), findet einer Untersuchung wert J. Hörisch, »Die Lesbarkeit von Welt und Geld«, in: *Manuskripte* 115 (1992).

theorie kann man Dissonanzen feststellen und sich einen Reim zu machen versuchen – zum Beispiel auf folgende Beobachtungen: Auch die hartgesottensten Systemtheoretiker können – rein menschlich, versteht sich – Schwierigkeiten haben mit der Art, wie einer der ihren vorträgt. Oder man kann Systemtheorie für abwegig halten und gleichwohl die Eleganz und den Witz eines Systemtheoretikers goutieren. Auch der geharnischste unter den diskursanalytischen Kritikern der Kategorie Autor fühlt sich – rein menschlich – gekränkt, wenn seine bedeutende Abhandlung nicht zitiert wird. Und er freut sich in aller Regel, wenn man ihn als einen großartigen Autor lobt. Und noch der entschiedene Anti-Humanist hat allen Grund und alles Recht zur Klage, wenn er unmenschlich behandelt wird.

Kurzum: »der Mensch« ist, wie schöne Literatur, eine so subtheoretische wie offenbar (lebensweltlich[23]) unverzichtbare Auffangkategorie. Sie erlaubt es nicht nur Theoretikern, unter ihr Niveau zu gehen. Dies aber ist konstitutiv für das Theorieniveau selbst. Komplexe Theorien müssen um ihrer Komplexität willen auf die Unvermeidbarkeit der Beobachtung gefaßt sein, daß das Niveau ungeheuer hoch ist und sich niemand (kein Mensch und derb umgangssprachlich oder – dank Gottfried Benn – doch wieder hochsprachlich[24]: kein Schwein) auf dieser Höhe bewegt. Viele »Niemande« / Menschen ergeben (sich als) Leute. Das Wort ›Mensch‹ gehört zu den wenigen Wörtern deutscher Sprache, auf die es kein Reimwort gibt; der Begriff ›Leute‹ aber gehört zu den wenigen Begriffen deutscher Sprache, die keine Singularbildung zulassen. Und auf Leute kann man sich (anders als auf DEN unvergleichlichen Menschen) gleich vielfach einen Reim machen: Leute reimen sich auf ›heute‹ und auf ›Häute‹, auf ›Beute‹ und auf ›Meute‹. Aber das ist ein anderes Feld als das des Menschen: ein weites Feld.

---

23 Nur lebensweltlich? Auch Systemtheorie nobilitiert ja (wie der Beitrag von P. Fuchs in diesem Band zeigt) wenn nicht den, so doch die vielen Menschen (Leute) als Medium. Und kann es heute etwas Wichtigeres geben als Medien?
24 Benn dichtete bekanntlich: »Die Krone der Schöpfung, der Mensch, das Schwein«.

Hinweise zu den Autoren

Dirk Baecker, Dr. habil., Privatdozent an der Fakultät für Soziologie der Universität Bielefeld, lebt in Berlin, veröffentlichte *Information und Risiko in der Marktwirtschaft*, Frankfurt am Main 1988; *Womit handeln Banken?*, Frankfurt am Main 1991; *Die Form des Unternehmens*, Frankfurt am Main 1993; *Postheroisches Management*, Berlin 1994. Herausgeber der beiden Bände *Kalkül der Form* und *Probleme der Form*, Frankfurt am Main 1993.

Werner Bergmann, Dr. phil., geb. 1950; Studium der Kunsterziehung, Soziologie und Philosophie in Hamburg; seit 1984 wiss. Mitarbeiter/Assistent am Zentrum für Antisemitismusforschung der TU Berlin. Forschungsgebiete: Geschichte und Soziologie des Antisemitismus, kollektives Verhalten und soziale Bewegung, Theorie sozialer Zeit. Jüngste Veröffentlichungen: »Eine soziale Bewegung von rechts? Entwicklung und Vernetzung einer rechten Szene in den neuen Bundesländern«, in: *Forschungsjournal NSB* 2/1994; »Prejudice and Stereotypes«, in: *Encyclopedia of Human Behavior*, San Diego 1994; »Effekte öffentlicher Meinung auf die Bevölkerungsmeinung«, *KZfSS*, Sonderheft 1994.

Peter Fuchs, geb. 1949, seit 1992 Professor für Soziologie an der FH-Neubrandenburg. Wichtigste Publikationen: *Reden und Schweigen* (zusammen mit Niklas Luhmann), Frankfurt am Main 1989; *Die Erreichbarkeit der Gesellschaft*, Frankfurt am Main 1992; *Moderne Kommunikation*, Frankfurt am Main 1993. Gegenwärtige Forschungsschwerpunkte: Kommunikationstheorie, Kultursoziologie, Frühromantik, Psychoanalyse, Aphasie.

Andreas Göbel, geb. 1961, wissenschaftlicher Mitarbeiter im Fach Soziologie an der Universität GH Essen, beendet z. Zt. seine Promotion, eine wissenssoziologische Rekonstruktion des romantischen ›Gesellschaftslehre‹-Diskurses. Forschungsschwerpunkte: Kultursoziologie, Soziologiegeschichte, soziologische Theorie. Publikationen u. a. zu Friedrich Nietzsche und Lorenz von Stein.

Alois Hahn, geb. 1941, studierte Soziologie, Ethnologie, Philosophie und Nationalökonomie in Freiburg und Frankfurt am Main; dort 1967 Promotion. Von 1967 bis 1971 war er wissenschaftlicher Assistent für Soziologie in Tübingen, danach Dozent und Professor für Soziologie und Politik an der PH Esslingen. 1973 Habilitation in Tübingen. Seit 1974 Professor für Soziologie an der Universität Trier. Seit 1987 Gastprofessuren in

Paris an der Ecole des Hautes Etudes en Sciences Sociales, der Ecole Pratique des Hautes Etudes, der Universität Paris I (Pantheon-Sorbonne) und an der Clark University, Worcester/Mass. Arbeitsschwerpunkte: Familien-, Religions- und Kultursoziologie, Soziologie von Gesundheit und Krankheit.
Ausgewählte Veröffentlichungen: *Einstellungen zum Tod und ihre soziale Bedingtheit* (1968); *Wissenschaft von der Gesellschaft* (1973, zusammen mit H. Braun); *Prolegomena zu einer Soziologie der Geisteswissenschaften* (1973); *Religion und der Verlust der Sinngebung* (1974); *Soziologie der Paradiesvorstellungen* (1976); *Gemeindesoziologie* (1979, zusammen mit H. A. Schubert und H. J. Siewert); *Die ersten Jahre junger Ehen* (zusammen mit R. Eckert und M. Wolf); *AIDS und die gesellschaftlichen Folgen* (1993, zusammen mit W. H. Eirmter und R. Jacob). Zahlreiche Veröffentlichungen in Fachzeitschriften und Sammelwerken.

Jochen Hörisch, geb. 1951, studierte 1970-1976 Germanistik, Philosophie und Geschichte in Düsseldorf, Paris und Heidelberg. 1976-88 Assistent und (nach der Habilitation 1982) Privatdozent und Professor an der Universität Düsseldorf. Seit 1988 Ordinarius für Neuere Germanistik und Medienanalyse an der Universität Mannheim. Gastprofessuren an der Universität Klagenfurt sowie am CIPH und der ENS in Paris.
Wichtige Veröffentlichungen: *Die fröhliche Wissenschaft der Poesie*, Frankfurt am Main 1976; *Gott, Geld und Glück*, Frankfurt am Main 1983; *Das Tier, das es nicht gibt*, Nördlingen 1986; *Die Wut des Verstehens. Zur Kritik der Hermeneutik*, Frankfurt am Main 1988; *Brot und Wein. Die Poesie des Abendmahls*, Frankfurt am Main 1992; *Die andere Goethezeit*, München 1992. Rundfunk- und Fernsehsendungen zu kultur- und medienanalytischen Themen.

Michael Hutter, geb. 1948, Studium der Mathematik und der Volkswirtschaftslehre in München und Seattle, WA. Promotion 1976, Habilitation 1986 an der Universität München, seit 1987 Inhaber des Lehrstuhls für Theorie der Wirtschaft und ihrer Umwelt an der Wirtschaftswissenschaftlichen Fakultät der Universität Witten/Herdecke. Forschung und Veröffentlichungen zur Theorie sozialer Systeme, Theoriegeschichte, Kulturökonomik, Wettbewerbstheorie, Geldtheorie und Geldgeschichte. Seit 1992 Dekan der Wirtschaftswissenschaftlichen Fakultät der Universität Witten/Herdecke.

Rüdiger Jacob, geb. 1962, studierte Soziologie und Politikwissenschaft an der Universität Trier, dort 1993 Promotion. Er ist seit 1990 wissenschaftlicher Mitarbeiter im Fach Soziologie an der Universität Trier.
Ausgewählte Veröffentlichungen: *AIDS und die gesellschaftlichen Folgen* (1993, zusammen mit W. H. Eirmter und A. Hahn), *Krankheitsbilder und*

Deutungsmuster. Wissen über Krankheit und dessen Bedeutung für die Praxis (1994).

Niklas Luhmann, geb. 1927, em. Professor für Soziologie an der Fakultät für Soziologie der Universität Bielefeld.
Neuere Publikationen: *Gesellschaftsstruktur und Semantik*, 3 Bde., Frankfurt am Main 1980, 1981, 1989; *Soziale Systeme. Grundriß einer allgemeinen Theorie*. Frankfurt am Main 1984; *Die Wirtschaft der Gesellschaft*, Frankfurt am Main 1988; *Die Wissenschaft der Gesellschaft*, Frankfurt am Main 1990; *Das Recht der Gesellschaft*, Frankfurt am Main 1993.

Wolfgang Schäffner, geb. 1961, studierte Literaturwissenschaft und Medizingeschichte in München, Paris und Madrid. Rathenau-Fellow am Verbund für Wissenschaftsgeschichte in Berlin. Arbeitet zur Geschichte von Datenstrukturen (1600-1800) an der Humboldt Universität.
Publikationen u. a.: »Der Krieg ein Trauma. Zur Psychoanalyse der Kriegsneurose in Döblins Hamlet«, in: M. Stingelin, W. Scherer (Hg.), *HardWar/SoftWar. Krieg und Medien 1914 bis 1945*, München 1991; *Die Ordnung des Wahns. Zur Poetologie psychiatrischen Wissens bei Alfred Döblin*, erscheint München 1995.

Manfred Schneider, geb. 1944, Studium der Germanistik, Romanistik, Philosophie und Musikwissenschaft in Freiburg. Seit 1981 Professor für Neuere Deutsche Literatur an der Universität GH Essen. Bücher über Christian Dietrich Grabbe, Marcel Proust, Karl Kraus, die Vormärzrebellen (Heine, Börne, das Junge Deutschland, Marx und Engels). Arbeitsschwerpunkte: Diskursanalyse des Wahrheits-Sprechens, Medientheorie mit dem Schwerpunkt Fernsehen, Literatur- und Rechtssystem.
Zuletzt erschienen: *Die erkaltete Herzensschrift. Der autobiographische Text im 20. Jahrhundert*, München, Wien 1986; *Liebe und Betrug. Die Sprachen des Begehrens*, München, Wien 1992.

Wolfgang Ludwig Schneider, geb. 1953, Dr. rer. soc.; Promotion 1987, Habilitation 1994; Privatdozent am Institut für Soziologie der Universität Gießen. Arbeitsgebiete: Soziologische Theorie, Wissenschaftstheorie und Wissenssoziologie, Systemtheorie, Kommunikationstheorie, Hermeneutik und Konversationsanalyse.
Buchveröffentlichungen: *Objektives Verstehen. Rekonstruktion eines Paradigmas: Gadamer, Popper, Toulmin, Luhmann* (Opladen 1991), *Die Beobachtung von Kommunikation. Zur kommunikativen Konstruktion sozialen Handelns* (Opladen 1994).

Rudolf Stichweh, geb. 1951, Promotion und Habilitation an der Fakultät für Soziologie, Universität Bielefeld; 1985-89 MPI für Gesellschaftsfor-

schung, Köln; 1987 Maison des Sciences de l'Homme, Paris; 1989-1994 MPI für europäische Rechtsgeschichte, Frankfurt am Main; Seit 1994 Professor für allgemeine Soziologie und soziologische Theorie an der Universität Bielefeld.
Buchveröffentlichungen: *Zur Entstehung des modernen Systems wissenschaftlicher Disziplinen. Physik in Deutschland 1740-1890*, Frankfurt am Main 1984; *Theorie als Passion. Niklas Luhmann zum 60. Geburtstag* (hg., zusammen mit D. Baecker, J. Markowitz, H. Tyrell, H. Willke), Frankfurt am Main 1987; *Differenzierung und Verselbständigung. Zur Entwicklung gesellschaftlicher Teilsysteme* (zusammen mit R. Mayntz, B. Rosewitz, U. Schimank), Frankfurt am Main 1988; *Der frühmoderne Staat und die europäische Universität. Zur Interaktion von Politik und Erziehungssystem im Prozeß ihrer Ausdifferenzierung (16.-18. Jahrhundert)*, Frankfurt am Main 1991; *Wissenschaft, Universität, Professionen. Soziologische Analysen*, Frankfurt am Main 1994.

Gunther Teubner, geb. 1944, ist Otto-Kahn-Freund-Professor for Comparative Law and Legal Theory an der London School of Economics and Political Science. Forschungsschwerpunkte: Theoretische Rechtssoziologie, Privatrechtstheorie, Vergleichendes Gesellschaftsrecht.
Wichtigste Publikationen: *Organisationsdemokratie und Verbandsverfassung* (1978); *Recht als autopoietisches System* (1989). Herausgeber u. a. von *Autopoietic Law* (1988); *Paradoxes of Self-Reference in the Humanities, Law and the Social Sciences* (1991); *State, Law, Economy as Autopoietic Systems* (1992); *Ecological Responsibility. Theories of Self-Organization Applied* (1994); *Entscheidungsfolgen als Rechtsgründe* (1994).

Benno Wagner studierte Literaturwissenschaft und Kommunikationswissenschaft in Dortmund, Bochum, Brisbane und Siegen. Seit 1989 wiss. Koordinator des Graduiertenkollegs Siegen. Promotion 1990; Kennedy Fellow der Harvard University 1993/94. Publikationen über historische Analogien sowie über das Verhältnis von ›Normalität‹ und ›Ausnahme‹ in literarischen und mediopolitischen Interdiskursen.